高等院校环境类系列教材
教育部新世纪优秀人才支持计划资助

水资源经济学

沈满洪　主　编
陈庆能　副主编

中国环境科学出版社·北京

图书在版编目（CIP）数据

水资源经济学/沈满洪主编. —北京：中国环境科学出版社，2008.12
（高等院校环境类系列教材）
ISBN 978-7-80209-902-9

Ⅰ. 水… Ⅱ. 沈… Ⅲ. 水资源—资源经济学—高等学校—教材 Ⅳ. F407.9

中国版本图书馆 CIP 数据核字（2008）第 207588 号

责任编辑 陈金华
责任校对 刘凤霞
封面设计 龙文视觉

出版发行 中国环境科学出版社
（100062 北京崇文区广渠门内大街 16 号）
网　　址：http：//www.cesp.cn
联系电话：010-67112765（总编室）
发行热线：010-67125803
印　　刷 北京市联华印刷厂
经　　销 各地新华书店
版　　次 2008 年 12 月第 1 版
印　　次 2008 年 12 月第 1 次印刷
开　　本 787×1092 1/16
印　　张 14.5
字　　数 330 千字
定　　价 40.00 元

目　录

第1章 引 论

相对于经济学这门古老的社会科学而言，水资源经济学这一分支学科还是一门十分年轻的新兴学科。作为一门新兴学科，有必要在引论部分回答该学科的发展历史及趋势、研究对象和分析方法、基本框架及主要特点等有关学科发展的基本问题。

1.1 水资源经济学的历史回顾

1.1.1 水资源经济学空白阶段（20世纪30年代以前）

长期以来，水资源是自由取用的自由物品。水资源自由取用阶段是水资源问题尚未引起经济学家关注的时期，属于水资源经济学的空白阶段。这个阶段基本上与古典经济学和新古典经济学及其以往的整个历史时期相对应。

在农业经济时期，特别稀缺的资源是土地和劳动，“土地为财富之母，劳动为财富之父”就是针对农业经济时期而言的。在工业经济时期，特别稀缺的资源是资本和劳动，生产函数所定义的“产品的最大产量是技术状况给定的条件下资本投入量和劳动投入量的函数”就是针对工业经济时期而言的。无论是在农业经济时期还是在工业经济时期，附着在土地上的水资源还没有成为经济学家关注的对象，水资源被认为是自由物品而不是经济物品，它与空气一样，被认为是可以取之不尽、用之不竭的。

从价值论角度看，水资源被认为是没有价值的，因为它没有凝结人类的一般劳动。长期以来经济学著作中很少涉及水资源问题。在经济学鼻祖亚当·斯密于1776年发表的《国民财富的性质及原因的研究》（上卷）第四章中甚至还提出了著名的价值悖论：“水的用途最大，但我们不能以水购买任何物品，也不会拿任何物品与水交换。反之，金刚钻虽几乎无使用价值，但须有大量其他货物才能与之交换。”①这一价值悖论也被称为“水—钻石之谜”。此时，斯密是用来说明水资源是无价值的。

随着人口和经济的增长，水资源逐渐成为有价的物品。但水的价格长期以来是极其低廉的。“水一钻石之谜”的基本含义是：水的效用很大而价值很低或为零，钻石的效用很小而价值很高。这是不是价值体系出现了问题？现代经济学的边际效用理论给出了这个谜底：“对于钻石来说，价格高而全部效用（消费者剩余）低；对于水来说，价格低而总效用（消费者剩余）高。”②如图1-1所示。

---

① [英]亚当·斯密. 国民财富的性质及原因的研究（上卷）[M]. 北京：商务印书馆，1972.

② 马克·斯考森. 水的问题. 载马克·斯考森，肯那·泰勒. 经济学的困惑与悖论[M]. 北京：华夏出版社，2001.

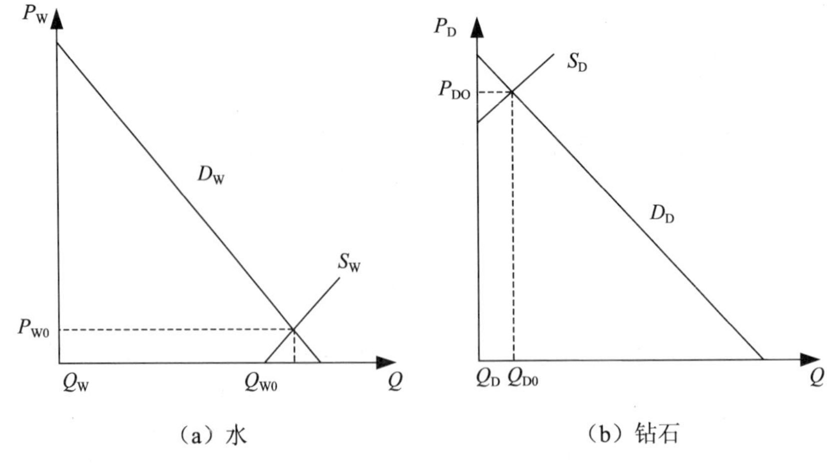

（a）水　　　　（b）钻石

图 1-1　“水—钻石之谜”的消费者剩余理论解释

图 1-1（a）表明，水的供给如此之多，以至于水的供给曲线与需求曲线相交于需求曲线的右下方靠近横轴的位置，所以使得水的均衡价格很低，但是，由此给消费者带来极大的消费者剩余，因此，水对于人们的生活而言不可或缺。图 1-1（b）表明，钻石十分稀少，所以其供给曲线与需求曲线相交于需求曲线左上方靠近纵轴的位置，所以使得钻石的均衡价格很高，但是，由此带给消费者的消费者剩余却是很小的，因此，钻石对于人们的生活而言并非必需品。

1.1.2 水资源经济学萌芽阶段（20 世纪 30 年代至 70 年代）

随着外部性理论和公共物品理论的发展，水资源逐渐被认为是一种具有极强外部效应的公共物品，由此要求政府管制。水资源经济学的萌芽阶段是对应于水资源政府管制阶段的。这个阶段的时代特征是 20 世纪 30 年代的世界性经济危机和五六十年代世界性资源环境危机。这个阶段的理论背景是庇古所著的《福利经济学》的出版（1932）和凯恩斯所著的《就业、利息与货币通论》的发表（1936）。

把 20 世纪 30 年代至 70 年代概括为水资源经济学的萌芽阶段的依据有三：

（1）关于水利公共工程的经济学分析。在世界性经济危机面前，凯恩斯革命为各国政府提供了灵丹妙药。西方发达国家纷纷上马水利工程，达到既使水资源优化配置又实现拉动内需的一箭双雕的目的。美国在罗斯福新政时期兴建的胡佛大坝就是该政策的一个标志。根据《新帕尔格雷夫经济学大辞典》的介绍，对水资源经济学的关心始于 1936 年美国通过的洪水控制法。这一法律规定“所有的人都能得到超过投资额的收益”，以证明工程开发的合理性。

（2）关于水环境管制的经济学分析。著名福利经济学家庇古早在 1932 年就提出了解决外部性问题的处方：在收益给定的情况下，如果私人成本小于社会成本，那么建议政府向企业征税，遏止企业过度生产，使得私人成本等于社会成本，实现负外部性的内部化；在成本给定的情况下，如果私人收益小于社会收益，那么建议政府向企业提供补贴，激励企业多生产这种产品，使得私人收益等于社会收益，实现正外部性的内部化。随着世界性资源环境危机的爆发，资源环境经济学家将庇古的理论应用于水资源管理的现实问题尤其是水污染问题。米德（Meade）于 1952 年在《经济学杂志》发表了“外部性经济学与竞争性状况的非经济性”的论文，进而呼吁政府对水环境治理加以管制的论文大量涌现，例如鲍莫尔（Baumol）于 1972 年在《美国经济评论》杂志上发表了“税收与外部性的控制”，明确呼吁政府征收庇古税。在这些理论的指导下，环境保护进入了管制阶段。

（3）关于流域统一管理的经济学分析。哈丁（Hardin）1968 年发表在《科学》杂志上的“公地的悲剧”揭示了公共资源可能面临个人理性导致整个社会非理性的结论。德姆塞茨（Demsetz）在其论文中则明确提出了流域水资源统一管理和水污染统一治理的建议。随着统一管理理论的出台，与此相对应，不少学者就如何进行统一管理献计献策，提出了一系列线性规划和非线性规划的理论、方法和技术。在这一背景下美国的流域纷纷成立流域管理局或流域协调委员会，成功的范例有“田纳西河流域管理局”等。

这一阶段的研究成果纷纷出现了“水资源供给”、“水资源规划”、“水资源管制”、“流域统一管理”等字样。与理论研究相对应，政策实践也是强调政府干预和管制。但是，这个阶段尚未形成系统的水资源经济学理论。

1.1.3 水资源经济学诞生阶段（20 世纪 80 年代到 21 世纪初）

随着经济学的发展，经济学家认识到，水资源既有公共物品的属性，又有私人物品的属性，属于混合物品。既然如此，就要引入市场机制。水资源经济学诞生时期对应于水资源放松管制阶段，是与新自由主义基本一致的。20 世纪 80 年代以来，作为前一个阶段的延伸，水资源经济学者对水资源管制理论还作了一些总结，发表了一些水资源供给、水资源规划、水环境管制、一般均衡理论在水资源管理中的应用等论著，但是，更多的水资源经济学家开始反思前一阶段的思想，呼吁将市场机制引入水资源管理领域，并促成水资源经济学的正式诞生。

这个阶段的代表性理论主要有：

（1）水权理论的兴起。水权理论不仅是水资源经济学的关注重点，也是现代经济学研究的前沿理论之一。有关水权经济学的研究在《水资源研究》（Water Resources Research）、《水研究》（Water Research）、《水国际》（Water International）、《水资源公报》（Water Resources Bulletin）等水资源研究的专业期刊上常有文献报道，连主流经济学的期刊也有水权理论的文献刊出。在这个阶段还有少量专著问世，早期的代表性著作是安德森（Anderson）于 1983 编辑出版的《水权：稀缺资源配置、官僚政治与环境》（Water Rights：Scarce Resource Allocation，Bureaucracy，and the Environment），这是一本由“产权与决策”、“制度与体制改革”和“走向私有化”三大部分共 9 个专题组成的论文集，汇集了水权理论研究的主要成果。通过十多年的努力，水权理论被发展成为水资源经济学的重要组成部分，并指导许多国家着手水权制度的改革。

（2）水需求理论的兴起。水需求理论的兴起有两个背景：① 水资源的供给存在“增长的极限”，突破这个极限将危及生态安全；② 资源环境价值评价理论的渐趋成熟，使水需求理论有了定量发展的基础。因此，水需求理论以及水资源的需求侧管理等理论应运而生。由斯蒂芬·仁泽踢（Steven Renzetti）著的《水需求经济学》（The Economics of Water Demands，2002）是水需求理论研究的代表性成果。

（3）水市场理论的兴起。关于水市场理论的代表性观点有：① 市场有效论。有的学者认为，让市场机制配置水资源能够使稀缺的水资源从低效率的部门流向高效率的部门，使水资源产生更高的价值。② 市场失灵论。有的学者则认为，水是一种公共产品，水市场面临着市场失灵的危险，因此，水制度具有重要的战略意义。③ 市场有限论。有的学者认为，市场与政府的作用都有局限性，善于管理的水部门需要公共与私营部门参与的平衡，水资源的管理往往是市场激励与政府管制的混合。水市场理论研究的代表性著作有：萨利巴（Saliba）、波尼·科比（Bonnie Colby）和戴维德·B·布什（David B. Bush）合著的《水市场理论与实践：市场交易与公共政策》（Water Markets in Theory and Practice：Market Transfers and Public Policy，1987）；娃·理查德（Wahl，Richard W.）著的《联邦水市场：补贴、产权》（Markets for Federal Water：Subsidies，Property Rights，and the Bureau of Reclamation，1989）。

（4）反管制理论的兴起。20 世纪 90 年代末期，美国经济学家 P·麦卡利于 2001 年发表了《大坝经济学》。对水利工程作了一番认真而深刻的反思。作者在结束语中指出："人类经济的、文化的和精神的生活方式需要得到满足，维护健康的流域应当受到鼓励，而破坏流域的力量，即从总体上破坏自然界的力量，应当受到遏止。从长远的观点看，没有健康的流域也就没有健康的社会存在。"①这反映出经济学家对管制理论和实践的一种深刻反思。反管制理论的兴起，要求政府慎用管制手段，引入市场机制。迭特·赫姆（Dieter Helm）和纳玛·拉加（Najma Rajah）在 1994 年对水规制理论的评述中揭示了随着放松管制政策的实施，投资于水产业的私人资本呈现出明显递增的趋势。同时，他得出两个结论：一是水市场的规制需要制度设计和整合，二是水项目的评价除了经济评价外要增加环境评价。

上述 4 个领域的水资源经济理论的纷纷兴起，加上以往理论的积累，使水资源经济学的诞生水到渠成。1994 年，尼克拉斯·斯巴伯（Nicolas Spulber）和阿斯格·萨巴吉（Asghar Sabbaghi）合著的《水资源经济学：从规制到私有化》（Economics of Water Resources：from Regulation to Privatization）的第一版正式出版，1998 年又再版了该书。这是水资源经济学正式诞生的一个标志。之所以称之为标志，不仅因为它是第一本水资源经济学专著，而且因为这本水资源经济学比较全面地反映了水资源经济学研究的已有成果，同时，它反映了水资源经济学研究由管制到市场化的一个趋势。

作为这个阶段自然资源经济学的标志性成果是埃里尔·迪讷（Ariel Dinnar）与戴维德·齐伯曼（David Ziliberman）联合主编出版的"自然资源管理与政策"（Natural Resource Management and Policy）大型系列丛书。在这套丛书中，水资源经济学的论著占据极其重要的分量，除了尼克拉斯·斯巴伯和阿斯格·萨巴吉的《水资源经济学：从规制到私有化》两个版本的著作外，至少还包括下列著作：由道格拉斯·D·帕克（Dauglas D. Parker）和亚克夫·楚（Yacov Tsur）共同编辑的《水资源管理的去集权化与合作》（Decentralization and Coordination of Water Resource Management，1997）；由理查德·加斯特（Richard E. Just）和悉尼·耐特雅虎（Sinaia Netanyahu）共同编辑的《跨界水资源的冲突与合作》（Conflict and Coorperation on Trans-Boundary Water Resource，1998）；由威廉姆·依斯特（K. William

① P·麦卡利.大坝经济学[M]. 北京：中国发展出版社，2001.

Easter）、马克・W・罗斯格兰（Mark W. Rosegrant）和埃里尔・迪讷（Ariel Dinar）共同编辑的《水市场：潜力与绩效》（Markets for Water：Potential and Performance，1998）；由卡尔 J.鲍尔（Carl J. Bauer）著的《反对现状：私有化、水市场以及智利的状况》（Against the Current：Privatization，Water Markets，and the State in Chile，1998）；由斯蒂芬・仁泽踢（Steven Renzetti）著的《水需求经济学》（The Economics of Water Demands，2002）；由埃里尔・迪讷（Ariel Dinar） 和戴维德・齐伯曼（David Zilberman）共同编辑的《水资源经济学：丹亚龙的贡献》（Economics of Water Resources：The Contribution of Dan Yaron，2002）；由奥开・安佛（I.H. Olcay Unver，et al）等土耳其三位专家共同编辑的《水发展与反贫困》（Water Development and Poverty Reduction，2003）。这些水资源经济学论著代表了目前水资源经济学研究的最高水平。由威廉姆・依斯特（K. William Easter）和玛丽・仁维克（Mary E. Renwick）共同编辑的《水资源经济学：制度、手段和政策》（Economics of Water Resources：Institutions，Instruments and Policies for Managing Scarcity，2004）则汇集了水资源经济学研究的主要优秀论文。

1.1.4 水资源经济学的深化阶段（21 世纪初期以后）

21 世纪以来，人们越来越清醒地认识到，水资源是不可替代的战略资源，是一种日益稀缺的重要资源，是一种“最后的资源”，水资源经济学必须将研究推向纵深。基于这样的认识，水资源经济学的研究呈现出需求与供给两旺的状态，水资源经济学明显成为朝阳学科。这个阶段大致上与新古典综合派等寻求第三次综合的主流经济学相吻合。

纵观水资源经济学的发展状况，大致上可以辨别出如下三大趋势：

趋势之一：研究对象的扩展趋势。从研究对象上看，水资源经济学的研究呈现出从狭义的水资源经济学向广义的水资源经济学发展的趋势。学科的划分本来就是人为的，随着各个学科研究的深入，越来越呈现出学科之间的交叉与渗透的趋势，例如水资源经济学与水环境经济学的交叉与渗透、水资源经济学与水灾害经济学的交叉与渗透，又如水资源经济学与水资源政治学的交叉与渗透、水资源经济学与水资源社会学的交叉与渗透等。这些都要求，在水资源经济学研究中既要把握研究对象的稳定性，又要考虑研究范围的适度拓宽，避免形成学科壁垒。

趋势之二：研究重心的转移趋势。从研究内容上看，水资源经济学的研究呈现出从“重供给分析、轻需求分析”向“供给分析与需求分析并重”的转变、从“重技术分析、轻制度分析”向“技术分析与制度分析并重”的转变、从“重工程设计、轻政策设计”向“工程设计与政策设计并重”的转变、从“重基本需要、轻享乐需要”向“基本需要与享乐需要并重”的转变的趋势。从研究方法上看，水资源经济学的研究呈现出“重定性分析、轻定量分析”向“定性分析与定量分析并重”的转变、从“重数理分析、轻统计分析”向“数理分析与统计分析并重”的转变。

趋势之三：学科发展的深化趋势。从理论上看，经过长期的理论准备，水资源经济学需要一次系统的整合；从实践上看，水资源形势的日益严峻，水资源经济学者必须面对现实提供综合性的制度设计；从理论与政策的结合上看，水资源经济学的研究呈现出从理论研究与政策研究“两张皮”到“一张皮”转变。这样，其研究成果一方面可以为政府和企业所采用，促进水资源问题的解决；另一方面其研究成果又可以上升到理论层

面，促进水资源经济学的发展。如果仅从政策本身来看，又呈现出从“单项制度选择”到“制度体系设计”的转变的趋势。学科的深化与综合，必然要求各个学科之间的密切配合，因此，从学科分工与合作的角度看，还呈现出从“各个学科孤军奋战”向“各个学科相互配合”的转变的趋势。

这些趋势既表明水资源经济学研究潜力无限，又表明如果把握这些趋势可以使水资源经济学的学习和研究达到事半功倍的效果。

表 1-1 对水资源经济学发展历史的四个阶段作一比较和概括。

表 1-1 水资源经济学发展阶段的比较

序号	阶段名称	阶段时间	阶段特征	与主流经济学的对应	标志成果
1	水资源经济学空白阶段	20 世纪 30 年代以前	对作为自由物品的水资源采取放任态度	对应于古典经济学和新古典经济学	“水－钻石之谜”价值悖论
2	水资源经济学萌芽阶段	20 世纪 30 年代至 70 年代	对作为公共物品的水资源采取管制手段	对应于凯恩斯主义	基于成本收益比较的洪水控制法等
3	水资源经济学诞生阶段	20 世纪 80 年代至 21 世纪初期	对作为混合物品的水资源强调放松管制	对应于新自由主义	《水资源经济学》诞生、理论体系形成
4	水资源经济学深化阶段	21 世纪初期以后	对作为“最后的资源”的水资源采取综合管理	对应于新古典综合派	《水资源经济学》深化、完善和综合

1.2 水资源经济学的研究对象

1.2.1 经济学的研究对象

经济学是研究稀缺资源配置问题的社会科学。人的自利性决定了资源的稀缺性，正因为资源稀缺性的存在，才有经济学研究的必要。什么叫稀缺性呢？所谓稀缺，并不是指资源在绝对数量上的稀少，而是指相对于人们无限多样、不断上升的欲望来说，用以满足这些欲望的物品和劳务是相对不足的。简单地说，稀缺性是指欲望总是超过了能用以满足欲望的资源数量的现象。

经济学要回答的是一系列的经济问题。经济问题就是指人的需要的无限性与资源的有限性之间的矛盾。从资源的稀缺性这个概念出发，进一步思索就可以发现，经济问题实际上包括如下 4 个特征：① 人的需要的无限性；② 这些需要的轻重缓急程度是各不相同的；③ 为满足这些需要而可以支配利用的资源是有限的；④ 每一种资源在大多数情况下可以有两种或两种以上的用途。

资源配置就是怎样分配使用有多种用途但数量有限的资源来满足轻重缓急各不相同的需要。比如，在水资源缺乏的情况下，第一桶水首先选择饮用，第二桶水可用于漱洗，第三桶水可用于灌溉，第四桶水可用做喷泉……如果只有一桶水，就只能选择饮用；如果只有两桶水，就只能选择先饮用再梳洗；等等。总之，在经济学中，人们始终被要求作出各种各样的选择。消费者在既定的收入下不仅要在消费和储蓄间作出选择，而且要在不同商品的消费中进行选择；一个社会在既定的资源条件下，不仅要在消费和投资中进行选择，而且要在不同商品的生产中进行选择。选择的过程实际上就是资源配置的过程。

1.2.2 自然资源经济学的研究对象

资源是一个十分常用而又无公认定义的概念。绝大多数教科书、绝大多数教师并没有解释“资源”的确切内涵。在不同地方“资源”一词所指的意义是不同的。鉴于“资源”是经济学概念，尤其是资源经济学中的核心概念之一，有必要对“资源”的含义及类型作出具体阐释。

一般认为，“资源”一词的广义定义是指自然界及人类社会中一切为人类有用的资财，它包括自然资源和社会资源。自然资源又可以分为实物资源和生态资源。社会资源包括人力资源、资本资源、科技资源和信息资源。由上述分类可以看到，虽然资源的形式千姿百态，但不外乎实物资源、生态资源、人力资源、资本资源、科技资源和信息资源六大类，如图 1-2 所示。

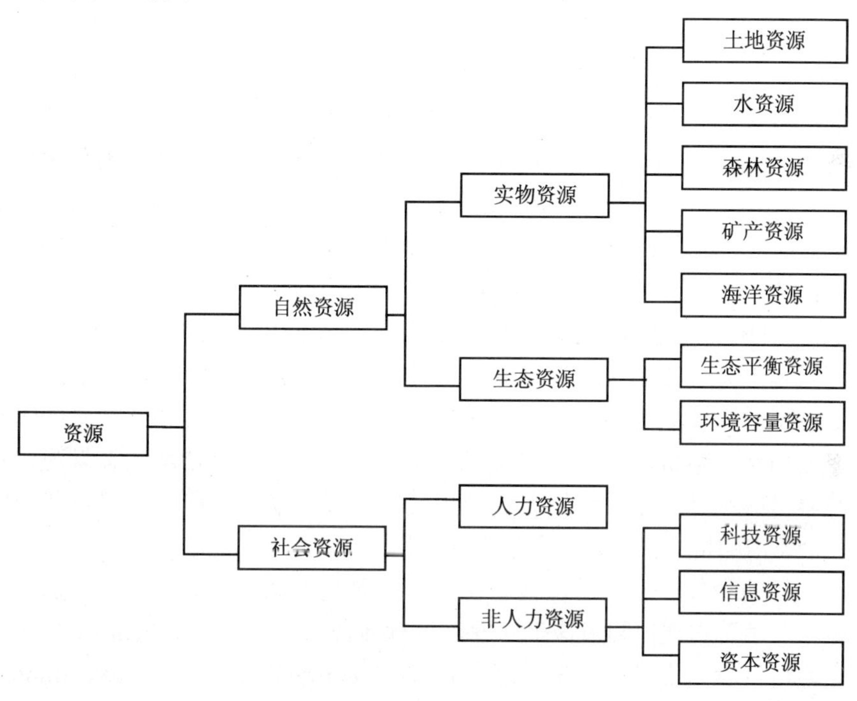

图 1-2 资源分类的框图模型

由图 1-2 可见，在“经济学是研究稀缺资源配置问题的科学”这一定义中所指的“资源”是最广义的资源概念，是一个高度抽象、极其概括的资源概念。而在“资源经济学”中所指的资源是“中义”的（介于广义和狭义之间）的资源即“自然资源”。由于自然资源又可以分为实物资源和生态资源，因此，资源经济学可以进一步细分，研究实物资源问题的就是自然资源经济学，研究生态资源问题的就是生态经济学或环境经济学。由于实物资源与生态资源之间往往是你中有我、我中有你，因此，不少学者把两者放在一起，形成自然资源与环境经济学等。但是，随着资源与环境问题的日益严峻以及理论成果的不断丰富，发达国家的高校已逐渐将“资源经济学”与“环境经济学”分设成两门独立的课程。“资源经济学”对应于图 1-2 中的“实物资源”，“环境经济学”对应于图 1-2 中的生态资源或环境资源。由于土地资源的特殊重要性，土地经济学往往成为一门特殊的资源经济学，而一般讲的资源经济学中主要涉及水资源、森林资源、矿产资源等自然资源配置问题。由此可以知道，资源经济学是研究稀缺的自然资源配置问题的经济科学，或者说是日渐稀缺的自然资源（包括水资源、森林资源、矿产资源等自然资源）的保护、开发和利用的经济科学。资源经济学主要关心的是：资源在目前和将来的配置问题，资源利用的效率问题，资源利用所带来的环境问题，相关政策、法规对资源配置的影响问题，资源、经济增长与环境的相互协调和可持续发展问题等。

由于自然资源又可以进行细分，因此，资源经济学也可以进一步细分。对应于土地资源的配置有土地经济学，对应于水资源的配置有水资源经济学，对应于森林资源的配置有林业经济学，对应于矿产资源的配置有矿产资源经济学，对应于海洋资源的配置有海洋资源经济学。不同的自然资源可以作为具有相似功能的某种资源使用，例如石油、煤炭、水都可以作为能源资源使用，由此又可以延伸出能源经济学。

1.2.3 水资源经济学的研究对象

如前所述，水资源经济学是资源经济学中的一个分支学科。由于水资源的不可替代性和日渐稀缺性，资源经济学越来越重视对水问题的研究，在一系列水资源经济理论成果的基础上形成水资源经济学。所谓水资源经济学就是研究日渐稀缺的水资源优化配置问题的经济科学。水资源经济学的研究目的就是要使消费者以同样的水资源消耗获得尽可能大的效用满足或者以尽可能少的水资源消耗获得同样的效用满足，使生产者以同样的水资源投入获得尽可能高的产出水平或者以尽可能少的水资源投入获得同样的产出水平。

水资源具有十分广泛的用途和极其丰富的功能，大体上具有生活用水功能、生产用水功能和生态用水功能。生活用水功能包括饮用、梳洗、装点等功能，生产用水包括农业用水、工业用水、运输用水、养殖用水等功能，生态用水包括水生态景观、水生态调节、水环境容量等功能。这种水资源的多用途性，需要经济学研究如何将稀缺的水资源配置到人们最急需的地方去，以产生最大的效用。

由于水资源的功能广泛，对水资源经济学的研究对象进行界定十分复杂，于是，现有的水资源经济学著作往往回避这个问题。只有斯蒂芬 • 麦立特（Stephen Merrett）试图对此进行回答，他在《水资源经济学导论：国际视角》（Introduction to the Economics of Water Resources：an International Perspective，1997）一书中用英语单词 Hydroeconomics 表述“水的经济学”或称“水资源经济学”。他认为，水资源经济学的研究客体包括：河流、湖泊、湿地、近海水域的保护；陆地的排水系统；洪水防范和海岸保护；大坝项目；洁净水的供给；家庭、农业、工业和其他部门的水资源的使用；废水的处理及其排放。进而他阐述了水资源经济学理论和政策分析的十大领域：① 向家庭、农业、工业和其他部门供应符合质量标准的足够的水资源；② 确保低收入家庭的洁净水的使用；③ 确保农牧业水资源的供给和使用；④ 净化家庭、农业和工业排放的污水；⑤ 防止洁净水供应和废水收集企业垄断权力的滥用；⑥ 保障城乡抗洪及其排水；⑦ 保护地表水和地下水循环流动的能力；⑧ 保护在所有洁净水和海洋水环境中的生物物种及其生活习性；⑨ 减少和消除国际水资源冲突；⑩ 确保政府为了达到上述目标进行公共投资的支出的透明性。他的分析，概括了水资源经济学研究的可能领域，但是并未对此进行严格界定。

简单地说，水资源经济学涉及 3 个大的问题：① 如何把过多的水化害为利，这一部分可以称做水利经济学；② 如何使有限的水资源优化配置，这一部分可以称做水资源经济学；③ 如何防止和处置超过环境容量的废水排放，这一部分可以称做水环境经济学。有的学者在分析水资源危机时，将危机的表现形式概括为“水多了”（洪涝灾害）、“水少了”（水资源短缺）和“水脏了”（水环境污染）。这正好对应于前面的3个问题。

由此可以认为，水资源经济学的研究对象及其范围可以分成 3 个层次：第一层次，“狭义的水资源经济学”，只包括符合一定水质要求的水资源数量配置的研究内容；第二层次，“中义的水资源经济学”，同时包括水资源数量配置和水环境质量配置的研究内容；第三层次，“广义的水资源经济学”，同时包括水资源数量配置、水环境质量配置和水灾害防范等研究内容。从现有水资源经济学的分析比较中可以看出，针对这 3 个层次不同范围开展研究的都有。斯蒂芬·麦立特（Stephen Merrett）的《水资源经济学导论：国际视角》（1997）就是狭义的水资源经济学，尼克拉斯·斯巴伯（Nicolas Spulber）和阿斯格·萨巴吉（Asghar Sabbaghi）合著的于 1994 年初版、1998 年再版的《水资源经济学：从规制到私有化》就是中义的水资源经济学，道格拉斯·雪（Douglass Shaw）于 2005 年出版的《水资源经济学与政策导论》就是广义的水资源经济学。一般而言，洪涝灾害属于灾害经济学研究的范畴，水资源经济学主要研究水资源短缺和水环境污染问题尤其是前者。本书选取的是“中义的水资源经济学”。

水资源经济学属于资源经济学的分支学科，随着水资源经济学研究的深化，该学科本身又出现了一些分支，如水供给经济学与水需求经济学、水市场经济学与水管制经济学、水技术经济学与水制度经济学、水资源产权理论与水资源价格理论等。这些不同的分支学科均有其独特的研究对象。

1.3 水资源经济学的分析方法

1.3.1 成本—收益分析法

成本—收益分析法是现代经济学的基本理念和分析工具。成本就是作出一项决策或从事一项经济行为所付出的代价。经济学中有一系列的成本概念，如短期成本与长期成本、显性成本与隐性成本、机会成本与沉没成本、固定成本与可变成本、私人成本与社会成本。无论是短期分析还是长期分析，都存在总成本、平均成本和边际成本之分。经济收益就是厂商出售商品或劳务所获得的货币收入。经济学中将收益分为内部收益、外部收益和社会收益，社会收益等于内部收益与外部收益之和。收益的概念包括总收益、平均收益和边际收益。私人产品的厂商最优化选择就是要求边际收益等于边际成本，按照这个原则确定的产量就是最优产量。

水资源经济学同样离不开成本—收益分析法。而且，由于水资源的特殊性，考察水资源的成本—收益时，既要考虑内部成本又要考虑外部成本，既要考虑内部收益又要考虑外部收益。在收益给定时，如果存在外部成本，就意味着存在负外部效应，如某个企业对水环境的污染就是一种典型的负外部效应，水资源经济学就要研究解决这种负外部效应的内部化问题；在成本给定时，如果存在外部收益，就意味着存在正外部效应，如水源地的居民为了保护水源所获得的收益只是社会收益的一部分，这时就存在正外部效应，水资源经济学就要研究解决这种正外部效应的内部化问题。

私人厂商的优化决策往往是按照边际私人成本等于边际私人收益的原则来确定其私人最优产量，整个社会的优化决策往往要求按照边际社会成本等于边际社会收益的原则来确定社会最优产量。对于一般的竞争性产品，私人最优和社会最优往往是一致的。但对于具有公共物品属性和外部经济效应的水资源而言，私人最优产量与社会最优产量往往是不一致的。水资源经济学就要通过征税、补贴等庇古手段或自愿协商、市场交易等科斯手段实现私人最优和社会最优的一致。

从理论分析看，有没有成本—收益分析方法的运用是检验一部著作是否属于经济学著作的标志。水资源经济学要成为经济学的一个分支学科，必须自觉运用成本—收益分析法。从实践角度看，水资源定价、水价改革、水工程分析、水环境评价等都必须以成本—收益分析法作为基本分析工具。例如，吉本（Gibbons，D.）著的《水的经济价值》（The Economic Value of Water Washington，D.C. Resources for the Future，1986）、埃克斯坦（Eckstein）著的《水资源发展：项目评价经济学》（Water Resource Development：the Economics of Project Evaluation，1958）均大量运用了成本—收益分析法。

1.3.2 需求—供给分析法

"需求—供给、成本—收益"的分析框架被称为现代经济学的"八字方针"。因此，需求分析法和供给分析法具有十分重要的意义。需求就是消费者在一定时间内在每一价格下对一种商品或劳务愿意而且能够购买的数量，它反映的是在其他条件不变的情况下需求量与价格的对应关系。供给就是生产者在一定时间内在每一价格下对一种产品或劳务愿意而且能够提供出售的数量，它反映的是在其他条件不变的情况下供给量与价格之间的对应关系。

无论是微观经济学还是宏观经济学，都以需求—供给分析法作为基本工具。水资源经济学同样离不开需求—供给分析法。水资源经济学要通过需求分析了解影响水资源需求的各种变量（如家庭用水需求、公共用水需求、农业用水需求、工业用水需求）以及各种变量是如何影响水资源需求的变化的；要通过供给分析了解影响水资源供给的各种变量（如降雨量、水资源储藏量、水资源开发技术、水资源管理水平等）以及各种变量是如何影响水资源供给的变化的；要通过需求—供给分析，了解水资源的价格是怎么决定的以及政府如何利用供求关系对水资源价格进行调整。

在水资源经济学的萌芽阶段侧重于水资源供给分析。当时面临的问题是，如何通过水资源供给的增加满足日益增长的水资源需求。例如，由杰克·赫雪雷佛（Jack Hirshleifer）等著的《水供给：经济学、技术和政策》（Water Supply：Economics，Technology，and Policy，1960）就是当时具有代表性的水资源供给经济学。但是，随着水资源开发越来越逼近其生态极限，在水资源经济学的诞生阶段，人们日益重视水资源需求分析。例如，由斯蒂芬·仁泽踢（Steven Renzetti）著的《水需求经济学》（The Economics of Water Demands，2002）则是目前水资源需求经济学的代表性成果。在《水资源经济学》著作中大多数采用供给—需求综合分析法。例如，在罗纳德·C·格里芬（Ronald C. Griffin）著的《水资源经济学：稀缺性、政策与项目的分析》（Water Resource Economics：the Analysis of Scarcity，Policies，and Projects，2006）一书的引言中就列举了“六大供给加强战略”和“六大需求管理战略”。“六大供给加强战略”是：建设与扩建大坝，钻探和改善水井，建设跨流域的引水设施，修复灌渠渗漏，建设海水淡化工厂，重新规划水库功能；“六大需求管理战略”是：建立水资源保护的综合标准，建立节水抽水马桶计划，定量配给水或限制使用水，水权买卖，提高水价，教育用水户保护水资源。

1.3.3 实证分析法与规范分析法

实证分析就是经济学中进行科学预测和纯事实叙述的分析方法。所谓科学预测就是在其他情况不变的前提下，如果有事实 A 存在，就会发生情况 B 的那种后果。它是关于在特定条件下因果关系的叙述。所谓纯事实叙述主要回答“是什么”这类问题。它说明某一事物过去怎样，现在怎样，将来会怎样。实证分析的一个基本特征是，实证命题是可以测试真伪的。例如，如果有一种经济学说认为，兴建水利工程可以增加总就业量，这种学说就是实证的经济学说。因为它的正确与否可以通过扩大政府支出、兴建水利工程，然后观察总就业量的变化进行检验。实证分析只能回答效率状况。

规范分析就是经济学中对经济政策或经济状况进行价值判断，决定其是好还是坏，确定“应该是怎样”的分析方法。规范分析是在一定的哲学、文化、宗教、道德前提下，对什么是好、什么是坏作出价值判断。由于每个人或各个群体的哲学、文化、宗教、道德观念不同，对同一事物将存在不同的规范论述，它们之间的分析是不能通过事实的检验来判断的。例如，宁要“高污染，高增长”还是宁要“低污染，低增长”？无法通过实践加以检验，总是“公说公有理、婆说婆有理”。规范分析既讲效率又讲公平。

绝大多数人认为，有效率是一桩好的、值得进行的事情，能以最小的成本、最低的代价完成的事情何乐而不为呢？但是，光讲效率是不够的。改革开放，使广大人民得到实惠，很明显，效率比以前提高了许多。但公平问题呢？贫富差距拉大。如果两极分化问题解决不好就会影响社会稳定，反过来又影响到效率和经济发展。这时，公平原则就显得十分重要。

在水资源配置中必须兼顾效率与公平。如以水价改革为例，如果一味强调提价，可能通过提高水价使水资源价格充分显示水资源的稀缺程度，从而解决水资源效率问题。但是，过高的水价会使低收入阶层难以承受。因此，在水价改革设计中可以采取阶梯式水价制度，基本生活用水按照公平原则采取“低价策略”；生产用水按照效率原则采取“中价策略”；奢侈性和浪费性用水采取“高价策略”遏止其过度使用。

当然不同学者研究的角度不同，因此，研究的侧重点也不同。例如，在马克·W·罗斯格兰（Mark W. Rosegrant）和埃里尔·迪讷（Ariel Dinar）共同编辑的《水市场：潜力与绩效》（Markets for Water：Potential and Performance，1998）一书中侧重于水资源配置效率的提高，罗纳德·C·格里芬所著作的《水资源经济学：稀缺性、政策和项目分析》（Water Resource Economics：the Analysis of Scarcity，Policies，and Projects，2006）也始终围绕水资源的经济效率展开论述。而在奥开·安佛（I.H. Olcay Unver，et al）等土耳其3位专家共同编辑的《水发展与反贫困》（Water Development and Poverty Reduction，2003）中则既注重效率问题又注重公平问题，既采取实证分析法又采用规范分析法。

1.3.4 静态分析法与动态分析法

美国经济学家克拉克在《财富的分配》(1899)一书中，首先提出了静态经济学与动态经济学的区分。静态分析就是分析在某一时期中经济现象的均衡状态以及有关经济变量达到均衡状态所需要具备的条件，但不涉及经济达到均衡状态的过程。静态分析有利于经济问题的各个击破，但存在 3 个局限性：① 忽视了均衡状态的转移问题，即忽视了导致均衡状态的调整和再调整过程；② 它不考虑不稳定均衡问题，即它们假定的均衡都是能够达到的；③ 它忽视了时间因素。

比较静态分析，是指原有的各种条件发生了变化，分析和比较经济现象如何在新的条件下达到新的均衡状态，也就是说，对从一个时期的均衡状态到另一个时期的均衡状态的变化作比较分析。但是，比较静态分析只涉及两个时期（或两个以上时期）的不同均衡状态的比较分析，并不涉及从一种均衡到另一种均衡状态的变化过程的分析。比较静态分析的优点是，它考虑了其他外生变量的影响，而静态分析不考虑其他任何因素的影响。静态分析的局限性在比较静态分析中照样存在。

动态分析是指区别变量的先后过程的模型和理论。动态分析方法要求把经济运行过程划分为连续的分析时期，从而考察有关经济变量在继起的各个期间的变化情况。因此，这种分析称为序列分析或期间分析。

静态分析和比较静态分析都是水资源经济学研究的重要手段。面对如此复杂的水资源问题，首先需要作出一些简化假设，在一定的假设前提下分析水资源配置问题。但是，水资源的流动特征、数量的季节性差异和年度差异特征、需求状况的变化迅速的特征等，都要求采取动态分析法，使经济分析更加接近现实世界。水资源规划中的线性分析法主要采用静态分析法，而动态模型主要采用动态分析法。

在尼克拉斯·斯巴伯和阿斯格·萨巴吉合著的《水资源经济学：从规制到私有化》(1994，1998)中主要采用静态分析法和比较静态分析法，而在罗纳德·C·格里芬著作的《水资源经济学：稀缺性、政策和项目分析》(2006)中则综合运用了静态分析、比较静态分析和动态分析法。

1.3.5 定性分析法与定量分析法

经济学的一个重要特征就是模型化。经济模型是指用来描述与所研究的经济现象有关的经济变量之间的相互依存关系的理论结构。经济变量是指经济社会活动中数值可以变化的事物。经济模型主要有 4 种：① 文字模型，即用文字形式描述经济变量之间相互依存关系的理论结构。虽然经济理论越来越多采用其他类型的模型，但是文字模型永远是不可缺失的。② 数理模型，即用数学定理来确定其分析的假定和前提，用数学方程来表述一组经济变量之间的相互关系，通过数学公式的推导来得到分析结论的理论结构。③ 几何模型，即用几何图形的方式来表示经济变量之间的相互关系的理论结构。它的优点是简单易懂，一目了然。④ 计量模型，即把经济学、数学和统计学结合在一起，来研究经济社会活动的变化。数理模型只给出了经济变量之间性质上的相互关系，计量模型则给出了经济变量之间在具体数量上的相互关系。文字模型属于典型的定性分析，数理模型、几何模型和计量模型属于定量分析法。

模型分析法是经济学的看家本领，在水资源经济学中同样如此。如果对大量的水资源经济学文献作一个分析，可以发现，虽然仍有一些高水平的定性分析论文，如关于水制度的经济学分析、水资源产权的经济学分析、水资源政策的设计等，但是，更多的是运用数理模型、几何模型和计量模型的定量分析法。有模型就可以建立共同的评价标准，有模型就可以检验知识的贡献度，有模型就可以比较容易识别理论的真伪。

因此，本书在每一章中都力求用经济模型来阐述水资源配置现状、水资源的配置理论和水资源的配置政策。水资源经济学属于应用经济学，作为应用经济学既要有理论突破，又要面对和解决实际问题。经济发展到一定阶段，仅仅提供定性的描述和建议是不够的，科学决策往往需要数据作为依据。过去，也许水资源经济学家只要向政府建议：提高价格可以缓解水资源供求矛盾；现在，却要求水资源经济学家明确回答：水价提高多少、什么时候提价、什么水可以提价、怎么提价才能保证水资源的供求平衡。因此，定量分析在水资源经济学研究中显得越来越重要。本书在供求论、定价论、效率论等许多章节均大量涉及定量分析。当然，值得注意和预防的一个倾向是，为模型而模型，把简单的问题复杂化。经济模型始终是为经济理论和观点服务的，按照“奥卡姆剃刀原理”，理论总是越简单越好，真理往往是十分简洁的。

1.4 水资源经济学的研究框架

1.4.1 已有《水资源经济学》的研究框架

根据作者的检索和了解，目前英文和中文的《水资源经济学》共有 6 本。当然，还有一些书名叫《水资源经济学》，实质内容是论文集的著作，如威廉姆·依斯特（K. William Easter）和玛丽·仁维克（Mary E. Renwick）共同编辑的《水资源经济学：制度、手段和政策》（Economics of Water Resources：Institutions，Instruments and Policies for Managing Scarcity，2004），没有包含在 6 本著作中；还有一些书名中没有出现《水资源经济学》字样，但是，其研究内容倒是属于该范围的，如斯蒂芬·仁泽踢（Steven Renzetti）所著的《水需求经济学》（The Economics of Water Demands，2002），也没有包含在 6 本著作中。

1.4.1.1 尼克拉斯·斯巴伯（Nicolas Spulber）和阿斯格·萨巴吉（Asghar Sabbaghi）合著的《水资源经济学：从规制到私有化》

尼克拉斯·斯巴伯和阿斯格·萨巴吉合著的《水资源经济学：从规制到私有化》的第一版出版于 1994 年，属于全世界第一本《水资源经济学》，1998 年作者又作了充实出版了第二版。该书的难度属于中级到高级水平，研究范围介于广义和狭义之间的中义的水资源经济学，具有严密的逻辑体系，是一本比较优秀的水资源经济学。

这本《水资源经济学》第一版的框架由 4 篇 12 章构成。4 篇的题目分别是：分析框架；水数量和质量的相互作用；水资源管理的手段；总结与结论。12 章的标题分别是：水资源管理的内容；水需求的类型和数量；水供给的类型和数量；资源配置的市场方法；污染的性质及其特殊影响；经济—生态系统的相互作用；循环用水和水资源再利用；行政控制的缺点；水供给和配置的私有化；水服务的区别质量定价；流域水资源模型；水资源管理的长期政策后果。

该书从水资源的供给与需求、数量与质量、市场与政府这 3 个关系角度构建了严密的框架体系。从书名的副标题——从规制到私有化就可以看出，作者强调水资源管理不能“重政府，轻市场”，更不能“只要政府，不要市场”；当然，在强调市场作用的同时，也不是完全不要政府。

尼克拉斯·斯巴伯和阿斯格·萨巴吉合著的《水资源经济学》的第二版基本上维持第一版的框架，主要在 3 个方面作了资料更新和内容扩展：① 基于水数量—质量的交织问题以及水作为混合产品的商品，充分阐述了市场在区别质量定价方面可以发挥主要作用；② 基于公共控制、规制和强制执行的缺点，充分阐述了依靠私人资本扩大水供给的私有化以及确保废水处理设施的适当发展和现代化；③ 为了增加可用水的数量、消除水疾病传播、有效减缓污染等，充分阐述了统一和集中的流域水管理问题。

除了对篇章的名称作了一些必要的凝练和调整外，全书的框架仍然是 4 篇 12 章。4 篇的题目分别是：概念框架；水数量—质量的整合；管理与政策的相互作用；规制的范围。12 章的标题分别为：水资源管理；水资源需求；水资源供给；水资源配置的市场方法；污染及其特殊影响；经济—生态体系；水的再使用和循环；管理控制评价；促进水私有化；河流水量管理；区别质量进行水定价；与私有化相配套的规制。

1.4.1.2 斯蒂芬·麦立特（Stephen Merrett）独著的《水资源经济学导论：国际视角》

斯蒂芬·麦立特于 1997 年出版了第二本英文的水资源经济学，其书名是《水资源经济学导论：国际视角》。该书的难度属于初级，是一本狭义的水资源经济学，以水量为主适当兼顾水环境问题，这是一部带有个人体会性质的书。9 章题目分别是：引言；供给：工程师的角度；供给：经济学家的角度；有效需求和水价；水项目的社会成本—收益分析；水企业的经济核算；可持续社会的水资源规划；水项目的环境成本与收益；政治经济和水资源政策。

该书虽然逻辑体系不是十分严密，但是作者基本上围绕水资源的供给与需求的关系、水项目的成本与收益的分析、水政策的各种手段综合运用等问题展开论述。

1.4.1.3 道格拉斯·雪（Douglass Shaw）独著的《水资源经济学与政策导论》

道格拉斯·雪于 2005 年出版了第三本水资源经济学，其书名是《水资源经济学与政策导论》。该书难度属于初级水平，作者明确针对本科生而写。这是十分广义的水资源经济学，既研究水量又研究水质，既研究地表水又研究地下水，既研究生活必需品的水资源问题又研究奢侈品的水资源问题，既研究国内水资源问题又研究国际水资源问题。全书逻辑结构不怎么严密。从关注生态享乐型的角度研究水资源经济学，反映了发达国家关注的问题远远走在我国前面。该书 11 章题目分别是：水资源、水资源经济学和法律导论；微观经济学基础应用于水资源问题的述评；水质量问题；水价和住宅用水率；水与农业；水资源供求中的不确定性和风险；地下水；水资源的环境与享乐价值；水多、水少与大坝的作用；美国以外的水问题；总结、建议与结论。

1.4.1.4 罗纳德·C·格里芬（Ronald C. Griffin）独著的《水资源经济学：稀缺性、政策和项目分析》

罗纳德·C·格里芬于 2006 年出版了第四本英文水资源经济学，也是最新的一本水资源经济学，其书名是《水资源经济学：稀缺性、政策和项目分析》（Water Resource Economics：the Analysis of Scarcity，Policies，and Projects，2006）。格里芬认为该书是写给研究生和高年级本科生阅读的，但实际上除了部分章节到达中级水平以外，该书的大多数内容属于初级水平。这是一部狭义的水资源经济学，明确研究水资源的优化配置问题，不涉及水污染和水灾害问题。从全书的章节安排看，逻辑体系不够严密，例如先分析水制度和水政策、再分析成本—收益和水市场，先分析水定价、再分析水供求等。该书 12 章题目分别为：引论；最优配置与发展；动态世界的效率；社会制度；政策分析；成本—收益分析；水市场；水定价；需求分析；供给分析；供求模型；水挑战。

该书具有几个鲜明的特色：①作者将水资源经济学的研究目标锁定在“水资源经济效率”上，以此为中心深入分析水市场、水定价和水供求等；②将水资源效率分为中性的经济效率（Neutral economics efficiency）或称帕累托最优的经济效率和总体的经济效率（Aggregate economics efficiency）或称潜在帕累托最优的经济效率；③不局限于静态效率的分析，对于动态世界的经济效率作了专门介绍，分析了跨时期的水资源最优配置问题；④ 作者在写作过程中对新古典经济学、福利经济学和制度经济学等经济学基础知识作了较多的铺垫。

1.4.1.5 王春元与杨永江合著的《水资源经济学及其应用》

该书属于国内第一本水资源经济学著作。全书以水资源的主要经济社会问题为研究对象，借鉴有关领域的研究成果，将有关经济学原理运用于水资源的开发、利用和保护领域。全书集中论述了水资源、水经济、水环境、水文明等水问题的经济学原理和模型，提出了相应的建设方案和政策建议，并且提供了国内外的有关案例。

该书存在 3 个突出的问题：① 只是将微观经济学简单地移植到水资源经济学领域，嫁接工作显得十分粗糙，阅读后缺乏水资源经济学的信息量；② 泛化了水资源经济学研究的对象和范围，例如将水文明、水法规、水资源规划等属于水资源社会学、水资源法学、水资源规划学的内容都包容进来，削弱了水资源经济学的经济学色彩；③ 缺乏内在的逻辑统一性，各章内容之间显得有些散乱。

该书 14 章的标题分别是：导论；水资源需求；水资源供给；水资源配置；水资源规划；水文明水平；效用最大化；水商品生产；水商品交换；水商品决策；水经济政策法规；水经济波动均衡与增长；水经济资本化经营；水资源流域开发。

1.4.1.6 贾绍凤、姜文来与沈大军等合著的《水资源经济学》

贾绍凤、姜文来与沈大军等合著的《水资源经济学》是水资源前沿学术丛书之一，全书共分 5 篇 21 章。该书的 5 篇的题目分别是：水资源配置系统；水资源配置的市场机制；水资源需求规律；水资源成本效益分析；水资源管理。21 章的标题分别是：水资源需求系统；水资源供给系统；水资源配置概述；水市场的基础——水权；水市场的形成及特点；水价的形成；水资源的市场配置；水资源微观需求规律；水资源宏观需求规律；生态需水与水资源承载力；成本效益分析概述；成本效益计算与项目可行性评价；水资源成本效益分析；水资源项目评价；水资源管理概述；水资源供给管理；水资源需求管理；水环境管理；流域综合管理；水资源管理制度；水资源系统管理技术。

该书体系庞大、内容丰富、信息量大，属于国内编写较好的一本书。该书属于广义的水资源经济学，不仅研究水资源配置问题，而且研究水环境治理问题。由于该书将水资源经济学泛化了，例如把“水资源管理”作为最后一篇，反而导致《水资源经济学》与《水资源管理学》的混淆。而且，书中过度铺垫了水资源科学的常识，减弱了经济科学的色彩和味道。

表 1-2 对上述六部水资源经济学的简要情况作一概括。

表 1-2　国内外六部水资源经济学的比较

作者	书名	页数	时间	难度	广狭性	逻辑性
Nicolas Spulber and Asghar Sabbaghi	Economics of Water Resources: from Regulation to Privatization	342	1994 1998	中级到高级	中义	严密
Stephen Merrett	Introduction to the Economics of Water Resources: an International Perspective	211	1997	初级	狭义	一般
W. Douglass Shaw	Water Resource Economics and Policy: an Introduction	360	2005	初级	广义	一般
Ronald C. Griffin	Water Resource Economics: the Analysis of Scarcity, Policies, and Projects	402	2006	初级到中级	狭义	一般
王春元、杨永江	水资源经济学及其应用	159	1999	初级	广义	一般
贾绍凤、姜文来、沈大军等	水资源经济学	450 大 32 开	2006	初级到中级	广义	严密

1.4.2 本书的分析框架及主要特色

1.4.2.1 本书的基本框架

本书由引论（第 1 章）和“八论”（第 2 章至第 9 章）共 9 章构成。

第 1 章 引论。主要阐述水资源经济学的学科发展历史、研究对象、分析方法及总体框架等。

第 2 章 水资源危机论。从水资源危机入手阐述研究水资源配置的极端重要性。主要分析水资源危机的含义与表现、水资源危机的严重后果以及导致水资源危机的制度根源。这是全书的逻辑起点。

第 3 章 水资源供求论。通过水资源需求、水资源供给、影响水资源需求和供给的主要因素、水资源供求关系分析，阐述水资源供求均衡及价格决定。这是全书的基础。

第 4 章 水资源定价论。以水资源均衡价格理论为基础进一步阐述水资源价格决定的政府干预问题。在对水资源定价作出一般分析后，着重对线性定价模式和非线性定价模式作了系统阐述，并介绍了水价调整模式。这是全书的重点内容之一。

第 5 章 水资源效率论。在介绍了水资源效率的内涵、水资源效率的评价方法后，用 DEA 法测算了中国水资源的总体效率，用 SFA 法测算了中国的农业用水效率和工业用水效率。这是全书的核心内容之一。

第 6 章 水资源产权论。本章分别分析了水资源产权的内涵、水权的界定与分配、水权交易等问题。水资源产权制度的构建是从需求角度解决水资源危机的关键，因此，本章是全书的重点内容之一。

第 7 章 水资源保护论。由于水资源短缺的重要原因是水环境污染和水生态破坏，因此，需从供给角度阐述水资源的保护问题。主要包括水资源保护的管制理论、水资源保护的庇古理论和水资源保护的科斯理论等。

第 8 章 水资源节约论。解决水资源短缺既要重视供给分析，更要重视需求分析。在可供水总量给定的情况下，水资源的配置就取决于水需求。因此，本章从需求角度讨论水资源节约的主要举措，如节水技术创新、节水制度创新、节水管理创新等，并对节水型社会建设进行经济分析。

第 9 章 水资源对策论。从水资源的产品属性分析表明，水资源危机的制度根源是市场失灵、政府失灵和社会失灵，因此水资源配置需要市场机制创新、政府机制创新和社会机制创新的结合，并据此提出加强水资源管理的机制构建。同时，本章还对水资源政策的变化趋势作了一个概括。

根据上述分析，全书的框架和内在逻辑结构可以用图 1-3 加以表示。

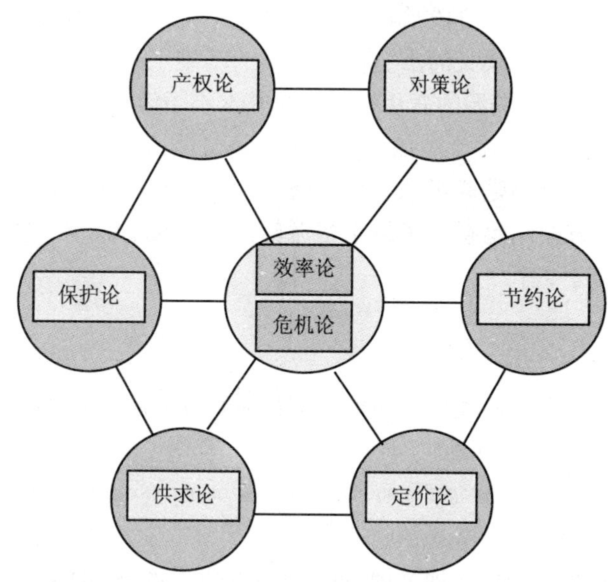

图 1-3 水资源经济学的内在逻辑结构

图 1-3 表明，水资源经济学诞生的现实背景是水资源危机，水资源经济学的使命就是要解决水资源危机。因此，水资源危机是全书关注的焦点。解决水资源危机必须落实到提高水资源效率上来，在供给给定的情况下，只有提高水资源效率才能解决水资源危机。虽然水资源经济学既属于实证经济学，又属于规范经济学，既要讲效率，又要讲公平，但是，在水资源特别稀缺的情况下，水资源配置的公平性的体现也必须建立在效率的基础之上。所以，水资源效率问题是全书的核心问题。围绕水资源效率这个核心，首先要以市场机制为基础，分析水资源的供求状况。这就是水资源供求论的任务。由于水资源是混合型产品，水资源定价不可能完全由市场决定，政府必然介入，定价论就是要解决水资源的实际价格的决定问题。根据水资源供求论和价格论的分析，通过改变一些外生变量促进水资源供给和需求状况的调整，因此，水资源保护论和节约论分别从供给和需求的角度进行阐述。实现水资源的供求均衡，根本上讲要依靠产权制度的保证和管理政策的落实，因此，安排了水资源产权论和对策论。

1.4.2.2 本书的主要特色

（1）分析框架的特色。本书以水资源配置问题作为分析主线，形成了以水资源危机论为分析起点，以水资源效率论为核心，以水资源供求论和水资源价格论为两个基础，以水资源保护论和水资源节约论为两翼，以水资源产权论和水资源对策论为支撑点的分析框架。这样的分析框架尚属首次尝试。

（2）分析方法的特色。本书清晰地界定资源经济学属于现代经济学的分支学科，水资源经济学属于资源经济学的分支学科，因此，水资源经济学必须遵循现代经济学的基本分析方法。全书在写作过程中对需求—供给分析法、成本—收益分析法、实证分析与规范分析法、静态分析与动态分析法、定性分析与定量分析法作了娴熟的运用，从而使得本书具有显明的经济科学特色。

（3）研究范围的特色。本书写作目的是针对中国的水资源问题，因此，研究范围也要根据中国特色和中国的发展阶段来设定。本书既不是狭义的水资源经济学，也不是广义的水资源经济学，而是在狭义的水资源经济学的基础上适当兼顾了水环境问题。而对那些水资源的休闲价值、水资源的奢侈性消费等基本不予涉猎。

（4）研究深度的特色。由于中国的水资源经济学刚刚起步，基于这个事实，本书既不是初级水平的论著，也不是高级水平的论著，而是适合于本科高年级和研究生层次阅读的论著。这样，一方面满足初步了解水资源经济学的读者，另一方面又满足对水资源经济学希望深入研究的读者。

参考文献

[1] Nicolas Spulber and Asghar Sabbaghi. Economics of water resources：from regulation to privatization[M]. Boston：Kluwer Academic Publishers，1994.

[2] Nicolas Spulber and Asghar Sabbaghi.Economics of water resources：from regulation to privatization[M]. Boston：Kluwer Academic，1998.

[3] Stephen Merrett. Introduction to the economics of water resources：an international perspective[M]. Lanham：Rowman & Littlefield，1997.

[4] W. Douglass Shaw. Water resource economics and policy：an introduction[M]. Cheltenham，UK. Northampton. MA：Edward Elgar，2005.

[5] Ronald C. Griffin. Water resource economics：the analysis of scarcity，policies，and projects[M]. Cambridge. Mass：MIT Press，2006.

[6] Steven Renzetti.The economics of water demands[M]. Boston：Kluwer Academic Publishers，2002.

[7] Ariel Dinar and David Zilberman. Economics of Water Resources：The Contributions of Dan Yaron[M]. Boston：Kluwer Academic Publishers，2002.

[8] K. William Easter，Mark W. Rosegrant and Ariel Dinar. Markets for Water：Potential and Performance[M]. Boston：Kluwer Academic Publishers，1998.

[9] K. William Easter and Mary E. Renwick. Economics of water resources：institutions，instruments and policies for managing scarcity[M]. Aldershot，Hants，England; Burlington，VT，USA：Ashgate，2004.

[10] R. Maria Saleth，Ariel Dinar. The institutional economics of water：a cross-country analysis of institutions and performance[M]. Cheltenham，UK; Northhampton，MA：Edward Elgar，2004.

[11] Green，Colin H. Handbook of water economics：principles and practice[M]. Hoboken，N.J. ：Wiley M，2003.

[12] Saliba，B. and D.B. Bush. Water Markets in Theory and Practice：Market Transfers，Water Values and Public Policy[M]. Boulder，CO：Westview Press，1987.

[13] Anderson. T.L. Water Rights：Scarce Resource Allocation，Bureaucracy，and the Environment[M]. San Francisco：Pacific Institute for Public Policy Research，1983.

[14] Dauglas D. Parker and Yacov Tsur. Decentralization and Coordination of Water Resource Management[M]. Boston：Kluwer Academic Publishers，1997.

[15] Richard E. Just and Sinaia Netanyahu. Conflict and Coorperation on Trans-Boundary Water Resource[M]. Boston：Kluwer Academic Publishers，1998.

[16] Carl J. Bauer. Against the Current：Privatization，Water Markets，and the State in Chile[M]. Boston：Kluwer Academic Publishers，1998.

[17] I.H. Olcay Unver，et al. Water Development and Poverty Reduction[M]. Boston：Kluwer Academic Publishers，2003.

[18] Stavins，R. Trading Conversation Investments for Water[M]. New York：Environmental Defense Fund，1983.

[19] Gibbons，D. The Economic Value of Water[M]. Washington，D.C：Resources for the Future，1986.

[20] Meade，J.. External Economics and Diseconomies in a Competitive Situation [J]. Economic Journal，Vol.62，pp. 54-67，1952.

[21] Baumol，W.J.. On Taxation and the Control of Externalities[J]. America Economic Review，pp.307-321，1972.

[22] Hardin，G. The Tragedy of the Common[J]. Science，Vol. 162，pp1243-1248，Dec.13，1968.

[23] Demsetz，H.. Toward a Theory of Property Rights[J]. American Economic Review，Vol.57，pp.347-359，May 1967.

[24] Wahl，Richard W. Markets for Federal Water：Subsidies，Property Rights，and the Bureau of Reclamation[M]. Washington，DC：Resources for the Future，1989.

[25] Dieter Helm and Najma Rajah. Water Regulation：The Periodic Review[J]. Fiscal Studies，Vol.15. No.2 pp74-94，1994.

[26] Eckstein，O. Water Resources Development：The Economics of Project Evaluation[M]. Cambridge，Mass：Harvard University Press，1958.

[27] 【英】亚当·斯密.国民财富的性质及原因的研究（上卷）[M]. 北京：商务印书馆，1972.

[28] 【英】约翰·伊特韦尔，【美】默里·米尔盖特，【美】彼得·纽曼. 新帕尔格雷夫经济学大辞典[M]. 北京：经济科学出版社，1996.

[29] 【英】庇古. 福利经济学[M]. 北京：华夏出版社，2007.

[30] 【美】埃莉诺·奥斯特罗姆. 公共事物的治理之道——集体行动制度的演进[M]. 上海：上海三联书店，2000.

[31] 【美】P·麦卡利. 大坝经济学[M]. 北京：中国发展出版社，2001.

[32] 贾绍凤，姜文来，沈大军，等. 水资源经济学[M]. 北京：中国水利水电出版社，2006.

[33] 王春元，杨永江. 水资源经济学及其应用[M]. 北京：中国水利水电出版社，1999.

[34] 沈满洪，等.资源与环境经济学[M]. 北京：中国环境科学出版社，2007.

[35] 沈满洪，等.生态经济学[M]. 北京：中国环境科学出版社，2008.

第2章　水资源危机论

联合国的《世界水资源综合评估报告》指出：水问题将严重制约21世纪全球经济社会的发展，甚至导致国家间冲突。世界范围内的水资源短缺问题和水污染问题，是困扰当今世界经济发展的突出问题，是制约可持续发展的重要因素①。我国同样面临这一问题，水已经成为制约我国经济社会发展的重要"瓶颈"。本章通过阐述水资源危机的表现，深入分析水资源危机的根源。本章的论述，旨在引起读者对水资源危机的关注，同时也为本书其他各章的写作做必要的铺垫。

2.1 水资源危机的含义及表现

2.1.1 水资源危机的含义

按照《辞海》的解释，危机有两层含义：一是潜伏的祸机；二是生死成败的紧要关头。水安全和水危机是人类开发水资源过程中出现的两种临界状态：当人与水和谐相处时，人与水的关系就处于安全状态；当人与水相处不和谐或人类生产活动严重干扰了水生态系统并破坏了水资源的自然循环过程时，人与水的关系就处于不安全状态。如果这种不安全关系长期持续下去，那么，人与水的关系就会演化成危机状态，造成水资源危机。

2.1.1.1 广义的水资源危机

广义的水资源危机是指由于自然气候灾变与人类不当的活动，大量积存着致灾因子，这些致灾因子进一步演变会引发重大水灾害，造成国家利益的重大损失，危及水安全。

2.1.1.2 狭义的水资源危机

狭义的水资源危机是指由于人类开发利用水资源超过水资源与水环境承载能力，积累了许多导致水资源供给长期不能够满足人类生存、社会进步和经济发展的需求，以及导致水生态系统被严重破坏的致灾因子，这些致灾因子进一步演变会引发供水严重不足、水生态系统崩溃等重大灾害，造成国家利益损失，危及水安全。

2.1.2 水资源危机的表现

水资源危机主要表现为两个方面：一方面是水资源短缺；另一方面是水环境恶化。水资源短缺是从数量上来衡量水资源危机的，是指在一定的区域内可利用的水资源量不能满足其经济、社会和生态用水需求，从而影响经济社会的可持续发展。水环境恶化是

---

① 钱正英，张光斗，等. 中国可持续发展水资源战略研究综合报告及各专题报告[M]. 北京：中国水利水电出版社，2001.

从水质方面来描述水资源危机的，是指水质不能满足用水需要，通常是指由于水污染或天然水资源含有有害成分，导致水质不能达到用水标准。

2.1.2.1 水资源短缺日益严峻

（1）人均水资源少。虽然我国的水资源总量约有 2.8×10^{12} m^3，居世界第 6 位，但仅有 40%可利用，人均水资源拥有量只有 2 220 m^3，仅为世界人均拥有量的 1/4，加拿大的 1/50，居世界第 88 位，已被列入世界 12 个最贫水国家的名单中。1993 年国际人口行动提出的《持续水：人口和可更新水的供给前景》报告认为：人均水资源少于 1 700 m^3 的国家为用水紧张国家；人均水资源少于 1 000 m^3 的为缺水国家；人均水资源少于 500 m^3 的为严重缺水国家。①在水利部发布的《2004 年中国水资源公报》中，我国东、中、西部的人均用水量分别为 436 m^3、371 m^3、487 m^3，远低于国际公认的水资源紧缺下限 1 000 m^3。建设部曾预计到 2030 年，我国人口增至 16 亿时，人均水资源将下降到 1 760 m^3，进入中度缺水型国家的行列。可见，我国未来水资源的形势是十分严峻的。

（2）城市和工业供水不足。自改革开放以来，随着工业的发展和城市人口的增加，我国缺水城市迅速增加。截至 2005 年年底，我国 660 座城市中有 400 多座城市存在不同程度的缺水问题，全国城市年缺水总量达 60 亿 m^3。其中，136 座城市严重缺水。同时，50%的城市地下水受到不同程度的污染，一些城市已经出现水资源危机。因缺水造成的各行业损失已经突破了 2 000 亿元大关。

北京是严重缺水的特大城市，水资源总量不足。北京境内没有大江大河，没有充足的过境水，水资源主要依赖地下水和自然降水。从 1980 年开始，北京就开始通过密云水库、官厅水库向北京市供水。1999 年以来，北京连续 5 年干旱，5 年平均降水 428 mm，仅为多年平均年降水的 70%左右，造成地表水骤减，水库蓄水入不敷出，地下水连年超采，水位持续下降。到 2003 年 11 月底，密云水库蓄水 7.6 亿 m^3，官厅水库蓄水 2.06 亿 m^3，比 1999 年初分别减少了 2.8 亿 m^3 和 3.2 亿 m^3。水资源短缺已成为制约首都经济社会发展的重要瓶颈。

吉林省是我国北方干旱缺水的省份之一，水资源总量为 404 亿 m^3，全省人均拥有水资源量 1 520 m^3，为全国人均拥有水资源量的 68%。总体上看，该省属于资源型缺水地区，水资源量相对不足，导致干旱频繁发生，干旱影响逐年增大，影响范围逐渐扩展，旱灾损失越来越重。据 2006 年 6 月统计，吉林省共有辽源市、四平市、公主岭市及洮南市等 12 座县级以上城市缺水，日缺水量达 35 万 m^3，影响人口达 152 万，每月影响工业产值约 1 460 万元。

缺水对工业生产影响巨大。2005 年，云南省的降水偏少，同时伴随着持续的高温，导致了较为严重的旱情。结果，一方面，由于干旱造成电力行业缺水停机，加剧电力供应形势更趋严峻，直接影响工业生产；另一方面，由于干旱造成了农副产品减产，影响卷烟加工工业、制糖行业以及农副产品加工工业，给工业生产带来影响，造成了工业产值的损失。

（3）农业和农村缺水严重。我国农业用水占总用水量的 85%，有效灌溉面积虽有 4.87×10^5 km^2，但能保灌的只有 2.67×10^5 km^2。农业灌溉用水也面临着不断减少的趋势，

① 刘伟. 中国水制度的经济学分析[M]. 上海：上海人民出版社，2005.

这主要来自三方面的威胁：① 城市用水对农业用水的挤占；② 地下水的枯竭；③ 水资源污染严重。当城市用水缺乏后备水资源时只能靠挤占农业用水来填补缺口。如2006年春，由于城市用水紧张，浙江省宁波市不得不动用运水车，将乡村河道里的灌溉水运进城里供企业使用。可见，农业用水的短缺与城市供水短缺是密切相关的。农业用水不仅受城市用水的挤占，同时也面临着地下水资源枯竭的威胁。地下水的开采量若超过“可持续开采量”的极限，地下水位就会下降，一旦开采量超出每年自然补给速率，地下水位的下降幅度逐年加大，最终使地下水枯竭。无论从经济上还是政治上来说，农业都不具备与工业争水的实力。同样数量的水用于工业生产所能创造的产值是农业产值的70倍，稀缺的水用于工业比用于农业能创造出更多的就业机会，因而农业在用水竞争中成为输方。由于工业发展速度快，而控制污染的措施跟不上，结果越来越多的水源因污染而不能用于灌溉。

水资源短缺对农业的影响是巨大的。2006年，全国作物因旱受灾面积达20 73.791万hm^2，其中成灾13 41.134万hm^2，绝收2 29.540万hm^2，成灾面积占受灾面积的比例为64.7%，比1991年以来的平均值（50.8%）明显偏高。据测算，全国因旱灾而导致的粮食损失达416.5亿kg，经济作物损失316.2亿元，全年累计有2 936.25万头牲畜因旱发生饮水问题。

（4）供需矛盾日益加剧。经济社会发展对水资源需求增长的影响，主要体现在：人口增长与城市化进程；产业结构变化与工业增长；农业发展与灌溉面积增长。随着社会发展，农业、工业、生活以及生态环境用水将不断增加，经有关专家测算，2050年我国的需水量将达到8 000亿m^3，比2006年增加了2 300亿m^3左右。其中城市生活用水800亿m^3，增加了3倍；工业用水3 000亿m^3，增加了3倍；农业用水4 200亿m^3，比2006年的3 720亿m^3略有增加；生态环境用水为800亿～1 000亿m^3。而2006年的水供应量为5 716亿m^3，要满足需要，还须新增加供水能力2 300亿m^3左右。这将是一项艰巨的任务。

2.1.2.2 水环境污染日趋严重

无论对发达国家还是发展中国家来说，水环境污染都是经济发展过程中不可回避的严峻事实。但与发达国家相比，我国的水环境污染显得更为突出和严重。无论是地表水还是地下水，水质污染非常严重且呈加剧趋势。重点流域污染状况及发展趋势更是令人担忧。尽管国家为此投入了大量的治理资金，但从总体上看，水环境恶化趋势尚未得到根本遏止，治理污染的速度赶不上污染增加的速度，污染负荷早已超过水环境容量。同时，水资源短缺的矛盾日益加剧，资源性短缺与水质性短缺并存，严重制约了经济社会的可持续发展。

（1）重点流域水质持续恶化。根据《地面水质量标准》，不同年份全国河流水质评价结果如表2-1所示。

从表2-1可以看出，符合Ⅳ、Ⅴ类和劣Ⅴ类标准的河长在逐年升高，而符合Ⅲ类以下标准的河长比例越来越少。这说明从全国范围来看，水污染的范围越来越广。例如，长江是我国第一大河，年径流量近1万亿m^3，约占全国水资源量的30%。良好的天然水质是长江流域人民一项巨大的自然财富。但进入21世纪以来，长江流域地表水水质呈现恶化的趋势。统计数据表明，1998年全流域污水排放量约为202.5亿m^3，1999年为212.4亿m^3，2000年为239.5亿m^3，2001年为220.5亿m^3，2002年为243.4亿m^3，2003年为

272.3 亿 m^3，2004 年为 288.1 亿 m^3，2005 年为 296.4 亿 m^3，2006 年为 305.5 亿 m^3，年均增加 5%。污水排放量快速增加使长江水质出现不同程度的下降，许多地方形成岸边污染带，直接影响到流域经济社会的健康发展。除长江以外，其他流域也受到了不同程度的污染。其中，水域污染最具代表性的是“三河三湖”，即淮河、辽河、海河、太湖、巢湖、滇池。2002 年，太湖流域 80%以上的河道水质为Ⅳ类、Ⅴ类和劣Ⅴ类，太湖基本已处于富营养化状态，蓝藻经常爆发，已经不符合饮用水源地水质标准。

表 2-1 1997—2006 年全国河流水质评价

年份	评价河长/km	Ⅲ类以下/%	Ⅳ、Ⅴ类/%	劣Ⅴ类/%
1997	65 405	56.4	27.7	15.9
1998	109 700	62.8	20.3	16.9
1999	113 600	62.4	20.4	17.2
2000	114 000	58.7	24.2	17.1
2001	121 000	61.4	22.0	16.6
2002	123 000	64.7	17.8	17.5
2003	134 600	62.6	16.7	20.7
2004	130 000	59.4	18.8	21.8
2005	140 000	60.9	17.8	21.3
2006	140 000	58.3	19.9	21.8

（2）地下水质污染日益严重。1997—2006 年间，我国地下淡水资源多年平均为 8 302 亿 m^3，约占全国水资源总量的 1/3。在这 10 年间，全国地下水开采量平均以每年 25 亿 m^3 的速度增加，地下水占总供水量的比例已从 1997 年的 25%增长到 2006 年的近 30%。但同时地下水的污染日益严重。1988 年，国家有关部门对我国 118 座大型城市浅层地下水普查表明，有 115 座城市地下水受到不同程度的污染，占检测总数的 97.5%。1992 年，有关单位调查数据显示，在北方，有 28%以上城市地下水已不适合作为饮用水源。在南方，地下水水质也呈下降趋势。2000 年，国土资源部按照《地下水质量标准》在全国范围内对地下水资源进行评价，结果显示，约有一半城市市区的地下水污染比较严重，其中地下水重度污染的城市占 30%，地下水中度污染的城市占 60%。有 136 个大中城市地下水受到不同程度的污染。

从历次调查反映的情况看，我国地下水污染源主要是工业“三废”和生活污染物的排放，尤其是化肥、农药的污染。化肥在使用过程中产生的分子氮、NH_3、N_2O、NO、NO_2 以及生活燃烧产生的 SO_2 等污染，在空气中易形成硫酸和硝酸，从而导致酸雨的产生，使湖泊酸化、鱼类死亡；化肥污染还造成土壤水中重金属和有毒元素（砷、汞、铅、镉等）的增加，这些有毒元素必将对水源造成严重污染。喷洒到农作物上的农药仅有 10%～20%被植物吸收，其余 80%～90%却降落于湖泊、江河之中，造成水体污染。

（3）城市水环境污染日趋严重。随着我国工业的发展和城市人口的增加，工业废水和生活污水的排放量急剧增加，加之城市污水处理能力较弱，使绝大多数河流的城市段和湖泊出现了严重污染和富营养化。城市居民生活污水中所含污染物较多，其中有有机物、无机物、微生物等；工业废水中包括有生产废料、残渣以及部分原料的产品、半成品、副产品，所含污染物种类繁多。这些未经处理或处理不充分的污水排入径流城市的河流，以及工业废气向大气排放，其中所含的硫、氮等气体可形成酸雨下降到地表水体，这些都会造成水体污染、水质恶化。截至 2006 年，我国有 80%左右的城市污水未经处理就直接排入水域，以致 1/3 以上的河段受到污染，90%以上的城市水域污染严重，水体水质劣于Ⅳ类，近 50%的城市供水水源达不到饮用水标准。据有关部门检测，在我国 131 个主要湖泊中，已达富营养程度的湖泊有 67 个，占 51.2%。在 39 个代表性水库中，富营养程度的有 12 个，占 30%。在五大淡水湖中，太湖、洪泽湖、巢湖已达富营养程度。其中，太湖Ⅲ类水质占 5%，劣于Ⅲ类的占 95%，其中Ⅴ类、劣Ⅴ类水质比例为 60%。岳阳湖、洞庭湖目前尚维持在中营养水平，但氮、磷含量偏高，正处于向富营养过渡阶段。环湖主要河流污染严重，水质逐年下降。松花江水质污染相当严重，松花江哈尔滨上游四方台水源地，受到上游每天排放的 500 万 m^3 污水的严重污染，高锰酸盐指数、氨氮、挥发酚超标严重，该段水质被评为Ⅳ类，并验出有机物 264 种，直接威胁着哈尔滨市 300 万市民的饮用水安全。

2.2 水资源危机阻碍可持续发展

2.2.1 水资源与可持续发展

2.2.1.1 可持续发展

自从 1992 年在联合国环境与发展大会通过《里约环境与发展宣言》和《21 世纪议程》两个纲领性文件以来，可持续发展理念被世界各国的学者和政府首脑广泛地接受和认同，它迅速成为当代主流社会发展理论。其内涵极其丰富，涉及物质文明、精神文明、政治文明和生态文明等各个领域。研究人员从不同角度、不同方位对可持续发展的概念及内涵展开了讨论和研究。学者们大体是从 3 个方面来论述可持续发展理念的。

（1）从生态、资源环境方面来论述。学者们最早提出可持续发展的概念正是针对某些可再生资源而言的，意为要保护它们在长时间里不断可以收获或收割。后来生态学家把它的范围扩大了，以表达他们对保护整个生态系统状态和功能的关注。

（2）从经济学方面来论述。经济学家们的解释侧重于经济发展，他们强调要不断保持和提高人类的生活水平，认为自然环境虽然重要，但也只不过是这个过程的一部分，无论人类需求的满足，还是技术和社会组织的改进，都依赖于经济的发展。然而，经济学家的观点还是有很多缺陷的。他们没有看到，经济发展源于自然资源和环境，同时又反作用于自然资源和环境，经济发展不等于征服自然，也不能保证环境的可持续性发展。

（3）从社会方面来论述。提高生活质量、实现社会可持续发展被认为是发展的最终目标，而作为最终目标的社会可持续发展的实现正是要以资源、环境和生态的可持续性为基础，以经济发展为条件。

2.2.1.2 水资源是可持续发展的基础

可持续发展是以人为中心，以资源环境保护为条件，以经济社会发展为手段，谋求当代人与后代人共同繁荣、持续发展为目的的。作为一种宝贵自然资源的水资源，在可持续发展过程中与人口、资源、环境和经济有着密不可分的关系，其作用就如同血液对人体生命一样的重要。① 水是人类和一切生物赖以生存和发展的自然资源和物质基础。水是一切生命新陈代谢活动的介质，生命活动的联系和协调、营养物质的运输、代谢物的运送、废物的排泄、激素的传递都与水密切相关。② 水资源是生态环境的基本要素，是生态环境系统结构与功能的组成部分。水在生态系统中永无休止地运动，产生系统与外部环境之间的物质循环和能量转换，因而形成系统功能。③ 水资源是国民经济和社会发展的重要物质基础。工农业生产活动像生命系统一样离不开水的消费，而且随着生产力的发展，需水量将大大增加。

由此可见，水资源既是资源又是自然环境重要组成部分，在可持续发展中兼有资源与环境的双重作用。资源是可持续发展的基础和条件，而环境的可持续则是可持续发展的保证。水资源无法替代而且数量有限，它不仅是人类和其他一切生物生存的必要条件，也是国民经济不可或缺的资源，是“资源的资源”。水又是自然环境的一部分，它具有最容易受到破坏、在经济活动的影响下将迅速发生变化的特点。水环境污染、水生态破坏都将制约经济社会的发展。所以水是可持续发展的基础和条件，是环境与发展问题的核心。但是，水资源危机已经严重威胁到可持续发展战略的实施。

2.2.2 水资源危机阻碍经济可持续发展

2.2.2.1 资源、环境与经济可持续发展

（1）传统的经济系统模型。在传统经济系统模型中，有两个基本的行为主体：家庭和厂商。这两个行为主体由产品市场和要素市场连接起来。一方面，厂商生产产品和劳务，通过产品市场出售给家庭，家庭向厂商支付货币；另一方面，家庭在要素市场上将土地、劳动和资本等生产要素出售给厂商，厂商向家庭支付货币。这样，整个经济就成为一个由产品和货币作相反流动而联系起来的系统。

传统的经济模型把整个经济社会看做一个系统，是以环境资源的无限供给为前提的，因此，该系统没有考虑环境资源对经济发展的影响，容易导致环境危机。主要表现为：在经济分析中不考虑自然资源和环境资源的价值，使经济主体在选择生产和消费行为时，对自然资源和环境资源过度消费，导致自然资源和环境资源配置的无效率。

（2）资源—经济—环境大系统模型。现代环境经济学在传统经济学的基础上将环境包含进来，把环境看做整个经济—环境大系统的一部分。环境被看做是提供各种服务的一种资产，它同其他资产一样，需要防止资产的过快折旧，以便持续为人类提供服务。这里所说的环境是广义的环境，包括自然资源和自然环境。自然资源和自然环境是一个事物的两个侧面，两者之间并不存在截然区分的界限，都是人类的基础性共享资源。因此，经济—环境大系统也可以称为资源—经济—环境大系统，如图 2-1 所示。

（1）经济系统。经济系统包括农业系统、工业系统、服务产业系统等。经济的可持续发展是可持续发展战略的基础，是其他系统可持续发展的物质保障。经济发展通常包括数量增长和质量提高两部分，数量增长是有限度的，而依靠科技进步提高经济、社会、生态效益才是可持续的。

（2）资源系统。资源系统包括可再生资源系统和不可再生资源系统，资源的永续利用是可持续发展的物质保障，可持续发展依赖于可再生资源的持续利用和不可再生资源的发现和突破。

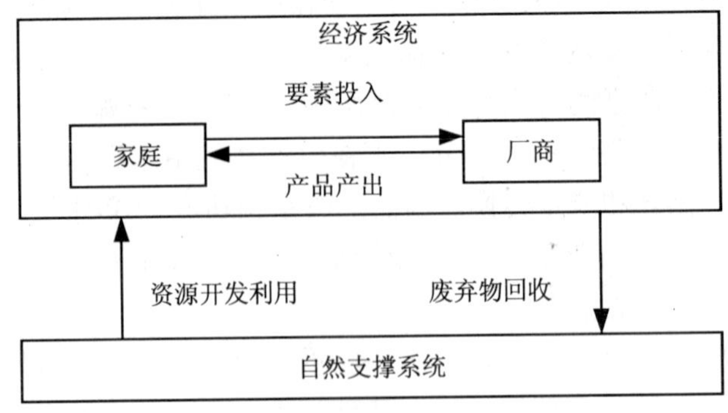

图 2-1 资源—经济—环境大系统

（3）环境系统。环境系统包括水环境系统和大气环境系统等。环境是资源的载体，是各种生物赖以生存和发展的空间，只有保持环境系统的平衡，才能保证自然资源的永续利用，才能保护各种生物生存发展的空间，从而实现人类经济社会的可持续发展。

经济发展与资源、环境是高度关联的。一方面，经济增长增加了对环境的排污，加重了环境的压力，使环境质量、环境承载力下降；另一方面，经济增长增加了对环保的投资，有利于改善环境，从而使环境承载力上升。类似地，一方面，经济增长增加了对资源的开发和利用，加重资源的负担，使资源的可采储量减少，资源持续功能下降；另一方面，经济增长增加了资源开发投资，包括重复利用可再生资源和寻找开发不可再生资源，增加资源的可采储量，促使资源的持续供给能力上升。要达到资源—经济—环境系统协调可持续发展，需要每个系统都实现良性发展。要实现环境系统良性发展，环境治理促进环境承载能力上升的速度应不小于由于经济系统排污造成环境承载能力下降的速度；要实现资源系统良性发展，投资开发使得资源可采储量增加的速度应不小于因为开采造成资源可采储量减少的速度；要实现经济系统良性发展，经济与环境、资源相互协调而促进经济增长的速度应不小于因为与环境、资源相冲突而限制经济增长的速度。

2.2.2.2 水资源与经济可持续发展

（1）水资源对经济发展的作用。水资源作为一种宝贵的自然资源，是人类赖以生存的不可替代的物质资源。水资源还是生态环境系统中的一个子系统，也是组成生态环境其他子系统的主要因子，同时水资源也是生态环境的控制因素之一。从宏观经济学的角度看，水资源对经济总量的变化、经济结构演变以及经济空间布局有着重要影响。经济学中的生产函数概念可以用来描述经济总产出与投入之间的关系，它表示一定的产出数量取决于不同生产要素在一定组合比例下的投入量。

假设 Q 代表最大产出量，X_1，X_2，…，X_n，代表 n 种生产要素的投入量，则生产函数可表示为：

$$Q = f(X_1, X_2, \cdots, X_n) \tag{2.1}$$

式（2.1）表示在既定的技术水平条件下，某一时间内生产出 Q 数量的产品，取决于 X_1，X_2，…，X_n 等生产要素的投入量。

为了考察水资源对经济总产出影响的过程，把式（2.1）改写成：

$$Q = f(C, L, W, X_1, X_2, \cdots, X_n) \tag{2.2}$$

式中：C——资本投入量；

L——劳动投入量；

W——水资源的投入量；

X_i（i=1，2，…，n）——其他资源的投入。

由柯布—道格拉斯生产函数：

$$Q = KL^{\alpha}C^{\beta}\ (\alpha + \beta = 1) \tag{2.3}$$

式中：Q——产量；

L——劳动力投入量；

C——资本投入量；

K——正常数；

α，β——小于 1 的正数。

将式（2.3）扩展开，可得：

$$Q = KL^{\alpha}C^{\beta}W^{\gamma}X_1^{\gamma_1}X_2^{\gamma_2}\cdots X_n^{\gamma_n}\quad (\alpha + \beta + \gamma + \sum_{i=1}^{n}\gamma_i = 1) \tag{2.4}$$

式（2.4）只是把资源从式（2.3）中的资本总投入中分离出来。$\alpha + \beta + \gamma + \sum_{i=1}^{n}\gamma_i = 1$ 表示规模报酬不变，K 表示一定的技术状况。

对式（2.4）中各变量求偏导数得：

$$\alpha = (\partial Q / Q)/(\partial L / L) = [(\partial Q / \partial L) \cdot L]/Q \tag{2.5}$$

$$\beta = (\partial Q / Q)/(\partial C / C) = [(\partial Q / \partial C) \cdot C]/Q \tag{2.6}$$

$$\gamma = (\partial Q / Q)/(\partial W / W) = [(\partial Q / \partial W) \cdot W]/Q \tag{2.7}$$

$$\gamma_i = (\partial Q / Q)/(\partial X_i / X_i) = [(\partial Q / \partial X_i) \cdot X_i]/Q\ (i=1, 2, \cdots, n) \tag{2.8}$$

式中：α、β、γ、γ_i——劳动、资本、水资源及其他资源的产出弹性系数，反映了它们对总产出的贡献程度。一般而言，α、β、γ、γ_i 可用相应投入而带来的产值在总产值中的比重来表示。

现对式（2.4）求全微分，得：

$$\frac{\mathrm{d}Q}{Q} = \alpha\frac{\mathrm{d}L}{L} + \beta\frac{\mathrm{d}C}{C} + \gamma\frac{\mathrm{d}W}{W} + \sum_{i=1}^{n}\gamma_i\frac{\mathrm{d}X_i}{X_i} \tag{2.9}$$

从式（2.9）可以看出，总产出的增长率是各投入要素增长率的加权和，其中的权重为投入产出弹性系数。比如，$\gamma\mathrm{d}W/W$ 表示水资源投入增长对总产出增长的贡献。γ可视为水资源对经济总量增长的影响系数，它是一定技术水平和产业结构的函数，即一定投入结构的结果。在理论上γ容易推导，而实际上却很难计算，因为生产是一个整体过程，单独计算每种投入的增量而带来的产值增量是非常困难的。

假定规模报酬不变，在一定技术条件下，生产要素对总产出的投入产出关系是固定的，也就是说，C，L，W，X_1，X_2，…，X_n 存在特定的比例关系，因而它们是同步增长的。所以，可以将式（2.9）改写成：

$$\frac{dQ}{Q}=(\alpha+\beta+\gamma+\gamma_1+\gamma_2+...+\gamma_n)\frac{dW}{W}=\frac{dW}{W} \tag{2.10}$$

因此，在假定其他生产要素投入充足的前提下，区域经济增长取决于水资源投入的增长。如果水资源的供给是充足的，即保证 $dW/W>0$，水资源的投入呈正比例增长，那么，经济发展和产业布局不受水资源的约束作用。然而，水资源短缺已经成为世界性问题，其短缺的结果就是水资源的供给达不到预期需求量，甚至出现零增长和负增长，最终导致经济增长受阻或停滞。

水资源带来的经济增长的损失量可以表示为：

$$\Delta\frac{dQ}{Q}=\Delta\frac{dW}{W}=\frac{dW_1}{W_1}-\frac{dW_2}{W_2} \tag{2.11}$$

其中，dW_1/W_1 为经济增长目标要求的水资源投入增长率，dW_2/W_2 为实际增长率，显然，如果能够有效控制，使$\Delta dW/W$ 尽可能减小到最低程度，那么水资源短缺给经济发展带来的损失量也将变得最小。

然而，式（2.10）的假设条件在现实中是不存在的。① 经济增长不是结构均衡增长，而是非均衡增长的，即产业结构总是处在变动之中；② 技术条件也不是常量，而是在不断变动，技术进步不会停止；③ 规模报酬也会随着经济增长和技术水平的变化而变化。因此，经济增长与水资源投入增长之间的关系远非式（2.10）所描述的线性关系，而是要复杂得多。

为了简单起见，令：

$A=\alpha\frac{dL}{L}+\beta\frac{dC}{C}+\sum_{i=1}^{n}\gamma_i\frac{dX_i}{X_i}$ 代入式（2.9），得：

$$\frac{dQ}{Q}=A+\gamma\frac{dW}{W}\Rightarrow\frac{dW}{W}=\frac{1}{\gamma}(\frac{dQ}{Q}-A) \tag{2.12}$$

从式（2.12）可以看出，缓解水资源短缺 dW/W 的途径有 3 条：① 减少 dQ/Q，即降低经济增长速度；② 增加 A，即增加其他资源在经济增长中的贡献度；③ 增加 γ，即提高水资源的利用效率。

为了维持经济的健康发展，很显然，上述 3 条途径只有后两条是可行的，A 的增加可以通过生产要素的重组即改变产业结构来达到，而 γ 则随单位水资源投入带来的产值 dQ/Q 提高而增加，表现为水资源的利用效率提高，这是通过技术进步和其他节水措施来实现的。

（2）水资源对经济部门发展的影响。水是一种自然资源，是一种独立于土地之外的生产要素，既属于土地，又因其可流动性从而不完全从属于具有一定边界的特定土地。水既是自然资源，又是经济资源，具有生活资料和生产资料的双重属性；既是工农业等一切经济活动不可或缺、不可替代的投入资源，又是人类消费生活中不可缺少、不可替代的消费品。水资源作为一种生产要素，对经济部门的影响主要体现在工业和农业方面。

- 水资源对农业生产的影响：水资源是农业的支柱。自从人类开始有规律的农业生产以来，就一直使用着水资源。农作物的生产和农业的发展都离不开水的滋润。农业用水包括农田灌溉用水及林牧渔用水，农业灌溉用水是农业用水的主要方面。水是任何农作物成长过程中都不可缺少的要素，它可以合理调节土壤中的养料、通气和温度等状况，以满足作物生长发育的需要，从而达到稳产高产的目的。据测算，生产 1 t 稻谷约需消耗 400 t 水，生产 1 t 玉米要消耗 150 t 水。据国际水稻委员会对孟加拉国、中国、印度、印度尼西亚、缅甸、菲律宾、斯里兰卡和泰国的调查统计，灌溉对水稻生产所起的作用最大。林业、渔业和畜牧业生产也离不开水。林业灌溉可以提高森林覆盖率，具有防止水土流失、美化环境等多种生态功能，这又会促进种植业、畜牧业的发展。水产养殖更是与水量及水质息息相关。总之，离开水的参与，大农业生产就成为一句空话。中国是以农业立国的国家，开发利用水资源，发展农田灌溉，对提高农作物产量具有重要意义。

➢ 水资源对工业生产的影响：水参加了工矿企业生产的重要过程，水在制造、加工、冷却、净化、空调、洗涤等方面发挥着重要作用。水在工业中的用途大致可归纳为以下几类：冷却用水，用于机械设备的冷却降温；动力用水，以水蒸气推动机器运转或水力发电；生产技术用水，用于产品制造过程中处理和清洗产品；空调用水，用于调节室内温度和湿度，一般不接触产品和原料，在纺织、电子仪表、精密机械行业应用较多；产品用水，即以水作为产品的主要原料之一，如饮料、酿酒、酱油及醋等食品工业用水；其他用水，如企业内环境、卫生用水和绿化用水等。

从经济发展的角度看，工业生产和布局的形成主要涉及自然资源、能源、交通运输、市场、劳动力、农业基础及科学技术条件等诸多因素的分布和有机组合。水作为工业生产必不可少的要素，水资源的分布会影响工业规模和工业结构，在缺水地区，钢铁、机械、纺织、化工等高耗水型产业的发展会受到一定的约束。

2.2.3 水资源危机阻碍社会可持续发展

水除了作为一种生产要素在工农业生产中起着重要作用以外，它还是一种生活要素对社会的可持续发展发挥着不可替代的作用。水对社会可持续发展所起的作用主要体现在居民的生活用水以及各国为争夺水资源所引发的一系列冲突乃至战争中。

2.2.3.1 水资源危机对居民生活用水的影响

虽然生活用水在总用水量中所占比重不大，但由于生活用水紧张所造成的社会影响却很大，它涉及千家万户，与人民生活密切相关。城市和农村都把生活用水作为第一保证对象。水资源危机对人民的生活产生多方面的影响，最主要表现在以下几个方面：

（1）水资源危机关系到民众安居乐业所需要的稳定社会环境。水是基本的生活资源，水资源危机直接关系到社会的稳定，关系到国家权力能否正常运行。由于长期粗放的增长方式，中国经济在高速增长的同时，也付出了巨大的资源和环境代价。水具有资源和环境的双重身份，自然也受到了很大的影响。一个国家的各部门之间、各地区之间常常出现争夺水资源的现象。例如，在一些水资源并不充沛的区域，作为“用水大户”的农业与工业之间及其他行业之间“争水”的局面变得越来越激烈，在城市与农村、发达地区与欠发达地区逐渐陷入争夺水源的困境之中。“争水”必然影响人民的生活。人民的安居乐业和社会的和谐与稳定，需要有稳定的水资源供应和和谐的水利用机制。

（2）水资源危机影响城市发展。水是支撑城市发展的重要基础，世界上大中型城市，大都分布于江河的两岸，丰富的水资源孕育了城市的发展。曾经富饶天下的楼兰，是中国西部的古代小国，从今天的角度来看，楼兰可以看做是中国的一个城市，大约在 1 600 年前消失，如今在茫茫的罗布泊沙漠中只留下凭吊的古城遗迹，楼兰消亡的原因之一就是水资源的消失，一个用水资源滋养的古城因水资源的消失而消亡。水资源危机是对城市的重大伤害，它不仅影响城市的形象和品位，而且影响城市的投资、繁荣和整体竞争能力，同时，它对民众的自信心和荣誉感也是很大的伤害。

（3）水资源危机影响生活质量。人民的生活水平与生活质量是与生活用水占有量息息相关的。水既是生活必需品，也是满足享受需求和发展需求的重要产品。作为生活必需品，水资源短缺会直接影响到人民生活水平。在市场经济条件下，水资源短缺意味着对水资源的需求大于水资源的供给，导致水价上涨。在人均收入水平不变的前提下，水价上涨会影响人民的福利。具体说来，水价的上涨会导致恩格尔系数的上升，即人民用于生活必需品的消费在收入中所占的比重上升。水资源危机对生活质量的影响也是不言而喻的。人们可支配收入中用于与水有关的消费的比例在不断提高，而且用水方式也在不断变化，水上旅游、水环境消费、防洪保安等水服务，即将成为居民家庭消费的重要部分。供水不足给居民带来诸多不便，每天为饮水发愁的生活质量，即使有很多的财富也不是高品质的生活。“山水”意境是中国人长期追求和向往的生活环境，水资源危机将严重影响这种意境。同时，污染的水将导致更多的疾病的发生，严重影响健康的生活质量。

2.2.3.2 水资源危机引发的国际战争

从人类发展历史来考察，水一直是引起国家和地区间争端甚至战争的重要因素之一。进入 21 世纪，水资源的状况不断恶化，国际社会对跨界水资源问题越来越重视，由水资源问题引发的国家间矛盾和冲突也日益增多。以下就水资源引发的典型国际冲突作一些探讨。

（1）水资源短缺引发了争夺水源的国际冲突。水资源短缺造成的用水紧张，正在对中东、北非和中亚国家构成威胁，这些地区的国家相互指责对方多占了本应公平分享的淡水，并各出奇招，采用截流、改道、抢水等手段尽量使自己的国家多占有水资源。从而引发了抢占水资源的战争。

中东是亚热带干旱区，是世界上缺水最严重的地区，特别是靠近地中海西岸的几个国家，如以色列、约旦、巴勒斯坦、叙利亚、黎巴嫩等国，缺水尤其严重。该地区水资源来源于约旦河，它流经叙利亚、黎巴嫩、约旦、以色列和巴勒斯坦等中东地区，河长 360 km，年径流量 18 亿 m^3。与我国长江等著名江河相比，约旦河是一条小河，但是在这种水与政治紧紧相连的地区，小河成了性命攸关的生命线。1948 年以色列建国后，单方面进行了约旦河的改造工程，把上游的水输送到全国各地。1967 年，阿拉伯联盟企图改变约旦河的河道，使之绕过以色列。以色列当然不会同意，于是爆发了中东战争。以色列在这次战争中获得胜利，此后又不断修筑沟渠引入更多的约旦河水，这样导致约旦河两岸另外一些国家缺水状况更加严重。1995 年，巴以签订了《塔巴协议》，水是其中重要内容。以色列与黎巴嫩之间为争夺水资源也不断发生摩擦。黎巴嫩是一个水资源相对比较丰富的国家，拥有水量是以色列的两倍。1982 年，以色列入侵黎巴嫩，占据了黎巴嫩南方 850 km^2 的“安全区”，这些地方是约旦河的发源地。1996 年，以色列对黎巴嫩南部进行了袭击，以军对黎巴嫩有水源的地区进行了特别密集的轰炸，其目的除了打击真主党的力量外，还有进一步控制该地区水资源的战略意图。

哺育古埃及文明的尼罗河是世界上最长的河流，长达 6 671 km，源自非洲中东部，中游在苏丹，下游在埃及。1970 年，埃及在阿斯旺修筑高坝截断大河，形成 480 km 长的人工湖，其中 320 km 在埃及境内，160 km 在苏丹境内，两国协议分配份额，埃及得 555 亿 m^3，苏丹得 185 亿 m^3。埃及用这些水扩大灌溉面积 67 万 hm^2，新垦耕地 40 多万 hm^2，阿斯旺水坝成了埃及的生命线。后来苏丹因为扩大灌溉面积，嫌原配额不够使用，两国就发生战争。可以这样说，埃及的命运掌握在尼罗河上游各国手中，如果上游国家筑坝截流，卡住阿斯旺水坝的来源，埃及就成了无水源之地。于是，埃及已经警告埃塞俄比亚等上游国家，如果从尼罗河取水增加的话，埃及将采取军事行动。看来，尼罗河也是将来的战争策源地之一。

（2）由水资源污染引发的冲突。全球水环境污染问题同水资源短缺一样已经相当严重。处于河流上游的国家为了自身的经济发展不顾下游国家对取水水质的要求而向河内排入大量污染物，因而容易引发上下游国家之间的冲突。这类冲突大多发生在水源相对充足的地区，如欧洲、北美洲、南美洲等。

欧洲的多瑙河是著名的国际河流。多瑙河发源于德国西南部黑林山东麓海拔 679 m 的地方，自西向东流经奥地利、捷克、斯洛伐克、匈牙利、克罗地亚、塞尔维亚、罗马尼亚、保加利亚和乌克兰 9 个国家后，流入黑河。多瑙河全长 2 850 km，像一条蓝色的飘带蜿蜒在欧洲的大地上，被赞美为“蓝色的多瑙河”。“二战”结束后，随着欧洲重建的蓬勃兴起，多瑙河流域国家的人口和能源消费量急剧增长，加上沿岸的农业开发以及杀藻剂和人造化学试剂等的大量使用，使得这条原本美丽浪漫的河流变成了欧洲最大的排污沟，一度几乎完全丧失自净能力。严重的污染虽然引起了沿岸国的广泛关注，但各国出于对自身经济利益的考虑都彼此推卸责任，发生过多起冲突、纠纷。

2000 年 1 月 30 日夜至 31 日晨，罗马尼亚西北部城市巴亚马雷附近金矿污水处理池出现一个大裂口，1 万多 m^3 含剧毒的氰化物及铅、汞等重金属的污水流入附近的索莫什河，而后又流入匈牙利境内的多瑙河支流蒂萨河。2 月 11 日，剧毒物质随着蒂萨河水又流入南斯拉夫境内。两天后，污水侵入国际水系多瑙河。这场灾难使匈牙利、南斯拉夫等国深受其害，给多瑙河沿岸居民带来了沉重的打击，国民经济和人民生活都受到了严重影响，流域生态环境也遭到了严重破坏。根据欧盟专家小组的估计，在受污染地区，一些特有的生物物种将灭绝。有关专家认为，至少需要 20 年才能恢复这些地区的生态平衡。事故发生后，匈牙利、南斯拉夫、乌克兰等国反应非常强烈，认为罗马尼亚应受到国际法的制裁。对于罗马尼亚来说，这次环境灾难不仅仅意味着巨额赔偿，还意味着罗马尼亚的国际形象受到极大的影响。罗马尼亚一直谋求加入欧盟，并且一直试图改变欧洲头号污染大国的形象。这次水环境污染事件对于罗马尼亚来说是一次重大的打击。

（3）“为水而战”带来的社会影响。“为水而战”给一个国家带来很多负面影响。① 对经济的影响。对于发生战争和冲突的双方或多方都要投入一定的资源和精力参与战争或冲突，势必导致这些资源和精力的无谓消耗；同时战争和冲突使国家不能组织正常的经济建设，综合国力难以提高，人民的生活水平也难以改善。② 战争带来的人口问题。战争使国家的人口迅速减少，特别使男性人口的数量减少，导致国家的人口比例严重失调。③ 对人民的影响。战争给人民带来心理上严重的创伤，面对家园被毁、环境破坏，更甚者生灵涂炭、家破人亡，人民所承受的痛苦是巨大的。④ 对国际形象的影响。战争或冲突严重影响一个国家的国际形象、国际地位，妨碍与其他国家建立良性发展关系。

2.2.4 水资源危机阻碍生态可持续发展

生态可持续发展包括资源的可持续利用与环境的可持续性两个不可分割的方面。资源的可持续利用是可持续发展的基础和条件，环境的可持续则是可持续发展的保障。水资源既是资源又是自然环境重要组成部分，在可持续发展中它兼有资源与环境的双重作用。

水资源是生态环境的基本要素，是生态环境系统结构和功能的组成部分。水以其存在形态与生态环境系统内部各要素之间发生着有机联系，构成生态系统的形态结构；水以其运动形式作为营养物质和能量传递的载体，不停地运转，逐级分配营养和能量，从而形成系统的营养结构；水在生态系统中永无休止地运动，必然带来生态系统与外部环境之间的物质循环和能量转换，形成系统功能。水在生态系统结构与功能中的地位与作用，是其他任何要素无法替代的。水在维持自然生态过程和区域生态环境方面发挥的重要作用，包括泥沙的推移、营养物质的运输、环境净化、维持生物多样性及休闲娱乐。具体作用如下：

2.2.4.1 河流输送

河流是生物地球化学循环过程中物质迁移转化和能量传递的“交换库”，携带各种物质进行循环，具有输沙、输送营养物质等一系列的生态服务功能。河水流动中，能冲刷河床上的泥沙，携带的泥沙在入海口处沉降淤积，不断形成新的陆地，在这个过程中，河流一方面起到疏通河道的作用，另一方面也增加了土地面积，保护海岸带免受风浪侵蚀；河流携带并输送大量营养物质如碳、氮、磷等，是全球生物地球化学循环的重要环节，也是海洋生态系统营养物质的主要来源，对维系近海生态系统的生产力起着关键的作用。

2.2.4.2 洪水调蓄

洪水调蓄是水生态系统自身循环的一个过程，能够起到调节水体的作用，同时间接为人类减轻水系的洪水威胁，减少洪水和严重暴雨带来的损失。水库、湖泊暂时储蓄洪水，而后缓慢泄出，对洪水调蓄起着重要作用。由河道洪水泛滥而形成的洪泛区，在承纳与调蓄超出河流行洪能力的洪水时，也具有降低洪水流速、削减洪峰流量的作用。

2.2.4.3 净化环境

水提供良好的污染物质物理化学代谢环境，提高了区域环境的净化能力。因为，水体生物从周围环境吸收的化学物质中，主要是它所需要的营养物质，但也包括它不需要的或有害的化学物质。在这个循环过程中，同时伴随着污染物的迁移、转化、分散、富集的过程。因为污染物的形态、化学组成和性质也发生了变化，最终达到了净化环境的作用。例如，一些水体植物能有效地吸收污染物，水体中许多植物包括浮水、沉水植物等，能够在组织中富集重金属的浓度比周围水体高出 10 万倍以上。又如，酚类污染物可以被生态系统中的微生物分解成水和二氧化碳，供植物生长需要，植物死后，残体内的酚又被微生物分解。另外，进入水体生态系统的许多污染物质吸附在沉积物的表面，而某些水体如沼泽等缓慢的水流速度有助于沉积物的沉积，也有助于与沉积物结合在一起的污染物的储存及转化。

2.2.4.4 维持生物多样性

生物多样性是指从分子水平到生态系统水平的各个组织层次上的不同的生命形式。它包括 3 个层次的概念：物种的多样性、遗传的多样性和生态系统的多样性。生态系统是生物多样性的载体，它对于维护生物多样性具有不可替代的作用。水是维系生物生存和繁衍不可或缺的元素。水体生态系统是各种水生生物的生存条件和发展环境，是野生动物栖息、繁衍、迁徙和越冬地。一些水体是珍稀濒危水禽的中转停歇站，还有一些水体养育了许多珍稀的两栖类和鱼类。

2.2.4.5 休闲娱乐

水体的休闲娱乐功能主要包括观赏功能和娱乐功能。观赏功能主要是由流域水体与沿岸陆地景观组合而提供的，如急流险滩、峡谷曲流、瀑布风光、河岸景致等。水体提供的娱乐活动可以分为两类：① 依靠水体的休闲娱乐活动如划船、游泳、渔猎和漂流等；② 沿河岸进行的娱乐活动如露营、野餐、远足休闲和摄影等。这些娱乐活动既有强身健体的功用，又有休闲放松的作用，是人类娱乐生活的重要组成部分。

水是自然环境不可或缺的构成要素，没有水的自然环境是不可想象的。但是，在一般环境中水也是最容易被污染的，水资源危机将阻碍生态可持续发展。为了保护环境，维持生态平衡，必须保持河川水环境的正常水流和水体自净能力，以满足水生生物和鱼类的生长，维持江河湖泊的生存与演化，以及保证水上通航、水上运动、旅游观光等各项环境功能。

2.3 水资源危机的制度根源

2.3.1 市场机制失灵

市场失灵是指市场机制的某些障碍造成资源配置缺乏效率的状态。这些障碍主要有垄断、外部性、公共物品、信息不完全等。水资源领域具有很多产生市场失灵的特征，进而部分地导致了水资源危机。

2.3.1.1 规模经济导致的自然垄断

规模经济是指在长期中，一定产量范围内，随着产量的增加，平均成本不断下降。规模经济通常是以成本－产出弹性（E_C）来计量。E_C 表示单位产出变动百分率所引起的平均生产成本变动的百分率：

$$E_C = (\Delta C / C)/(\Delta Q / Q) = M_C/A_C \tag{2.13}$$

很明显，在边际成本与平均成本相等时，E_C 等于 1，即当成本与产出按比例增加时，那么规模经济和规模不经济也就不复存在。如果规模经济存在，边际成本就会低于平均成本，因而 E_C 小于 1，当规模不经济存在时，边际成本大于平均成本，因而 E_C 大于 1。

根据经济学的一般原理，自然垄断源于规模经济，这是因为在规模经济条件下，越来越大的生产经营规模会产生越来越高的收益率和回报率，大企业的生产经营规模大，在竞争中处于明显有利的地位，从而以较低的市场价格不断地排挤中小企业，由此形成垄断局面。利润最大化的价格是由边际收益等于边际成本的均衡点所决定的，而在规模经济条件下，即使竞争性市场存在，边际成本曲线始终低于平均成本曲线，无法产生市场均衡点。这样，如果按边际成本定价，企业就会亏损；但如果由企业自主定价，必然形成垄断价格，这种垄断价格形成以后就会引起资源配置的低效率，因此政府就有必要通过协调市场主体行为、限制垄断的程度来促进市场公平竞争和资源配置效率的提高。

水利基础设施（尤其是指大中型水利基础设施）具有明显的自然垄断特征。① 水利基础设施所提供的发电、工农业生产供水服务等具有很明显的规模经济效益，因为水利基础设施的投资在其提供产品的总成本中占很大的比重，一旦水利基础设施建成使用，增加每一单位产品（电力、工农业生产用水等）供给的追加成本在总成本中的比重并不大，产出量越大，平均成本就会下降得越多；生产规模越大，平均成本随提供供水服务数量的增加而持续下降，因而有必要把生产规模扩大到独占市场的程度。② 水利基础设施的资产专用性程度很高，从而导致水利基础设施产业大量沉淀成本的存在，在沉淀成本较大的情况下，若由多个部门竞争，结果是两败俱伤。总之，水利基础设施产业的自然垄断特性引发市场失灵的危险。

2.3.1.2 外部性问题

外部性是指生产或消费对其他团体强加了不可补偿的成本或给予了无须补偿的收益的情形，也就是说，生产或消费过程中当有人被强加了非自愿的成本或收益时，外部性就会产生。外部性问题的存在使得市场机制对资源配置失去效力，使用者有“搭便车”的激励和机会主义倾向，市场价格不能反映资源的边际社会成本或收益，产出对于全社会而言不是最优的。

水循环是一个由降雨、吸收、水流、蒸发等组成的运动过程，使得水活动具有高度的依赖性。同时地表水和地下水的不同使用也会引起外部性。水资源的外部效应具体而言，可以包括水质的外部性和水量的外部性。

（1）水质的外部性。由于水资源具有流动性的特征，使得水质外部性问题极为突出。最为常见的情况是，某用户对水质的污染影响其他用户对水资源的利用。例如，流域内某化工厂为节省污水治理成本而直接向河流排放污水，造成水体污染，破坏了当地的生态平衡，同时影响下游居民的正常生活以及其他用水企业的生产，增加了其他用户的生产成本和社会成本。

（2）水量的外部性。水量的外部性又可以分为代际间的外部性与同一时代的外部性。代际间的外部性是指当代人在利用水资源的时候，在利用和选择资源方式组合时都按照当代人自己的意愿，这样必然会对下一代人产生影响，这种影响即水资源的代际外部性；同一时代的用水外部性是指用水户对水资源的过度使用降低了水资源的再生能力，从而减少了其他用水户对水资源的占有量，增加了用水成本。

2.3.1.3 公共物品

私人物品是在任何时候都只能为单个使用者提供利益，而公共物品可以给许多使用者提供利益。可以按照排他性和竞争性对物品进行分类：① 公共物品（非排他性和非竞争性）；② 私人物品（高排他性和高竞争性）；③ 俱乐部物品（高排他性和低竞争性）；④ 公共财产或公池资源（低排他性和高竞争性）。

在水资源开发、利用的不同阶段和场合，根据水及其设施具有不同排他性和竞争性程度，可以确定其相应的物品属性。针对不同的物品属性可以按照不同的机制提供生产和配置服务。

对于水设施来说，由于水文研究、水环境保护、防洪设施、水利枢纽和水情、水质监测服务等关系到公众权益，具有非排他性和非竞争性特征，生产这种水设施难以排除其他人获得收益，因此可以看做公共物品，公共物品因边际消费者的边际成本为零，且排除任何人享受某种公共物品在技术上不可行或成本很高，需要政府为消费者提供免费的生产和服务；对于小型水库、支渠灌溉渠道，由于服务于特定的人群，具有低排他性和高竞争性，可以认为是共有或公池产品，共有资源特性决定了其产权界定的困难以及实施的难度极大，在缺乏有效制约的情况下，人们各自从自身利益出发，竞相引水，导致水资源不能在市场上得到优化配置，从而无法实现帕累托最优。对于这类产品可以通过组织制度安排以集体行动的方式生产；对于自来水管网，由于具有低竞争性和高排他性，可以看做俱乐部产品，人们可以自愿地属于或脱离这个群体，非俱乐部成员都不能获得和使用这个物品，这样的物品可以由私人部门提供，通过收费的方式为成员提供服务；一些水设施具有很强的排他性和竞争性，如私人水井、水窖、海水淡化、污水处理等，可以通过市场化的手段提供。

2.3.1.4 社会公平

水资源是人类生存和社会发展的基本资源，具有不可替代性。水是人类生活的必需品，人们具有平等得到水的权利。为了满足人们各种层次的用水需求，必须以低于市场价值的价格供给水，以实现社会福利最大化。因此许多国家都普遍对水供应进行财政补贴。在基本水平的物品消费上，道德物品一般具有非常低的价格需求弹性。由于一些水服务，如饮用水，属于道德物品，它们处于政治关注之中，价格太高时，提供服务的私人实体将受到政府管制。进一步说，由于用于其他活动的水（如灌溉水）与潜在的用于人类消费的粮食安全有关，因此涉及这类服务的实体也受到一定的政府管制。同时，水资源对于改善环境与生态系统的重要性也越来越成为人类关注的问题。水作为道德物品的政治敏感性，以及水利工程的大规模和长时间跨度，减少了私人对水行业的投资激励，导致了在许多情况下市场不能创造适当水平的投资情况。

在一些地区，自然的水资源供应变化引起了周期性的干旱，通过市场对水资源进行分配被广泛地认为是不公平和不可接受的。因此，对民用生活用水，在干旱或低流量期，一般给予优先或第一优先权。即使在水资源配置主要通过价格机制发生作用的地方，在干旱时期，政府一般通过实行比例或其他定量限制，本质上已经把民用水作为道德产品来考虑。

2.3.2 政府机制失灵

由于水资源配置的市场失灵，政府成立了水公共部门，对水的配置、使用、处理等进行管理。然而，这些消除市场失灵影响的方法同样面临政府失灵的危险。政府失灵是指政府的行为并不能增进经济效率或政府把收入再分配给那些不恰当的人们。政府失灵问题在发展中国家显得特别突出，而发达国家也同样经历了这些问题。

2.3.2.1 水资源配置的政府失灵

（1）水利基础设施建设的无效率。政府提供公共物品追求的是社会效益，但对其衡量缺乏准确的标准和可靠的估算方法及技术；同时要合理确定社会对某一类公共物品需求的数量，确定提供公共物品的政府机构的规模，以及对这些机构绩效进行评估是困难的，甚至是不可能的。沃尔夫认为，没有一个公式能够说明政府活动产出的必要的和最小的限度，也没有简单而一致的标准可以用来准确衡量“非市场”规模的大小。①而且，政府对公共物品的提供是独家垄断，不存在替代性，提供公共服务的各部门之间不存在竞争性，公共部门就不会设法降低成本和提高效率，很有可能造成过分投资，生产出多于社会需求的公共物品，并追求机构及人员规模的最大化，这种“过剩”和多余成本是一种社会浪费。

由于水生产和分配的基础设施建设时机往往不成熟及投资过度，导致了不可使用的过剩生产能力。并且，在大多数情况下，这种投资不征求用户的意见，也不让用水户参与水资源的计划和管理，结果造成了工程不能满足消费者的需求。在用户有意愿和有能力付费时，难以满足用水户对不同质量的水服务要求；在低收入社区提供不了他们买得起的低标准和低成本的供应水和清洁水。水行业的投资建立在对行业范围内的水需求和生产力分析上，忽视了对其他用水行业的影响。

（2）对贫困人口的服务不充分。市场经济容易导致两极分化。收入和财富分配的不平等也会造成其他机会的不平等。政府可以通过再分配政策来维护公平：① 建立税收制度，缩小贫富差距；② 通过社会福利帮助贫困者。然而，这项方案有一个无法解决的技术难题：这些钱必须通过一个渠道从富人那儿传递给穷人，在转变过程中，一部分钱将不翼而飞，所以穷人不会得到来自富人的全部的钱。政府进行税收和兴办社会福利所需的成本来自“不翼而飞”的钱，这就是政府在强调公平时造成的效率损失，称为“漏桶效应”。

在发展中国家有接近 10 亿人口缺乏自来水供应，尤其在农村更为严重，并且有 17 亿人缺乏清洁水设施。因此，在上中阶层经常得到补贴服务的同时，无效率的公共水运行机制没有资金去扩大对穷人的服务。

（3）忽视水质量和环境关注。外部性的存在使得企业生产排放过多的废水，这就需要政府进行干预和管制。政府管制水环境污染的主要措施是制定排放标准、收取排放费和实施可转让的许可证。但无论是政府制定排放标准还是收取排放费，都必须知道排放污染的边际社会成本和减少排放的边际成本。由于排放对社会造成的影响是难以估计的，很难通过经济来衡量；同时，对于减少排放的边际成本也是通过企业来告知的，企业很可能为了自身的利益虚报这些成本。甚至，就算政府可以获得企业减少排放的边际成本，但由于不同企业的技术不同，减少排放的边际成本并不完全相同。这样，在社会上制定统一的排放量是不合理的，并不能达到资源的最优配置。收取排放费是制定排放标准的另一种方式，也存在着同样的问题。可转让的许可证虽然在一定程度上克服了排放标准和排放费的缺点，但是它仍然允许在规定内可以排放，只要企业利润足够大，就可以购买足够多的排放许可证，这样仍然对环境造成很大的影响。企业废水的排放导致水的供应质量差，使人的消费不安全，会影响人的身体健康。除此之外，水环境污染还导致经济恶化和环境破坏。因此，希望通过公共部门发挥对水资源控制的主导作用，达到环境和健康外部性问题影响的最小化，比较困难。

（4）水资源行政配置的失灵。水资源的行政配置是由政府通过控制水量或水价机制

---

① 查尔斯·沃尔夫. 市场或政府[M]. 北京：中国发展出版社，1994.

在行业和地区间进行水资源的分配，这是一种自上而下的方法。行政配置方法又可以分为按量分配和通过水价分配两种方式。按量分配是根据水量在用水户之间分配，分配的原则主要包括：根据历史情况分配、依据平等原则分配、依据个人的要求分配、根据政治因素分配，这种方法可以促进水资源的公平分配。按量分配主要缺点有：会导致水资源的浪费和水资源配置的不当、对已有的水资源的投资不足和管理不善、导致对不同用水的补贴、不支持用水户的参与。另一种方式是通过水价分配。水价可以在水资源的配置和可持续开发、利用与管理中发挥重要作用。在各种水价机制中，边际成本水价被认为是一种最有效的水资源分配手段。边际成本水价可以在缺水的情况下防止过量用水，因为价格的上涨反映了水资源供给的相对稀缺程度。但边际成本水价会忽略公平问题，缺水期间，价格上升到一定的水平，低收入者可能受到不利的影响。然而，这两种配置方式要实现高效利用的目的，达到资源配置的帕累托最优，必须建立在信息准确、监督能力强、制裁可靠有效的基础上。这需要政府充分掌握各用水户的用水效率、用水量和用水的边际效益以及供水的边际成本等信息，但由于资源用途多样，使用者众多，获取这些信息成本太高，所以就会出现政府失灵。

2.3.2.2 水资源配置政府失灵的原因

（1）政府的“内部性”。政府制定各种干预经济活动的决策，都是建立在政府作为社会公众利益代理人的基本假定基础之上，其行为目标与社会公共利益相一致。然而，现实中情况并非如此。政府不是一个抽象的存在，而是由各个机构组成，而各个机构又是由各层官员组成，无论是政府机构，还是政府官员都拥有自己的行为目标。公共选择理论将“经济人假设”引入政府活动，认为政府行为主体具有与市场经济人一致的经济人特性，在政治市场中可能受到权利、职位及其相关物质利益的驱动，而谋求个人效用最大化，在这种情况下，能够给他们带来效用最大化的准则被选择和实施。这些公共选择的结果往往偏离了公共目标，公共机构不再代表公共的利益，不再发挥公共的职能。甚至，政府行为往往会以法律或其他形式加以规定，具有垄断、强制、固定等特点，这就决定了政府的惯性较大，难以改变。这很近似于导致市场失灵的外部性，只是市场失灵的外部性意味着社会成本和利润没有包含在私人决策的考虑当中，而政府决策的“内部性”则意味着私人的或机构和组织的成本和利润很可能支配了公共决策的考虑。它的存在提高了机构的社会成本，使其高于技术上的一般成本。单位成本增加，政府产出减少，政府决策的“内部性”带来了政府失灵。内部性是政府失灵最根本的一个因素。

水资源由政府部门来进行配置，政府主管部门很可能为了政治上的因素，而使水资源配置失效。例如，由公共部门实施的低于经济价值的水定价政策，在政治上是上策，而普遍通过基础设施建设扩大水资源的供应，更是出于政治上的考虑，然而这些都导致了水资源配置的非最优化。另外，在水稀缺地区种植高水密集型作物，维持过量的灌溉面积和农业部门，也导致了总体水资源的低效配置。

（2）信息不完全。就像信息不完全在私人部门造成了问题一样，也给政府这一公共部门带来了问题。尽管政府可以拥有各种各样的信息人员，设有计划、统计等智囊机构，但它仍旧不可能全知全觉。它在制定各种政策时，既不能完全掌握人们的偏好，更无法了解政府计划的各种结果。特别是随着社会的发展，信息变成了一种有价的商品，人们慢慢觉得，通过市场自发地横向传递或许比通过政府理智地纵向传递信息更为有效。

在水资源配置上，由于信息的不完全性，政府无法准确得知用水户真实的用水生产函数，或者为了得到用水户的真实生产函数需要付出相当高的代价以致基本不可行，从而导致以此为依据进行的水资源优化配置方案不能达到整体利益最优。

（3）制度缺失。有时候政府的决策是正确的，但是政府的行为结果却不尽如人意，政府机构往往表现得效率低下，主要原因概括起来主要有：

- 政府机构缺乏竞争机制：相当多的政府官员因没有选票的约束或竞争机制而缺乏改善行政效率的动力。由于官员不能把利润占为己有，加上公共物品的成本与收益难以测定，所以，与企业经理不同，官僚的目标并不是利润的最大化，而是机构及人员规模的最大化，以此扩大自己的势力范围。另外，政府作为提供公共服务的唯一非市场机构，不存在替代性，提供公共服务的各部门之间不存在竞争性。同时，职位升迁制度缺乏公平竞争机会，这使得升迁的压力平平。因此，缺乏竞争机制的政府机构是难以保证其工作效率的。
- 政府自身组织制度存在缺陷：根据“帕金森定律”，当官的人当工作太忙需要增加人员时总是喜欢增加自己的部属而不愿意增加和自己地位相当的竞争对手。然而新增加的人员为了有工作可做，不免又人为地去制造许多不必要的工作，从而导致行政机构人员无限膨胀。主要表现在：政府机构庞大、职能交叉、冗员过多、人浮于事，使政府干预缺乏权威性和有效性；政策不完善，不配套，漏洞百出，法制不健全，导致政府干预力度弱化；诸侯经济存在，使各地区、各部门从自身的本位利益出发，与中央政府进行博弈活动，“上有政策，下有对策”的现象严重影响政府干预的力度和时效。
- 监督机制的缺陷：政府官员的行为必须受到立法者、公民或选民的政治监督。但是现有的监督机制是不健全的，许多监督形式是软弱无力的。特别是监督信息的不对称、不完全使得对官员的监督徒有虚名。其原因是监督者有可能受被监督者操纵或支配，使获得信息的渠道不畅通，难以对政府的运行了如指掌。即使监督机构能获得相关的信息，也是不对称的，因为监督者所获得的信息大多数来自被监督者的提供。因此，政府官员一般都是在信息不对称的环境中工作的，立法者和选民都缺少足够的信息来有效地监督公共机构及其官员的活动，官员（被监督者）比选民（监督者）拥有更多的关于公共物品及服务方面的信息尤其是成本、价格方面的信息。这样，监督者完全可能受被监督者所操纵，后者有可能制定并实施某些有利于自身利益而损害公共利益的公共政策。

由于政府机构组织的失误，导致水利基础设施建设工程过分投资，水公共部门的运行效率低下。同时，由于监督机构的不完善，政府官员与公民之间监督成本的存在，无法实现政府与用水户之间的激励相容；不同级别政府间目标与职责的差异，缺乏对政府执行者的监督，使政府内部出现“委托—代理”问题；大流域的地区分割管理与部门分割管理同时存在，地方保护主义，导致管理失控；水权的政府管制通常以层层审批的方式进行，这种运行机制会延长管理链条，降低管理效率。

2.3.3 社会机制失灵

社会机制被认为是除了市场机制和政府机制以外的第三种机制，能够对前两种机制提供良好的补充和监督。总体上看，市场化改革以来，社会机制尚未成为与其他机制相互制衡的力量，出现社会机制失灵。这也是导致水资源危机的制度根源之一。

2.3.3.1 社会组织不够健全

水环境保护协会、农民用水户协会等非政府组织在水环境保护和水资源配置中可以发挥十分重要的作用。但是，由于对社会团体过于严格的管制，我国在水资源事务方面的社会组织建设处于比较薄弱甚至缺位的状态，即使已有的一些水利组织也不能发挥充分的作用，如某某省水利学会，往往由退休的水利厅厅长担任会长、几个处长和教授担任理事，经费由水利厅划拨，任务由水利厅下达。这样的水利学会不可能成为监督政府、监督企业的独立的社会力量，而只能是政府的附庸。

2.3.3.2 自治机制不够健全

水资源配置往往呈现出同时面临市场失灵和政府失灵的情况。此时，职能依靠群众自治的力量。奥斯特洛姆分析了众多“公共池塘”案例后发现，群众自治是避免“公地的悲剧”的重要途径。但是，我国在构建自治机制方面还处于起步甚至空白阶段。已有的一些自治机制也没有正常发挥作用，如社区机制本身属于重要的社会机制，但现在异化为政府的组成部分。由此导致公众的依赖心理和等靠要的思想。

2.3.3.3 良心效应功能不足

“良心效应”这个概念是由澳大利亚莫纳斯大学经济系教授、澳大利亚社会科学院院士黄有光提出来的。他认为，任何一件外部性事件的产生，都或大或小存在着良心效应，即良心发挥着一定的作用：当外部性产生者给他人的福利带来不利影响而且不给予补偿时，良心效应将会降低自身的整体福利水平。例如，某企业排放污染时，对以追求利润最大化为目标的企业主来讲虽然可能会感到内疚，但他一般来说是不在乎的。对雇员来说，也会由于产生污染而感到内疚，但为了补偿其内心的创伤，他们会要求企业主给予一定的附加工资。企业主真正受到内疚心理影响的正是雇员们的这种经济要求。此外，雇员们很可能加入工会组织，或者要求增加工资，或者要求参与抗议污染的活动。这样，良心效应的存在就降低了生产污染的企业的整体福利水平。斯蒂格利兹认为，进行社会准则的教育是解决外部性问题的一种办法。这种教育的具体内容就是“黄金律”教育。他认为，用阶级性的语言来解释黄金律的内容就是：要产生外部经济性，不要产生外部不经济性。由于人们的行为是互相影响的，所以人们要时时刻刻用社会准则来要求自己。实际上，良心效应和黄金律无非强调的是一种道德教育，属于“精神文明”教育。通过教育，强化良心效应，使得人们从事外部不经济行为时感到不安，努力去从事产生外部经济效应的事务，尽量减少产生外部不经济效应的事务。运用这种“思想教育”的方式来解决外部性问题在某种范围内或一定条件下可以发挥很大的作用。

但是，我国虽然在世界水日、中国水周等重要节期，已经开展了一系列的教育活动，但是，相对于水资源危机的紧迫性而言，良心效应和黄金律的作用还是显得不足。

2.3.3.4 价值观念比较陈旧

在水资源领域，公众往往沿袭了一些传统思维，如长期以来把水资源看成是自由物品而不是经济物品，长期以来把水资源看成是可以无限供给而不是有限的资源，长期以来把自来水看成是福利水而不是资源水，长期以来只注重开源而不重视节流。这些陈旧的价值观念阻碍了更有效的水资源配置方式的实施，阻碍了水资源的公平合理的配置，是引发水资源危机的思想根源。

参考文献

[1] 郑通汉. 中国水危机[M]. 北京：中国水利水电出版社，2006.

[2] 刘伟. 中国水制度的经济学分析[M]. 上海：上海人民出版社，2005.

[3] 李雪松. 中国水资源制度研究[M]. 武汉：武汉大学出版社，2006.

[4] 高前兆，等. 水资源危机[M]. 北京：化学工业出版社，2002.

[5] 霍有光. 策解中国水问题[M]. 西安：陕西人民出版社，2000.

[6] 刘文祥，等. 水资源危机[M]. 贵阳：贵州科技出版社，2001.

[7] 李强，等. 中国水问题[M]. 北京：中国人民大学出版社，2005.

[8] 刘昌明，等. 中国 21 世纪水问题方略[M]. 北京：科学出版社，2001.

[9] 奥斯特洛姆. 公共事物的治理之道[M]. 上海：上海三联书店，2000.

[10] 沈满洪. 环境经济手段研究[M]. 北京：中国环境科学出版社，2001.

[11] 董林. 城市可持续发展与水资源约束研究[M]. 河海大学硕士论文，2006.

[12] 郑重. 水资源与经济可持续发展[D]. 东北财经大学硕士论文，2005.

[13] 王茵. 水资源利用的经济学分析[D]. 黑龙江大学硕士论文，2006.

[14] 熊雁晖. 海河流域水资源承载能力及水生态系统服务功能的研究[D]. 清华大学硕士论文，2004.

[15] 佟才. 松花江流域水生态系统价值及其可持续利用的研究[D]. 东北师范大学硕士论文，2004.

[16] 徐海江. 基于可持续发展的浙江省水资源战略研究[D]. 浙江工业大学硕士论文，2002.

[17] 徐方军. 水资源配置的方法及建立水市场应注意的一些问题[J]. 水利水电技术，2001，8.

[18] 周爱国，徐恒力，甘义群，黎志恒.西北地区水资源——生态可持续发展的若干问题探讨[J]. 长江流域资源与环境，2001，5.

[19] 陈小安，高丽亚. 市场失灵与政府失灵的经济学分析[J]. 决策参考，2005，6.

[20] 张卿. 政府失灵：衡量、成因与治理[J]. 当代经济，1997，10.

[21] 文炳勋. 政府失灵理论研究[J]. 株洲工学院学报，2005，2.

[22] 白列湖，潘开灵. 政府失灵的原因及其对策[J]. 科技创业月刊，2004，6.

[23] 蒋俊杰. 政府失灵的形成与治理对策[J]. 中共福建省委党校学报，2001，9.

[24] 胡天然. 经济管理中的政府失灵与现代政府的构建[J]. 华东经济管理，2007，7.

[25] 徐学敏. 论市场缺陷与政府缺陷[J]. 经济评论，2000，2.

[26] 钱丽莉. 浅谈我国水资源危机——透析水资源现状[J]. 宿州师专学报，2000，2.

[27] 白娟，郑姝卉，吴秋兰. 水资源现状探讨[J]. 现代农业科技，2007，12.

[28] 杨建国，魏晓妹，等. 我国的水资源危机及其分析[J]. 干旱地区农业研究，1998，3.

[29] 李桂亭，王杰. 国内外水资源危机现状及其原因[J]. 安徽农学通报，2007，7.

[30] 马晓河，方松海. 中国的水资源状况与农业生产[J]. 中国农村经济，2006，10.

[31] 车武，李俊奇，张雅君. 中国的水资源危机及其对策[J]. 北京建筑工程学院学报，2000，4.

[32] 王丘，阮文彪. 中国水资源问题与农业可持续发展. 安徽农业大学学报，2000，4.

[33] 秦华联，李士峰，郭宝顺. 21 世纪我国面临水资源危机及发展策略[J]. 东北水利水电，2002，11.

[34] 2006 年中国水旱灾害公报[M]. 中华人民共和国水利部.

[35] 2006 年全国水利发展统计公报[M]. 中华人民共和国水利部.

[36] 1999—2006 年中国水资源公报[M]. 中华人民共和国水利部.
[37] 何晓光，钟茂初. 水资源对经济社会发展的影响[J]. 山西财经大学学报，2002，5.
[38] 王春浩，李瑜. 社会经济发展对水利提出的要求[J]. 水资源与水工程学报，2004，2.
[39] 杜威漩. 论政府在水资源管理中的角色定位[J]. 水利发展研究，2007，9.
[40] 陆杰彬. 中国水资源危机成因的经济分析及其解决办法[J]. 农业资源与环境科学，2005.
[41] 雷玉桃. 水资源管理的外部性及其校正政策研究[J]. 经济问题，2005，11.

第3章　水资源供求论

随着我国经济的高速增长，水资源的供需矛盾越来越突出，已经成为制约经济社会可持续发展的瓶颈之一。因此，有必要对水资源供求理论进行探讨。本章首先介绍了水资源需求的基本概念、影响因素以及水资源需求量的预测方法等；其次介绍了水资源供给的基本概念及影响因素，并着重对水资源供给的成本、分质供水以及水资源的有效供给进行了分析；最后本章采用静态分析和比较静态分析方法对水资源供求均衡进行分析，并得出可持续发展水价的定价区间。

3.1 水资源需求

3.1.1 水资源需求的含义及分类

3.1.1.1 水资源需求的含义

水资源需求是指消费者在一定的时间内对符合一定质量的水商品或水要素愿意而且能够购买的数量与价格之间的关系。由此可以看出，水资源需求既包括消费者对自来水、矿泉水等水商品的直接需求，也包括生产者对地表水、地下水等水要素的引致需求。另外，水资源需求与水资源需求量是有所不同的。水资源需求量是指在某一时期、某一特定市场条件下，对应于某一水资源价格，消费者对符合一定质量的水商品及水要素愿意而且能够购买的数量。因此，水资源需求量是一个单一的数量概念，是在确定了水资源需求水平后，具体分析在该需求水平下某一水价所对应的需求数量；而水资源需求强调的是水价与水资源需求量之间对应关系。

3.1.1.2 水资源需求的分类

水资源需求包括水量需求和水质需求，它是质与量的统一。不同的水资源需求对水质和水量的要求差别较大，如人们对饮用水需求的水质要求较高，但是水量需求较少；灌溉用水需求对水质要求不高，但是水量需求却较大。

按人们需求的必要程度，水资源需求可以分为基本需求和非基本需求。人们对水资源的基本需求是为了维持正常生命、保障基本生活的日常用水；非基本需求是除基本需求之外的其他需求。在这两类需求中，基本用水需求的数量较少，非基本用水需求的数量较大。

按用途来分，水资源需求可以分为生活水需求、生产水需求、生态水需求。生活水需求是指人们在日常生活中对水的需求，如饮用、烹饪、洗澡、洗涤等，这部分水需求也可以称为家庭生活用水需求。生产水需求是指生产者在生产活动中对水资源的需求，是一种引致需求。生产水需求又可以分为农业水需求、工业水需求、服务业水需求。农业水需求是指在农业生产中的水需求，包括灌溉、养殖等；工业水需求是指在工业生产中的水需求，包括原料用水、冷却设备用水、排污用水等；服务业水需求是指各服务部门在为社会提供服务产品时对水资源的需求，主要包括代理业、旅游业、饮食业、仓储业、租赁业、金融业等对水资源的需求。生态水需求是指为了维持生态环境平衡、逐步改善生态环境所产生的水需求。在这些水需求当中，生活水需求属于最基本的水需求，在水资源配置时首先要保证这部分水需求。

3.1.2 影响水资源需求的主要因素

3.1.2.1 水资源需求曲线

在微观经济学中，价格被认为是影响需求的最重要因素。如果不考虑其他非价格因素，只分析水价变动引起水资源需求量变动的规律，就可以得到通常意义上的需求函数：

$$Q_{\mathrm{d}} = F(P)$$

式中：Q_{d}——需求量；

P——水价。

一般来说，水价与水资源的需求量之间成反向变动的关系，即 $\frac{\mathrm{d}Q_{\mathrm{d}}}{\mathrm{d}P}<0$，需求曲线向右下方倾斜。如图 3-1 所示，曲线 D 代表了水资源的需求曲线。

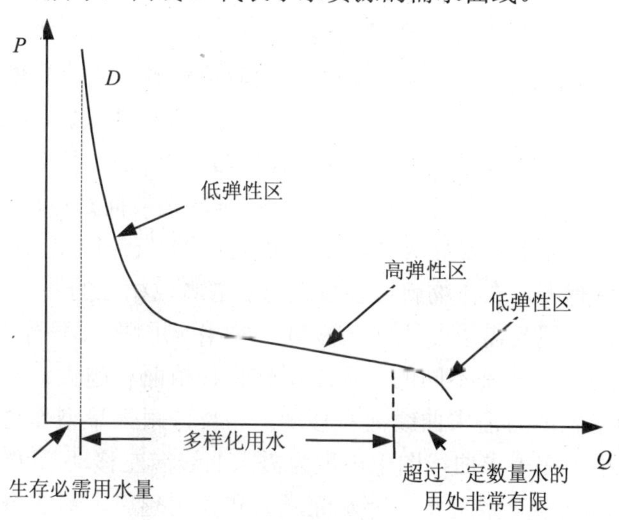

图 3-1 水资源需求曲线[①]

如图 3-1 所示，水资源需求价格弹性经历了“低弹性—高弹性—低弹性”3 个阶段。在低用水量阶段，水是生活必需品，主要用来满足生存生活等基本需求，水需求价格弹性较低。随着用水量的增多，就可以多样化用水（生产、生活、景观用水等），此时水需求价格弹性较高，若水价提高，人们就会减少一些可有可无的水消费。随着用水数量的进一步增加，水需求价格弹性越来越大，超过一定数量以后，水资源的用途也非常有限，

① 王亚华. 水资源特性分析及其政策含义[J]. 经济研究参考，2002，20.

此时水资源需求仍处于低价格弹性区。

3.1.2.2 水资源需求的影响因素

除了水价之外，影响水资源需求的因素还有很多，不同类型水需求的影响因素也各有不同。由价格之外的其他因素引起的水需求量与其价格之间对应关系的整体的变动，在图中表现为需求曲线的整体移动。下面对不同类型水资源需求的非价格影响因素进行分析。

对于生活用水，其需求主要受 4 个因素的影响：① 人口因素。人口因素包括人口的数量、年龄、家庭结构。一般来说，人口数量越多，水需求数量越大，但它们之间的关系并不是线性的。对于年龄，一般认为老年人比青年人节水意识更强。不同家庭结构的人均用水量也有很大的差异，比如在英国单人家庭的人均用水量是 120～130 L/d，而六人家庭的人均用水量是 70～80 L/d。[①]如果人口数量增多、青年人占比增大、单人家庭人数增加，就会使水资源需求增加，需求曲线向右移动。② 技术因素。技术进步是增加水消费的强有力的驱动因素，也是控制水消费的有效办法。技术的发展使洗衣机、暖水器等各种用水设备出现，这改变了人们的水消费习惯，增加了水资源需求，在需求曲线图中表现为需求曲线向右移动。而随着节水技术的发展、节水设备的应用，技术对水需求的增长也有很强的抑制作用，在需求曲线图中表现为需求曲线向左移动。技术进步到底是促进水需求增加还是减少要取决于这两方面影响的强弱。③ 家庭收入状况。收入水平的增加使得人们有能力消费更多的水，人们不仅消费更多作为生活必需品的水，而且消费作为生活奢侈品的水，从而导致需求曲线向右移动；反之，收入水平的减少，将使得需求曲线向左移动。在经济社会发展过程中，随着消费者收入水平的上升，人均生活用水呈现出不断上升的趋势。④ 生活习惯。例如在我国人们洗头、洗澡的频率比几十年前高了很多，在当今社会，洗澡不仅仅是一种清洁方式，还是一种减压方式，这种生活习惯的改变将会促使人们对水资源需求的增加，使得需求曲线向右移动。

对于农业用水，其需求主要受 4 个因素的影响：① 气候因素。气候因素主要是指气温和降水量。降水量越大，农作物就可以依赖雨水灌溉，相应的补充灌溉[②]就越小，对水资源的需求就越小，表现为需求曲线向左移动。② 作物因素。不同类型的作物和同一作物的不同品种生长的需水量是不同的。需水型作物种植面积越大，对水资源的需求就越大，在需求曲线图中表现为需求曲线向右移动；相反，耐干旱型作物种植面积越大，对水资源的需求就越小，在需求曲线图中表现为需求曲线向左移动。③ 灌溉方式。先进的灌溉方式和灌溉技术能够有效节水。节水灌溉方式使用越广，对水资源的需求就越小，在需求曲线图中表现为需求曲线向左移动。④ 农民收入水平。一般来说收入增加会使水需求增加，需求曲线向右移动，反之则向左移动。

对于工业用水，其需求主要受 4 个因素的影响：① 经济结构。随着第二产业向第三产业转型，企业对水资源的需求将减少，在需求曲线图中表现为需求曲线向左移动。② 企业特性。不同类型的企业用水量有很大的差别，我国工业用水中，火电是第一大部门，占工业用水量的 1/4 左右，其次是造纸、化工、冶金、食品 4 个行业。即使是同一类型的

---

① G. G. Archibald. Forecasting Water Demand-A Disaggregated Approach[J]. Journal of Forecasting，1983（2）.

② 在降水量不够时，为提高和稳定产量，通过灌溉设施对作物进行灌溉。见：Colin Green. 水资源经济学手册：原理与实践[M].夏军，庞进武，译. 北京：中国水利水电出版社，2005.

企业，由于节水态度、生产工艺的不同，相同规模的同类企业用水量也不同。如果一个地区的产业中火电、造纸、化工等企业增多，又没有改进生产工艺、没有采用节水技术，那么势必会造成水需求的增加，在需求曲线图中表现为需求曲线向右移动。③ 技术革新。各种技术革新将加快节水和循环用水技术的应用，将会提高水资源的利用效率。如果技术革新加快，将会有效地促进水资源需求的减少，使得需求曲线向左移动。④ 政府用水管制。政府用水管制主要是指政府的计划用水、定额管理等行政措施。如果政府用水计划数减少、用水定额减少，将会有效促进水需求的减少，使得需求曲线向左移动。

对于服务业用水，影响其需求的因素基本上与生活用水的影响因素相同，主要有以下 4 个：① 消费习惯。随着社会的发展，人们外出就餐、休闲旅游等服务性消费增加，从而对水资源的需求增加，使得需求曲线向右移动。② 居民收入水平。当收入增加时，人们享受各种服务的欲望和能力也就越大，对水资源的需求就会增加，促使需求曲线向右移动；相反，收入减少时，对水资源的需求就会减少，促使需求曲线向左移动。③ 技术因素。一些商业活动为了吸引消费者会采用各种人造水景观，这就有赖于技术水平的高低。技术水平越高，人们就越有能力建造更大规模的人工水景观，对水资源的需求也就越大，表现为需求曲线向右移动。④ 相关商品的价格。水商品没有替代品，只有互补品。水的互补品（如水上娱乐等）的价格上升，会导致水与该互补品组合使用的成本上升，一定程度上会遏止其需求，导致需求曲线向左移动；反之，则向右移动。

对于生态用水，其需求主要受两个因素的影响：① 生态系统的类型，不同的生态系统为维持系统平衡所需的水量有很大不同。② 民众对生态环境质量的要求，当民众对生态环境的质量要求提高时，政府为了政绩就会有动力去改善环境，保障生态环境的水需求。影响不同类型水资源需求的主要因素如表 3-1 所示。

表 3-1　不同用水需求的影响因素分析

<table>
<tr><th>分类</th><th>影响因素</th><th>分类</th><th>影响因素</th></tr>
<tr><td>生活用水需求</td><td>① 人口因素
② 技术因素
③ 家庭收入状况
④ 生活习惯</td><td>工业用水需求</td><td>① 经济结构
② 企业特性
③ 技术革新
④ 政府用水管制</td></tr>
<tr><td>农业用水需求</td><td>① 气候因素
②作物因素
③ 灌溉方式
④ 农民收入水平</td><td rowspan="2">服务业用水需求</td><td rowspan="2">① 消费习惯
② 居民收入水平
③ 技术因素
④ 相关商品的价格</td></tr>
<tr><td>生态水需求</td><td>① 生态系统的类型
② 民众对生态环境质量的要求</td></tr>
</table>

总之，根据以上分析，影响水资源的因素概括起来主要有以下几个方面：①自然因素，包括气候等因素；②社会因素，包括人口因素、生活习惯等；③经济因素，包括水价、收入水平、相关商品的价格等；④ 行政因素，包括政府用水管制等；⑤ 技术因素，包括技术革新、灌溉方式等；⑥ 其他因素，包括企业特性、农作物种植情况等。这样，可以构建水资源需求函数如下：

$$Q_{\mathrm{d}} = F(N,S,E,A,T,O) \tag{3.1}$$

式中：Q_d——水资源需求量；

N——自然因素；

S——社会因素；

E——经济因素；

A——行政因素；

T——技术因素；

O——其他因素。

3.1.2.3 水资源需求价格弹性及收入弹性

在经济学中，需求弹性包括需求的价格弹性、需求的收入弹性和需求的交叉弹性等。由于水资源具有不可替代性，所以需求的交叉弹性几乎为零，这里只讨论水资源需求的价格弹性和收入弹性。

需求价格弹性，是指在一定时期内一种商品需求数量的相对变动对于该商品价格的相对变动的反应程度，可用需求量变动的百分比与价格变动的百分比之比来表示。不同类型水资源的需求价格弹性有所不同。基本需求部分水资源的需求价格弹性小，而其他部分的水资源的需求价格弹性相对较大。对农业用水来讲，由于灌溉水的收益较高，而价格较低，提高较小数量的灌溉水收费标准几乎不会对需求造成影响；对于工业用水来讲，企业用水成本占投入要素总成本的比例很小，企业对水价不太敏感，小幅度提高水价不足以促使其进行节水技术改造；而对于城市生活用水，水需求价格弹性远小于收入弹性，随着收入水平提高，水需求会呈持续增长的势头。

需求的收入弹性是指一定时期内一种商品需求数量的相对变动对于消费者收入的相对变动的反应程度，可用需求量变化的百分比与收入变动的百分比之比来表示。在价格不变的条件下，收入水平的提高一般会引起需求的增加，因而收入弹性为正数。通常将收入弹性大于 1 的商品称为奢侈品，如珠宝等；而把收入弹性小于 1 的商品称为必需品，如水、报纸等。

美国詹姆斯（L. Danglas James）和罗伯特·李（Robert. R. Lee）经过大量研究，认为水是商品，符合商品供求规律，并提出了水资源需求价格弹性和收入弹性的定量表达式：

$$Q=K\times P^{E_1} \tag{3.2}$$

式中：K——常数；

P——自来水价格；

Q——人均用水量；

E_1——水需求价格弹性系数。

在式（3.2）的基础上考虑用水需求的收入弹性，则可得式（3.3）：

$$Q=K\times P^{E_1}\times R^{E_2} \tag{3.3}$$

式中：K——常数；

E_1——水需求价格弹性系数；

E_2——水需求收入弹性系数；

Q——人均用水量；

R——人均年可支配收入。

有很多国内外研究对不同国家和地区的水资源需求价格弹性和收入弹性进行了定量测量。例如，1991 年世界银行年度发展报告中对发展中国家水需求弹性估算结果是价格弹性为－0.25，人均收入弹性为 0.30。沈大军等学者基于 1996 年全国的价格和工资水平建立的居民生活需水函数显示，我国的水需求价格弹性为－0.33，需求收入弹性为 0.56。[①]

表 3-2 城市生活用水需求的价格弹性与收入弹性估算值

内容	价格弹性	收入弹性
世界银行 1991	－0.25	0.30
日本	－0.125 5	0.65
中国 1996	－0.33	0.56
北京	－0.164	0.388
上海	－0.168 2	0.559 5
南京	－0.288	0.428

如表 3-2 所示，选择不同的研究区域，得到的生活用水需求价格弹性和收入弹性有所不同。总的来说，各研究结果基本证实，居民用水的需求价格弹性小于收入弹性，要使水价发挥更大作用，只有使价格弹性高于收入弹性，才能抑制用水量的增长，但随着人们生活水平的不断提高，用水量不断增加却是一个事实，这也是导致用水增长的一个主要原因。如果人均收入增长速度高于水价增长幅度，则生活用水总量仍将保持增长态势。

与居民用水相比较，企业需水量对价格变动的反应具有以下特点：① 作为生产成本的一部分，企业的水费支出可以通过产品销售实现价值的转移，因此，水价上涨因素可以通过产品提价传递出去；② 工业用水的价格弹性要大于居民生活用水的需求价格弹性；③ 水费支出占产品总成本的比重较小，我国工业企业水费支出一般仅占工业产品成本的 0.1%～0.4%。据统计，当城市用水价格提高 10%左右时，用水量可能下降 2%～7%；水价提高 40%，用水量下降 20%。只有在水价大幅提高时，企业的用水量才会明显下降。

3.1.3 水资源需求量的预测

3.1.3.1 水资源需求量的预测方法介绍

国外对水资源需求量的预测开始得较早，最早的水资源需求量预测始于 100 年前的美国，基于内战后的城市重建和工业化用水的需要，美国建设了不少城市供水系统，为此，要预测未来用水发展的需要。我国的水资源需求量预测研究开始于 20 世纪 50 年代初期，主要是灌溉试验研究。随着农业灌溉需求、工业用水需求和生活用水需求的快速增长，到 60 年代中期至 70 年代末，我国的水资源需求量预测工作已全面开展。

水资源需求按照主要用途来分，可以分为生活水需求、生产水需求和生态水需求。在其他水需求不予考虑的情况下，水资源总需求量方程可以表示为：

$$TD=LD+PD+ED \tag{3.4}$$

式中：TD——水的总需求量；

---

① 沈大军，杨小柳，等. 我国城镇居民家庭生活需水函数的推求及分析[J].水利学报，1999，12.

LD——生活用水需求量；

PD——生产用水需求量；

ED——生态用水需求量；

LD与PD之和——国民经济需水量。

当人们对水资源的需求量接近或超过现有的供给能力后，用水量会极大地受限于实际所能提供的水资源数量。若将水资源的总供给量记为TS，则TD≤TS，TS值的大小是受自然因素如降雨等和人类开采技术限制的，在一定时期内我们假设它是不变的。如果维持一个良好的生态环境的水资源需求量为$ED=Q_1$，则有：

$$LD+PD \leqslant TS-Q_1 \tag{3.5}$$

式（3.5）为水需求量预测的约束条件。

国内外研究采用了很多方法对水资源需求量进行预测。这些方法按预测时期的长短，可以分为短期预测法和长期预测法；按是否采用数学模型方法，可以分为定量预测法和定性预测法。按预测技术的不同，可以分为趋势外延法、回归分析法、时间序列法、定额法、人工神经网络法、灰色预测法等。下面主要根据预测技术的不同，对预测方法进行介绍。

（1）趋势外延法（Trend Extrapolative Approach）。趋势外延法是水资源需求量预测最常用的方法之一，也是使用较早的预测方法。它是根据过去用水以及相关指标的趋势变动规律建立模型，从而得到预测年的水需求量。在20世纪六七十年代，这种方法主要用于长期水需求量的预测，但是由于预测一般是基于当时技术条件下的单位产出水需求量，事实证明这种方法的预测值往往偏大。如英国水资源委员会（WRB）就使用这种方法预测了英格兰和威尔士1981年的水需求量将比1971年的水需求量增加19%～27%，但实际只增长了10%。①

（2）回归分析法（Regression Analysis）。回归分析法是寻求水需求量与其影响因素之间的相关关系，建立回归模型来进行预测的方法。现有研究中选取的影响因素一般为气温、降雨量、水价等。但是这种方法不能将一些非量化的因素纳入分析框架，如用水方式改变的可能性。

（3）时间序列法（Time Series Analysis）。这种方法是将水资源需求量分为两部分来表示，包括基本数据模式和随机变动，而基本数据模式和随机变动又可以分别由几部分组成。如Ashu Jain和Lindelle E.Ormsbee对美国肯塔基州北部列克星敦城市进行短期水资源需求量预测时，便采用了这种方法。②在该方法中，基本数据模式包括了基本需求量、长期增长趋势和周期性水资源需求量；随机变动则包括当时需求量对过去需求量的相关度和随机波动量。

（4）定额法（Quota Method）。定额预测方法先分别对各部门水资源需求量进行预测，然后加总。定额法的一般步骤是：① 预测社会经济发展指标，如人口数量、工业产值。② 预测各部门的用水定额，如人均生活用水、每单位产出的用水量等。③ 将用水定额和社会发展指标相乘后加总。最后对预测结果进行合理性和可行性评价。定额预测法比

① G.G.Archibald.Forecasting Water Demand—A Disaggregated Approach[J].Journal of Forecasting，1983（2）.

② Ashu Jain，Lindelle E.Ormsbee.Short-term Water Demand Forecast Modeling Techniques Conventional Methods Versus AI[J].American Water Works Association Journal.2002（7）.

较直观，简单易行，难点在于对各部门用水定额的准确预测。用水定额受很多因素影响，如工业部门的用水定额就受到企业类型、生产工艺、回收技术、节水态度等因素的影响，而且这些因素处在不断发展变化中，所以在运用时要充分考虑，减小预测误差。

（5）人工神经网络法（ANNs）。人工神经网络法是随着人工智能技术发展而出现的新技术，它模仿大脑机制进行信息分析处理。人工神经网络应用于预测领域，采用最普遍的是多层前馈神经网络模型。该模型分为3层，即输入层（input layer）、隐藏层（hidden layer）、输出层（output layer）。该模型具有很好的学习和逼近能力。分析时先采用几组历史数据对网络进行训练，经过反复的前馈计算和错误反馈传播，直到总的错误值最小。该系统会在输入输出过程中自动生成复杂的关系，从而用于预测今后的水资源需求量。

（6）灰色预测法（Grey Model）。灰色预测法直接通过对原始数据的累加弱化其随机性，生成寻找系统的整体规律，构建指数增长模型。灰色预测具有要求历史用水量数据少、不考虑分布规律、不考虑变化趋势，运算方便、易于检验等优点。

3.1.3.2 生态环境水资源需求量预测

前面是在式（3.5）的约束下（在 $LD+PD \leqslant TS-Q_1$ 的约束下）对国民经济水资源需求量进行预测，式（3.5）中，Q_1 代表维持良好的生态环境水资源需求量。因此，Q_1 的大小就对预测国民经济水资源的需求量异常重要，所以下面着重对生态环境水资源需求以及其需求量的预测进行介绍。

生态环境水需求的研究始于美国，我国的生态环境水需求研究兴起于20世纪90年代末。经过几十年的研究，不同的研究者对生态环境水需求的界定仍存在较大的差异，其内涵尚无统一界定。但一般说来，生态环境水需求应具有以下特征：① 需水主体的不同，水需求研究的内容和方法也不同，一般可以分为城市生态环境水需求、湖泊生态环境水需求、河流生态环境水需求、湿地生态环境水需求等。② 生态环境水需求是一个多维向量，包括水量、水质、水温、水深、流速等指标。研究中水量和水质的问题尤为突出，通常简化为仅包括水量、水质两个要素的指标。③ 生态环境水需求的目标不同，所需的水量水质也各不相同。目标可以是“最小水资源需求量”、“维持……不再恶化并逐步改善”、“维持……平衡”、“维持……正常功能”等。如果生态环境水需求的目标是“维持……不再恶化并逐步改善”，那么生态环境水需求量就是指维持特定生态系统环境不再进一步恶化并逐步改善所需要的一定水质要求下的水资源总量。

国内外生态环境水需求量测算的方法很多，传统的有关于河道最小生态流量核算的7Q10法、Tennant法、湿周法、R2CROSS法，目前产生的一些新型技术有3S技术，神经网络技术、遥感技术等。由于这些方法主要是从物理的水量平衡、水热平衡、水沙平衡、水盐平衡等方面考虑，涉及水文学、生理学、生态学、物理学等学科，在本书中就不加介绍了。国内外学者采用这些方法对特定的流域、区域的生态环境水资源需求量进行计算，取得了一定的成果。V·斯马克廷等对全球依赖淡水的生态系统的水需求量作了初步评估，对全球主要流域的环境水资源需求量也作了评估，认为维持流域生态系统平衡的流量约占年平均流量的20%～50%。[①]粟晓玲、康绍忠采用水循环与水量平衡、水热平衡、水沙平衡原理对我国渭河生态环境水需求量进行计算，认为渭河华县段面多年平

① V·斯马克廷，等. 环境水需求和短缺的实验性全球评估[J]. 水利水电快报，2005，3.

均生态环境需水总量为 39.80 亿 m^3，占多年平均天然径流量的 42.3%。[①]柳长顺、陈献等采用水量平衡原理，提出计算不同流域生态环境用水与水需求量的方法，并以海河流域为例进行计算，建议在海河流域水资源配置时，最小生态水资源需求量为 76.1 m^3，占多年平均水资源量的 33.8%。[②]

由于生态环境水资源需求的概念比较新，涉及多个学科，其理论基础、原理方法有待进一步探索。但是在实际的生产生活中，很少在式（3.5）的约束下，先预留出生态环境水资源需求量再进行其他部门水资源的分配，所以生态环境水资源需求量往往被国民经济水资源需求量挤占，从而导致生态环境的恶化。因此，如何实现生态水需求与国民经济水需求的协调是今后水资源可持续利用研究的重点，如何通过制度设计、经济手段、行政手段、法律手段来保障生态水资源需求也是水资源经济学研究的重点和难点。

3.2 水资源供给

3.2.1 水资源供给的含义及特征

3.2.1.1 水资源供给的含义

水资源供给是指生产者在一定时期内在各种可能的价格下愿意而且能够提供出售的水商品或水要素的数量与价格的关系。根据定义，如果生产者对水商品或水要素只有提供出售的愿望而没有提供出售的能力，则不能形成有效供给，就不算作供给。由此可知，水资源供给受到生产者供给能力的限制，水资源供给量存在最大值。

按供给源的不同，水资源供给可以分为地表水供给、地下水供给和再生水供给等。地表水供给是比较容易获得的，现今一些大型的水利设施都是针对地表水供给的，它是水供给的主要来源。随着用水需求的增加与地表水的污染，生产者逐渐增加地下水供给。地下水可以分为浅层地下水和深层地下水，浅层地下水开采容易，成本较低但是容易受污染，在我国大部分农村的生产生活用水是以汲取浅层地下水为主。深层地下水开采成本较高，水质较好。但是地下水过度开采容易形成地下水漏斗，造成地面沉降、地面塌陷和地下水环境污染等危害。我国华北地区就因为地下水超采形成了我国最大的地下水漏斗区并产生各种地质危害。再生水供给是随着水资源短缺问题的不断深化而逐步产生的，它是指将工业废水、生活污水等进行处理达到一定的水质要求后，供给用户重新使用。比如美国加利福尼亚州，就将这种再生水以低于一般饮用水 20%的价格供给用户。[③]另外，我国的一些沿海地区对海水进行净化、脱盐增加一部分水供给，或者直接利用天然降水，这部分水资源供给可以称为其他水源供给。这样，就能够构造出水供给总方程，具体见式（3.6）。

$$TS=SW+GW+RW+OW \tag{3.6}$$

式中：TS——水资源供给；

---

① 粟晓玲，康绍忠. 生态需水的概念及其计算方法[J]. 水科学进展，2003，6.

② 柳长顺，陈献，等. 流域生态用水与需水研究[J]. 水利水电技术，2005，6.

③ Pamela P Kenel，James C Schlaman，Lori Steere et al. Preserving Sustainable Water Supplies for Future Generations[J].American Water Works Association Journal，2005（7）.

SW——地表水供给；

GW——地下水供给；

RW——再生水供给；

OW——其他水水源供给。

前面介绍过水资源需求包括生态环境水需求，如果人们过量使用地表水、地下水达到一定的幅度时将会破坏生态平衡，导致各种灾害的发生。因此，可以假设供水存在一个极限值 Q_{max}，SW+GW≤Q_{max}，则有：

$$TS - RW - OW = SW + GW \leq Q_{max} \quad (3.7)$$

由式（3.7）可知，在生态环境不被破坏的前提下水供给要满足水需求的不断增长，可以采用两个方法，① 增加 RW；② 增加 OW。由于其他水供给（OW）比如雨水、海水等，数量相对较少而且局限于特殊地区（如沿海），所以增加 RW 即再生水的数量可以认为是一个更加可行和适用性更广的方法。1 t 水在循环使用一次后就相当于 2 t 水，循环使用两次后就相当于 3 t 水，这将在很大程度上缓解水资源的供求矛盾。当然这种假设是在不考虑循环使用中水的消耗以及水质恶化的前提下进行的。

人们对水资源的需求包括水量需求和水质需求，它是质与量的统一，所以水资源供给方面也要做到与水需求在质和量上的匹配。水资源供给按水质来划分至少可以分为饮用水供给和非饮用水供给两大类。饮用水主要用于各种饮用、烹饪、食品加工等，这部分用水对水质的要求比较高但数量较少，所以饮用水的供给就要求在保证一定数量的前提下尽量提高水资源的质量。非饮用水主要用于灌溉、冲厕、绿化、消防、生产冷却等，这部分用水对水质的要求相对较低但数量较大，所以非饮用水的供给要注重供给数量的增加而对水质要求适当放宽。如果相同的水源经过各种处理要达到一定的水质要求，那么水质要求高低和处理成本高低成正比。所以对人体所需的饮用水要进一步提高水质，对水质要求不高的非饮用水可适当降低水质标准，以实现“水尽其用”，这样既可以缓解供水紧张的现状，又可以节约大量的人力、物力和能源。

3.2.1.2 水资源供给的特征

（1）供给的不确定性。水资源供给受气候情况和地域特征等外部条件的影响，随时间、空间的变化而变化，无论在质上还是在量上都具有不确定性。质上的不确定性源于降水质量的不确定性、人类活动对水质影响的不确定性、水中生物及微生物活动对水质影响的不确定性。量上的不确定性主要表现在不同地区、不同年份、不同季节的降雨量都很难准确预测，雨季和旱季相差悬殊。

（2）供水的多来源性。尽管降水是人类利用水资源的总补给源，但由于水资源在地表的赋存方式不同，人类对水资源的开发利用方式是多途径的。目前，人类广泛大规模开发利用的水资源有河川径流和地下水两种，还有少量的污水回用、海水利用、土壤水利用和雨水利用等。供水的多来源性，导致了水资源开发利用模式的不同，继而形成了不同的水市场价格。由于水资源的循环性，这几种来源之间有时是可以相互转换的，如地表水与地下水、雨水与径流等。

（3）水资源供给的规模经济。在既定的需求变化范围内，当产品或服务的成本随着生产规模的扩大而下降时，由一家大企业或者直接由政府控制生产比由几个规模较小的企业同时生产更能有效地利用资源，因此由单个生产厂商提供这种产品或者服务是最有效的组织形式。水资源供给就是属于这种情况。但在这种情况下，供水企业的产量会低于最优产量，而定价会高于最优价格，因此，政府通常把水资源供给作为公共管制的对象，以免定价过高损害消费者的利益。

3.2.2 影响水资源供给的主要因素

3.2.2.1 水资源的供给曲线

水资源供给受制于供水设施和天然来水两方面。从短期来看，供水设施是一定的，供给一单位水资源的成本基本不变，同时自然因素（主要包括气温和降雨量）、生产技术也基本没有变化，此时在现有的供水能力下，价格是影响水资源供给的主要因素，随着价格的增长，水生产企业愿意供给更多的水资源，如图 3-2 所示，曲线 *SS* 即表示水资源的短期供给曲线。当供给量达到一定数量，供给能力完全发挥，水价上升对供给量增加的促进作用很有限或者是根本不能带来供给量的增加，表现为图 3-2 中曲线 *SS* 后半段比较陡峭。

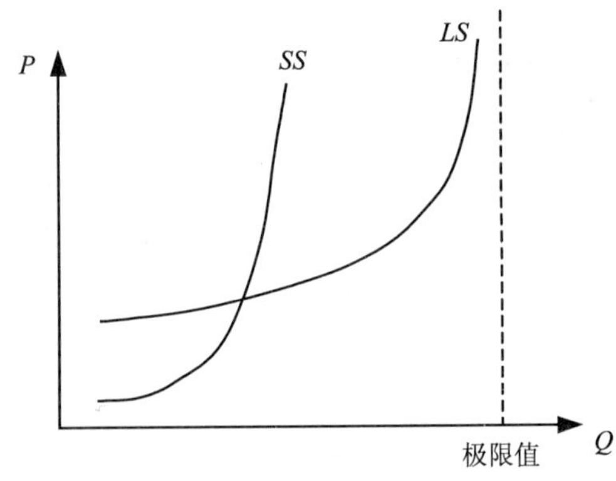

图 3-2 水资源供给曲线

水利设施建设投资周期一般较长，一旦建成就能大大增加供水能力。从长期来看，水供给将会有一个跳跃式的增长，图 3-2 中，曲线 *LS* 即为水资源的长期供给曲线。但是水资源供给存在着自然供给极限，同时也应认识到极限值不是一成不变的，随着科学技术的发展，人们可以开拓更多的水源，从地表水到浅层地下水再到深层地下水，从淡水利用到海水利用，极限值在不断增长但总是存在。

3.2.2.2 水资源供给的影响因素

影响水资源供给的因素有很多，除水价之外还有自然因素、生产成本、技术水平、生产者预期等。

（1）自然因素（包括气温、降雨量、湿度、大气运动等）。它将作用于水循环的各个环节，从而影响某一地区的地表径流量、地下水补给以及水质，这是影响水资源供给的一个客观因素。如果众多自然因素综合作用后是促使符合一定质量的可供水源增多，那么供给曲线将向右移动，反之向左移动。

（2）生产成本。水资源生产成本的大小主要受供水企业劳动者的工资水平的高低、水资源费的高低等因素的影响。在水价不变的条件下，生产成本上升会减少利润，从而使得水资源的供给量减少，供给曲线向左移动；相反，生产成本下降会增加利润，从而使得水资源的供给量增加，供给曲线向右移动。

（3）技术水平。技术进步会使每生产一单位水商品的成本下降，因此，企业向市场索取的价格也相应下降，从而导致供给曲线向右移动；反之，则向左移动。

（4）水源的增减。水源的增加可以使原水供应增加，会导致供给曲线向右移动；反之，则向左移动。影响水源的因素主要有：①水源地保护因素。例如水土流失的治理、环境保护的加强等，相当于可供原水的增加。②水资源用途的调整。例如我国大量水库的兴建是为了发展水电这个目标的，由于电力供应的替代性方案日益增多，而饮用水是一种难以替代的资源，因此，将水库的发电功能转换为饮用水水源，便会导致原水的增加。③环境污染的治理。水环境污染是导致水资源危机的重要原因。如果将被污染的河流、湖泊、地下水进行整治，达到某种水资源的功能要求，就等于增加了水资源的供给。④新型水源的开辟。例如在沿海和海岛地区发展海水淡化工程，在特别干旱无雨的季节实施人工降雨等，都会增加水资源供给。

（5）生产者预期。如果生产者对未来看好，预期水价会上涨，生产者往往会扩大生产，增加水资源供给，表现为水资源供给曲线向右移动；相反，如果生产者对未来预期是悲观的，如预期水价下降，生产者往往会缩减生产，减少水资源的供给，表现为水资源供给曲线向左移动。

（6）政府税收。政府税收增加，会使供给曲线向左移动；反之，则向右移动。

另外，还有一些其他因素影响水资源的供给，如人口以及经济活动的周期性等。这样就能够给出水资源供给函数：

$$Q_s = F(P, N, C, T_e, W, E, T_a, O) \tag{3.8}$$

式中：Q_s——水资源供给；

P——水价；

N——自然因素；

C——生产成本；

T_e——技术水平；

W——水源；

E——预期；

T_a——税收；

O——其他因素。

3.2.3 水资源供给的成本分析

对于供水企业来说，供水成本主要是生产成本，包括三方面：原水成本、处理成本、输送成本。原水成本又称水资源开发费，是基于原水供应设施的分摊成本，包括工程建造成本、蓄水成本等。处理成本是指将原水进行处理达到希望的水质所花费的成本。通常是水源质量越好，处理成本越低。输送成本是将经过处理的水产品输送到用户所花费的成本。

如果一项水资源开发技术的生产成本很高，那是难以大规模推广的，如海水淡化技术。在过去的几十年中，海水淡化一直是众多科学家们研究的热点。海水可以认为是取之不尽，用之不竭的。如果能够实现海水淡化，那么水资源的供求矛盾就能够彻底解决了。对于沿海地区海水淡化的原水成本几乎为零。从处理成本来看，海水的含盐量较高，同时含有多种化学物质，淡化的能耗直接决定着处理成本的高低。随着技术的进步，海水淡化的能耗指标已经降低了很多，但我国海水淡化的成本依然高达4～7元/m^3，[①]该价格已经明显高于很多城市的自来水价格。从输送成本来看，淡化设备必须通过建设新的管线或者借用已有的输水系统到达最终用户。如果海水淡化设备以接近水源地的原则设在沿海，而原先建设的多数输水系统都是把水从内陆输向沿海的，那么此时的输水成本是很高昂的。如果是沿海地区，则原水成本和输送成本都相对较低，而对于内陆地区这两项成本都很高昂，这就解释了为什么海水淡化技术只在沿海一些城市应用，不能大规模推广的原因。

各主体在利用水资源时会产生很强的外部性，所以在评价水资源的供给成本时使用社会成本的概念更加合理。水资源供给的社会成本除了包括供水企业的生产成本外，还包括许多其他成本。首先供水会造成各种各样的环境成本，如将污水处理到符合环境标准所需的费用、废水排到江河重新成为有用资源所产生的成本。尽管部分环境成本已经包括在排污管道和污水处理系统的建设和运营中，并在水费中有所反映，但仍有很多其他环境影响没有纳入定价之中，如水库或者跨区域水管道建设造成的生态影响，又如在缺乏排水管道和处理设施的地方将废水直接排入环境所导致的成本，虽然这部分成本难以精确测量但它确实存在。

3.2.4 分质供水

3.2.4.1 我国采用分质供水的必要性

随着我国人口数量的不断增长，工农业生产规模的不断加大，天然水体受到了越来越严重的污染，原本匮乏的水资源也更加紧张，造成了与水资源短缺同样严重的水质型缺水。

解决城市供水问题，除了大规模调水外，更重要的是节约用水，控制水污染，合理利用水资源。在人们增加的用水量中很大一部分只需要低质水，包括冲厕、绿化、消防和景观用水等。所以全面实施分质供水，按照用途的不同，提供不同水质标准的用水，才能合理利用有限的水资源，确保经济社会的可持续发展。在我国，长期以来城市供水系统都采用统一给水方式，即不管什么用途都按标准饮用水来供给。在经济尚不发达、用水量不大、用水种类单一的情况下，采用这种方法还是可行的。在优质水资源十分紧张，而水资源用途日趋多样化的情况下，仍然采用统一供水方式，就是对水资源的极大浪费，也是对人力、物力与能源的浪费。

3.2.4.2 分质供水的提出与发展

按不同水质供给不同用途的供水方式称为分质供水。分质供水在发达国家已有较长的历史。鉴于水资源紧缺的加剧和饮用水水质标准的提高，采用分质供水模式的国家和地区正在逐步增加，但不同国家的分质供水系统又各有特点。

美国分质供水系统是采用饮用水与非饮用水分开的双管道二元供水系统。美国自来水厂协会对有关术语的定义为："可饮用水"是指符合联邦与州政府水质标准，用于饮用、烹

---

① 刘娟，高忠文.浅析海水淡化的经济效益[J].中国水运，2008，1.

调与清洗的水；“非饮用水”是指人类偶然消费不致造成危害，用于非饮用用途的水。美国非饮用水的水源有两类：① 未经处理或稍加处理的地表水及水质较差的地下水；② 废水经过处理后达到一定标准的回用水，主要用做农业灌溉、工业冷却、景观用水、浇洒绿地、冲厕以及洗车等。

日本是城市分质供水实施较系统化、范围较广、规模较大而且类型较多的国家。日本主要城市采用的是三元供水系统：生活用水、工业用水及杂用水，分别由上水道、工业水道及杂用水道输送不同等级的水。日本杂用水的来源与美国非饮用水的来源基本上一致。日本杂用水主要用于冲厕、道路洒水、冷却水、园林浇灌、水景补给及消防用水等。

国内分质供水的例子主要有青岛的城市污水回用系统、北京高碑店污水处理厂深度处理工程、大连市污水再利用工程等，它们都是利用城市污水进行处理达到再生回用的标准，再通过管网或河道输送，作为工业用水、园林绿化灌溉、道路喷洒、河流整治及冲厕等。在一些沿海城市，杂用水还可以利用海水为水源，天津市塘沽区就建立了海水和淡水两套供水系统，淡水供饮用，海水则主要用于工业冷却和冲厕，青岛市也在大量工厂中直接利用海水进行工业冷却，香港已经有了完善的海水冲厕体系。

优质饮用水工程是在自来水的基础上，在小区内设立优质饮用水处理站，将其中供饮用的部分进一步处理后，通过专用管路输送给住户直接饮用。国内已有一定数量的城市小区优质饮用水工程投入运营，如广州市南部供水工程于 2004 年年底完工，已经有 10 万人可以喝上优质饮用水，由于其成本远低于小区纯净水的供水成本，发展前景广阔。

3.2.4.3 分质供水系统概要分析

（1）分质供水的水质分类。分质供水一般可以分为 4 类水的供给：自来水、优质饮用水、再生水、海水。

自来水是以《地面水环境质量标准》（GB 3838—2002）中规定的III类水体或优于III类水体的水为原水，经过自来水厂净化、消毒后生产出来的符合国家饮用水标准的供人们生活、生产使用的水。

优质饮用水是以自来水为原水，经过深度处理后去除水中的有机和无机污染物、细菌、病毒以及其他有害物质，保留对人体有益的常量和微量元素以及适当的矿物质，可直接供居民饮用的水。

再生水是以居民生活排水或城市污水处理厂的二级出水为原水，经适当处理后，达到一定水质标准，满足某种使用要求，可以进行有益使用的水。再生水可以通过专用管道或河道供给农业灌溉、景观和绿化、工业冷却及厕所冲洗等。

海水是在净化后，通过专用的防腐管道输送用于工业冷却或输送给居民用于冲厕等。海水脱盐后，也可以供人们饮用。

（2）分质供水系统的结构分析。分质供水系统的形式随供水水质、用水对象的不同而多种多样，但基本包括供水系统、用水系统、排水系统、处理及回用系统四大部分。

如图 3-3 所示，在分质供水系统中，用水子系统处在整个系统的中心，各部门根据自身情况按水质需要用水。其他子系统可以分为两个部分为用水子系统提供供水服务：① 供水系统，包括地表水、地下水、海水和其他水源的供给。该系统可以将各类原水直接供给低水质需求部门，也可以将其处理成自来水、优质饮用水供给高水质需求部门。② 排水系统和处理及回用系统，它负责各类用水及降水的及时排放、疏导以及对排水的进一步处理直至重新供给用水系统进行回用。该部分在水资源大系统的循环和协调中起着关键作用。在分质供水系统中，各种水质的水都在循环流动，各个系统要素都不可或缺，各要素在相互作用、相互影响，推动整个系统的有序运转。

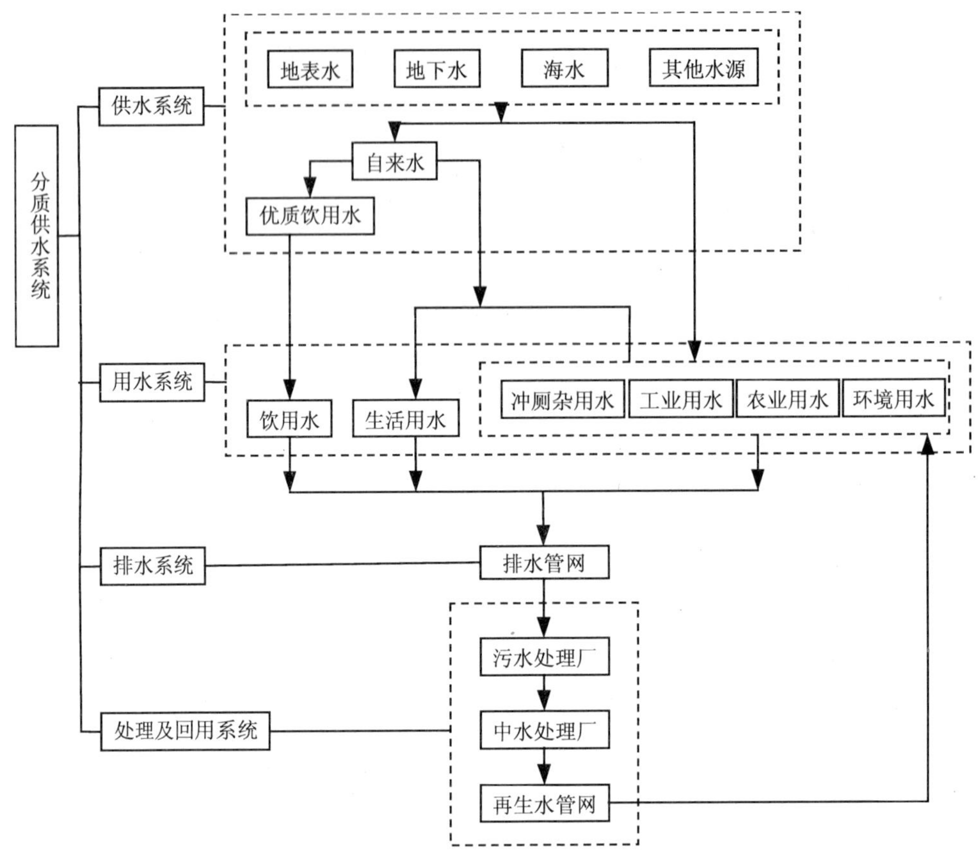

图 3-3 分质供水系统基本结构图

3.2.5 水资源物品属性及有效供给

3.2.5.1 水的物品属性

根据物品的消费特征，可以按照排他性和竞争性将物品分为 4 类：公共物品（非排他性和非竞争性）、私人物品（高排他性和高竞争性）、俱乐部物品（高排他性和低竞争性）、公用财产或共池物品（低排他性和高竞争性）。

水是一种混合物品，可以通过一定的过程实现以上 4 类物品属性之间的转化。如水库的水对于防洪、水土保持、旅游等活动属于公共物品；瓶装水可以看做是私人物品；城市自来水由于管网具有的高排他性可以看做是俱乐部产品；对于难以界定产权的地下水可以看成是公用财产或共池物品。

水的混合物品属性可以用图 3-4 表示。

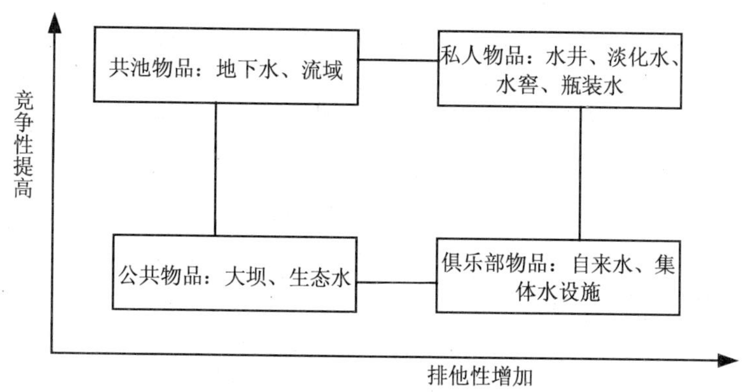

图 3-4　水的混合物品属性

3.2.5.2 水产品的有效供给

水作为混合物品，既具有公共物品属性，又具有私人物品属性。混合物品的政府供给与私人供给都不是最理想的方式。假定全社会只有 *A* 和 *B* 两个人，*M* 为混合物品。

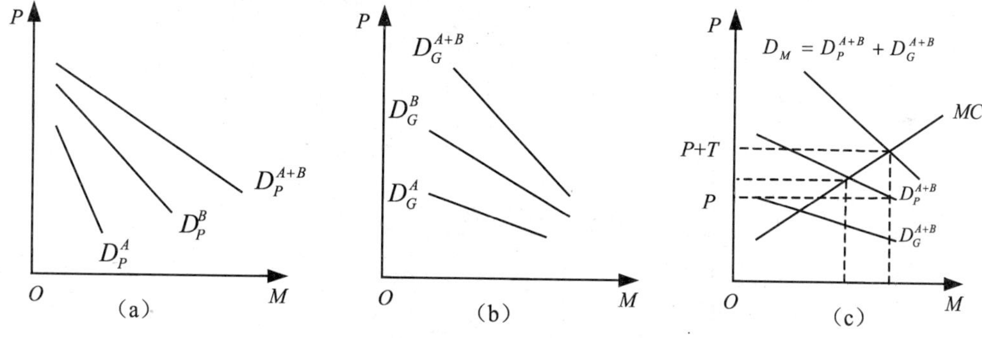

图 3-5　混合物品的供需均衡

图 3-5（a）代表 *A* 和 *B* 对于混合物品中具有私人物品性质的那部分产品的需求，其中 D_P^A 是个人 *A* 的需求曲线，D_P^B 是个人 *B* 的需求曲线，社会对于具有私人物品性质的那部分产品的需求曲线是由这两条需求曲线横向相加得到的，即 D_P^{A+B} 曲线。

图 3-5（b）代表 *A* 和 *B* 对于混合物品中具有公共物品性质的那部分产品的需求，其中 D_G^A 是个人 *A* 的需求曲线，D_G^B 是个人 *B* 的需求曲线。由于公共物品是完全不可分的，所以公共物品的总需求曲线则是个体消费者所有愿意支付的公共物品价格的加总，即由 D_G^A、D_G^B 两条需求曲线纵向相加得到的，即 D_G^{A+B} 曲线。

图 3-5（c）反映了混合物品达到均衡时的情况：① 混合物品 *M* 的社会需求量是由 D_P^{A+B} 曲线与 D_G^{A+B} 曲线垂直相加得到的，即 $D_M = D_P^{A+B} + D_G^{A+B}$；② 当混合物品 *M* 的供给曲线为 *MC* 线，并且 *MC* 既定时，D_M 曲线与 *MC* 曲线的交点就决定了混合物品的均衡产量；③ 当混合物品 *M* 的供给量达到均衡产量时，相应的均衡价格为 *P*+*T*。其中 *P* 是市场价格，它与混合物品中私人物品性质的部分相对应，可以通过市场机制收费；*T* 相当于税收，它与混合物品中公共物品性质的部分相对应，只能通过公共部门的预算拨款得到补偿。由此可见，对于混合物品，既不能完全通过市场机制由私人提供，也不能完全通过预算拨款由政府部门供给。

由于水资源具有混合物品属性，所以水资源供需均衡的研究要根据不同类型水资源的属性分开讨论。如水文研究、水环境保护、防洪设施、水利枢纽等或关系到公众权益，或需要投资较大，外部性较强，具有自然垄断特征，不具有消费的竞争性和排他性，属于公共物品范畴，一般由国家投资、政府经营。而生活用水、灌溉用水等在一定条件下竞争性较强，可以独占，和其他商品一样，可以借助市场加以有效配置。

3.3 水资源供需均衡分析

3.3.1 竞争市场下水资源供需均衡分析

3.3.1.1 水资源供需均衡的静态分析

（1）完全竞争市场中均衡水价的决定。在市场上，水资源作为一种商品或要素，在交换中实现价值，其价格的确定和变动要受到供求规律的影响和支配。在市场上，水资源的实际供给量和需求量直接影响着水资源的价格，反过来，水价也会对水资源的供求产生影响。

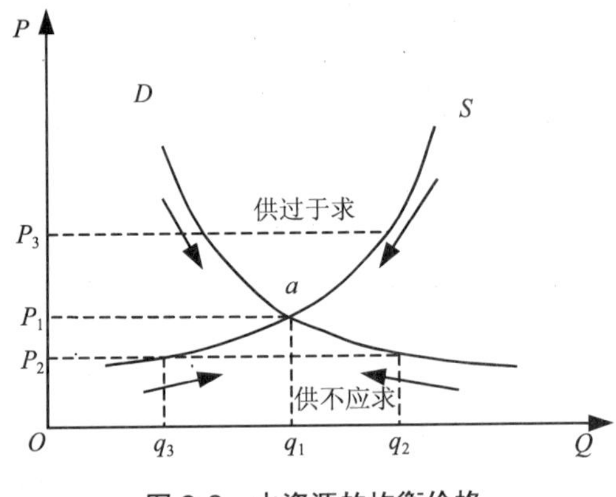

图 3-6 水资源的均衡价格

如图 3-6 所示，水资源的供给曲线和需求曲线交于点 a，此时供给量和需求量相等，价格 p_1 就是均衡价格，q_1 就是均衡数量。

由于供求信息的时间差和资源开发、供给的时间差，供给与需求的平衡要靠价格的变动和调节才能实现。当市场上水价低于均衡水价，如 $p_2<p_1$，则水需求数量为 q_2，水供给数量只有 q_3，存在（q_2-q_3）的短缺数量。此时水资源供不应求，一方面消费者会提高价格抢购短缺的水资源，另一方面供给方会增加水资源的供给数量，经过供需双方的共同作用，水价会重新回到均衡价格。相反，如果市场水价高于均衡水价，如 $p_3>p_1$，则会供大于求，一方面需求者会压低水价来够买水资源，另一方面又会使供给者减少水资源的供给。由此可见，在完全竞争市场中，水价一旦偏离均衡价格，市场就会自动调节至均衡点 a。

（2）水资源合理定价的意义。价格是市场经济最敏感的杠杆，合理的定价具有提高资源利用效率和维持可持续发展的功能。对于水资源来讲，水资源的需求可以分解为两个部分：一部分是维持生产生活所必需的水。这部分水的需求价格弹性几乎为零。另一部分是在保证生产生活正常运行的基础上，用于改善居民生活、提高生产效益和特殊运营需要的水。根据边际效用递减规律，这部分水的边际效用逐渐降低，人们意愿支付的价格也就越来越低，水价对于水资源利用的杠杆调节主要是在这部分发挥作用。

长期以来我国一直实行福利水价，水资源价格远远低于供水成本、更大大低于社会成本。这种水价政策既造成了我国水资源的短缺又造成了水资源的严重浪费。如图 3-7 所示，福利水价加剧了水资源供需的矛盾，导致水资源的过量需求比均衡数量超出（Q_2-Q_1）。此时水价不能反映水资源的全部经济价值，理性个体也会从自身的利益出发，过度消耗水资源。

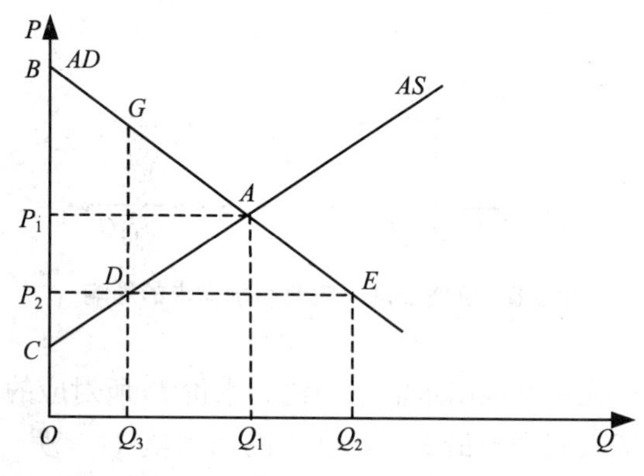

图 3-7 福利水价的福利损失

这种福利水价政策将会造成社会总福利的下降。在均衡水价 P_1 时，水消费者的收益为 $ABOQ_1$，水资源使用成本是 AP_1OQ_1，消费者剩余为 ABP_1；水供给者的收益是 $APOQ_1$，水供给成本是 $ACOQ_1$，生产者剩余为 AP_1C，所以社会总剩余面积为 ABC。当实行了福利水价 P_2 之后，生产者只愿意提供 Q_3 数量的商品水，此时水消费者的收益为 BOQ_3G，水资源使用成本是 OQ_3DP_2，消费者剩余为 BP_2DG；水供给者的收益是 P_2OQ_3D，而水供给成本是 COQ_3D，生产者剩余为 P_2CD，此时社会总剩余面积为 $BCDG$=（$ABC-ADG$）。福利水价导致 ADG 面积的社会净福利损失。可见，福利水价并不福利。相反，若将水价从 P_2 提高到 P_1 却能够增加 ADG 的社会福利。

实行福利水价，水生产者根据自己的供给曲线只愿意供给 Q_3 数量的商品水，政府为了满足消费者的需求必定要对生产者进行补贴，这样才能使生产者在亏损的情况下向市场供给 Q_2 数量的商品水。这种水价政策使大部分的水成本转嫁给了政府，而且挤占了大量的生态用水，对社会的可持续性发展产生影响，这实际上也是将现代人的用水成本转嫁给了后代人。

这种过低的水价，不仅会造成水资源掠夺性开发，而且会阻碍用水效率的提高以及节水技术的推广。例如对于生产而言，在水价偏低的情况下，节约用水并不能给企业带来太大的经济效益，反而会增加运行成本，因此企业缺乏节水的积极性和动力。对于生活用水而言，如果居民实际支付的水价低于意愿支付的价格，价格的杠杆作用得不到发挥，浪费在所难免；反之实际支付价格相对较高时，人们的节约意识就会大大增强，在选择洗衣机、卫生洁具时更倾向于选择具有节水性能的产品，而厂商在了解消费者的需求倾向后，转而加大节水性能更好产品的开发力度，从而高效节水的产品在市场上占据主导地位，水以更节约的方式满足了人们的需求，而效用并未降低。

水价过低会造成水资源浪费以及利用效率低下，但是水价也不是越高越好，这可以从价格对农业用水需求影响的分析中看出（图 3-8）。

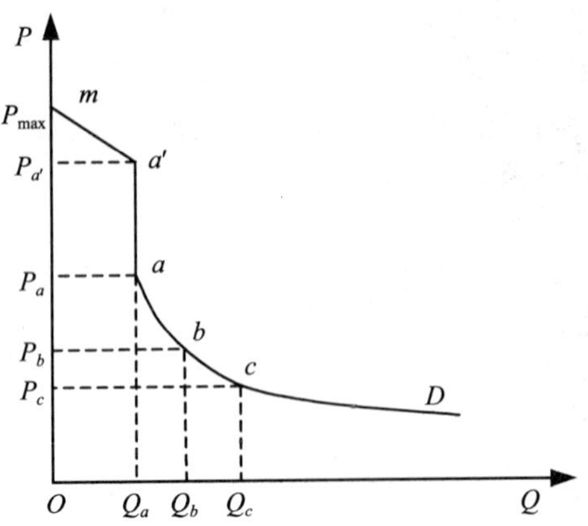

图 3-8　价格变动对农业用水需求的影响

在图 3-8 中，曲线 D 代表农业用水需求曲线。水价 P_b 所对应的用水量 Q_b。Q_b 包含两部分水量，一部分是保证农田产出最大化所必需的用水量 Q_a，另一部分是因水价太低不能产生节水激励而采用大水漫灌等落后的灌溉方式所浪费的水量 Q_1，$Q_1= Q_b-Q_a$。

当水价从 P_b 降到 P_c 时，水量浪费增加，浪费水量 $Q_1= Q_c-Q_a$；当水价从 P_b 提高到 P_a 时，用水量 Q 逐渐减少，最终达到 $Q=Q_a$。此时，灌溉水量 Q 等于特定面积、特定农作物所必需的水量，理论上不存在浪费水资源。

当水价从 P_a 变化到 $P_{a'}$，即水价在农民经济承受能力范围以内（用户对水消费的需求不仅有购买欲望，而且有支付能力，仍然构成水的有效需求），在这个区间内，水价变化不会对用水量产生影响，农民为了保证作物的最大产量仍会使用 Q_a。当水价超出用户经济承受能力的范围，即在 a'—m 点区间内变化时，价格对水需求影响变得十分明显，在这个区间内，用户的需求量受到投入产出的约束，即此时农作物即使产量最大化，其产出（收入）也无法产生足够的收益来支付过高的农业生产成本（含水费支出），此时“少浇水、少产出”与“多浇水、多产出”产生的效益差距已经足够小，导致用户有多少经济能力就浇多少水（俗称救命水），此时用户浇水已经不追求产出效益最大化，因为产出已无效益可言。

当水价 P 提高到 P_{max} 时，用户种田处于亏损状态（负效益），大量用户用不起水，最终选择弃耕，因为此时种地不仅没有效益，而且要亏损，在 P_{max} 情况下，农民弃耕是理性选择。然而农业作为国民经济的基础，其重要性是毋庸置疑的，粮食安全更是国家战略，所以弃耕现象显然是大家不愿意看到的。

由此可见，用户经济承受能力的提高是有限的。水价对水资源的影响和调节有其特定的区间和空间，各地的情况千差万别，水价调整的空间和区间也不一样。适当调高水价有利于杜绝水资源浪费的现象，但也要充分考虑用户的承受能力、农业的种植结构和相关生产成本，以求在最合理的区间内制定水价。

（3）水资源分质定价。水作为一种商品，应按质论价，实行优质优价，劣质劣价。

对于品质好的供水，理应获得较高的价格，反之，对于水质较差的供水，其价格可以相对低一些。供水品质好可能出于两个原因：① 天然水质本身就好；② 净水成本高。在水资源短缺并且污染严重的今天，高品质的天然水源本身就是一种十分稀缺的资源，所以要获得这部分水源的使用权必然要付出高价；另外，要将天然水处理成更高品质的水商品，净水成本也相应更高。

经济学认为，限定得越具体、越明确的商品，其替代品数目就越多，因而其价格弹性也就越高；限定得越宽、越笼统的商品，其替代品的数目就越少，弹性也就越低。对于水资源而言，基本不存在替代品，因而需求弹性较小，但若将其划分为不同水质的水，如原水、上水（自来水）、中水、下水（污水）等，情形就不一样了。因为这几种水之间存在一定的替代性，如可以用中水或原水替代上水作为工厂的冷却水等。不同水质的水的用途广度也有所不同，例如上水几乎可用于所有需水的用途，而下水，相比之下，用途很少，只能用于一定条件下的污水灌溉等。由于两者的用途不同，它们的需求弹性就不一样。上水的用途多，其需求弹性就较大。因为，当价格升高时，消费者就会减少对上水的需求，把较少的数量用于重要的用途上，如饮用等；随着价格降低，消费者会增加购买，把它用于不太重要的用途，如喷洒、冷却；下水却不一样，无论价格高低它都只能用于污水灌溉等少量用途。由于上水、中水、下水三者的用途依次变少，三者的价格弹性也依次变小。由此可以得出，如果不同水质的水资源价格构成合理、形成差价、拉开档次、伴随市场条件的进一步成熟与完善，大量使用上水的情况将会有所改变，水资源短缺的局面也会得到一定程度的缓解。

3.3.1.2 水资源供需均衡的比较静态分析

（1）需求变动对均衡价格的影响。水资源需求的变动是指在水价不变的条件下，由于其他因素变动所引起的水需求曲线的变动。这里的其他因素主要是指人口数量的变动、收入的变动、经济结构的改变、技术革新的改变等。在几何图形中，需求的变动表现为需求曲线的位置发生移动。

在供给不变的情况下，需求增加会使需求曲线向右平移，从而使均衡价格和均衡数量都增加；需求减少会使需求曲线向左平移，从而使均衡价格和均衡数量都减少。如图3-9所示，水资源需求变动分别引起均衡价格和均衡数量的同方向的变动。

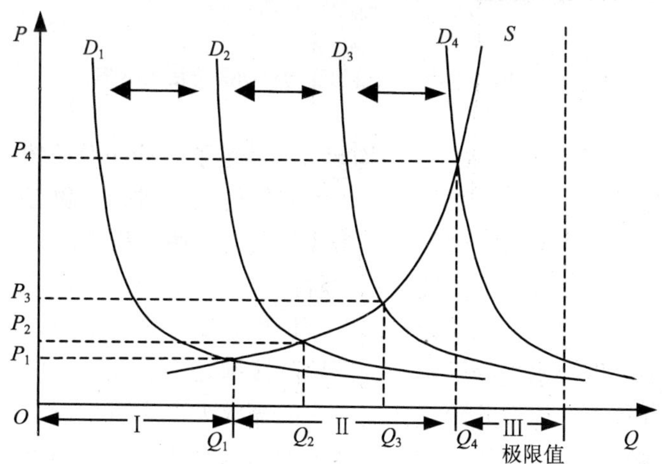

图 3-9 水资源需求的变动对均衡价格的影响

需求曲线 D_1 平移至 D_2 再到 D_3、D_4，均衡价格经过了 3 个上涨阶段：① 为低需求、低供给阶段，在此阶段中随着需求的增加，均衡价格较低而且上涨缓慢，均衡数量增长较快。在此阶段水资源相对丰富，供需矛盾不是很突出。② 为供需快速增长阶段，该阶段均衡价格和均衡数量都快速增长，供需矛盾逐步显现。③ 为供给饱和阶段，在此阶段，需求的增长只造成均衡价格的快速上涨而均衡数量几乎没有增加。在此阶段供给已经受到客观条件限制难以增加，而需求的快速增加会进一步加剧水资源供需矛盾，此时采取水资源需求管理的手段缓解供需矛盾效果较好，而供给管理的手段已经难以解决问题。

（2）供给变动对均衡价格的影响。水资源供给的变动是指在水价不变的条件下，由于其他因素变动所引起的水资源供给曲线的变动。这里的其他因素主要是指生产成本的变动、自然因素的变动、技术水平的变动等。在几何图形中，供给的变动表现为供给曲线的位置发生移动。

在水需求不变的情况下，水供给增加会使供给曲线向右平移，从而使均衡价格下降，均衡数量增加；水供给减少会使供给曲线向左平移，从而使均衡价格上升，均衡数量减少。如图 3-10 所示，水资源供给变动引起均衡价格的反方向变动以及均衡数量的同方向变动。

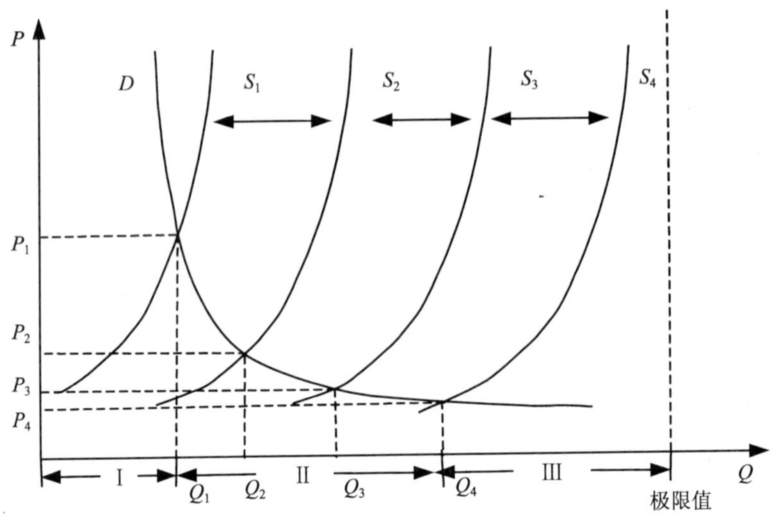

图 3-10 水资源供给的变动对均衡价格的影响

供给曲线 S_1 平移至 S_2 再到 S_3、S_4，均衡价格经过了 3 个下降阶段：在第 I 阶段，人们的基本水需求数量较大而供给数量较少，均衡价格一直居高，随着供给的增加，均衡价格下降较快，均衡数量增长较缓慢；在第 II 阶段，均衡价格下降趋于缓慢，均衡数量增长加快；第III阶段为过度供给阶段，在此阶段，水供给的增加只造成均衡数量的增加而均衡价格几乎没有上涨。在此阶段，水资源价格较低，只会造成人们过度使用和浪费水资源。如此看来，供给水平处于第 I 、第III阶段都是不合理的。供给处在第 I 阶段的低水平状态，水价较高，而在此阶段人们对水的需求大多为基本需求，这样会影响社会的稳定，使社会福利降低。供给处在第III阶段的高水平状态，人们可以超低价多样化用水，但是水价如此低廉难以体现水资源的稀缺性，容易造成浪费。

（3）需求供给同时变动对均衡价格的影响。当然，在现实的经济社会发展过程中，水资源需求和供给基本是同时变动的，此时均衡价格的变动就要视需求和供给双方变动的方向和幅度具体分析了。

现实生活中多数是需求与供给同时增长的情况。如图 3-11 所示，假设原来的水资源需求曲线为 D_1，供给曲线为 S_1，此时水资源的均衡价格为 P_1。随着经济社会的发展，需求增加，需求曲线由原来的 D_1 平移至 D_2，此时水资源的均衡价格由原来的 P_1 上升至 P_2。由于现实生活中水价调整要经过申请、审核、听证等程序，所以水价调整比较滞后，在原来的价格水平 P_1 上将会出现供不应求的现象。此时水生产者就会扩大生产，增加水供给，供给曲线从 S_1 平移至 S_1，均衡价格从原来的 P_2 下降为 P_2，供需矛盾得到缓解。那么需求供给变动前的均衡价格 P_1 与变动后的均衡价格 P_3 哪个更高呢？按照理论来说这取决于需求与供给增加的幅度哪个更大，但是从现实情况来看，需求增加速度快于供给增加速度，需求与供给的不断增加促使水资源的均衡价格不断上升。

3.3.2 可持续发展水价的定价区间分析

如果既要实现水资源的高效合理配置，又要兼顾社会公平和社会稳定，同时还要考虑可持续性发展，水价的制定至少要考虑水利供水工程的承受力、用户的承受能力、水资源承载能力三方面的问题。

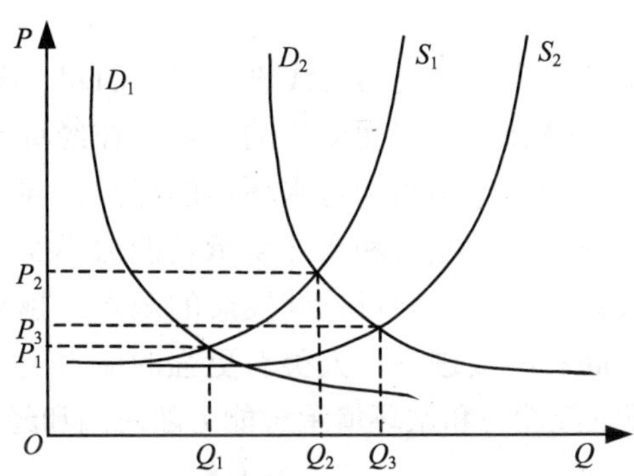

图 3-11 水资源需求供给同时变动对均衡价格的影响

如图 3-12（a）所示，水利供水工程承受能力曲线 $C=f$（T，GDP）代表水利工程的运行成本，这是一条平滑向上的曲线，反映的是供水工程成本随时间和经济发展水平变化而变化的情况。供水工程随着时间流逝和经济发展水平的不断提高，维持供水工程正常运转的费用呈现越来越高的趋势，曲线也经历了从平缓到陡峭的过程。

如图 3-12（b）所示，用户承受能力曲线 $B=f$（T，GDP）代表的是用户承受得起，有能力支付水价的经济能力随时间和经济发展水平的变化而变化的情况。曲线 B 表明，随着经济发展水平的不断提高，用户承受能力有不断提高的趋势。例如在经济发展初期，产业结构调整、生产技术的进步、制度的变革，使用户的承受能力得到较快的增加。但生产能力和效益的提高是有限的，用户的承受能力也会趋于平缓。当水价超过用户的承受能力，如果是生活用水，很多家庭会觉得日常生活用水开销难以承受，从而产生社会问题；如果是工农业用水，用户就会重新选择自己的行业或产业，如农民发现水价高于预期的承受能力时（种田带来经济上的负效益的时候），会选择弃耕，选择进城务工或从事其他产业。

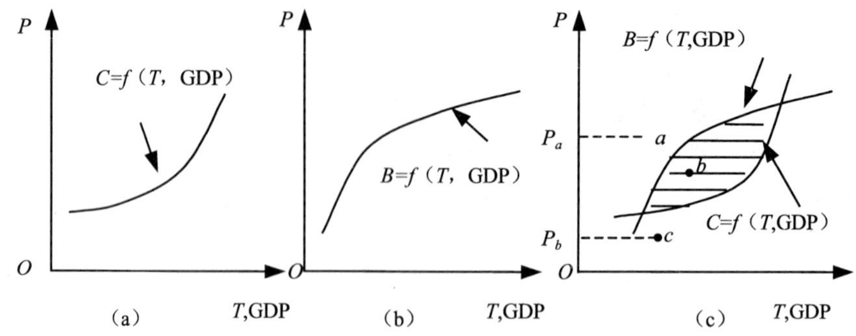

图 3-12 水利供水工程承受能力和用户承受能力曲线

将供水工程承受能力曲线 C 与用户承受能力曲线 B 置于同一图形，可以得出水价定价区间，即图 3-12（c）中的阴影部分。如图 3-12（c）所示，a 点对应的价格 P_a 保证了供水工程可持续运行，但超出了用户承受能力，c 点对应的价格 P_b 保证了用户承受能力，但供水工程不可持续运行，水价只有在阴影区 b 内确定，才能保证供水工程可持续运行和用户有能力承受。

如图 3-13（a）所示，水资源承载能力曲线 $R=f$（T，CDP）代表的是水资源承载能力、水环境承载能力随时间和经济社会发展而变化的趋势。在经济发展初期，由于只注重大力发展经济，忽视了水资源的节约利用和对水环境的保护，同时科学技术较为落后，导致在经济发展初级阶段水资源承载能力和水环境承载能力不断下降。随着时间的推移和经济发展水平的提高，人们越来越认同可持续发展的观点，越来越关注水环境的保护，再加上经济发展水平的提高和科技进步，人类有更强的能力去解决经济发展与水资源环境的矛盾。所以，水资源承载能力和水环境承载能力随时间和经济发展呈上升趋势。

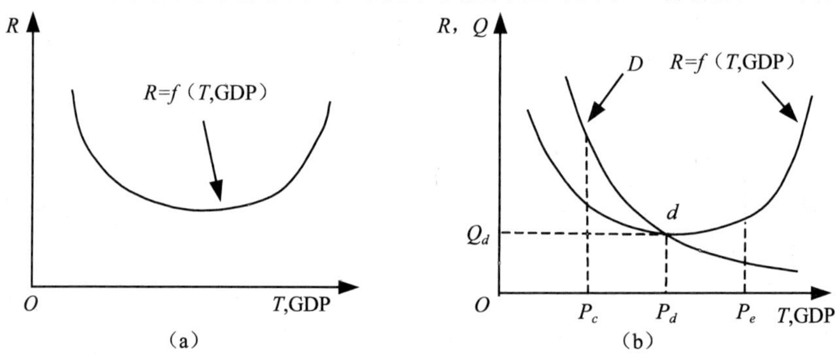

图 3-13 水资源承载能力曲线与可持续发展水价

假设价格水平 P 与经济发展同步增加，并引入水资源需求曲线 D，如图 3-13（b）所示，水资源承载能力（水环境承载能力）曲线 R 与水资源需求曲线 D 的交点为 d。P_d 是临界水价，Q_d 是临界供水量，当用水量超过临界供水量 Q_d，水资源承载能力和水环境承载能力就要受到破坏。当 $P<P_d$ 时，如水价 P_c 决定的需水量在水资源承载能力和水环境

承载能力之上，水资源承载能力和水环境承载能力受到破坏，所以 P_c 是不可持续发展的水价。当 $P>P_d$ 时，如水价 P_e 决定的需水量低于水资源承载能力和水环境承载能力，所以 P_e 是可持续发展水价。

所以，在考虑可持续发展水价的制定时，要保证供水工程可持续运行和用户具有承受能力，需要考虑水资源的承载能力，即 $P>P_d$，同时又落在供水工程承受能力曲线 C 与用户承受能力曲线 B 相交的阴影内。

从上面分析来看，政府在兼顾水利工程持续运行、用户水价承受能力和环境保护三方面利益时，有 4 条调节途径：① 控制水利工程的运行成本；② 改变用户水价承受能力；③ 改变水资源及环境的承载能力；④ 调节水资源需求。由于用户水价承受能力和水资源的承载能力在一定时间内是保持不变的，所以通过这两个途径来调节可持续发展水价缺乏可操作性而且效果甚微。如此看来，控制水利工程的运行成本、调节水资源需求将是调节水资源可持续发展价格的重要途径。

参考文献

[1] Celine Nauges， Alban Thomas. Long-run Study of Residential Water Consumption[J]. Environmental and Resource Economics，2003（26）.

[2] Maria Berrittella， Arjen Y. Hoekstra et al. The Economic Impact of Restricted Water Supply: A computable general equilibrium analysis[J]. Water Research，2007（41）.

[3] Pamela P Kenel， James C Schlaman， Lori Steere et al.， Preserving Sustainable Water Supplies for Future Generations[J]. American Water Works Association Journal，2005（7）.

[4] Ashu Jain，Lindelle E. Ormsbee. Short-term Water Demand Forecast Modeling Techniques-Conventional Methods Versus[J].American Water Works Association Journal，2002（7）.

[5] G. G. Archibald，Forecasting Water Demand-A Disaggregated Approach[J]. Journal of Forecasting，1983（2）.

[6] Nicolas Spulber and Asghar Sabbaghi. Economics of Water Resources: From Regulation to Privatization[M]. Kluwer Academic Publishers，1998.

[7] Colin Green.水资源经济学手册：原理与实践[M]. 夏军，庞进武，译. 北京：中国水利水电出版社，2005.

[8] 高鸿业.西方经济[M].北京：中国人民大学出版社，2004.

[9] 刘昌明，陈志恺. 中国水资源现状评价和供需发展趋势分析[M]. 北京：中国水利水电出版社，2001.

[10] S.梅瑞特.水需求的几种解释[J].水利水电快报，2005，1.

[11] 王英.北京市居民收入和水价对城市用水需求影响分析[J]. 价格理论与实践，2003，1.

[12] 为穷人定价——水价改革中低收入群体的利益保护[EB/OL].http://www.worldbank.org/eapenviroment/chinawaterAAA.

[13] 朱柏铭.公共经济学[M]. 杭州：浙江大学出版社，2002.

[14] 陈家琦，王浩，等.水资源学[M].北京：科学出版社，2003.

[15] 王茵.水资源利用的经济学分析[D].黑龙江大学硕士学位论文，2006.

[16] 沈满洪.资源与环境经济学[M].北京：中国环境科学出版社，2006.

[17] 黄涛珍.面向可持续发展的水价理论与实践[D].河海大学博士论文，2005.

[18] 刘伟.中国水制度的经济分析[D].复旦大学博士论文，2004.

[19] 曲红梅.水资源需求管理制度研究[D].浙江大学硕士论文，2007.

[20] 刑秀凤.城市水业市场化进程中的水价及运营模式研究[D].中国海洋大学博士论文，2006.

[21] 贺丽媛，夏军，等. 水资源需求预测的研究现状及发展趋势[J].长江科学院院报，2007，1.

[22] 中国的水价改革：经济效率、环境成本和社会承受力[EB/OL]. 世界银行网站，http://www.worldbank.org/ eapenviroment/chinawaterAAA.

[23] 刘二敏，杨侃.灰色系统理论改进技术在城市生活需水预测中的应用[J].黑龙江水专学报，2007，1.

[24] 石萍，杨庆娥，等. 关于生态环境需水概念的探讨[J]. 东北水利水电，2007，7.

[25] V. 斯马克廷，等. 环境水需求和短缺的实验性全球评估[J]. 水利水电快报，2005，3.

[26] 王亚华.水资源特性分析及其政策含义[J].经济研究参考，2002，20.

[27] 粟晓玲，康绍忠. 生态需水的概念及其计算方法[J]. 水科学进展，2003，6.

[28] 柳长顺，陈献，等. 流域生态用水与需水研究[[J]. 水利水电技术，2005，6.

[29] 白昊阳. 分质供水水资源优化配置研究[D]. 天津大学硕士论文，2005.

[30] 马继青. 我国水资源消费定价研究[D]. 湖南大学硕士论文，2006.

[31] 赵金会. 水资源可持续利用下的水价形成机制及相关问题研究[D]. 天津大学硕士论文，2005.

第 4 章　水资源定价论

由于水对生产和生活的不可或缺性、供水产业的自然垄断性以及供水的区域性，决定了水市场是准市场。因此，水价不宜由市场机制自发形成，也不宜由供水企业自行决定，而宜由政府实施管制性定价。本章着重介绍了水资源定价的方法。第 1 节介绍水价的内涵与水价制定的特点；第 2 节介绍了线性定价模式；第 3 节介绍了非线性定价模式；第 4 节介绍了水价调整模式。

4.1 水资源定价概述

4.1.1 水价的内涵及水价制定的特点

4.1.1.1 水价的内涵

关于水价的内涵，学术界主要存在以下 4 种观点：

（1）把水价等同于水资源价格。“水价即水资源费，是水资源所有者（包括国家和集体）为了有效地体现自己的所有权、保护和管理水资源，使其达到永续利用而向水资源使用者征收的费用。”[①]这便是水价的第一种内涵：水资源费。

中国环境与发展国际合作委员会持同样的观点：“水资源是指直接可以利用的淡水资源，即能从周围河流、水库获得的淡水和已探明的可供打井抽取的地下水。水资源价格，即是相关单位从上述水源取水时应付的单位水的水资源费。”[②]中国农科院水资源价格研究课题组也提出了类似观点：“水资源价格是指水资源使用者为了获得水资源使用权而需向水资源所有者支付的货币金额，它是水资源所有权在经济上实现的重要形式之一。”[③]

（2）认为水价即是水的生产价格。温桂芳等指出，水价是水商品出售或其使用权转让的价格，它包含着水商品生产经营成本、利润和税金 3 个组成部分。[④]水价属于商品价格范畴，它不同于水费。

（3）认为水价应由水资源价格和水生产价格组成。刘文、王炎庠等认为水价应该包括成本、利润和资源税。即水价＝成本＋利润＋资源税。[⑤]应该说，这个水价的内涵相对全面，它既包含了水资源价格，也包含了水生产价格。

（4）认为水价应由资源水价、工程水价和环境水价 3 个部分组成。冯尚友、王浩和

---

① 胡昌暖. 资源价格研究[M]. 北京：中国物价出版社，1993.

② 中国国际环境与发展合作委员会. 中国自然资源定价研究[M]. 北京：中国环境科学出版社，1997.

③ 李晓琳. 水价研究的理论、模型与实践[J]. 河海大学学报，2002，3.

④ 李宏，李薇. 国内水价模式研究述评[J]. 黑龙江水专学报，2006，6.

⑤ 刘文、王炎库.资源价格[M]. 北京：商务印书馆，1996.

沈大军等提出了“三重水价”理论，认为合理的水价应由资源水价、工程水价和环境水价 3 部分组成。①

以上定义主要是从供水企业的角度或者从水资源产权的角度来定义水价的。实际上在全球大多数国家和地区，水价是由政府进行管制性定价的。政府在制定水价时不仅要考虑供水企业的利益，而且要考虑消费者的利益。此外，政府在制定水价时也会考虑水资源的供求状况以及供水企业的产业特性。因此，本书对水价作如下定义：水价是由政府相关部门根据水资源产权状况、水资源供需状况、供水成本以及用水户承受能力等因素制定的反映水资源稀缺性程度的杠杆，是用水户获得每单位水资源时，应向供水企业支付的货币金额。

4.1.1.2 水价制定的特点

（1）水价应包含资源水价和环境水价。相对于一般商品而言，水资源属于生产要素。因此，在使用水资源时，应向要素所有者支付一定的费用，这些费用便构成了资源水价。资源水价是用水户为了获得水资源的使用权而向水资源所有者支付的货币金额，它是水资源产权在经济上实现的重要形式。水资源的使用具有外部效应，用水户在将水资源用于生产和生活时往往会污染他人或者公共的水环境。为了减少用水户对水环境的污染，应根据用水户对他人或者公共水环境的污染程度，征收相应的环境水价，将外部成本内部化。因此，合理的水价也应包含环境水价。

（2）水价应由政府相关部门制定。由于供水在生产和销售方面所具有的特殊性，如生产经营的垄断性、销售地区的局限性、用水户对供水企业的不可选择性以及供水的社会公益性等特性，决定了水市场是准市场，供水价格不宜直接通过市场机制形成，也不宜由供水企业自行定价，而应由政府定价。水价受水资源总量、水资源开发状况、水资源需求量、用水效率、产业结构及经济发展阶段等众多因素的影响。只有政府才能从整个国民经济和社会发展的全局出发，科学合理地制定水价，并根据条件的变化灵活地调整水价。政府定价不仅能规范水价、约束水价，还能调节供需关系，抑制水资源浪费。因此，水价应由政府相关部门制定。

（3）水价应反映水资源的稀缺程度。虽然水资源的特点使得水价应由政府相关部门制定，但是政府在制定水价时必须考虑水资源的供求状况，使得水价能反映水资源的稀缺程度。如果水资源过剩，则宜适当降低水价；如果水资源短缺，则宜提高水价。

4.1.2 水价制定的原则

4.1.2.1 效率与公平兼顾原则

效率原则是指水价制定应符合资源配置的有效性原理。水资源效率根据其内涵的不同可以分为技术效率、配置效率和社会效率。技术效率关注的是在一定的产出水平下，成本最低时的要素组合；配置效率关心的是资源是否实现了最优利用；社会效率则是以社会效益最大化为目标。技术效率与配置效率应服从社会效率。应通过合理的水价制定，使水资源流向效率较高的领域，取得更好的经济效益和社会效益。

在水价制定过程中，同时也应考虑公平原则。在考虑公平原则时，不仅要考虑水资

① 冯尚友. 水资源持续利用与管理导论[M]. 北京：科学出版社，2000.

源在不同收入阶层、不同区域以及不同用户之间的公平，而且还要考虑代际公平。从总体上来说，公平原则要求保证每个人在既定的价格水平下都有平等的机会使用其所需要的水资源的权益。这就需要保证以下公平的实现：基本需求的公平，任何人都有相同的机会取得生活所必需的最基本的用水量；区域公平，任何人不应因所在区位的原因而在消费上受到不合理的歧视；代际公平，当代人对水资源的使用不应危及后代人享用相同水资源的权益。因此，在制定水价时，应全面考虑公平问题，做到依照消费者支付能力定价、依照受益原则收费、根据使用水资源的机会成本来收费。

按照效率原则制定水价与按照公平原则制定水价往往会互相矛盾，这就要求在制定水价时，应根据不同的用水需求状况制定不同的水价。对于基本生活用水等公益性较强的用水需求，应强调公平原则；对于工业用水等用水效益高的需求，则应强调效率原则。

4.1.2.2 回收成本及合理利润原则

合理的水价应使供水企业能收回水资源开发利用过程中投入的全部成本，[①]同时还应使其获得一定的利润，只有这样才能保证供水企业正常运转。同时，也应对供水企业获取的利润进行限制，不允许供水企业凭借其垄断地位而获得超额利润。可以通过制定合适的利润率的方式，保证供水企业获得正常的利润，而非获得超额利润。在确定合适的利润率时，应注意以下几点：应使供水企业像其他工业品的生产企业一样，有机会取得大体相当的社会利润水平；应为企业自我积累和自主投资创造条件，使供水企业能够自主超前建设，满足社会日益增长的用水需求；应照顾不同用户的承受能力。

成本回收及合理利润原则其实是市场经济条件下企业生存的基本条件，供水企业也不例外。只有在水价收益能保证水资源项目的投资回收，维持供水企业正常运营的条件下，才能促使企业降低成本、提高效率和服务水平。

4.1.2.3 用水户承受能力原则

承受能力是指人们在某种信号的刺激下仍能保持常态的容忍能力。承受能力有其最高限额。超过最高限额，人们的心理和行为便会出现异常性变化，如对社会不满、破坏性行为、甚至游行示威暴动等。承受能力包括物质承受能力与心理承受能力两个方面。

物质承受能力和心理承受能力都会影响供水价格。承受能力强，则供水价格高；承受能力弱，则供水价格低。不同需求主体甚至同一类需求主体承受能力不尽相同。政府出于社会安定、经济发展等要求的考虑，应保证所有用水户都有能力购买到他们所需的用水。因此，在水价制定过程中应考虑用户的承受能力，制定出能为用户普遍接受的价格。

4.1.2.4 区域统一定价原则

水资源供给具有很强的区域性。虽然各地区的自然地理条件、经济社会条件、水资源供求状况条件相差很大，水价应根据各地区的具体情况分别制定，但在同一地区内，水价应尽量统一或相近。区域统一定价原则便是指在同一区域范围内水价应尽量相近，避免由于水价相差太大引起社会不稳定。

一般可以在一省的范围内对供水成本相近的供水区域划定具体的供水范围，然后由该省核定各供水区域内各种不同用途的用水价格，或者授权省以下相关部门，制定其所管辖范围内的水价。区域统一定价并不是指对各供水区域只制定一种水价，而是指在供

① 不包括过高的人头费等不合理的成本。

水区域内，按照用水户类型及各行业的特点，分别制定不同用水对象的供水价格。

4.1.2.5 可持续发展原则

在水资源领域里，可持续发展原则是指经济社会发展要与水资源开发利用相协调，不能片面追求经济增长速度而过度开发水资源。水价的制定必须能够保证水资源的可持续开发利用。根据可持续发展原则制定的水价应能弥补水资源开发利用的外部成本。水资源开发利用的外部成本主要包括水环境污染造成的经济损失和恢复水环境所需的费用，这些外部成本在水价中便体现为环境水价。如果没有环境水价或者环境水价不能弥补水资源开发利用的外部成本，当污染程度超过水环境的自我净化能力时，水环境就会遭到破坏，水资源的可持续开发利用便难以为继，水利企业扩大再生产的成本加大，最终导致水利产业和整个经济社会难以实现可持续发展。因此，可持续发展原则要求水价中的环境水价部分必须能够弥补水污染造成的经济损失和恢复水环境所需要的费用等外部成本。

4.1.3 影响水价制定的因素

影响水价制定的因素主要包括：自然因素、经济社会因素及工程因素等。它们都在一定程度上影响着水价的制定。

4.1.3.1 自然因素

影响水价制定的自然因素主要包括水资源的丰缺因素、水质因素、水源多元化因素及水资源开发条件等。水资源的时空分布不均匀，导致了水资源丰缺程度的时空变化，影响着水资源的供给，进而影响水价的制定；水作为一种商品应按质论价，对于水质好的供水，理应收取较高的价格，对于水质较差的供水，其价格也应相对较低；水源的多元化也会影响水价，一个地区可能会有地表水、地下水、外调水、回用水等多种水源，各种水源的开发成本不同，导致各类水源的成本水价也各不相同，因此终端水价也有差异；另外，水资源开发条件的优劣直接决定了开发成本的大小，从而影响水价的高低。

4.1.3.2 经济社会因素

影响水价的经济社会因素主要包括经济发展水平、用水户承受能力、产业结构、体制因素、环境保护等。这些因素从不同的侧面影响着水价的制定。

（1）经济发展水平。水资源与经济发展密切相关。一方面经济发展需要消耗大量的水资源；另一方面经济活动会排放大量的废水，若缺乏有效治理，会污染水体，导致水资源功能下降，影响经济发展。我国各地区的经济发展水平极不平衡，因此，应根据各地区的经济发展程度相应制定水价。在经济比较发达的地区，水价可以高一些；在经济相对落后的地区，水价可以适当低些。

（2）用水户承受能力。用水户承受能力包括心理承受能力和经济承受能力两方面。承受能力较强，则供水价格较高，反之则供水价格较低。不同的消费群体如农业、工业、城市生活及环境等对水价的承受能力各不相同，部分原因在于这些消费群体利用水资源所产生的效益不同，使得各自的承受能力也不同。即使是同一类消费群体的不同用户，它们对水价的承受能力也各不相同。水资源既是基础性自然资源，也是战略性经济资源，对一个地区的水价设计必须顾及不同收入群体的承受能力。

（3）产业结构因素。产业结构对水价具有重大影响。在一个地区的产业布局中，如果农业所占比重比较大，那么该地区的供水价格总水平就比较低。如果第二产业比重比较大，则对水资源需求量较大，供水价格要高于农业占比重较大的地区。但这些产业的产品附加值小，其价格总水平仍受限制。如果第三产业比重大，这些产业的产品附加值较大，供水价格可以高些。但这些产业用水量小，对地区水价的拉动作用不大。总之，产业结构不同，其产品耗水量和附加值不一样，相应供水价格总水平会有差异。

（4）经济体制因素。① 水价形成的自身经济体制因素。由于水是生产和生活必不可少的资源，为了保障低收入者的生活用水以及企业必要的生产用水，水价并不是由市场机制来形成的，而是由政府来制定的。政府制定的水价带有一定的福利性质，使得实际水价往往低于由市场机制形成的均衡水价。② 水价制定的组织结构因素。体制的缺陷会使供水价格发生偏离，造成价格扭曲。对项目建设、管理机构缺乏统筹考虑，建管脱节等，将不利于供水的统一调度和利益协调，不利于工程的正常运行，导致水价偏高。

（5）环境保护因素。过度用水会对环境造成破坏，例如超采地下水，会形成大面积的地下水漏斗区，导致地面沉降；废水直接排入河流湖泊，造成水体污染，会使水资源的质量下降。为了保护水环境，需要建设污水处理设施，控制污水排放。用水的环境代价和污水处理设施的成本将由用水者负担，供水价格中应体现供水工程的环境损失补偿费用和水源地保护、水资源功能恢复补偿费用等，这样环境保护也影响了水价的制定。

同时，环境保护也影响水资源供需总量。一方面，进行环境保护，需要增大环境用水量，必然加大水资源需求；另一方面，环境保护过程中的污水处理，将废水转化为中水，回收了部分水资源。因此，环境保护能影响水资源的供求关系，进而影响水价。

4.1.3.3 工程因素

（1）供水工程状况因素。供水工程状况的好坏，会对供水价格产生影响。供水工程状况好，其修理费和日常维护费支出少，供水成本低，水价也低；供水工程状况差，其修理费和日常维护费支出高，供水成本高，水价也高。

（2）供水工程投资规模和投资结构因素。供水工程投资规模及投资结构，直接影响供水成本。供水工程投资规模决定了固定资产原值的大小，进而决定了折旧费及运行维护费的多少，而折旧费和运行维护费是构成供水成本的基本项目。供水工程投资结构的不同决定了供水工程的性质，从而影响供水价格。例如，全部由国家投资的供水工程、国家投资与银行贷款相结合的供水工程、私人资本或外资参与投资的供水工程的投资回报率不同，即资金收益率要求不同，因此水价也不同。

4.2 线性定价模式

线性定价模式是指单位产品或服务的价格始终保持不变的定价模式，其主要特点是以用户需求量或者使用量为计价依据。在制定水价时，线性定价模式主要有：边际成本定价模式、平均成本定价模式、边际机会成本定价模式、影子价格定价模式和全成本定价模式等。

4.2.1 边际成本定价模式

边际成本是增加一单位产出所引起的成本增加。边际成本定价是指供水价格等于供水的边际成本。根据经济学理论，在完全竞争市场上，如果价格定在边际成本水平上，那么消费者的需求和厂商的供给能够达到最优均衡。如果制定的价格高于边际成本，则消费者剩余会减少，整个社会福利下降，人们的消费量也会下降。如果价格低于边际成本，则生产者剩余会下降，社会福利也会下降，生产者将减少生产。而当供水价格等于供水的边际成本时，边际成本等于边际收益，供水企业可以实现利润最大化，同时也可以实现社会福利最大化以及资源配置的最优化。

因此，从理论上来说，在完全竞争条件下边际成本定价可以获得帕累托效率，具有成本分摊的科学性和公平性，可以有效配置水资源。所以从规范角度看，它是最优的定价方式。但在供水行业中，固定资本在整个资本结构中所占的比重较大，导致固定成本占总成本的比重较大，如果采用边际成本定价模式，将使得平均成本高于边际成本，导致供水企业出现亏损（图 4-1）。

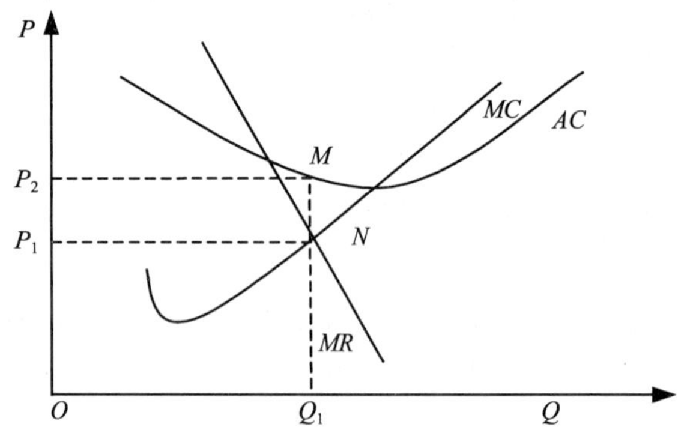

图 4-1　边际成本定价模式

图 4-1 解释了供水企业按照边际成本定价将导致亏损。图中，横轴表示产量 Q；纵轴表示价格 P，MR 表示边际收益曲线，AC、MC 分别表示平均成本与边际成本。当产量为 Q_1 时，对应的边际成本价格为 P_1，此时的价格为效率价格；但如果供水企业按照该价格定价，却会出现亏损，亏损额为矩形 P_1P_2MN 的面积，要使供水企业继续生产，其亏损部分必须得到补偿。因此，供水企业按照边际成本定价模式来定价，往往会导致企业亏损。

4.2.2 平均成本定价模式

平均成本定价模式，是根据供水服务的平均成本来确定水价的一种定价模式。该模式的基础是对平均成本的估计，对平均成本的估计主要依据历史统计资料。此外还须确定一个合理的利润率值，该值一般取决于社会平均利润率，也可能取决于政府或公众的偏好，在这种限制赢利下被社会认同的合理赢利叫公正报酬。用公式表示如下：

$$P = \frac{C}{Q}(1+r) = \frac{F + \int_0^Q V(Q)\mathrm{d}Q}{Q}(1+r) \tag{4.1}$$

式中：P——水价；

C——总成本；

Q——用水量；

r——许可收益率或公正报酬率；

F——固定成本；

V（Q）——可变成本。

公正报酬率由水价管制机构制定，它的制定一般要举行听证会。听证会制度在保证定价公正的同时，也需要耗费大量成本。在听证会上，常常是博弈的各方为自身利益而纷争不已。公正报酬率一旦制定下来，它的改变要等到下一次听证会。不同的行业有不同的公正报酬率值，我国供水行业的公正报酬率为 4%～6%。

在现实中，政府可能会出于某种目标的考虑而制定低于平均成本的水价。此时政府须对供水企业进行相应补贴，以保证它们有足够的收入来弥补运行费用。对每单位供水补贴的金额不应低于平均成本与价格之差。

在平均成本定价过程中，首先要通过对相关历史数据进行分析，根据会计原理确定供水企业的成本。由于成本数据是根据历史的供水成本资料确定的，不能确切反映现在和将来的市场变化，因此在制定水价时也应考虑这些影响因素。

平均成本定价模式的有效性受信息充分程度的影响。在信息完全情况下，该定价模式是有效的；在信息不完全情况下，则效果不好。

首先考虑完全信息的情况。设在供水行业中存在两个生产企业，其平均成本分别为 AC_1（Q）、AC_2（Q）。假定管制者根据供水的平均成本作出定价决策，即：

$$P=\frac{[Q_1AC_1(Q_1)+Q_2AC_2(Q_2)]}{Q_1+Q_2} \tag{4.2}$$

则对企业 1，其利润最大化问题为：

$$\text{Max}\ \pi=[P-AC_1(Q_1)]Q_1=\frac{Q_1TC_2(Q_2)-Q_2TC_1(Q_1)}{Q_1+Q_2} \tag{4.3}$$

考虑自然垄断条件下平均成本递减的特征，可假定 $TC_1(Q_1)=F_1+c_1Q_1$，$TC_2(Q_2)=F_2+c_2Q_2$，$c_2>c_1$ 给定 Q_2、TC_2（Q_2），对式（4.3）求导得：

$$\frac{\mathrm{d}\pi}{\mathrm{d}Q_1}=\frac{Q_2[F_1+F_2+(c_2-c_1)Q_2]}{(Q_1+Q_2)^2}>0 \tag{4.4}$$

式（4.4）不满足利润最大化的条件，但企业 1 将在现有生产条件下选择最大的产量，同理，在两个厂商的每单位生产成本相差不大的情况下，企业 2 也会选择最大化其产量。因此，在完全信息条件下，平均成本定价是有效率的。然而，当管制者对企业成本方面的信息掌握不充分时，管制者往往不能准确地估算全部成本，甚至对成本的估计远离实际。同时，如果管制者在价格中分配全部成本，企业就会在促使全部成本最小化方面失去动力，它可能不选择最佳技术，或者不选择有效率的产出水平，此时平均成本定价将导致低效率。因此，平均成本定价模式的有效性，在很大程度上取决于管制者对企业成本方面的信息掌握程度。

4.2.3 全成本定价模式

全成本定价模式是在现行的工程成本定价基础上，将资源消耗和环境污染的全部损失计入供水的总成本中，并转嫁给水资源使用者，以求弥补个人成本与社会成本之间差距的一种定价模式。这种模式考虑了供水的所有成本，不仅顾及水资源的稀缺性，也兼顾了供水企业的生产成本，同时将水污染的成本内部化，转嫁给造成污染的生产者或消费者自身，是一种相对完整的定价模式。

根据全成本定价理论，使用水资源的成本应包括资源成本、工程成本和环境成本。相应的，水价由 3 部分组成：资源水价、工程水价和环境水价。可用公式表达如下：

$$P=PWR+PPC+PEC \tag{4.5}$$

式中：P——完全水价；

PWR——资源水价；

PPC——工程水价；

PEC——环境水价。

资源水价 PWR 体现的是水资源的产权特性，是水资源所有者在经济上的实现，即水资源所有者让个人或企业使用水资源所获得的报酬。资源水价包括对水资源耗费的补偿、对水生态（如取水或调水引起的水生态变化）影响的补偿、为加强对短缺水资源的保护而进行的投入等。资源水价主要受需水结构和数量、供水结构和数量、用水效率和效益等因素的影响而不断变化。不同的用水户，在不同地区、不同时间、使用不同水源的水资源，其资源水价是不同的。

工程水价 PPC 是指水价中用来补贴整个供水系统的工程建设所支付的价格，如工程建设中的管道架设成本、制水成本等。它主要包括工程费（勘测、设计和施工等）、服务费（包括运行、经营、管理、维护和修理等）和资本费（利息和折旧等）。

环境水价 PEC 是指经过使用的水排出用户范围后，污染了他人或公共的水环境，而为治理污染和保护水环境所付出的代价。它是为获得排污的环境容量必须支付的环境代价。水资源根据用途可分为工业用水、农业用水、服务业用水、生活用水 4 种，这 4 种用途对水环境产生的污染程度是不同的。根据权利义务对等原则，应根据污染程度分别制定不同的环境水价。因此，环境水价应根据不同行业对水环境的污染程度来制定。

4.2.4 边际机会成本定价模式

边际机会成本理论是根据资源与环境经济学观点，从经济角度对资源利用后果加以抽象和度量的一种有用工具。按照边际机会成本理论，资源使用者支付的资源价格应等于社会负担的资源利用与耗竭的代价—边际机会成本。低于边际机会成本的资源价格会刺激过度开发利用资源、恶化环境，高于边际机会成本的资源价格则会抑制合理消费。这种定价模式将资源与环境结合起来，从经济学的角度来度量使用资源所付出的环境代价。

根据边际机会成本理论，资源价格 P 应等于其边际机会成本，可用 MOC 表示边际机会成本。边际机会成本由 3 部分组成：边际生产者成本、边际使用者成本和边际环境成本，可分别用 MPC、MUC、MEC 来表示，这样便有：

$$P=MOC=MPC+MUC+MEC \tag{4.6}$$

边际生产者成本（MPC）是指供水企业新增每单位用水所花费的生产费用。在水供给中，边际生产者成本主要包括运行和投资成本，如修坝、取水、输水、排水管道及水处理费用等。成本应是经济成本，而非会计成本。如果政府财政补贴了投入要素（劳力、资金、能源），则生产成本也应作适当调整，应加上补贴部分以获得真实成本；如果税收包括在私人成本中，则生产成本应减去税收，因为它不是真实成本，而是转移支付。

边际使用者成本（MUC）是指单位不可更新资源由于今天的使用导致未来（或后代）无法使用而造成的收益损失。或者可更新资源，由于今天的非持续利用而对未来（或后代）造成的收益损失。在现实情况下，MUC 的估计往往是很困难的，因为它涉及边际耗竭和替代成本的预测时间太长。

边际环境成本（MEC）是指单位新增资源的使用对他人造成的损失。边际环境成本可能产生在生产阶段或者消费阶段，可以为正，也可以为负。水资源的环境成本是普遍存在的。例如，饮用清洁水可能使健康受益，不仅仅是消费者本人，而且影响其他人免受疾病传染；另外，废水的排放不仅使排污者受损，而且使他人受损。

4.2.4.1 边际机会成本及其要素估算

（1）边际生产者成本的估算。水资源供给的一个特点是资本不可分性，水利工程建设都是一次性投资的。水供给能力少量增加从技术上来说既不可行也不实际，只有大量增加才是有效的。由于资本的不可分性，边际成本概念模糊之处便显现出来。如果水库的供给能力未被完全利用时，新增消费水量的成本仅是由此新增的运转和维修成本，即短期边际成本。当水库供水能力被完全利用时，新增消费水量的成本是短期边际成本加上边际增量成本，即长期边际成本。后者指扩大容量，满足增量消费，建设新水库的成本。

严格地讲，当现有供水能力未被完全利用时，水价应等于短期边际成本，当需求增加，现有供水能力被完全利用时，则水价上升到配额供应现有水量。这个过程持续上升到某一点，消费者愿意支付的价格等于短期边际成本加上边际增量成本，即价格等于长期边际成本，此时投资扩大容量将是合理的。然而，一旦投资完成，价格应再次回落到短期边际成本，即运转及维修等成本。所以，价格发挥两个作用：当水库的供应能力未被完全利用时，获得资源的有效利用；为扩大系统供水能力提供投资信号。具体如图 4-2 所示。

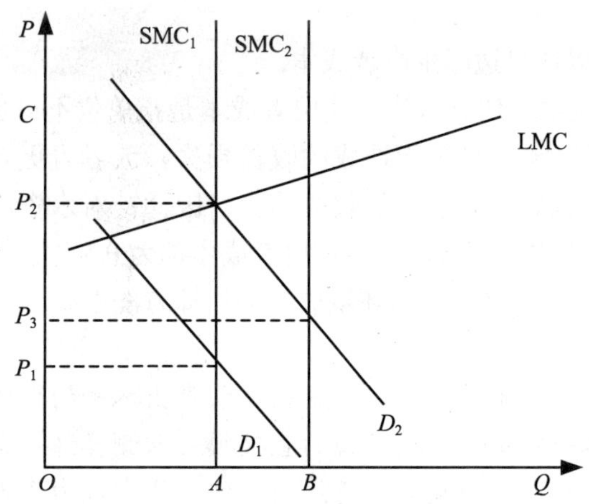

图 4-2　水资源的供给与需求曲线

在图 4-2 中，横轴表示供水量 Q；纵轴表示价格 P 和成本 C。设最初的需求曲线为 D_1，现有的供给能力（容量为 OA）下短期边际成本曲线是 SMC_1，此时，价格为 P_1。当需求增加到 D_2，在短期内，价格将上升到 P_2，使得消费者愿意支付的价格等于长期边际成本 LMC，此时短期边际成本等于长期边际成本（LMC=SMC）。在 P_2 点，由于存在超额利润，将使得水利部门增加投资，投资完成后，供水能力增加到 OB。此时，由于有容量剩余，价格由短期边际成本决定，价格迅速回落到 P_3。当需求增加时，价格再次上升直到等于 LMC，提供进一步增加投资的信号。

由于资本的不可分性，严格意义上的边际成本估算将产生一些问题。这是供水工程中存在的典型问题，因为它所安装的生产设备能力往往是满足今后很多年的需求（甚至几十年），而且与运转成本相比，最初的水库建设投资和输水管道工程成本投资是相当高的。所以，严格意义上的边际成本将引起价格的剧烈波动。对消费者而言，消费量的不确定性太大，对长期计划投资补偿带来一系列问题。在经济学家看来，长期边际成本应该是相对平滑的曲线，即容量微小增量是可行的，但价格剧烈波动意味着容量呈跳跃式增长。

解决上述问题的一个办法是对边际成本作广义上的定义，使价格等于新增产量的平均增量成本（AIC），即 P=AIC。也就是说，巨大的基建投资费用应平均分摊到每年所增加的供水量上。平均增量成本可以通过未来供水增量成本的贴现值除以同样被贴现的供水增量来求解。用公式表示为：

$$\mathrm{AIC}=\frac{\sum_{t=0}^{n}(I_t+R_t-R_0)\Big/(1+r)^t}{\sum_{t=0}^{n}(Q_t-Q_0)\Big/(1+r)^t} \tag{4.7}$$

式中：I_t——t 年新增投资成本；

0——基准年；

R_t-R_0——新增消费引起的运行和维修增量成本；

Q_t-Q_0——t 年消费增量；

r——贴现率。

通过式（4.7），可以估算边际生产者成本。

（2）边际使用者成本的估算。边际使用者成本是指单位不可更新资源由于基期年的使用导致未来（或后代）无法使用而造成的收益损失，或者可更新资源，由于基期年的非持续利用而对未来（或后代）造成的收益损失。因此，对水资源来说，只要对它的开发利用在它的承载力范围内，那么，边际使用者成本都为 0。

（3）边际环境成本的估算。边际环境成本的估算方法主要 3 种：直接市场法、替代品市场法和意愿调查法。

- 直接市场法：环境质量的变化会直接导致产出水平的变化，因此可以通过估计投入和产出水平的变化，或受损的直接损失来测算环境变化的价值，这便是直接市场法的基本思路。直接市场法的具体方法有人力资本法等。人力资本是体现在劳动者身上的资本，它主要包括劳动者的文化技术程度和健康状况等。人力资本法主要用来计算因环境质量的变化而导致的医疗费开支的增加以及因劳动者过早生病或死亡而导致的个人收入损失。

可将环境污染给人类健康带来的损害，在经济上造成的损失分为两大类：① 人类健康受损后，为了治疗疾病和恢复健康，需要花费一定的医疗费用，可称第一类损失；② 由于劳动力的暂时丧失（住院等）、永久性丧失（致残等）和提前丧失（死亡、提前退休等），以及劳动生产率的下降（有些疾病出院后体质将下降而不能完全复原）等造成的损失称为第二类损失。即：

$$MEC_L = MEC_{L1} + MEC_{L2} = MEC_{L1} + MEC_{L21} + MEC_{L22} + MEC_{L23} \quad (4.8)$$

式中：MEC_L——环境污染对人类健康损害造成的经济成本；

MEC_{L1}——治疗因污染而患病的支出（第一类损失）；

MEC_{L2}——因污染引起劳动生产率下降而造成的经济损失（第二类损失）；

MEC_{L21}——因污染而引起劳动力患病所损失的收入；

MEC_{L22}——因污染而引起劳动者患病出院后致残和提前退休而损失的收入；

MEC_{L23}——因污染而过早死亡的收入减少额。

直接市场法的优点是直观明确，但是该法也存在着局限性。环境是多因素复合体，引起环境变化的因素很多，很难把其中某个因素同其他因素区分开来。此外，在环境污染造成的损失中，有相当一部分根本没有相应的市场，也就没有市场价格，或者其现有的市场价格严重扭曲，无法真实地反映其环境成本。

- 替代市场法：这种方法是通过消费者对环境的评价或对环境的支付意愿来间接估算。主要有恢复费用或重置成本法等。恢复费用或重置成本是指将受到损害的资源恢复到环境受到污染以前的状况所需要的费用。或者当存在环境恶化，而且在技术上无法恢复或恢复费用太高时，人们设计另一个作为原有环境质量替代品的补充项目，以便使环境质量对经济发展和人民生活水平的影响保持不变时，所花费的费用。
- 意愿调查法：它是直接询问一组调查对象对减少环境危害的不同选择所愿意支付的价值。与直接市场法和替代品市场法不同，意愿调查法不是基于可观察到的市场行为，而是基于调查对象的问答。直接询问调查对象的支付意愿既是意愿调查法的特点，也是它的缺点所在。它是边际环境成本估计的最后一道防线。在既无市场又无替代市场的情况下，可以采用意愿调查法。

  意愿调查法主要包括投标博弈法和无费用选择法等。投标博弈法要求被调查对象说出对物品供应的支付意愿或接受补偿的意愿。这种方法常被用于纯公共物品估价，例如对水的净化等的估价。无费用选择法通过询问个人在不同的物品组合之间进行选择，来确定个人对物品的价值评判。

  意愿调查法常用于公共物品的估价，如估价在无自来水或下水道的地方修建供水工程或下水道的价值。但意愿调查法仅仅提供询问而没有观察人们的实际行动，可能会出现如下偏差：信息偏差、工具偏差、初始点偏差、假想偏差、策略性偏差等。

4.2.4.2 边际机会成本定价步骤

边际机会成本的定价步骤如下：

（1）预测未来 25～35 年的水需求量。时间长短主要根据未来工业增长速度、人口增长、农业发展趋势及其他情况来考虑。预测时间越长对资源可持续利用越有利，但不确定性愈大，困难愈大。我国是发展中国家，小城市、小城镇发展迅猛，预测时间可适当缩短。

（2）设计满足未来需求的最小成本方案。然后根据方案计算边际生产者成本、边际使用者成本及边际环境成本，并折算为现值。

（3）基于步骤 2，使用 AIC 方法，使价格等于 MOC。

（4）观察消费者对水价变化的反映，再次估计水需求量，正如步骤 1 一样。

（5）重新测算新的用水需求状况下的最小成本方案（如步骤 2）。

（6）在此方案基础上，重新估计 MOC，用近似长期 MOC 的 AIC 制定水价。由于未来需求量不能准确预测，因此以上步骤应不断重复进行直到均衡状态为止。

案例 4-1 赤壁市供水水价的估算

赤壁市供水水价的估算主要包括两部分：自来水价格估算、原水价格（原水购入成本）估算。

1. 自来水价格估算

赤壁市于 1999 年在第二水厂的基础上扩建，投资 3 870 万元，新增供水能力 6 万 t。设以 1999 年为基准年，每年单位新增运行费用保持不变，为 C_0=0.70 元，边际生产成本采用平均增量成本方法，工程使用寿命为 20 年。社会贴现率为 r=0.02 元。则有：

$$\mathrm{MOC_1=MPC_1+MUC_1+MEC_1} \tag{4.9}$$

（1）$\mathrm{MPC_1}$ 的计算：

$$\mathrm{MPC_1=AIC=TPC/Q_T+C_0} \tag{4.10}$$

资料来源：陈祖海. 水资源价格问题研究[D]. 华中农业大学博士论文，2001.

$$\mathrm{TPC}=\sum_{t=1}^{5} I_t/(1+r)^t \tag{4.11}$$

$$\mathrm{Q_T}=\sum_{t=1}^{20} Q_\mathrm{d}\times 365/(1+r)^t \tag{4.12}$$

式中：C_0=0.70 元；

$\mathrm{Q_d}$——日取水量；

I_t——新增投资，将数值代入式（4.10），可得 $\mathrm{MPC_1}$。

（2）$\mathrm{MUC_1}$ 的估算：本案例中水源较近，水源富足，因此，MUC=0。

（3）$\mathrm{MEC_1}$ 的估算[①]：设扩建工程新增供水引起水污染记为 $\mathrm{MEC_1}$，可以内部化，计入水价成本。

$$\mathrm{MEC_1}=[\sum_{t=1}^{10} I_t/(1+r)^t]/Q_\mathrm{T} \tag{4.13}$$

将数据代入式（4.13），得 $\mathrm{MEC_1}$，将 $\mathrm{MPC_1}$、$\mathrm{MUC_1}$、$\mathrm{MEC_1}$ 测算结果代入式（4.9）合并得 $\mathrm{MOC_1}$。

① 此处 $\mathrm{MEC_1}$、$\mathrm{MEC_2}$ 有别于前面提到的 MEC，只是便于识别原水、自来水引起的 MEC。

2. 原水价格估算

赤壁市城区水源取自附近陆水水库。陆水水库建于1967年，蓄水面积54.1 km^2，库容6.7亿m^3，陆水水利枢纽控制流域面积3 400 km^2，水电装机4.27万kW。水库兼有发电、防洪、养殖、航运、旅游和城乡供水等综合效益，陆水水库每年可获得发电收益1 800万元、旅游创汇收益500万元、养殖收益500万元、航运收益100万元。

设陆水水库工程寿命为52年；水库年供水6.7亿m^3；防洪收益以减少防洪务工劳动力投入等计200万元；兴修水库淹没农田的机会成本以每亩种植农作物收入500元计算，其机会成本4 057.29万元；社会贴现率r=0.02元。

根据边际机会定价理论，有：

$$MOC_2=MPC_2+MUC_2+MEC_2 \tag{4.14}$$

（1）MPC_2的估算：

$$MPC_2=\frac{\sum_{t=1}^{I} I_t/(1+r)^t}{\sum_{t=1}^{20} Q/(1+r)^t}+C_0^{'} \tag{4.15}$$

其中：$C_0^{'}$为单位增量运行成本。$C_0^{'}$=0.04元。将数据代入式（4.15），得MPC_2。

（2）MUC_2的估算：陆水水库流域年降雨量充沛，降水补给能力强，因此MUC_2=0

（3）MEC_2的估算：MEC_2估算涉及范围较广，有些已经记入电价中，因此，项目的归类应仔细研究。MEC_2的估算，应侧重水资源开发与保护、污染控制等费用。

$$MEC_2=\sum R/Q \tag{4.16}$$

将表中数据代入式（4.16），得MEC_2，再将MPC_2、MUC_2、MEC_2测算结果代入式（4.14）合并得MOC_2。

（4）赤壁市市政供水水价测定结果：市政供水水价＝原水价格（原水购入成本）＋自来水价格。

表4-1　当r取不同值时相应的水价

R	r=3%	r=5%	r=8%	r=10%	r=15%
MPC_1	0.81	0.82	0.85	0.86	0.90
MEC_1	0.20	0.03	0.03	0.03	0.04
MOC_1	0.83	0.85	0.88	0.89	0.94
MOC_2	0.08	0.09	0.10	0.11	0.13
P	0.91	0.94	0.98	1.00	1.07

表4-1给出了当r=3%、r=5%、r=8%、r=10%、r=15%时，供水价格。

4.2.5 影子价格定价模式

4.2.5.1 影子价格的含义

影子价格是现代经济学中的一个重要参量，它在资源配置优化理论与实践中发挥着重要作用。从经济学的意义上讲，影子价格不是价格，而是指在具体经济结构中某种资源的使用价值，是某种资源投入增加一个单位所带来的增加效益，影子价格是资源投入的潜在边际效益；从数学意义上讲，影子价格是最优化的线性拉格朗日函数的拉氏乘子，即目标函数发生的增值。

影子价格是 20 世纪 50 年代荷兰经济学家詹恩·丁伯根（Jan Tinbergen）和前苏联经济学家、数学家康托洛维奇（Kantorovitch）提出的。我国在 80 年代引进该方法并将其应用于经济实践中。丁伯根认为，影子价格是以资源有限性作为出发点，以资源充分合理分配并有效利用作为核心，以最大经济效益为目标的一种测算价格，它综合了经济效益和社会效益，协调了各方面关系。康托洛维奇认为，影子价格是对资源使用价值的定量分析，为最优计划价格，企业利用它控制产品的生产成本，社会利用其分配资源。总之，影子价格是社会处于某种最优状态下，反映社会劳动消耗、资源稀缺程度和对最终产品需求的产品和资源的价格，是资源处于最优配置状态时的边际产出价值。影子价格大于零，表示资源稀缺，稀缺程度越大，影子价格越大，它表明增加此种资源带来的经济效益越大；当影子价格为零时，表示此种资源不稀缺，资源有剩余，增加此种资源并不会带来经济效益。

设总效益 S 受到 b_i 的限制，即 S 是 b_i 的函数，表示为：

$$S = f(b_1, b_2, b_3, \cdots, b_n) \tag{4.17}$$

根据影子价格的定义，设 b_1 的影子价格为 y_1^*，则有：$y_1^* = \dfrac{\partial S}{\partial b_1}$。也就是说，在经济系统中，资源每增加一单位时，总效益增加的数值正好等于该资源的影子价格。

从定价原则看，价格应该更好地反映市场供求状况，反映资源稀缺程度；从价格产出效果来看，应该能使资源配置向优化的方向发展。本质上讲，影子价格就是有限资源在最优分配、合理利用下对社会目标的边际贡献，由此可以将影子价格理解为边际价格，也就是说，影子价格是理论上的最优价格。

4.2.5.2 影子水价的测算方法

目前主要有以下几种测算影子价格的方法：

（1）最优等效替代工程费用法。该法以节省可获得同等效益的最优替代工程的影子年费用 NF 作为本工程的影子年效益。设工程的有效年供水量为 W，则影子水价为 SP，$\mathrm{SP}=\dfrac{\mathrm{NF}}{W}$。

（2）缺水损失法。由于修建或扩建供水工程而减免了本地区曾因缺少供水量 W 而使国民经济遭受的净损失值 L，该损失值包括了因缺水而使有关部门停产、减产所造成的直接和间接经济损失，则增加供水量的影子水价为 SP，$\mathrm{SP}=\dfrac{L}{W}$。

（3）分摊系数法。由于修建或扩建供水工程而向国民经济有关部门增加供水量 W，并相应增加了净产值 B，这部分增加的净产值系供水及其他生产要素共同作出的贡献，故在衡量供水效益时，须对增加的净产值 B 乘以供水效益分摊系数 α。由此估算其影子水价 SP，$\mathrm{SP}=\dfrac{B\alpha}{W}$。

（4）支付意愿法。支付意愿法假设消费者愿意为某单位产品或劳动力支付的边际价格，可当作生产该单位产品或提供单位劳务的边际效益，即影子价格 SP 等于用户愿意支付。

4.2.5.3 影子水价的特性

（1）影子水价具有时间性。与其他商品的影子价格一样，影子水价具有明显的时间性。即使在同一地区，不同年份的影子水价均不相同，且有不断上涨的趋势，主要是因为影子价格用货币表示时，不断受到各年通货膨胀率及商品供求关系变化等因素的影响。

（2）影子水价具有地区性。一般商品，尤其那些便于运输的商品，其影子价格的地区性差别较小，但有些商品的影子价格则具有明显的地区性差异。我国各地区水资源量及水能资源蕴藏量分布及其开发利用难易程度差别很大，因此影子水价具有明显的地区性。南方水资源较丰富，北方水资源较少。总之，在制定各地区、各城市的影子水价时必须注意这些地区性特点。

（3）影子水价具有边际性。当商品水作为投入物时，其影子价格，应按供水工程增产单位供水量的边际成本测算；当商品水作为供水工程的产出物时，其影子价格应按增产单位供水量的国民经济所获得的边际效益测算，不应按其平均成本或其平均效益计算。

4.2.5.4 影子水价的局限性

影子价格虽然能及时地反映出资源的稀缺程度，为资源的合理配置和有效利用提供正确的价格信号，但是它也存在着如下局限性：

（1）就影子水价的定义而言，它与生产水价和市场水价的差别较大。影子水价只能反映出水资源的稀缺程度及其与总体经济效益之间的关系，却无法代替生产水价和市场水价。

（2）由于水资源长途运输的不经济性，导致目前尚无国际、国内竞争价格可言。因此，若要通过国际、国内水资源市场价格调整来获得水资源的影子价格是十分困难的。

（3）影子水价反映的资源稀缺性是以计划目标为基础的，而不是反映真正的市场稀缺程度，不能替代市场水价。

4.3 非线性定价模式

所谓非线性定价模式，是指消费者为某一商品或者服务支付的总价格同购买的总数量不成线性比例的一种定价模式。相对于常见的线性定价模式而言，一个设计良好的非线性定价模式可以同时提高消费者剩余和生产者剩余，实现帕累托改进。非线性定价的核心内容是寻找到一个最优的价格方案来实现社会福利最大化，该模式的具体形式主要包括价格歧视、拉姆齐定价等。

4.3.1 价格歧视

价格歧视是指生产企业在同一时间对同一种商品或者服务向不同的购买者索取不同价格的做法，或者对销售给不同购买者的同一种商品在成本不同时收取相同价格的做法。实行价格歧视需具备 3 个条件：① 企业具有一定的市场力；② 商品和服务不能再销售，即消费者不能进行套利；③ 企业可以成功地按某一可观察到的特征如收入、年龄、身份、购买时间或数量等将消费者区别开来。

按照歧视程度的不同，价格歧视可以分为 3 种类型：一级价格歧视、二级价格歧视和三级价格歧视。一级价格歧视是指企业在市场需求允许的条件下，针对每一单位商品的需求制定不同的价格。一级价格歧视仅仅是一种理想状态，在现实经济生活中很难做到，因为企业无法知晓其产品的精确的需求曲线。二级价格歧视是指企业在市场需求曲线的约束下，将需求区间划分为若干段，在不同的需求区间执行不同的价格。三级价格歧视则是指企业针对不同的相互独立的市场（具有各自的需求函数）对同一产品制定不同的价格。在水价制定中，价格歧视主要表现为两部制水价模式和阶梯式水价模式等。

4.3.1.1 两部制水价模式

两部制定价模式的含义及其构成

（1）两部制定价模式的含义。两部制定价模式是一种基于成本分摊的定价模式。它包含两个部分：第一部分是与使用量或者购买量无关的、定期支付的“基本费”，即不论消费者的消费量为多少，他都要交纳这一部分费用。消费者在此主要是分摊了生产或者服务的固定投入成本。第二部分是按使用量支付的“从量费”，即按消费者使用产品或者服务的数量来进行收费。消费者在此主要分摊的是生产或者服务运行的可变成本。因此，两部制定价实际上是定额收费与从量收费合一的一种定价模式。

假定某产品的消费者数量为 n，该产品的固定成本为 K，则首先向每个消费者收取的基本费为 $\frac{K}{n}$，假设企业向每一单位产品收取的从量费为 t。如果某一消费者的使用量为 Q，则两部制定价对该消费者的收费定额为：

$$F=\frac{K}{n}+tQ \tag{4.18}$$

价格定额可以表示为：

$$P=\frac{K}{nQ}+t \tag{4.19}$$

（2）两部制定价模式的优点。如果从量费按照边际成本进行定价，便可以得到一个效率价格，同时，通过基本费来弥补固定成本，这样便可以使生产企业的总收益与总成本相等。因此，两部制定价可以通过固定费用的设置使得单位价格接近于边际成本，从而使总的社会福利损失减少，是社会福利的帕累托改进。

（3）两部制定价模式的特征。

- 两部制定价模式是一种非线性定价模式，它不同于平均成本定价或边际成本定价等线性定价模式。
- 产品供给的单位产品的边际成本的变动较小，而单位产品的固定成本则是随着产品供给量的增加而降低。
- 供给产品的企业，其总成本通过分解的固定成本和变动成本得到完全分摊。其中基本费用用来补偿由于边际成本价格给企业带来的效益损失。

（4）两部制定价的计算类型。两部制定价中，按照固定成本由基本费或从量费补偿的比例关系，两部制定价的计算通常有 4 种基本类型：

- 固定变量法：固定成本全部从基本费中得到补偿，这是完全意义上的两部制定价。
- 容量法：所有固定成本由商品从量收费中得到补偿，这种方法类似于统一从量收费。

- 大西洋海岸公式法：固定成本的50%由基本费补偿。
- 联合公式法：固定成本的25%由基本费补偿。

两部制水价模式

两部制水价模式是运用两部制定价原理而形成的一种水价模式。其实质就是将供水价格分成两部分，分别由基本水价和计量水价补偿的一种定价模式。

两部制水价模式可以分为两种：① 基本水价和计量水价相结合的两部制水价模式。该模式中，基本水价和计量水价分别补偿一部分固定成本和变动成本。② 容量水价和计量水价相结合的两部制水价模式。该模式中，容量水价补偿供水的固定成本，而计量水价则补偿供水的运营成本。所谓容量水价，是指用水量在某一定额范围内不管用水与否或用水量是多少，均按固定水费计收。它主要用来补偿供水的固定成本。所谓计量水价，是指用水量超过某一定额后，对超过的用水量按可变单价收费。它主要用于补偿供水的运营成本。

该模式的主要优点在于它既考虑了社会低收入群体的用水需求，体现了公平性原则；同时，又通过价格杠杆促进了水资源的节约，减少了对水资源的浪费，体现了一定的效率原则。

（1）两部制水价的成本划分。两部制水价的成本划分一般包括3个层次：

- 要将供水企业的成本合理划分为供水成本、社会公益耗费和多种经营成本等，这些成本将由供水价格补偿。
- 将供水生产成本合理划分为农业用水成本和非农业用水成本两部分。
- 将分摊到农业用水和非农业用水的供水成本，分别合理地划分为由基本水价补偿的部分和由计量水价补偿的部分。

供水企业的成本划分如图4-3所示。

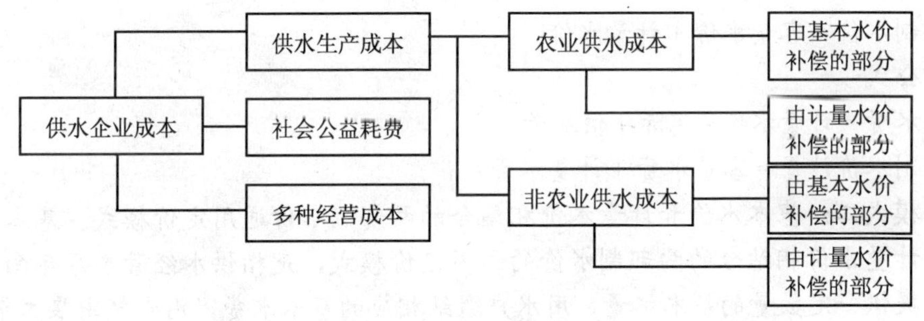

图4-3 供水企业的成本划分

合理划分成本是设计两部制水价的基础，其中第三层次的划分至关重要。在进行该层次的水价划分时应注意一个得失权衡的问题。基本水价定高了，必然使计量水价下降。但基本水价过高会使一部分用水户被拒之门外，哪怕计量水价再低也无效；另外，计量水价的提高必然意味着基本水价的下降。基本水价低了固然受欢迎，但经营者的稳定的收入也少了，可能不足以维持正常运营，同时，因计量水价偏高，用水户不会多用水。因此，在这个层次上，有一个最优划分的问题，必须兼顾、协调供用水各方的利益，达成一致。

（2）两部制水价通用定价模式。

➢ 模式一：容量水价和计量水价相结合的两部制水价通用定价模式。参照《城市供水价格管理办法》的规定，水利供水工程中的大型工程采用容量水价和计量水价相结合的两部制水价模式，其容量水价用于补偿供水工程的固定成本，而计量水价则用于补偿供水工程的正常运营成本，用水户不论是否用水都应缴纳容量水费。容量水价和计量水价相结合的两部制水价模式如图 4-4 所示。

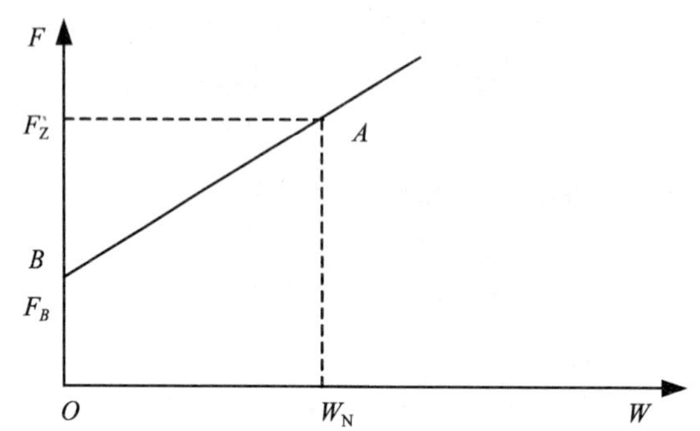

图 4-4 容量水价和计量水价相结合的两部制水价模式

W——水量；W_N——年供水量；F——水费；F_Z——总水费；F_B——容量水费；BA——容量水价和计量水价相结合的两部制水价—水量关系曲线。在 A 点，水量 = 年供水量；水费 = 总水费，即 $W=W_N$，$F=F_Z$。在 B 点，水费 = 容量水费；水量为零，即 $F=F_B$，$W=0$

该模式下两部制水价定价和实际供水年计费的基本公式如下：

容量水费 = 年固定资产折旧额 + 年固定资产投资贷款利息

容量水价 = 容量水费/年分配水量

计量水价 =（成本 + 费用 + 税金 + 利润 − 容量水费）/年取水量

当水资源的供需平衡时，即年分配水量等于年取水量时：

两部制水价 = 容量水价 + 计量水价

计费公式：

计量水费 = 计量水价 × 实际年供水量

两部制水价计费 = 容量水费 + 计量水费

➢ 模式二：基本水价和计量水价相结合的两部制水价通用定价模式。基本水价和计量水价相结合的两部制水价的通用定价模式，是指供水经营者每年向用水户提供一定数量的基本水量，用水户缴纳相应的基本水费，用水超出基本水量后，再按照超过的水量和计量水价缴纳计量水费。其定价的基本思路是：对已经运行多年的供水企业，用多年平均供水量来表示其年供水量；并对比供水经营者 3～5 年的各年的实际成本，取定价前 3～5 年平均数作为计算用的年成本，据此计算出总水费，再按《水价办法》将其分解为基本水费和计量水费；基本水量可以根据不同的供水对象和来水情况，按相应方法确定后，即可确定出基本水价和计量水价；最后，根据年实际供水情况，计算供水经营者实际供水收入。具体的计算过程如下：

总水费 = 成本 + 费用 + 利润 + 税金

基本水费 = 直接工资 + 管理费 + 0.5 ×（折旧费 + 修理费）

定价公式：

基本水价：基本水费/基本水量

计量水价 =（总水费 - 基本水费）/（年供水量 - 基本水量）

两部制水价计费 = 基本水费 + 计量水费 = 基本水价×基本水量 + 计量水价×（年实际供水量 - 基本水量）

此组公式适用于年实际供水量大于基本水量的正常情况。

在正常情况下，实际供水量应大于基本水量，在遇到特殊情况时，如用水户自身原因不需要供水，或者年实际需水量大于零，但小于基本水量时，则两部制水价计费等于基本水费，如图 4-5 所示。

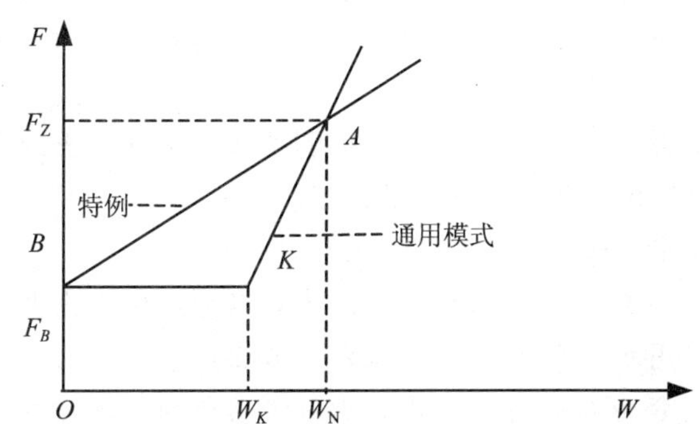

图 4-5　基本水价和计量水价相结合的两部制水价模式

W——用水量；*F*——水费；*BKA*——通用模式的两部制水费—水量关系曲线；*BA*——两部制水费—水量关系曲线的一种特例（基本水量为 0）；在 *A* 点，水量 = 年供水量；水费 = 总水费，即 $W=W_N$，$F=F_Z$；在 *B* 点，$OB=F_B$ = 基本水费；在 *K* 点，$BK=W_k$ = 基本水量

在两部制水价实行过程中，还存在一种特例（图中的 *BA* 线），即基本水量为零。此时，用水户缴纳一定的基本水费后，再按照每年的实际用水量与计量水价缴纳计量水费。

总水费 = 成本 + 费用 + 利润 + 税金

基本水费 = 直接工资 + 管理费用 + 0.5×（折旧费 + 修理费）

定价公式：

计量水费 = 计量水价×年实际供水量

两部制水价计费 = 基本水费 + 计量水费 = 基本水费 + 计量水价×年实际供水量

（3）两部制水价计算步骤。由于两部制水价基本要素较多，因此计算比较复杂。首先要核算供水总成本费用，在此基础上合理划分供水生产成本费用，再在各类用水对象之间进行分摊，对非农业用水还要计入相应的税金和利润。然后计算出各类用水的基本费用和计量水费，确定年供水量和基本水量，求出基本水价和计量水价，并对其进行优化，推出合理的两部制水价，最后提出分步实施方案。具体步骤如下：

- 步骤一：核算供水企业的总成本费用。根据两部制水价计算的需要，可将总成本分为直接工资（含社会保障支出）、直接材料费（含原水费）、其他直接支出、折旧费、修理费、水资源费、部分制造费用（不含折旧费、修理费和水资源费的制造费用）、管理费用、营业费用和财务费用 10 个分项，并求出每个分项的数值。

- 步骤二：合理划分供水经营者的成本费用。在第一步核算出的全部生产成本费用及 10 个分项的数值中，都包括了由供水生产形成的成本费用。为合理确定基本水费和计量水费，需将供水企业的总成本费用划分为供水成本费用、社会公益耗费和多种经营成本费用 3 部分。
- 步骤三：计算基本水费和计量水费部分。根据《城市供水价格管理办法》的规定，基本水费和计量水费的计算公式如下：

基本水费 = 直接工资 + 管理费用 + 0.5×（折旧费+修理费）

计量水费成本部分 = 0.5×（折旧费+修理费）+直接材料+其他直接支出+部分制造费用（不含折旧费、修理费、水资源费）+营业费用+财务费用

- 步骤四：确定水供水企业的各类用水的年供水量。一般可采用多年平均年供水量来表示。
- 步骤五：水资源费的计算。按不同供水对象的水量和当地水资源费标准，计算农业用水和非农业用水的水资源费。
- 步骤六：计算非农业用水的利润、税金。
- 步骤七：计算各类用水的基本水费、计量水费。供水企业的供水对象分为农业用水、非农用用水，非农用用水又分为工业用水、生活用水等。将供水生产成本费用合理划分为农业用水和非农业用水两部分，按相应的政策规定，计算不同供水对象的成本分配系数，并按各类成本分配系数将基本水费、计量水费部分分别划分为农业用水、非农用用水两部分。其基本水费和计量水费计算公式分别为：农业用水基本水费 = 供水基本水费×农业供水成本分配系数；非农业用水基本水费 = 供水基本水费×非农业供水成本分配系数；农业用水计量水费 = 计量水费×农业供水成本分配系数×农业水资源费；非农业用水计量水费 = 计量水费成本部分×非农业供水成本分配系数+非农业水资源费+利润+税金。
- 步骤八：两部制水价的确定。

  基本水价 = 基本水费/基本水量

  计量水价 = 计量水费/（年供水量 − 基本水量）

4.3.1.2 阶梯式水价

所谓阶梯式水价，是在合理核定居民用水及各类企业用水等基本用水量的基础上，对定额以内的用水实行低价，超过基本用水量的部分实行超额累进加价，对公共服务用水、居民基本生活用水实行低价，对合理工业生产用水实行中价，对营运用水实行高价。

阶梯式水价的理论依据是二级价格歧视，当然二者也存在一定的差异，它们的差异主要体现在：实行二级价格歧视时，企业为了获得更多的利润对高消费量的消费者制定低价，而对低消费量的消费者制定高价；而实行阶梯式水价时，供水企业则是在较低的消费量执行低价，在较高的消费量执行高价。存在这种差别的主要原因是：垄断企业采用二级价格歧视的主要目的是获取更多的消费者剩余、售出更多的产品、获得更多的利润；而作为政府部门所属的供水企业实行阶梯式水价的主要目的则是为了兼顾水资源利用时的公平和效率，即通过低水价保证水资源的公平利用，同时也通过高水价来保证水资源利用的效率。

实施阶梯式水价的前提条件

实施阶梯式水价需要具备 3 个基本要素：① 需要完备的计量设施。完备的计量设施是实施阶梯式水价的前提。必须达到一户一表、水表出户、抄表到户。如果缺乏计量设施，则无法准确地计量用户的用水量，就无法确定其利用的水量是多少，无法划分基本水量和超额水量。② 需要科学的阶梯定额。合理的阶梯定额是阶梯式水价顺利实施的基础。对于工业用水，应根据行业特点和企业规模核定基本用水定额，确定阶梯标准；对于居民用水，应根据各地区的实际情况确定每户每月或每人每月的基准用水量；对于服务业、机关、学校等则应结合实际情况核定基准定额。③ 相应法律法规的支持。阶梯式水价需要完备的行政法规等作为支撑。在制定行政法规时，应注意法规的可操作性。

阶梯式水价的制定

（1）相关参数的确定。制定阶梯式水价，必须确定 3 个参数：用水量分段的数量、每一分段的用水量和每一分段的单位水价。原国家计委和建设部联合颁布的《城市供水价格管理办法》第十三条规定：阶梯式计量水价可分为三级，级差为 1∶1.5∶2，具体比价关系由所在城市政府价格主管部门会同同级供水行政主管部门结合本地实际情况来确定。

（2）制定方法。国内外实行阶梯式水价的地区，有按每月每户用水量进行分级的，也有按每人每月用水量进行分级的。按每月每户和每人每月用水量进行分级各有优缺点。按每月每户用水量分级的优点在于便于计量收费和管理，根据“一户一表”，每个水表代表一户，不管家庭人口的多少，对总用水量按照分级收费。其缺点在于如果家庭用水人口少于平均家庭人口，就可以使用较多的低价水，可能会造成浪费；如果家庭用水人口多于平均家庭人口，平均每人只能使用较少的低价水，造成补贴不公平。而按每人每月用水量分级的优点在于对每个用水人进行公平补贴；缺点在于由于人口具有流动性，用水人口可能经常变动，一些家庭还可能为了多用低价水谎报人口，对用水计量和管理会造成一定的困难。

（3）阶梯式水价分段。阶梯式水价一般分为两段和多段。根据用水现状（包括收入水平、用水习惯、水费支出、支付意愿等）和对未来用水状况的估计，可将用水量分为三级如图 4-6 所示。

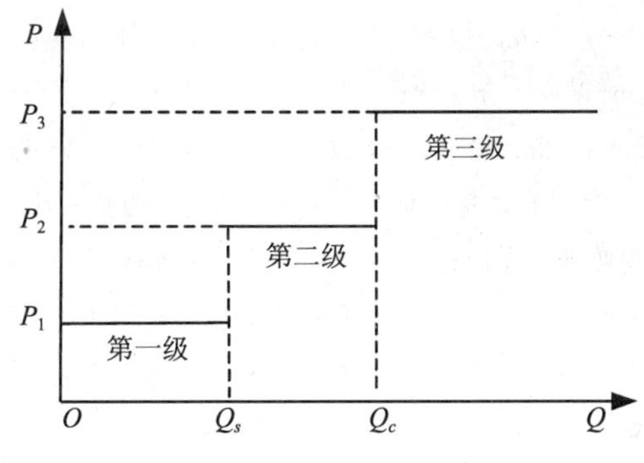

图 4-6　阶梯式水价的分段

具体分段如下：

- ➢ 生存水量 Q_s：生存水量是阶梯式水价的第一级水量，采用水价低于成本或者免费，造成的亏损由后续的两个阶段进行弥补。用水量 Q 小于生存水量 Q_s 的用水户，除可以享受经国家财政补贴后的第一阶水价 P_1，其未用足生存水量的部分，还可以凭水费单到相关部门领取国家财政补贴余额，或将余额转入水费账户，这一余额称为返还水费 R，R 的大小由下式计算：

$$R=(P_2-P_1)(Q_s-Q)\text{，}\quad 0\leqslant P_1\text{，}\quad 0<Q<Q_s \tag{4.20}$$

➢ 生活水量 Q_c：生活水量是第二级水量。它主要是用于改善和提高用水户生活质量，满足多样化用水。用足水量 Q_s 的用水户，需要以第二级水价 P_2 来使用生活水量 Q_c。第二级水价 P_2 根据水价各项成分核定的全成本 C（包括工程投资成本、运行和制水成本、服务成本和环境成本等）确定，即假设用第二级水价 P_2 作为单一计量水价的话，供水可实现全成本 C 回收。计算公式如下：

$$C=P_2(\sum Q_s+\sum Q_c+\sum Q_1) \tag{4.21}$$

➢ 享受水量 Q_1：第三级水量主要用于满足用水户的奢侈性用水。第三级水价 P_3 需根据市场价格满足特殊需求的原则制定，考虑供、排水行业的利润率 r 来确定，其计算公式如下：

$$rC=(P_3-P_2)\sum Q_1 \tag{4.22}$$

案例 4-2　南京市实施阶梯水价的可行性分析

尽管南京市地处长江下游地区，过境水量大，但仍属于缺水城市。为了解决南京市水资源供需矛盾，实现可持续发展，可以考虑采用阶梯式水价模式，在不增加居民负担的同时，实行水资源的节约。

根据对南京市居民生活用水现状的调查（包括收入水平、用水习惯、水费支出、支付意愿等）和对未来用水状况的科学估计，可以将南京市居民用水量分为 3 个级别并分别实行不同的水价。第一级水价为低价水价或者免费水价，即对居民生存用水量，实行低价或者免费；第二级水价为全成本水价，即对作为城市居民生活用水的居民基本生活用水量，实行全成本水价；第三级水价为超额水价，即对用于满足居民高质量生活用水的辅助生活用水量，实行超额水价。

如果南京市对已实行“一户一表、抄表到户”的居民生活用水的供水价格实行阶梯式计量水价。每月每户居民生活用水 20 m^3 以内（含 20 m^3）为第一级，按原来居民生活用水供水价格 2.3 元/ m^3 收费；每月每户居民生活用水在 20～30 m^3（含 30 m^3）为第二级，超过 20 m^3 的用水量按居民生活用水供水价格的 1.5 倍收费；每月每户居民生活用水超过 30 m^3 为第三级，超过 30 m^3 的用水量按居民生活用水供水价格的 2 倍收费。举例说明，居民王先生家平均每月用水 25 m^3，属于第二级，那么他缴水费为：2.3×20+2.3×1.5×5=63.25 元；居民李先生家平均每月用水 40 m^3，属于第三级，那么他应缴水费：2.3×20+2.3×1.5×10+2.3×2×10=126.5 元。南京城区民用自来水总用户有 71 万多户，按每户平均 3.13 人计算，南京城区居民每月户均用水量为 11.417 m^3。对现有 44 万户“一户一表、抄表到户”的居民进行了调查统计：这些居民每月户均用水量为 8.9 m^3，其中，每月用水少于 20 m^3 的居民占 94.9%，超过第一级的居民只占 5%左右。因此，阶梯式水阶在促进居民节水的同时，对绝大多数居民水费开支将不会产生很大的影响。

资料来源：朱颂梅，唐德善.南京城市水价变化趋势及阶梯水价可行性分析[J]. 价格月刊，2007，3.

4.3.2 拉姆齐定价

4.3.2.1 拉姆齐定价的提出

相对于边际成本定价所导致的社会福利最大化的定价模式而言，盈亏平衡条件下最大化社会总福利的定价规则被称为“次优”定价。这一贡献最早是由拉姆齐（F.P. Ramsey）作出的。他原本考虑的是最优商品税的问题。最优税收理论后来被莫利斯（Mirlees）发展，他进一步考虑了不同消费者的类型问题、商品之间的替代互补问题、信息不对称下消费者的激励相容和自我选择问题等。他的研究结论为最优税率应当是非线性的，对于最大消费者的税率应当为 0，即“在最高处没有扭曲”。这一结论与非线性定价极为类似，因此，莫利斯的研究对于非线性定价有着最为直接的关系。

在早期的公共事业定价和垄断规制领域，拉姆齐定价并未受到理论界应有的重视，后来被法国经济学家博伊塔克（Boiteux）重新发掘，因此也被称为拉姆齐－博伊塔克反弹性规则。拉姆齐定价是价格歧视以及非线性定价的理论基础，在实践中也得到较为广泛的应用。对于公共事业定价而言，20 世纪 70 年代是拉姆齐定价时代，而 80 年代则是非线性定价时代。

拉姆齐定价是一种基于考虑需求对于产品成本变化响应的定价方法。拉姆齐模型最初是研究最优税收理论的，自 20 世纪 70 年代以来，包括水行业在内的自然垄断行业的定价问题日益得到重视，拉姆齐定价于是被用来解释如何对边际成本定价进行有效的调整。拉姆齐非线性定价对电力、电信等垄断行业具有较好的理论价值，达到了其模型要求的社会福利次优的目的，但对于水资源等紧缺行业的应用则存在着一定的局限性。

4.3.2.2 拉姆齐定价模型

拉姆齐定价的基本模型为：①

设一个公共事业部门提供 n 项服务，k=1,…,n，其数量为 q=（q_1,…,q_n）。价格向量 p=（p_1,…, p_n）的需求函数为 q_k=D_k（p_1,…,p_n）。符号 $\eta_k=-\dfrac{[\partial D_k/\partial p_k]}{[D_k/p_k]}$ 表示服务 k 的需求价格弹性。在需求独立的情况下，q_k 仅仅是 p_k 的函数，且 $\eta_k=\dfrac{[\mathrm{d}D_k/\mathrm{d}p_k]}{[D_k/p_k]}$。企业的收入为：$R(q)=\sum_{k=1}^{n}p_kq_k$。设 C（q_1,…,q_n）表示成本函数。如设联合和共同的成本为 k_0，不变的边际成本为 c_1,…,c_n，则：

$$C(q_1,\cdots,q_n)=k_0+\sum_{k=1}^{n}c_kq_k \tag{4.23}$$

设 S（q）为总消费者剩余，则：

$$\frac{\partial S}{\partial q_k}=p_k \tag{4.24}$$

拉姆齐定价问题是在预算约束下使社会剩余最大化，即：

$$\max\{S(q)-C(q)\} \tag{4.25}$$

① [法]让·雅克·拉丰，让·泰勒尔. 电信竞争[M]. 北京：人民邮电出版社，2001.

满足约束：

$$R(q)-C(q)\geqslant 0 \tag{4.26}$$

或等同于，在提供满足 Ramsey-Boiteux 基准的社会福利基础上使企业的利润达到最大，即：

$$\max\{R(q)-C(q)\} \tag{4.27}$$

满足约束：

$$S(q)-C(q)\geqslant S(q^*)-C(q^*) \tag{4.28}$$

式中：星号表示 Ramsey-Boiteux 基准。则由最优化条件可以求得与 q_k 对应的一阶条件是：

$$\lambda(p_k-c_k+\sum_{j=1}^{n}\frac{\partial p_j}{\partial q_k}q_j)+p_k-c_k=0 \tag{4.29}$$

式中：$\frac{1}{\lambda}$ 表示约束的影子价格。特别地，对独立需求有：

$$\frac{p_k-c_k}{p_k}=\frac{\lambda}{1+\lambda}\frac{1}{\eta_k}\quad\Rightarrow p_k=\frac{1}{1-\frac{\lambda}{1+\lambda}\frac{1}{\eta_k}}c_k \tag{4.30}$$

式中：$\frac{\lambda}{1+\lambda}$ 表示拉姆齐数。

最初的拉姆齐定价模型是针对垄断厂商生产的各种不同产品的情况下作出的，但是也可以推广到同一种产品、不同类型消费者情形。需要说明的是，这些不同类型的消费者往往具有不同的需求价格弹性，拉姆齐定价要求对需求价格弹性较高的消费者收取较低的边际成本加成价格，而对需求价格弹性较低的消费者收取较高的边际成本加成价格。对于供水行业而言，其用户的需求主要分生活和生产两类，通常情况下，人们对于生活用水的需求价格弹性低于工业用水的需求价格弹性，所以，依照拉姆齐定价原则，供水企业对生活用水制定的价格应高于工业用水价格。换言之，拉姆齐非线性定价对于支付能力强的用户的定价反而更低，这实际上是对人们增加用水消费的一种鼓励，很明显会导致水资源的浪费。因此，该定价模式并不太适合供水行业。另外拉姆齐定价对于需求价格弹性高度敏感，而需求价格弹性在实践中并不易被规制者精确地测量到。

4.3.2.3 威尔逊对拉姆齐定价模型的修正

拉姆齐非线性定价的不完善之处，则由威尔逊（Wilson）进行了修正。他指出，应对不同类型的消费者采用不同的拉姆齐数，从而使得对不同类型的消费者制定不同的价格成为可能。由于拉姆齐数介于 0 和 1 之间，如果某一类消费者被赋予较大的权重，则对应的拉姆齐数就比较小。如果将消费者根据消费量的不同分为两大类别，第一类消费者的消费量为 q_1，第二类消费者的消费量为 q_2，且 $q_1\leqslant q_2$。对于消费量为 q_1 的消费者，将其拉姆齐数设为 1；而对于消费量为 q_2 的消费者，将其拉姆齐数设为 0，则此时的拉姆齐定价公式可以表示为：

当 $0\leqslant q\leqslant q_1$ 且 $\frac{\lambda}{1+\lambda}=1$ 时：

$$p_1 = \frac{1}{1-{}^{1}\!/_{\eta}} c_1 \tag{4.31}$$

当 $q_1 < q \leqslant q_2$ 且 $\frac{\lambda}{1+\lambda} = 0$ 时：

$$p_2 = c_1 \tag{4.32}$$

显然 $p_1 \leqslant p_2$，以上是威尔逊对拉姆齐定价模型的推广，按照他的思想，将改进后的拉姆齐定价模型应用于阶梯水价的制定方面，可以得到如下结论：

当 $0 \leqslant q \leqslant q_1$ 且 $\frac{\lambda}{1+\lambda} = 1$ 时：

$$p_1 = \frac{1}{1-{}^{1}\!/_{\eta}} c_1 \tag{4.33}$$

当 $q_1 < q \leqslant q_2$ 且 $\frac{\lambda}{1+\lambda} = 0$ 时：

$$p_2 = c_1 \tag{4.34}$$

两式中：q——实际用水量；

q_1——基本需水限额；

q_2——超过基本用水量的部分；

c_1——边际成本。

威尔逊对拉姆齐定价的推广可以视为阶梯式计量水价的理论基础之一，在实际应用过程中，拉姆齐数的取值介于 0 与 1 之间，其具体赋值应根据用水户的需求价格弹性的变化来确定，以实现社会福利最优化与节约用水的共赢。

4.4 水价调整模式

4.4.1 水价调整模式

4.4.1.1 水价调整的申请

水价调整一般由水务企业或消费者提出申请。长期以来，公用事业类产品价格调整大多由生产企业提出。从世界各国的发展经验来看，公用事业类产品价格只升不降。但是，从理论上来说，价格上升是调整，价格下降也是调整。因此，消费者也可以根据经济波动的周期，提出水价调整申请。水价听证的申请者可以是水务企业，也可以是消费者，政府只能作为水产品的消费者提出申请。

4.4.1.2 水价调整的审核

当水务企业或消费者提出水价调整申请后，应由相关部门对该申请进行审核，审核申请内容是否真实、是否科学合理。

4.4.1.3 水价调整的听证

水价调整的申请通过审核后，一般还需要对水价调整进行听证。水价调整听证的作用主要有：① 有利于水价管理部门掌握更充分的水价信息；② 为水产品的生产者和消费者提供了一个讨价还价的场所和裁判的场所，能协调矛盾、减少社会震荡；③ 使水价调整更加科学和合理；④ 水价调整、监督会更加公平、透明。因此，主管部门应召开水价调整的听证会，以保证水价调整的科学性。主管部门应将听证会召开的时间、地点进行公示，邀请各界人士参与。在听证时，应将各方代表的观点进行详细的记录，并公示，以期再次征求公众的意见。同时，管理部门也应对此进行详细的研究，拿出意见，并将意见公示。经过多次的意见反馈，形成最后的结论，并将结论公示。

4.4.1.4 调整水价

在以上几个步骤的基础上，主管部门应确定合理的调整水价。在确定合理的调整水价时，主管部门应注意使调整后的水价，能弥补水务企业的生产成本，同时也要保证水价内部的各个组成部分保持合理的比价关系。调整后的水价应能更有利于水资源的合理配置、更有利于水资源的可持续利用、更有利于经济、社会、环境的协调发展。在调整水价时，还应注意以下几个问题：

（1）确定水价调整的目标。水价调整的目标，并不是实现供水企业的利润最大化，而是要使得调整后的水价更有利于水资源的节约、有利于水资源消耗的降低、有利于水资源的优化配置、有利于水环境的改善、有利于水资源的可持续利用。

（2）确定水价调整的内容。水价调整包括两个方面的内容：① 总量调整，它包括向下调整和向上调整两个方面。所谓向上调整主要是指政府主管部门根据供求关系的变化或者供水企业的成本变化提高水价；向下调整主要是指政府主管部门根据供求关系的变化或者供水企业的成本变化降低水价。从世界各国的发展经验来看，水价一般都是向上调整。② 结构调整，即调整水价内部各个组成部分的比例。

（3）确定水价调整的方向以及水价调整的幅度。要确定总量调整时，是向上调整还是向下调整，以及相应调整的幅度；或者结构调整时，各组成部分所占的比例是增加还是减少，以及相应增加或者减少的幅度。

（4）确定水价调整的周期。水价调整周期过短，会使用户，尤其是企业用户缺乏促进节水技术进步的激励；而周期过长，会导致水价与经济社会发展相脱节，不利于经济社会的发展。英国的水价调整周期为 10 年，与其他受管制行业相比较长，但考虑到意外事件的发生，英国允许自来水企业或管制机构在 5 年左右提出申请。我国处在经济发展迅速、经济转型较快的时期，水价的调整应该比英国更频繁一些，水价调整周期定在 5 年左右比较好。

（5）确定水价调整的方式。①水价调整一般分为两个阶段进行：第一阶段为适应期。在适应期，管制机构应密切关注行业的经营发展状况和消费者的承受能力，在这个阶段的水价未必要固定不变，而是可以根据实际情况进行相应的修改；第二阶段为定价期。在积累了适应期的经验之后，管制机构可以确定合适的水价。这时需要注意的是，一旦水价确定之后就不宜进行频繁的调整，因为稳定的政策有利于行业经营者对企业的发展作长远的规划，也有利于消费者对政策的确定和把握。

（6）确定水价调整的时机。水价调整时机的选择和把握也是一个很重要的问题，调整

① 陈坤. 上海水资源可持续利用的经济学研究[M]. 上海：上海人民出版社，2007.

时机如果把握不好，将会影响水价调整效果，同时，也会给水价调整带来许多阻力。最佳时机点的选择应该综合考虑自来水行业和消费者尤其是低收入群体的支付能力等各方面因素。一般来说，在经济繁荣阶段，经济处于高速增长之时，进行水价的调整比较好。

4.4.2 影响水价调整的主要因素

从理论上来说，影响水价制定的因素便是影响水价调整的因素。但是，在影响水价制定的诸多因素中，有些因素是随时间的变化而显著地变化。相应的，这些因素对水价调整的影响便大一些；还有一些因素则不随时间的变化而显著地变化，因此，这些因素对水价调整的影响便小些。本节主要分析那些随时间发生显著变化的因素对水价调整的影响。另外，为了分析问题的方便，主要从供需两个角度对这些因素进行分析。

4.4.2.1 影响水价调整的供给因素

从供给的角度来看，影响水价调整的主要因素是水资源供给成本的变化，主要包括资源成本、生产成本以及环境成本的变化。

（1）资源成本的变化。资源成本主要包括因用水而导致的对水资源耗费的补偿和对水生态改变的补偿而投入的水资源保护成本等，在全成本水价中，资源成本表现为资源水价。

由于水资源的有限性，导致水资源的资源成本呈现递增趋势。当资源成本发生变化时，资源水价也应相应发生变化，进而导致终端水价进行总量或者结构调整。当然，如果资源成本未发生变化，但资源成本大于资源水价时，资源水价也应进行调整，使其能弥补资源成本，同时水价也相应进行总量或者结构调整。

（2）工程成本的变化。工程成本是指供水企业通过一定的措施将一定状况下的水资源按一定的质和量的标准供给用户的单位水量的成本，包括必要的蓄、提、引、输、配水及水处理等整个过程的单位水量的平均投资和运行、养护及维修费用，它在全成本水价中体现为工程水价。随着水资源被不断地开发利用，生产成本的变化趋势是不断增大的。当工程成本发生变化时，应调整工程水价并对终端水价进行相应的总量或者结构调整。

（3）环境成本的变化。环境成本是指经过使用的水排出用户范围后，污染了他人或公共的水环境，为治理污染和保护水环境所付出的代价，在全成本水价中，环境成本表现为环境水价。

随着经济的发展，环境成本也在不断地变化，因而环境水价也应随之发生变化，使得终端水价随之进行总量或者结构调整。当然，如果环境成本未发生变化但环境成本大于环境水价时，环境水价也应进行调整，使其能弥补环境成本。

4.4.2.2 影响水价调整的需求方面因素

从需求方面来说，水资源的需求包括农业用水需求、工业用水需求、居民生活用水需求等。需求类型不同，相应的影响价格调整的因素也不同。为简化起见，这里着重概括影响各类水资源需求的主要因素。

（1）收入变化。对生活用水而言，收入是影响水价调整的最重要因素之一。[①]随着

---

① 对工业用水、农业用水而言，相应的影响因素则为企业的销售收入，以及农产品的销售收入。

收入的增加，居民对生活用水的需求将增加。而在供给等其他因素既定的前提下，如果维持原有水价，将导致水商品的短缺。因此，当消费者收入增加时，应相应提高水价。当然消费者收入的增加对水价影响程度，受居民的需求收入弹性以及需求价格弹性的影响。

收入弹性度量的是因收入变动导致的商品的需求量变动幅度与收入变动幅度的百分比之比，用公式表示为：

$$E_I = \frac{\mathrm{d}Q/Q}{\mathrm{d}I/I}$$

式中：Q——需求量；

$\mathrm{d}Q$——需求量的变化；

I——居民收入；

$\mathrm{d}I$——居民收入的变化。

收入弹性一般分 3 种情况，大于 1（富有弹性）为奢侈品；在 0 和 1 之间（缺乏弹性）为必需品；小于 0（负弹性）为低档品。居民用水的收入弹性在 0 和 1 之间，属于缺乏弹性的生活必需品，相关研究结果表明：我国城镇家庭生活用水量的收入弹性约为 0.56，表明人均可支配收入增长 10%，用水量将增长 5.6%。①

需求价格弹性度量的是商品的需求量对自身价格变动反应的灵敏程度，其大小为需求量变动的百分比与商品自身价格变动的百分比之间的比值，用公式表示为：

$$E_P = \frac{\mathrm{d}Q/Q}{\mathrm{d}P/P}$$

式中：Q——需求量；

$\mathrm{d}Q$——需求量的变化；

P——价格；

$\mathrm{d}P$——价格的变化。

价格弹性可用绝对值表示，一般分为大于 1 和小于 1 两种情况。价格弹性的绝对值大于 1，说明需求是富有弹性的，价格的变动对需求的影响较大，消费者对价格变动较为敏感。价格弹性的绝对值小于 1，说明需求是缺乏弹性的，价格变动对需求的影响较小，消费者对价格变动不敏感或别无选择。

居民用水是缺乏价格弹性的，世界银行曾对发展中国家居民用水的价格弹性估算为－0.25，即水价上涨 1 倍，用水量将下降 25%。

这样，收入的变化对水价影响程度可以表示为：

$$\frac{\mathrm{d}P}{\mathrm{d}I} = \frac{\dfrac{\mathrm{d}P}{\mathrm{d}Q}\cdot\dfrac{Q}{P}\cdot P}{\dfrac{\mathrm{d}I}{\mathrm{d}Q}\cdot\dfrac{Q}{I}\cdot I} = \frac{E_I}{E_P}\cdot\frac{P}{I} \Rightarrow \mathrm{d}P = \frac{E_I}{E_P}\cdot\frac{P}{I}\mathrm{d}I \qquad (4.35)$$

式（4.35）表明：收入的变化对水价影响程度与需求的收入弹性成正比，而与需求的价格弹性成反比。给定居民收入的变化，需求的收入弹性越大，则对水价的影响程度越

① 裴源生. 农业需水价格弹性研究[M]. 中国水利学会 2003 学术年会论文集，2003.

大，相应的价格调整幅度也应越大；给定居民收入的变化，需求的价格弹性越小，则对水价的影响程度越大，相应的价格调整幅度也应越大。

（2）技术进步。节水技术是指能提高水资源的利用效率或效益、减少水损失，能替代常规水资源的各项技术。它主要包括直接节水技术和间接节水技术，前者主要是指能直接减少水资源损失的各项技术，而后者主要是指能通过水资源的循环利用来节约水资源的各项技术。节水技术进步将减少水资源的无谓损失，提高用水效率，导致对水资源需求的减少。在其他因素不变的条件下，水资源需求的减少将导致水资源的过剩，因此主管部门应随节水技术的进步向下调低水价。

4.4.3 水价上调的政策效应分析

政策效应是指水价作为加强水资源管理的一种政策手段（包括经济的、行政的、法律的、文化的等多种方式的综合运用），能够在多大程度上实现水价的政策目标。水价上调主要表现在两个方面：① 水价在总体上表现为上升的趋势；② 水价内部组成及其比价关系发生变化。

水价上调的主要政策效应是：① 基于包含资源水价、工程水价、环境水价的水价整体变化趋势，将其分解为节水效应；② 基于资源水价、工程水价、环境水价及其在水价中的比价关系的变化，将其分解为资源配置效应、公共政策效应、环境保护效应。①

4.4.3.1 节水效应

节水效应是指作为包含资源水价、工程水价、环境水价的水价整体具有明显的政策目标导向，在建立节水型社会的水价改革目标下，水价上调在总体上能够产生明显的节约用水的政策效应。节水效应主要体现在水价上调后总体水量消耗的减少。

（1）水价上调所筹措资金的一部分用于供水公共管网改造，管网漏损率的降低使得水在输送过程中的损耗减少。这在很大程度上减少了供水的总量消耗，具有明显的节水效应。

（2）水价上调向消费者发出了节约用水的价格信号，促使一部分用水户采取节水措施，如节水型器具、节水卫浴产品的逐步推广应用，在一定程度上减少了家庭耗水量，也促使原来的集中式水龙头逐步被单元式水表、一户一表替代，粗放型的用水方式正在逐步得到改变。当然水价上调导致的节水效应发挥作用的前提条件是用水户的用水需求价格富有弹性。

4.4.3.2 资源配置效应

资源配置效应是指水价构成中的资源水价具有经济杠杆作用，水价调整中资源水价的变化将产生合理配置水资源的政策效应，主要体现在水源使用的优化、用水效益的优化以及能够充分反映水供给的动态变化。资源配置效应主要体现在以下几个方面：① 水源使用的优化。地表水资源优先得到利用，地下水资源不至于过量开采。② 用水效益的优化。资源水价具有一定的利润再分配功能，确定资源水价，应规定企业生产用水比生活用水更高的征费标准。③ 反映水供给的动态变化。由于水供给具有时间和空间分布不均衡的特点，资源水价应体现时间和区域的差异性。

---

① 李世祥，吴巧生，刘爱新. 武汉市水价上调的政策效应分析[J]. 经济理论与经济管理，2005，9.

4.4.3.3 公共政策效应

公共政策效应是指水价构成中的工程水价是体现公共利益的重要手段，由于供水具有公共物品的属性，水价调整中工程水价的变化将产生既能弥补供水成本又能兼顾用水户承受能力的政策效应。公共政策效应主要体现在以下几个方面：① 能够反映供水企业对弥补成本、用水户对服务质量的基本要求。② 能够保证居民的基本需求用水。③ 水价决策要反映用水户的利益诉求。

4.4.3.4 环境保护效应

环境保护效应是指水价构成中环境水价，一方面，促进城市污水集中处理的重要保障，水价调整中环境水价的变化将产生改善水环境、促进水资源可持续利用的政策效应。环境保护效应主要体现在水价上调后污水处理能力的提高和水环境质量的明显改善，解决污水处理设施建设和运营资金不足的问题；另一方面，环境水价实行的是专款专用原则，所获得的收益都是用于污水处理厂的建设、污水处理设备的改造、污水处理技术的更新等。因此，污水处理率和污水处理能力的提高与环境水价的征收有密切关系。

参考文献

[1] Zhou Linjun. Pricing For The Poor: A “Five Orientations” Approach to Protect the Low Income Groups in Water Tariff Reforms in Chongqing[EB/OL]. http://www.worldbank.org/eapenvironment/ ChinaWaterAAA.

[2] Water Supply Pricing In China: Economic Efficiency, Environment, and Social Affordability[EB/OL]. http://www.worldbank.org/ eapenvironment/ ChinaWaterAAA.

[3] Zhou Linjun. Reform of Water Tariffs in Chongqing: A case Study Review Executive Summary[EB/OL]. http://www.worldbank.org/ eapenvironment/ ChinaWaterAAA.

[4] A Willingness-To-Pay（WTP）Survey and Study for Water Tariff Reform in Western Chongqing[EB/OL]. http://www.worldbank.org/ eapenvironment/ ChinaWaterAAA.

[5] Abu Qdaisa, H.A., H.I. A1 Nassay. Effect of Pricing Policy on Water Conservation: A Case Study[J]. Water Policy , 2001（3）.

[6] N. Becker. A comparative analysis of water price support versus drought compensation scheme[J]. Agricultural Economics, August 1999.

[7] Yacov Tsur, Ariel Dinar, Rachid M. Doukkali, TERRY Roe, Mason Gaffney. What Price Water &Marketing? California's New Frontier[J]. American Journal of Economics and Sociology, 1997（4）.

[8] Mike Smith. Water Reform and Framework. Proceedings of Sino-Australia Irrigation[J]. Water Pricing Workshop, Nov，2000.

[9] 陈坤.上海水资源可持续利用的经济学研究[M]. 上海人民出版社，2007.

[10] 胡昌暖.资源价格研究[M]. 北京：中国物价出版社，1993.

[11] 中国国际环境与发展合作委员会. 中国自然资源定价研究[M]. 北京：中国环境科学出版社，1997.

[12] 李晓琳. 水价研究的理论、模型与实践[J]. 河海大学学报，2002，3.

[13] 李宏，李薇. 国内水价模式研究述评[J]. 黑龙江水专学报，2006，6.

[14] 刘文，王炎库. 资源价格[M]. 北京：商务印书馆，1996.

[15] 冯尚友. 水资源持续利用与管理导论[M]. 北京：科学出版社，2000.

[16] 张玲玲. 水市场多水源非线性水价模型研究[D]. 河海大学商学院博士论文，2007.

[17] 韩洪云，赵连阁. 灌区水价改革及其影响研究[M]. 杭州：浙江大学出版社，2007.
[18] 何刚. 基于水资源资产价值的水价制定研究[D]. 河海大学商学院硕士论文，2006.
[19] 刑秀凤. 城市水业市场化研究[M]. 北京：中国水利水电出版社，2007.
[20] 胡兴民.影响水价的因素浅析[J].人民黄河，2007，6.
[21] 陈祖海. 水资源价格问题研究[D]. 华中农业大学博士论文，2001.
[22] 段涛.城市污水资源化中再生水的定价理论与方法研究[D]. 西安建筑科技大学硕士学位论文，2005.
[23] 施熙灿. 影子水价与影子电价测算[J]. 水力发电学报，2002，2.
[24] 陈绍刚. 两类差别定价方法的理论拓展及应用研究[D]. 电子科技大学博士论文，2004.
[25] 郑通汉，任宪韶. 水利工程供水两部制水价制度研究[M]. 北京：中国水利水电出版社，2006.
[26] 尹建丽.对我国城市居民生活用水实行阶梯式水价的探讨[J]. 市场周刊，2004，8.
[27] 朱颂梅，唐德善. 南京城市水价变化趋势及阶梯水价可行性分析[J]. 价格月刊，2007，3.
[28] 【法】让·雅克·拉丰，让·泰勒尔. 电信竞争[M]. 北京：人民邮电出版社，2001.
[29] 魏保平，谢仁杰. 从供水成本现状看合理水价的形成机制[J]. 中国给水排水，2006，1.
[30] 辛长爽，金锐. 我国水价分析及其调整策略初探[J]. 海河水利，2003，1.
[31] 裴源生.农业需水价格弹性研究[M]. 中国水利学会学术年会论文集，2003.
[32] 李世祥，吴巧生，刘爱新. 武汉市水价上调的政策效应分析[J]. 经济理论与经济管理，2005，9.
[33] 李眺.我国城市供水需求侧管理与水价体系研究[J]. 中国工业经济，2007，2.
[34] 王冰.公共事业规制中的非线性定价及福利改进——以全球通和神州行为例[J]. 数量经济技术经济研究，2004，6.
[35] 刘宇峰，曹建新. 企业定额用水机制与阶梯式水价的作用[J]. 粤港澳市场与价格，2007，5.
[36] 马训舟，姚建. 对建立季节性阶梯式计量水价定价模型的初探[J]. 水利科技与经济，2006，11.
[37] 胡浩. 陕西关中地区工业水价调整研究[J]. 地域研究与开发，2004，2.
[38] 胡浩，于利华. 陕西省关中地区农业水价调整研究[J]. 中国人口·资源与环境，2004，3.
[39] 柳长顺，杜丽娟. 水价调整的两大误区[J]. 水利发展研究，2006，5.
[40] 贾绍凤，姜文来，沈大军. 水资源经济学[M]. 北京：中国水利水电出版社，2006.
[41] 彭祥，胡和平. 水资源配置博弈论[M]. 北京：中国水利水电出版社，2007.
[42] 杜建明，张路锁. 水利投资经济学：理论与方法[M]. 北京：黄河水利出版社，2007.
[43] 陈贺，杨志峰. 基于效用函数的阶梯式自来水水价模型[J]. 资源科学，2006，1.
[44] 谭利敏，尹国勋，贺玉晓. 焦作市水资源现状与水价调整[J]. 焦作工学院学报（自然科学版），2004，3.

第 5 章　水资源效率论

对任何一个国家或地区来说，水资源的供给都有其自然限制，向社会无限供给水资源是不可能的。而且，随着经济的发展和人民生活的改善，对水资源的需求将不断增加。况且，水资源是难以替代的必需品。这样，便导致了水资源供需之间的矛盾。提高水资源效率是解决水资源供需矛盾的关键，只有不断提高水资源效率才能从根本上解决水资源的供需矛盾，实现经济社会的可持续发展。本章第 1 节介绍了效率及水资源效率的一些基本概念，为后面的分析打下基础；第 2 节介绍了一些分析水资源效率的常用技术方法，着重介绍了数据包络分析法以及随机前沿生产函数法；第 3 节利用第 2 节介绍的方法对我国水资源效率进行了实证研究。

5.1 水资源效率概述

5.1.1 效率的含义

“效率”一词，顾名思义，就是有效的比率，即有效的程度。具体地说，就是成果与消耗的比率、产出与投入的比率。效率在经济理论上指的是投入与产出或者成本与收益之间的关系。这里的产出或收益，不是指任意物品，而是指能够为人们带来满足的有用物品。从经济学的角度来看，最终的产出即是人们的满足即效用。而投入或成本，从一般意义上来说，就是在一定的科学技术条件下生产一定产品所需的生产资源，包括劳动力资源、资金资源及自然资源等。因此，效率即是现有生产资源与它们所提供的人类的满足之间的对比关系。

为了更好地理解效率的含义，需要区分效率与效益这两个比较容易混淆的概念。这两个概念都是对经济运行结果的反映，因此，很多人将二者混淆。实际上，二者的内涵还是有所区别的。从字面上来看，效率指的是投入和产出的比率；而效益则兼有效果和利益的含义，一般是指以货币收益或实物收益表示的成效或效果。

当效率与效益用来描述经济活动时，都是对经济活动投入产出对比结果的概括及描述。效益主要是比较经济投入和经济产出的关系，即货币化投入与货币化产出的关系，当货币化产出大于货币化投入时，经济活动是有效益的，否则就是无效益的。就效率而论，它所指的投入不但包含了货币化投入，同时还包含了时间、技术、制度等非货币化资源的投入；它所指的产出同样既包括货币形式的产出，同时也还包括非货币形式的所得，如功能的发挥、影响的增加等。

效益与效率在对经济活动进行描述与概括时，二者的比较方式是不同的。某一经济活动是否有效益，一般是通过投入与实现的产出之间的比较来看是否存在差额。而效率则是指对某种事物运行状态的描述，特别是在经济活动中，效率描述的是帕累托最优状态。因此，效益的比较方式是投入与产出在量上的比较，而效率的比较方式则是指投入资源配置状态的比较。

总的来看，效率是包含效益内涵的对经济活动运行状态的更全面更高级的描述。当承认某一经济活动有效率时，同时也就意味着该项活动也是有效益的，相反，当确认了某项经济活动是有效益时，该项经济活动却不一定是有效率的。也就是说，有效益的活动未必是有效率的。

5.1.2 效率的分类

托马斯・G・罗斯基指出，经济效率可以分为 3 类，即配置效率、技术效率和动态效率。①在图 5-1 中，从 *G* 移动到 *E* 说明配置效率改进；从 *F* 移动到 *E* 表示技术效率上升；如果生产边界 *KGEL* 向外运动加速而资源基础未变则动态效率上升。

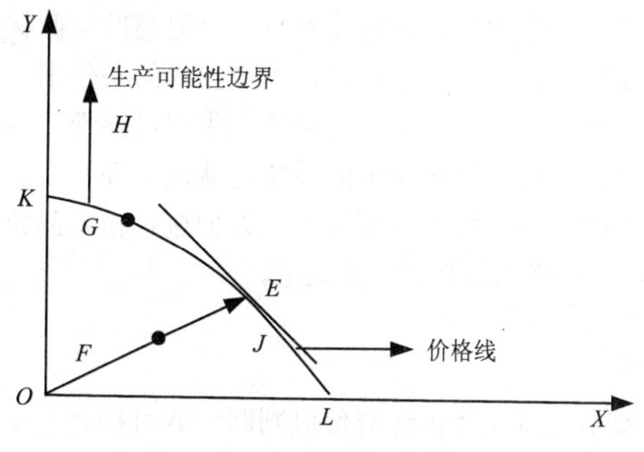

图 5-1 效率分解示意图

5.1.2.1 配置效率

配置效率是以杰文斯（W.S.Jevons）、门格尔（K. Menger）和瓦尔拉斯（M. E. Walras）等为代表的“边际学派”于 19 世纪 60～70 年代基于均等利益原则提出的。均等利益原理的基本理论是，各种资源是具有多种用途的，在经济活动的特定领域中连续使用某种资源时，其配置效率也就是其提供的经济利益将趋于递减。根据均等利益原理和最优配置原则来对资源进行配置，也就是将资源从获利较少的用途转移到获利较多的用途，以此获得效率的提升。随着资源的流动，其配置效率不断发生变化，资源流出的部门由于资源投入量减少，其配置效率逐渐增加，资源流入的部门则相反，随着资源投入量的增加，其配置效率逐渐减少。这样此消彼涨，最终将达到均衡点，此时用于不同用途的资源的边际收益相等，整体资源配置效率最优。

5.1.2.2 技术效率

技术效率是从实物这个角度来考察生产效率的，它定义为在生产一个单位产量的诸多生产方法中，在一种生产要素可变的情况下而使用的另一种生产要素达到最小，就认

① 托马斯・G・罗斯基. 经济效益与效率[J]. 经济研究，1993，6.

为该种生产方法是有效率的。例如，生产一个单位的某种产品需投入以下要素：水资源和其他要素，其生产方法有如下 4 种：

前三种方法使用的其他投入要素相等，可以比较，其中第一种方法所使用的水资源最少，因而在这三种方法中，第一种方法是最有效率的。第四种方法由于与第一种方法不能比较，所以要在这两种方法中选出最有效的一种，必须借助于前面所说的配置效率的概念。

表 5-1 不同投入要素下的技术效率的比较

生产方法	一	二	三	四
其他要素	2	2	2	3
水资源	1	4	3	2

5.1.2.3 动态效率

动态效率反映的是从一个均衡状态变动到另一个更高的均衡状态时效率的变化。动态效率主要包括两方面的内容。首先，在给定生产技术的条件下，一种制度可能妨碍这种生产技术充分发挥其潜能，使得经济不可能达到生产可能性边界。在这种情况下，改变这种制度就可能完全释放现行生产技术的潜能，从而提高社会的产出。其次，动态效率还表现在一种制度可能比另一种制度更能激发人们进行技术创新的热情，因而使得社会的生产可能性边界向外扩张。这是第二类改进。

5.1.3 衡量效率的标准

效率分析事实上都不可避免地包含着价值判断，并且构建一定的价值判断标准是进行效率分析的前提。可以说，没有价值判断标准，就无法讨论效率的最优改进方向，就无法判断最优结果。但是，价值判断标准是社会选择的结果，或者说是由历史性的制度演变进程所决定的。这种价值标准对于效率分析来说，属于一种外生的、给定的约束条件。也就是说，效率本身对于如何确定价值判断标准是无能为力的，只能是把社会中现有的、公认的或得到权威机构确认的标准，当作是现行的、合理的、既定的价值判断标准。根据现行的价值判断标准，主要有两种衡量效率的标准：帕累托最优和卡尔多——希克斯标准。

5.1.3.1 帕累托最优

经济学中使用最为广泛的效率判断标准就是帕累托最优（Pareto Optimum）或者帕累托效率（Pareto Efficiency）。帕累托最优是帕累托（Pareto）于 1906 年在《政治经济学教程》一书中提出的。帕累托最优是指，经济中的资源配置已经达到了这样一种状态，在这种状态下，资源配置的改变不会在任何一个人利益至少不下降的情况下使其他人的利益有所提高。

帕累托最优可以通过一组边际条件来定义，即所有互利交易已经达成，商品在不同消费者之间的边际替代率相等，要素在不同厂商之间的边际技术替代率相等，而且产品的边际转换率等于消费者的边际替代率。如果任何一个条件不满足，都可以通过资源的重新配置使得至少一个人的处境变好而不使任何其他人的处境变坏来达到帕累托改进。

一旦帕累托最优已经达到，就不可能再获得帕累托改进，这时，增加一个人的福利就必然会减少另一个人的福利。

5.1.3.2 卡尔多——希克斯标准

卡尔多——希克斯标准是在补偿原则理论（Theory of Compensatory Principle）的基础上发展起来的。补偿原则理论主要是通过补偿检验来对不同效率状态的优劣进行比较的一种理论。该理论是对帕累托最优理论的改进。根据帕累托的论证，任何变动只要能够使一些人的情况好起来而又没有使另外的人的情况变坏，效率就有增加；但是，如果变动使某些人的情况好起来，同时也使另外一些人的情况变坏，这时的效率状态就无法进行优劣比较。

补偿原则理论的提出便是为了解决这一问题。补偿原则理论最早由美国经济学家在 20 世纪 30 年代末提出，后来卡尔多（Kaldor）和希克斯（Hicks）等人对这一理论进行了补充和发展后形成的。卡尔多在《经济学的福利命题和个人间效用的比较》一文中提出了自己的效率标准理论——卡尔多的福利标准（Kaldor's Welfare Criterion）。他认为，如果发生一种经济变化，这一变化使得受益者对其所得利益的估价高于受损者对其所受损失的估价，换句话说，如果受益者补偿受损者的利益而有余，那么，这种变化意味着效率的增加。此处的补偿只是假想的或潜在的，并不要求一定实现。希克斯在《消费者剩余的复兴》一文中完善了卡尔多的理论，形成了希克斯的福利标准（Hicks' Welfare Criterion）。他认为卡尔多的理论有缺点，如果受益者不对受损者做出什么补偿，补偿就无从实现。他指出，补偿可以自然而然地进行，因为在一个长时期的一系列政策改变之中，政策改变对于收入分配的影响是或然性的，这次使一些人受益，使另一些人受损，下次可能正好相反。结果，相互抵消，使全社会所有人都受益，从而带来效率的提高。卡尔多与希克斯提出的标准在经济学中合称卡尔多——希克斯标准。补偿原则理论实际上放宽了帕累托条件，指导人们突破抽象的条件或局部利益的制约，去挖掘潜在的社会效率。

5.1.4 水资源效率

根据前面所述的效率的定义，可以把水资源效率定义为水资源投入和带来的产出的比率，它是配置效率、技术效率、动态效率的统一。

在以上关于水资源效率的定义中，首先应把握的是水资源效率是配置效率、技术效率、动态效率的统一。在现代经济活动中，资源配置是众人关注的焦点。由于水资源是生产和生活必不可少的自然资源，因此，水资源的合理配置，对整个经济体系的正常运行是极其重要的。这也决定了配置效率是水资源效率中最重要的效率；此外，随着经济的发展，对水资源的需求越来越高，因此，也应采取措施，提高节水技术水平，降低水资源消耗，提高水资源的技术效率；随着经济的发展，原有的水资源管理体制或许变得不适，因此，也应相应调整水资源管理体制，提高水资源的动态效率。总之，对于水资源效率，应把它当作是配置效率、技术效率以及动态效率的统一来看待。

其次就是要理解水资源效率和水资源效益之间的联系和区别。如同前面效率和效益的关系一样，水资源效益的实现要以水资源效率的实现为前提和基础。在优化水资源配置、提高节水技术水平、实现水资源管理体制变革的过程中，无论是从全社会的角度来考察，还是从微观经济主体来考察，水资源效率的实现必然同时也会带来可观的效益，反之却不一定，也就是说有水资源效益的活动并不一定就是具有水资源效率的。例如，对某些部门实行低水价政策或许会给该部门带来较好的经济效益，但是低水价政策往往会降低水资源的配置效率，损害社会整体利益。

5.2 水资源效率的评价方法

5.2.1 指标体系评价法

在水资源效率研究中，可以通过建立合适的指标体系来对其进行评价。这种方法的基本思路是制定适当的度量指标，并依据指标间的前后、左右关系，形成全面有序的评价指标体系，然后，通过这一评价指标体系来评价水资源效率。

5.2.1.1 指标选取的原则

在选取评价指标时应遵循一些基本原则。① 科学性原则，即所选指标要能够反映水资源效率的内涵，能较好地度量和评价不同水资源环境的利用状况。② 全面性原则，即指标体系必须全面反映水资源效率的主要特征、发展状况及目标层次。③ 层次性原则，即各指标要做到层次分明并尽可能避免指标间信息重叠。④ 可操作性原则，指标的选择应考虑到指标的量化及数据采集难易程度和可靠性，要选择那些有代表性的综合指标和主要指标，避免过于烦琐。⑤ 可比性原则，指标数据选取和计算应采用统一口径与标准，保证评价指标与结果具有类比性。⑥ 针对性原则，即指标的选取应针对特定目标和区域发展面临的主要问题及其矛盾。

5.2.1.2 评价指标的选取

在遵循上述原则基础上，可选取相应的水资源效率评价指标体系。评价指标体系的选取是水资源评价的基础，水资源效率指标体系应由若干相互联系、相互补充、具有层次性和结构性的指标组成。它是衡量水资源效率的各类指标的有机集合，它要能综合反映水资源的效率水平，同时它也应涵盖效率评价的各个方面。例如，在评价我国水资源综合效率时，可选取如下的指标：万元 GDP 用水量、节水型社会发展水平、非农业工业用水比重、人均用水量、农业灌溉亩均用水量、单位粮食产量用水量、万元工业增加值用水量、工业用水重复利用率、农村人均生活用水量、城镇人均生活用水量等。其中万元 GDP 用水量、节水型社会发展水平、非农业工业用水比重、人均用水量几项指标反映了一个地区的国民经济系统和社会系统的总体水资源消耗情况，因此可以定义为综合型水效率指标和结构型水效率指标。而农业灌溉亩均用水量、单位粮食产量用水量几项指标反映了农业水效率情况，可以定义为农业水效率指标。万元工业增加值用水量和工业用水重复利用率这两项指标可以用来衡量工业用水效率。而农村人均生活用水量、城镇人均生活用水量几项指标反映了生活用水量变化情况，可定义为生活用水效率指标。

5.2.1.3 评价方法——主成分分析法

评价水资源效率不能采用单一指标，需要综合多种指标全面衡量水资源效率。但是，采用多种评价指标存在的问题是：由于评价指标间存在相关联系，这会造成评价信息相互重叠和干扰，难以客观地反映评价对象的相对地位。

统计学中的主成分分析法是解决上述问题的一种常用方法。它是一种把多个指标化为少数几个综合指标的分析方法，它可以在不损失或很少损失原有信息的前提下，将原来个数较多而且彼此相关的指标转换为新的个数较少而且彼此独立或不相关的综合指标。具体步骤如下：

（1）由观测数据计算 $\overline{x}_i$，s_i 及 r_{ij}，i，j=1，2，…，m，把原始数据标准化。

（2）写出 m 个基本方程组，此方程组中包含 m+1 个变量，可先设一个 $x_i^{(j)}=1$ 后再用迭代法求解。

（3）在解出一个基本方程组以后，利用正交条件使下一个基本方程组减少一个变量，减少一个方程，再用迭代法求解。

（4）计算每个样品的“综合数值”F，并将它们按大小顺序排成单指标有序样品 $F_1 \geqslant F_2 \geqslant \cdots F_n$，这里，$F=f_1Z_1+f_2Z_2+\cdots+f_kZ_k$。其中 f_j 是第 j 个主成分的方差贡献率 $f_j=\dfrac{\lambda_j}{m}$，在计算时，只要使几个主成分的累计贡献率超过 70%即可。

一般而言，不同的评价指标往往具有不同的趋势取向，在计算效率时要区分正向指标、逆向指标。所谓正向指标是指数值越大意味着效率越高的指标；逆向指标是指数值越小意味着效率越高的指标。在进行运算处理之前，要对指标进行正向化处理，将各评价指标的趋势取向统一。若指标 G_j 是正向指标，令 $y_{ij}=x_{ij}-\min x_j$；若指标 G_j 是逆向指标，则令 $y_{ij}=\max x_j-x_{ij}$。

5.2.1.4 缺点与不足

利用指标体系评价法对水资源效率进行评价时主要存在如下不足：有些指标看似合理，但由于数据不易获得，实际操作起来比较困难；有些指标相互之间存在交叉现象，即不少具体指标之间存在较高的正、负关联性；指标数据太多，不便操作。同时评价指标体系中权重或贡献率的确定也是很困难的技术问题，存在着较强的主观性。

5.2.2 数据包络分析法（DEA）

数据包络分析（Data Envelopment Analysis，DEA）是运筹学、管理学与数理经济学交叉研究的一个领域，它是由查恩斯（Charnes）与库珀（Cooper）等人于 1978 年创建的。DEA 主要采用数学规划模型评价具有多输入、多输出的部门或决策单元（Decision Making Units，DMU）之间的相对有效性，是一种非参数的评估方法，同时也是估计生产前沿面的一种有效方法。DEA 的显著特点是它不需要考虑投入产出之间的函数关系，而且不需要预先估计参数，不需要作任何权重假设，避免了主观因素，直接通过产出与投入之间加权和之比，计算决策单元的投入产出效率。正是由于 DEA 具有这种独特的优势，使得其在过去 20 多年里获得了长足的发展，取得大量的理论研究与实践应用的成果。目前也成为评价水资源效率的一种常用方法。下面简要介绍 DEA 理论的基本概念和方法。

5.2.2.1 效率评价的概念

效率评价最初是由法瑞尔（Farrell）于 1957 年提出的。为了很好地描述效率，法瑞尔定义了决策单元的投入/产出指标。假定一个生产系统中有 n 个相互独立的决策单元 DMU_j（j=1，2，…，n），每个决策单元组织 m 种资源（投入）$X_j=(x_{1j}, x_{2j}, \cdots, x_{mj})^T$，生产 s 种产品 $Y_j=(y_{1j}, y_{2j}, \cdots, y_{sj})^T$。于是，可用（$X$，$Y$）来表示 DMU 的整个生产活动。

此外，为了测量企业的产出效率，法瑞尔引入了生产前沿面（Frontier）的概念。生产前沿面是指由生产可能集中所有的有效生产点（x，y）构成的超曲面，它表示每一个投入组合所能获得的最大产出，它能反映一个行业目前的技术水平。首先，设（x，y）$\in T$，如果不存在（x，y'）$\in T$，且 $y' \geqslant y$，则称（x，y）为有效的生产点，同时（x，y）也位于生产前沿面上。为了评价决策单元的效率，只需要测量各个生产点与生产前沿面上的距离即可：距离越大，被测量的决策单元（生产点）无效性越高，效率则越低；反之，效率越高；当生产点与生产前沿面的距离为零时，即生产点位于生产前沿面上时，该生产点是有效的。

5.2.2.2 DEA 效率评价思路

可使用图 5-2 来详细说明 DEA 的效率评价原理。图 5-2 中，点 A、B、C、D、E 分别表示决策单元 DMU_A、DMU_B、DMU_C、DMU_D、DMU_E 的投入产出状况。每个决策单元投入两种资源 x_1 和 x_2 进行生产活动，相应的输出为 y。由图 5-2 可见，DMU_E 是技术无效的单元，其他的决策单元都是有效的，且处于生产前沿面（包络面）上；该生产前沿面是一系列的分线段组成的等产量线的组合，使得观测点均位于面的上方。

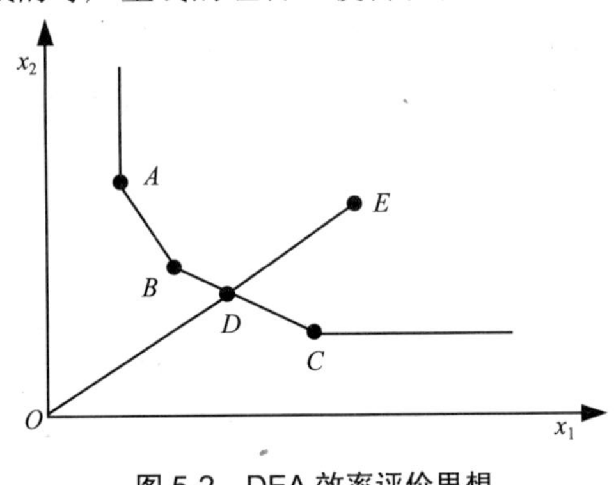

图 5-2 DEA 效率评价思想

对于 DMU_E 来说，它在前沿面上对应的点为 D，显然 D 可以表示为 B 和 C 的线性组合。用 D 点的投入也可以生产出不少于 E 点的产出，这说明了 DMU_E 使用了过多的资源；相对于 D 点来说，E 点是技术无效的，而 D 点是技术有效的。此时，E 的效率为 OD/OE，当 $OD/OE=1$ 时，DMU_E 是有效的；否则是无效的。DEA 正是基于这一思想，通过观测数据构造线性规划模型，求出各个决策单元的相对效率，当决策单元处于包络面上时，效率值为 1。

5.2.2.3 DEA 模型简介

由于在生产过程中，各个输入和输出的作用和地位不同，因此，要对 DMU 进行评价，必须对它的输入和输出进行“综合”。DEA 正是一种有效地综合各个 DMU 的输入/输出数据的评价方法。DEA 模型有两种形式，一种是分式规划模型，另一种是线性规划模型。这两种形式是等价的，前者是产出与投入（输出与输入）数据比率值，后者是通过一系列的公理假设转化而来，出于计算上的原因，一般使用后者。假定决策单元的规模收益不变，效率评价的 DEA 模型可以表示为：①

① Charnes，A.，Cooper，W.W.，Rhodes，E.，Measuring the efficiency of decision making units[J]. European Journal of Operational Research，1978（2）.

$$\min \theta$$

$$\sum_{j=1}^{n}\eta_j x_{ij} + s^- = \theta x_0, i=1,2,\cdots,m \tag{5.1}$$

$$\sum_{j=1}^{n}\eta_j x_{rj} - s^+ = y_0, r=1,2,\cdots,s$$

$$s^-, s^+, \eta_j \geqslant 0, j=1,2,\cdots,n$$

式（5.1）中，s^-和s^+分别是各项投入/产出的松弛。式（5.1）是在保持产出不变的情况下，尽量缩小决策单元的资源投入。式（5.1）是最经典的DEA模型，是由查恩斯（Charnes）、库珀（Cooper）和罗德斯（Rhodes）共同提出的，通常被称为CCR模型。

定义：若式（5.1）的最优值$\theta^*=1$，则当前评价的决策单元DMU_0是弱DEA有效的；而如果最优解满足$\theta^*=1$，且$s^{-*}=0$，$s^{+*}=0$。则被评价的决策单元DMU_0是DEA有效的。

式（5.1）是基于规模收益不变假设情况下的效率评价模型，在规模收益可变的情况下，效率评价模型如下：

$$\min \varphi$$

$$\sum_{j=1}^{n}\eta_j x_{ij} + s^- = \varphi x_0, i=1,2,\cdots,m \tag{5.2}$$

$$\sum_{j=1}^{n}\eta_j x_{rj} - s^+ = y_0, r=1,2,\cdots,s$$

$$\sum_{j=1}^{n}\eta_j = 1$$

$$\eta_j \geqslant 0, j=1,2,\cdots,n$$

式（5.2）是假定决策单元规模收益可变情况下的效率评价模型，该模型是由Banker（贝克）、查恩斯（Charnes）及库珀（Cooper）等人提出的，故通常称为BCC模型。①

以上两个模型均是投入方向（Input-Oriented）模型；类似地，如果保持投入不变，研究各个决策单元的产出情况，则可采用产出方向（Output-Oriented）模型。投入方向模型和产出方向模型都有其自身的经济意义。投入方向模型是在保持产出不变的情况下，分析各个决策单元的投入使用情况。当$\theta^*<1$（$\alpha^*<1$）时，说明DMU_0是无效的，在生产过程中使用了过多的资源，投入可以按照θ^*同比例减少；而如果$\theta^*=1$（$\alpha^*=1$），且各个松弛均为零时，说明任何投入均不可能减少，说明此时DMU_0是有效的。如果是产出方向模型，则说明了各个决策单元在保持投入不变的情况下，产出是否能按照某一比例扩大；如果不能扩大，则DMU_0是有效的，反之则是无效的。这里需要指出的是，BCC模型得到的是决策单元的技术效率，而CCR模型得到的决策单元的效率值不仅包含技术效率，而且包含了规模效率。②

① Banker，R.D.，Charnes，A.，Cooper，W.W. Some models for estimating technical and scale inefficiencies in data envelopment analysis[J]. Management Science，1984（30）.

② Fare，R.，Grosskopf，S.，Lovell，C.A.K. The measurement of efficiency of production[M]. Boston: Kluwer Nijhoff Publishing Co，1985.

DEA 模型是建立在数学规划理论基础上的，如线性规划及其对偶和锥对偶理论，半无限规划及其对偶理论和锥对偶理论等。同时，DEA 又可看做是处理多输入和多输出问题的多目标决策方法。可以证明，DEA 有效性与相应的多目标规划问题的帕累托有效解或非支配解是等价的。DEA 特别适用于具有多输入多输出的复杂系统。这主要体现在以下两点：① DEA 以 DMU 各输入输出的权重为变量，从最有利于决策单元的角度进行评价，从而避免了确定各指标在优先意义下的权重；② 假定每个输入都关联到一个或多个输出，而且输入输出之间确定存在某种关系，使用 DEA 方法则不必确定这种关系的显示表达式。DEA 方法排除了许多主观因素，因而具有很强的客观性。成功运用 DEA 的关键在于输入输出指标的正确选择。

5.2.2.4 DEA 方法在实践中的优缺点

如果说以普通最小二乘法（Ordinary Least Squares，OLS）为代表的传统统计技术是从大量样本数据中分析出样本集合整体的一般情况的话；那么，DEA 则是从大量样本数据中分析出样本集合中处于相对最优的样本个体。换句话说，传统统计方法的本质是获得一种平均的状态，而 DEA 的本质是最优性。DEA 方法的这一特性在研究生产函数问题时，有其他方法无法取代的优越性。这是因为，回归统计方法把有效的和非有效的样本（DMU）混在一起进行回归，得出的生产函数实质是“平均生产函数”，是“非有效的”，不符合经济学中关于生产函数的定义。DEA 则利用数学规划的手段有效估计生产前沿面，从而避免了统计方法的缺陷。

该方法的主要优点是对于所给的数据没有特定的函数形式，适用面较广，且比较直观。主要缺点是它的前沿面是样本观测值的子集，即由样本中较低的点构成，所以容易受个别极端样本点和观测误差影响。

5.2.3 随机前沿分析法（SFA）

随机前沿分析法（Stochastic Frontier Ananlysis，SFA）也是一种使用广泛的测量效率的方法，SFA 通过计量方法对前沿生产函数进行估计，因而比 DEA 有着更为坚实的经济理论基础。同时还可判断模型拟合质量，提供各种统计检验值。因此，SFA 在测量误差和统计干扰处理上比 DEA 具有优势。

5.2.3.1 SFA 的产生及其标准性研究

学术界一般认为，SFA 起源于两篇几乎同时发表的论文，其一是缪塞恩（Meeusen）与布洛伊克（Broeek）（简称 MB）在《国际经济评论》（International Economic Review）杂志上发表的“基于双误差结构的柯布——道格拉斯生产函数的效率估计”一文；其二是爱格纳（Aigner）、洛弗尔（Lovell）以及施密特（Schmidt）（简称 ALS）于 1977 年 7 月在《计量经济学》（Journal of Econometrics）杂志上发表的“随机前沿生产函数的表达与估计”一文。这两篇文章的观点和结构都非常类似。比这两篇稍晚一点的同类论文是巴特斯（Battese）与科拉（Corra）于 1977 年在《澳洲农业经济》（Australian Journal of Agricultural Economics）杂志上发表的“随机产出函数的估计：关于澳洲东部农场分析的应用”一文。这三篇文章都是使用了双误差的复合结构。他们设定的模型基本上可以表达为：

$$y = f(x,\beta)\cdot\exp(v-u) \tag{5.3}$$

式中：y——产出；

x——一组向量投入；

β——该组投入向量的相应参数。

表达式为双误差结构，误差的第一部分为 v，它服从$v - N(0,\delta_v^2)$的正态分布，它主要用以描述白噪声①对产出的影响；误差的第二部分 $u\geqslant 0$，它用以描述技术非效率的影响。这样，当 $u=0$ 或 $u>0$ 时，个体厂商将恰好在随机产出边界上或其下运行。在模型构造方面，这三篇论文主要的不同点在于对第二部分误差所服从的分布类型的假设上，如 MB 模型主要设定 u 遵循指数分布，巴特斯——科拉模型则设定 u 服从正半部的正态分布，而 ALS 模型则同时讨论了上述两种分布的类型。

5.2.3.2 SFA 的基本分析框架

如前所述，ALS 与 MB 于 1977 年几乎同时提出了随机前沿产出模型，为观测技术效率提供了理论基础。随机前沿分析最大的优点就在于它能够把类似于气候、地理等随机游走因素与技术效率对产出影响的部分分离开来。如果采用对数柯布——道格拉斯生产函数形式；那么，随机前沿生产函数可以写成如下形式：

$$\ln y_i = \beta_0 + \sum_n \beta_n \cdot \ln x_{ni} + v_i - u_i \tag{5.4}$$

式中：v_i——随机干扰的噪声，它服从正态分布；

u_i——非负的技术效率项，它也是误差项的一部分。

因此，在式（5.4）中，误差项由 v_i 和 u_i 复合组成，它们之间相互独立。其中，通常假设 v_i 为 IID（独立一致分布），以及呈对称分布。由于 $u_i\geqslant 0$，因此，误差项ε_i=v_i-u_i一定是非对称的。根据式（5.4），普通最小二乘法（Ordinary Least Squares，OLS）技术能够提供关于β_n的一致估计，但却不能对β_0进行一致估计。根据式（5.4），容易得到 E（ε_i）$=-E$（u_i）$\leqslant 0$。进一步说，OLS 方法不能就样本中每个个体的技术效率进行准确估计。但是，OLS 方法可以用来对样本中技术效率作简单的检验。若 $u_i=0$，那么，可得ε_i-u_i，也就是说，式（5.4）中误差项是对称的。换言之，有关数据并不支持技术非效率在样本中的存在。但是，如果 $u_i>0$；那么，误差项$\varepsilon_i=v_i-u_i$就是非对称的，它将向负方向偏突，这就表明了样本中存在着技术非效率状态。这一原理揭示了：基于对 OLS 回归后残差的分析，可以用来判定技术非效率是否存在。对此，施密特（Schmidt）与林（Lin）于 1984 年提出了下列有关检验的依据。具体如下式所示：

$$(b_1)^{\frac{1}{2}} = \frac{m_3}{(m_2)^{3/2}} \tag{5.5}$$

在式（5.5）中，m_2 和 m_2 分别为对样本做 OLS 回归后残差的二阶矩和三阶矩。根据统计学有关知识可得，由于 v_i 为对称分布，因此，m_3 为 u_i 的三阶矩。如果 $m_3<0$，则意味着 OLS 残差是向负方向突出的，即表明技术非效率的存在。如果 $m_3\geqslant 0$，则意味着 OLS 残差是朝正方向突出的。

---

① 白噪声是指误差项服从均值为 0，方差为δ^2的正态分布。

但由于在施密特与林所提出的上述检验中，$(b)^{\frac{1}{2}}$ 的分布并不是公开发布和随处可得的；为克服这一困难，科里（Coelli）于 1995 年提出了一个更为实际的检验。科里认为，由于 $m_3<0$ 就意味着技术非效率的存在；因此，可以设定原假设为 $m_3 \geqslant 0$，而有关的统计检验表达式为 $\frac{m_3}{(6m_2^3 I)^{1/2}}$，其中，$I$ 为样本中个体的数量。科里证明了 $\frac{m_3}{(6m_2^3 I)^{1/2}}$ 渐进服从标准正态分布 N（0，1）。显然，以上两种统计检验的优点是，基于对 OLS 回归后对残差进行分析，就可得到有关结果。尽管如此，它们仍然存在着一个主要缺点，那就是统计检验都依赖于渐进理论，而在很多样本规模较小的实证研究中，这类检验很大程度上受到了限制。正因为如此，科里提倡使用蒙特卡洛模拟法来提高基于 OLS 残差检验的效力。

首先假设 OLS 残差是朝负方向突出的，即有关数据支持非效率存在，这也意味着可以估计随机前沿生产函数了。在这一过程中，有两个重要目标：① 估计随机前沿生产函数中的技术效率参数；② 估计样本中各个个体的技术效率状态。显然，在第二个目标中，需要把 v_i 和 u_i 的影响有效地分离开来。而要达到这一目标，又必须以了解 v_i 和 u_i 各自所服从的分布类型作为前提。在假设 u_i 与各种要素投入之间相互独立的前提下，除了截距β_0 之外，OLS 方法可以提供关于各种技术参数β_n 的一致估计。在这个基础上，通过额外的假设和不同的估计手段，可以得到包括截距在内的各个参数的一致性估计，进而得到样本中每个个体的技术效率状态。简而言之，这一过程可以分为两步：① 主要采用 OLS 方法估计除β_0 之外的β_n 等技术参数；② 使用最大似然法来估计函数中截距β_0 以及误差项中 v_i 与 u_i 各自的方差。显然，在第二步中，需要假设 v_i 和 u_i 各自服从的分布类型。当这两步完成之后，就可以获得样本平均技术效率以及每个个体的技术效率状态。当然，随着计量经济学技术的不断发展，关于误差项所服从的分布类型方面，研究者们提出了许多分布类型，并发展了很多的估计手段。但在实际应用中，科里等人的研究模型得到了很多人的采用。科里认为，在随机前沿生产函数的复合误差项中，v_i 服从正态分布，它反映了随机因素的影响。而 u_i 服从非负的截断性正态分布，它反映了技术非效率的影响。

实际上，在 SFA 技术的发展和应用方面，有很多的模型和估计处理方法，但在实践中运用最为广泛的模型为巴特斯（Battese）与科里于 1992 年发展的模型（简称 BC-1992 模型）和巴特斯与科里于 1995 年发展的模型（简称 BC-1995 模型）。

（1）BC-1992 模型及其分析。BC-1992 模型设定如下：[①]

$$y_i = x_i\beta + (v_i - u_i) \quad i = 1, \cdots, N \tag{5.6}$$

在式（5.6）中，样本中共有 N 个个体，y_i 为样本中第 i 个个体的产出，x_i 为该个体的投入量，β为一组待估参数向量。误差项由 v_i 和 u_i 两部分构成，它们之间相互独立。其中，v_i 为随机游走变量，它通常被假定为 IID（独立一致分布），且服从正态分布 N（0，δ^2_v）。u_i 为非负的随机变量，它被用来解释技术非效率的影响；u_i 也属 IID，且服从正态分布 N（0，δ_u^2）。为了便于实践应用，BC-1992 模型设定了一个参数 $\gamma = \frac{\delta_u^2}{\delta_v^2 + \delta_u^2}$，显然，参数$\gamma \in [0, 1]$。BC-1992 模型认为，当$\gamma = 1$ 时，意味着$\delta_u{}^2 = 0$。也就是说样本中不存在非

① Frontier Production Functions，Technial Efficiency and Panel Data: With Application to Paddy Farmers in India[J]. Journal of Productivity Analysis，June 1992.

效率状态，此时，使用 OLS 方法即可进行有关分析。反之，样本中就一定存在技术非效率，此时，使用 SFA 技术就显得十分必要。

上述分析一般是针对横截面数据或者时期跨度较短的面板数据而言。当考虑的是时间跨度较长的面板数据（不妨设有 T 个时期）时，适当考虑时间因素对技术效率变迁的影响就显得十分必要了。对此，可给出技术非效率随着时间变化的表达式，具体如下式所示：

$$u_{it} = u_i \cdot \exp(-\eta \cdot (t - T)) \tag{5.7}$$

式（5.7）中，η也是一个待估计参数，它常被认为总体上反映了时间变化对技术效率变迁的影响。显然，当假定$\eta=0$ 时，则模型将是一个时间固定不变模型（Time-invartiant Model）。

（2）BC-1995 模型及其分析。BC-1992 模型能够处理横截面数据以及平衡或者非平衡的面板数据（Balance or Umbalance Panal Data），并且可以计算出样本的平均技术效率以及每个个体的技术效率水平。但是，单纯应用这一模型却无法解释样本中个体的技术效率差异，即为什么有的个体技术效率高一些，而另外一些个体的技术效率水平却要低一些。显然，在这些个体差异的背后一定存在着某些原因和相应的实际因素。当然，寻找这些引起个体之间效率差异的实际因素是理论分析和定性研究的主要任务；但是，一旦这些前期研究完成之后，研究者们就有必要对这些因素的具体影响作进一步的深入分析和实证研究。显然，BC-1992 模型无法胜任这一工作。正因为如此，BC-1995 模型在以前工作的基础上，发展了不仅能够计算出样本及其中个体的技术效率水平，并且能够就各个有关实际因素对个体之间的效率差异的影响作定量分析的技术。

在 BC-1995 模型之前，关于分析样本中个体效率差异的原因一般都采用两个计算步骤：① 采用类似于 BC-1992 模型，分别计算获得每个个体的效率水平；② 以每个个体的效率水平作为被解释变量，并以所关注的实际因素变量作为解释变量进行进一步的分析。但一般来说，这种两步法存在着一个重要的缺陷。导致两步法逐渐被“一步法”估计技术所取代。一步法的主要思路是：把技术非效率变量表示为一组实际因素变量和随机因素变量的函数。根据这一思路，BC-1995 模型进一步发展了这种技术，并使之可以同时处理平衡或不平衡的面板数据。考虑一个具有 N 个个体且 T 个时期的样本，BC-1995 模型主要由式（5.8）和式（5.9）两部分构成：①

$$y_{it} = x_{it}\beta + (v_{it} - u_{it}) \quad i = 1, \cdots, N;\ t = 1, \cdots, T \tag{5.8}$$

在式（5.8）中，y_{it}、x_{it} 以及β的含义均与式（5.6）保持一致。误差项由 v_{it} 和 u_{it} 两部分构成，它们之间相互独立。其中，v_{it} 为随机游走变量，它通常被假定为 iid（独立一致分布），且服从正态分布 N（0，δ_v^2）。同样，u_{it} 也属 iid，且服从 N（m_{it}，δ_u^2）的非负的截断性正态分布（即 $u_{it} \geqslant 0$）。u_{it} 的具体表达式如式（5.9）所示：

$$m_{it} = Z_{it} \cdot \delta \tag{5.9}$$

在式（5.9）中，Z_{it} 为一组用以解释个体之间效率差异的实际因素变量，δ为一组相

① Battese and Coelli battese，G. E. and T. J. Coelli. A Model for Technical Inefficiency Effects in a Stochastic Frontier for Panel Data[J]. Empirical Economics，1995，Vol. 20.

应的待估参数。与 BC-1992 模型一样，它们仍设定参数$\gamma=\dfrac{\delta_u^2}{\delta_v^2+\delta_u^2}$，显然，参数$\gamma\in[0,1]$。BC-1995 模型认为，当$\gamma=0$时，意味着$\delta_u^2=0$，也就是说样本中不存在着非效率状态，此时，使用 OLS 方法即可进行有关分析。反之，样本中就一定存在技术非效率。此时，就有必要使用 SFA 技术。

巴特斯与科里为了使得 SFA 技术在实际中得到广泛的应用，他们编写了 Fronter 程序。该程序以 BC-1992 模型和 BC-1995 模型为理论基础，能够同时处理横截面数据以及平衡或不平衡的面板数据。目前，Fronter 是在学术界应用最为广泛的 SFA 技术的专用程序，它有助于研究者进一步了解形成个体之间效率差异的原因。

5.2.4 DEA 与 SFA 的比较

目前，在建立和估计前沿面的方法中，以 DEA 为代表的数学规划模型和以 SFA 为代表的经济计量模型这两种技术手段使用频率较高。实际上，这两种方法是对同一问题的不同研究方法，它们所研究问题的出发点和结果都是一致的。从出发点看它们都是对一些经济单位的投入产出进行分析，这两种方法也都能得到每一个经济单位每个时刻的效率值。但是，它们之间也存在着区别，主要有以下几点：

（1）以 SFA 模型为代表的经济计量方法是以概率分布的观点来看待样本点效率的不同，它是一种统计方法，具有一些统计特征，并可以利用估计结果对模型本身进行检验，但它也会产生一些估计性质问题，如一致性问题；以 DEA 为代表的数学规划方法其实是一种数学方法，不具备统计特征，不能对模型本身进行检验。许多学者认为，从这个角度看，经济计量方法要优于数学规划方法。

（2）SFA 技术可以从估计的残差中直接计算出企业的效率。这使得它在估计单个企业的效率时采用 SFA 模型要比采用 DEA 模型占优势。

（3）SFA 模型等经济计量方法可以建立随机前沿模型，使得前沿面可以随着样本点的不同而不同，前沿面本身具有随机性，这样就可以避免统计误差对效率的影响。同时还能将一些不可控制的因素对效率的影响从效率值中删除掉，这样有利于改善估计结果。反之，在 DEA 模型等数学规划方法中，其前沿面是固定的，所有的经济单位共有一个前沿面。这样建立的前沿面忽略样本点之间的具体差别，将不可控因素和统计误差也归为非效率，影响了计算结果。因此，从这个方面来看，SFA 模型等经济计量方法也要优于 DEA 模型等数学规划方法。

（4）SFA 模型等经济计量方法需要对效率进行一些分布假设，由于非效率值要大于零，所以不能假设为能取负值的分布，并且这些分布假设都是一些先验性的假设，只能通过估计结果来检验假设的正确性。反之，DEA 模型等数学规划方法则不需要对效率进行分布假设，通过计算可以直接获得效率值。因此，从这一角度来看，DEA 模型等数学规划方法要比 SFA 模型等经济计量方法好用。

（5）SFA 模型等经济计量方法需要对生产技术假设一些生产函数的形式，各种生产函数都需要一定的假设条件，而一些经济学家认为用生产函数来描述生产过程的假设过于严格，更有甚者认为生产函数根本就不能用来描述生产过程。反之，而 DEA 模型等数学规划方法不需要对生产技术进行假设，只需投入产出结果。因此，从这个角度看，DEA

模型等数学规划方法要好于 SFA 模型等经济计量方法。

（6）SFA 模型等经济计量方法用生产函数测算单产品模型时比较直观，但用来描述多产品模型时就非常复杂，而 DEA 模型等数学规划方法无论是多产品还是单产品，模型都没有太大的区别。因此，从处理多产品模型这个角度看，DEA 模型等数学规划方法具有较大的优势。

（7）随着 SFA 模型的不断发展，它不仅能够告诉样本中每个个体的效率值，而且还能就个体之间效率差异进行定量分析；更重要的是，现在的 SFA 模型可以用“一步法”来解决两个环节的问题。DEA 模型一般只能测算出样本中每个个体的效率值，而无法对其间的差异进行进一步的研究。因此，从研究的完整性和系统性来看，SFA 模型要比 DEA 模型占优势。

总而言之，经济计量方法和数学规划方法在建立效率模型时各有优缺点。这两种方法都有较大的发展，也形成了不同的体系。

5.3 我国水资源效率分析

5.3.1 若干单一水资源效率的比较

相对于发达国家而言，我国的水资源效率，无论是总体效率、农业用水效率还是工业用水效率都比较低。与此同时，我国的城市供水损失率相对于发达国家而言，则比较高。

5.3.1.1 我国总体用水效率比较低

表 5-2 列出了我国与世界其他一些国家总体用水效率统计数据。表 5-2 表明，列入表中的发达国家每单位用水量产生的 GDP 大多在 13～45 美元/m³，而我国 2002 年的统计数字为 2.25 美元/m³，仅为发达国家的 1/20～1/6。也就是说，美国、意大利和加拿大等国每单位用水量产生的 GDP 为我国的 6～10 倍；日本和德国为我国的 20 倍。

表 5-2　部分国家的单位用水量所生产的 GDP 的比较

国家	1998 年 GDP/亿美元	年用水量/亿 m³	每单位用水量所生产的 GDP/（美元/m³）	每单位用水量所生产的 GDP 比较
美国	79 213	4 673	16.95	7.53
日本	40 899	908	45.04	20.00
德国	21 227	463	45.85	20.35
法国	14 662	377	38.89	17.27
英国	12 638	118	107.10	47.55
意大利	11 662	562	20.75	9.21
巴西	7 580	365	20.77	9.22
加拿大	6 211	451	13.77	6.11
西班牙	5 537	308	17.98	7.98
中国（2002）	12 382	5 497	2.25	1.00

5.3.1.2 我国农业用水效率比较低

我国灌溉水利用率平均仅为 45%左右，而以色列、美国、日本等国家的灌溉水利用率可达 80%。这意味着我国 55%左右的农田灌溉水未能得到有效利用，农业用水的效益也不高。2006 年，我国农田灌溉水的生产效率约为 1.36 kg，不足世界平均水平的 1/2。

5.3.1.3 我国工业用水效率比较低

我国工业万元产值用水量为 103 m^3，美国为 9 m^3，日本为 6 m^3；主要工业行业用水水平明显低于发达国家，中国生产 1 t 钢需水 23～56 t，而美国、日本和德国所用水不到 6 t，中国生产 1 t 纸至少需水 450 t，而发达国家至多需要 200 t；我国工业用水重复利用率在 50%左右，与日本等发达国家相比仍有较大的差距，其他工业化国家重复利用率基本上在 70%～80%（不含电力）。

5.3.1.4 我国城市供水损失率比较高

表 5-3 列出了我国城市市政公共供水企业供水损失率近年变化统计数据。由表 5-3 可知，我国城市供水损失率较高，1996 年的供水损失率为 11.3%，是所统计年份的最低水平。2001 年供水损失率为 15.7%，是所统计年份的最高水平，在该年份，某些城市该数字达到 20%，个别城市甚至超过 30%。

表 5-3 我国城市供水损失率统计

年份	1996	1997	1998	1999	2000	2001	2002	2003
供水损失率/%	11.3	13.9	12.9	14.1	12.1	15.7	15.2	13.9

由于各城市供水单位的供水管网长度差异较大，为比较城市供水损失水平，国际上常用“单位管长供水损失率”（m^3/km • h）来比较供水损失情况。原国际供水协会曾对世界各国 25 个城市供水损失率进行了统计，汇总数据见表 5-4。表 5-4 的数据表明，我国供水损失率为欧洲发达国家的 3 倍左右，比各国平均值还高 62%。

表 5-4 不同地区城市“单位管长供水损失率”统计

地区	北欧	西欧	南欧	东欧	远东	南非	中国	各国平均
供水损失率/ m^3/（km·h）	0.5	0.5	0.58	1.96	3.75	0.67	2.11	1.3

5.3.2 基于 DEA 的中国总体用水效率分析①

5.3.2.1 模型说明

关于 DEA 的详细介绍可见本章 5.2 的相关内容，为了获得我国水资源总体效率，此处采用的是包含水资源作为投入要素的基于规模报酬不变的（CRS）数据包络分析模型（DEA）。模型中的另外两个投入要素是资本和劳动力，产出则以 GDP 来表示。

在 DEA 中，在保持产出不变的条件下，可以通过调整总投入量至“目标”投入量来提高效率水平，相应的调整便是总量调整。总量调整由两部分组成：径向调整和松弛调整。径向调整是处在生产前沿面之外的点与该点在生产前沿面投影点之间的距离，这部分调整对应的是技术效率；松弛调整是指该点在生产前沿面的投影点可以通过在前沿面

① 本部分根据下列文献改写而成：Jin-Li Hu，Shih-Chuan Wang and Fang-Yu. Yeh Total-factor water efficiency of regions in China[J]. Resources Policy，December 2006.

的移动来进一步提高效率，这一部分对应的是配置效率。

对于水资源投入而言，总量调整提供了我国各地区（以下以省为比较单位）的水资源目标减少量（Water Reduction Target，WRT），其计算公式如下：

$$\text{WRT}=\text{径向调整}+\text{松弛调整} \tag{5.10}$$

无效率的决策制定单元可以在不减少其产出水平的情况下，减少其 WRT 值，以改进生产效率。数据包络分析的 CRS 模型表明，决策制定单元的松弛调整和径向调整是有效率的，据此可以计算出相应的目标投入量。这样，总调整量便可以通过计算实际投入量和目标投入量之差而获得，进而可以获得我国各省的水资源投入要素的 WRT 值。

通过 DEA 计算出来的 WRT 值显示了各省为了达到最优生产效率而需要减少的水资源投入的目标数量。然而，在计算该目标数量时，并未考虑各省在经济规模等方面的差异，这样便难以对各省的结果进行直接比较。WRT 值的比率形式能较好地排除这些差异，从而能够客观地比较各省的水资源效率。这一简单的比率形式即为水资源目标调整比率（Water Adjustment Target Ratio，WATR），它是 WRT 值的比率形式，用来衡量各省水资源利用总量的 WRT 比率。WATR 的具体定义如下：

$$\text{WATR}(i,t)=\frac{\text{WRT}(i,t)}{\text{AWI}(i,t)} \tag{5.11}$$

式中：i——省别；

t——第 t 年；

WRT（i，t）——i 省第 t 年的目标水资源减少量；

AWI（i，t）——i 省第 t 年的实际水资源投入量。①

WATR 指数表示各省水资源的目标调整比率，它表示了在不影响各省经济产出水平的情况下，可以减少的水资源比率。由于 WRT 总是大于等于零而小于水资源利用总量，因此 WATR 也总是大于零而小于 1。WATR 为零意味着各省处于最优的和最有效率的生产状态，意味着该省的水资源利用处于最有效率的状态。该指数不为零则意味着为了提高水资源利用效率，存在一定比例的水资源需要减少和调整。

5.3.2.2 数据来源

DEA 模型的投入要素有 3 个：资本、劳动力及水资源。产出要素只有一个：GDP。各省的投入要素和产出要素的数据来源各不相同。各省的就业人数（用来表示劳动力投入）和水资源消费量这两个投入要素的数据来源于 1997—2002 年的中国统计年鉴。按照中国统计年鉴的分类，水资源消费分成了居民生活性用水消费和生产性用水消费两部分。而另一个投入要素——实际的资本存量的数据则以 1997 年的物价指数为基准计算获得。本模型中，唯一的产出是各省的 GDP，其数据也是从中国统计年鉴中获得的。GDP 和实际资本存量等货币投入要素以 1997 年的物价为基准进行了相应调整。另外，将我国 31 个省份分成了东部地区（简称 E）、中部地区（简称 C）及西部地区（简称 W）3 个地区。

东部地区由 12 个省（市、自治区）组成，包括辽宁、广西、山东、河北、江苏、浙江、福建、广东、海南、北京、天津及上海。在过去几十年里，东部地区一直是中国经

① Jin-Li Hu，Shih-Chuan Wang and Fang-Yu. Yeh Total-factor water efficiency of regions in China[J]. Resources Policy，December 2006.

济增长最快的地区。其 GDP 占全国 GDP 总额的一半左右。同时，东部地区也吸引了最多的外国投资、技术及管理知识。中部地区由 9 个省（自治区）组成，它们是黑龙江、吉林、内蒙古、河南、山西、安徽、湖北、湖南及江西。中部地区有着仅次于东部地区的第二多的人口数量，也有着仅次于东部地区的第二快的经济发展速度。然而，中部地区的外商投资较少，技术水平也比较落后。西部地区则涵盖了我国一半以上的领土，包括了甘肃、贵州、宁夏、青海、陕西、西藏、云南、新疆、四川及重庆 10 个省（市、自治区）。相对于东部地区和中部地区而言，西部地区的人口密度最低，同时，它也是我国最不发达的地区。

通过中国统计年鉴，可以获得 1997—2002 年间我国 30 个省的相关数据。由于重庆是在 1997 年之后才脱离四川成为独立的直辖市的，它的一些数据是在若干年之后才同四川的数据分离，因此，为了分析问题的方便，可以把重庆的数据和四川的相应数据合在一起。各省的宏观经济绩效可以通过最大化的 GDP 产出以及最小化 3 个投入要素的能力来衡量。

5.3.2.3 结果分析

（1）居民用水的 WATR 值。我国各省居民用水的 WATR 值如表 5-5 所示。在研究期间，全体居民用水量的平均 WATR 值为 4.03%。

东部地区居民用水量的 WATR 值和西部地区居民用水量的 WATR 值都比较低。在样本年内，东部地区的平均 WATR 值为 1.6%。广西是东部地区中唯一有非零的 WATR 值的自治区。它的居民用水量的平均 WATR 值为 20.3%，从数量上来说，该 WATR 值代表着 1.165 4 亿 m^3 的水。这样，广西可以在不减少 GDP 产出的情况下，减少 1.165 4 亿 m^3 的水资源使用。北京是另一个 WATR 值较高的市，在研究期间内，其 WATR 的平均值为 4.8%。其他省（市、自治区）在某些特定的年份也存在着非零但较小的 WATR 值。例如，湖北省 1999 年的 WATR 值为 10.54%，海南省 2000 年的 WATR 值为 6.38%。

西部地区的平均 WATR 值为 0.56%。贵州在研究期间内有 3 年出现了非零的 WATR 值，其值分别是：1997 年的 4.33%、2000 年的 0.74%、2002 年的 11.32%。在研究期间，西部地区的其他省（市、自治区）也存在着非零的 WATR 值。山西 1999 年的 WATR 值为 9.13%。青海 1997 年的 WATR 值为 11.93%，但在后来几年中，该省的 WATR 值变为零。这意味着 1997 年后，该省的居民用水效率得到了显著的改善。新疆有较低的非零 WATR 值，1999 年的 WATR 值为 1.06%，2001 年的 WATR 值为 0.68%。

表 5-5 的分析结果表明：中部地区的居民用水效率有着较高的 WATR 值。在整个研究期间，中部地区的平均 WATR 值为 9.99%，高于其他两个地区的平均 WATR 值。这也意味着中部地区是我国居民用水低效率的主要地区。其中，湖北、湖南两个省份是导致中部地区水资源利用无效率的最主要地区。湖北的居民生活用水的平均 WATR 值为 26.48%，这意味着 3.541 1 亿 m^3 的居民生活用水被浪费掉了；湖南的居民生活用水的平均 WATR 值为 20.28%，这意味着 1.838 6 亿 m^3 的居民生活用水被浪费掉了。此外，在某些特定的年份，中部地区还有另外两个省份——黑龙江和江西也呈现出非零的 WATR 值，但相对于湖南和湖北而言，其 WATR 值较小。黑龙江 1999 年的 WATR 值为 1.64%，到了 2000 年，该值则迅速上升到 8.19%，然后在以后几年里，该值又下降为零。江西 1998 年的 WATR 值为 4.63%，到了 1999 年降到 0.53%，1999 年后该值为零，这意味着，江西省

居民生活用水效率在1999年后有了较大的改善。

表5-5 我国各省市、自治区居民生活用水的WATR值[①]

序号	省（市、自治区）	地区	1997年	1998年	1999年	2000年	2001年	2002年	平均
1	北京	E	0.00	0.00	0.00	0.00	0.00	28.80	4.80
2	天津	E	0.00	0.00	0.00	0.00	0.00	0.00	0.00
3	河北	E	0.00	0.00	10.54	0.00	0.00	0.00	1.76
4	辽宁	E	0.00	0.00	0.00	0.00	0.00	0.00	0.00
5	上海	E	0.00	0.00	0.00	0.00	0.00	0.00	0.00
6	江苏	E	0.00	0.00	0.00	0.00	0.00	0.00	0.00
7	浙江	E	0.00	0.00	0.00	0.00	0.00	0.00	0.00
8	福建	E	0.00	0.00	0.00	0.00	0.00	0.00	0.00
9	山东	E	0.00	0.00	0.00	0.00	0.00	0.00	0.00
10	广东	E	0.00	0.00	0.00	0.00	0.00	0.00	0.00
11	广西	E	28.59	22.77	19.19	12.62	17.80	20.84	20.30
12	海南	E	0.00	0.00	0.00	6.38	0.00	0.00	1.06
13	山西	C	0.00	0.00	0.00	0.00	0.00	0.00	0.00
14	内蒙古	C	0.00	0.00	0.00	0.00	0.00	0.00	0.00
15	吉林	C	0.00	0.00	0.00	0.00	0.00	0.00	0.00
16	黑龙江	C	0.00	0.00	1.64	8.19	0.00	0.00	1.64
17	安徽	C	0.00	0.00	0.00	0.00	0.00	0.00	0.00
18	江西	C	0.00	4.63	0.53	0.00	0.00	0.00	0.86
19	河南	C	0.00	0.00	0.00	0.00	0.00	0.00	0.00
20	湖北	C	37.36	37.39	32.44	32.79	11.65	7.24	26.48
21	湖南	C	29.51	27.96	22.89	0.00	25.78	15.54	20.28
22	四川	W	0.00	0.00	0.00	0.00	0.00	0.00	0.00
23	贵州	W	4.33	0.00	0.00	0.74	0.00	11.32	2.73
24	云南	W	0.00	0.00	0.00	0.00	0.00	0.00	0.00
25	西藏	W	0.00	0.00	0.00	0.00	0.00	0.00	0.00
26	山西	W	0.00	0.00	9.13	0.00	0.00	0.00	1.52
27	甘肃	W	0.00	0.00	0.00	0.00	0.00	0.00	0.00
28	青海	W	11.93	0.00	0.00	0.00	0.00	0.00	1.99
29	宁夏	W	0.00	0.00	0.00	0.00	0.00	0.00	0.00
30	新疆	W	0.00	0.00	1.06	0.00	0.68	0.00	0.29
	全国		5.34	5.09	4.72	2.79	3.06	3.17	4.03
	东部地区		1.66	1.30	1.93	0.67	1.09	3.06	1.62
	中部地区		14.06	14.19	11.54	8.38	7.46	4.34	9.99
	西部地区		0.73	0.00	1.48	0.05	0.07	1.03	0.56

根据前面计算的WATR值，可以得出如下结论：在研究期间，东部地区的广西，中部地区的湖北和湖南，以及西部地区的贵州是我国居民用水量可以减少的最主要省（自治区）。这4个省（自治区）有其相似之处，它们都位于江或湖的附近，因此，这些省（自治区）的居民可以比其他省（市、自治区）的居民有条件消费更多的水资源。

① 表中，E为东部地区的缩写，C为中部地区的缩写，W为西部地区的缩写。

我国居民生活用水的 WATR 值分析结果表明：居民生活用水属于必需品，大部分省份都没有过量消费生活用水。只有少数几个省份过量地消费了生活用水，其主要原因是相对于其他省份而言，这几个省份的水资源更为丰富。

（2）生产性用水的 WATR 值。我国各省生产性用水的 *WATR* 值如表 5-6 所示。表 5-6 中的那些 WATR 零值意味着我国约有一半省份的生产性用水是有效率的；表 5-6 中非零的 WATR 值也表明：中国约有一半省份的生产性用水是无效率的。因此，那些生产性用水效率较低的省份应该采用我国业已存在的技术和方法来节约水资源，提高生产性用水效率。

在表 5-6 中可以观察到，从总体上来说，我国生产性用水的 WATR 值高得惊人，平均 WATR 值为 14.32%。这也表明可节约的生产性用水量是很大的。生产性用水的 WATR 值比居民生活用水的 WATR 值高 4.03%。从数量方面来看，生产性用水的可节约量高达 33.176 2 亿 m^3，几乎是居民生活用水可节约量（7.389 5 亿 m^3）的 4 倍。如表 5-6 所示，3 个地区生产性用水的 WATR 值都比各自的居民用水的 WATR 值要高。东部地区生产性用水的平均 WATR 值为 6.76%，为东部地区居民用水的平均 WATR 值（1.62%）的 4 倍。中部地区的情况与东部地区类似，中部地区生产性用水的平均 WATR 值为 26.74%，而生活性用水的平均 WATR 值为 9.99%。西部地区生产性用水的平均 WATR 值为 5.56%，而居民生活性用水的平均 WATR 值为 0.56%。

表 5-6　我国各省（市、自治区）生产性用水的 WATR 值

序号	省（市、自治区）	地区	1997 年	1998 年	1999 年	2000 年	2001 年	2002 年	平均值
1	北京	E	0.00	0.00	0.00	0.00	0.00	0.00	0.00
2	天津	E	0.00	0.00	0.00	0.00	0.00	0.00	0.00
3	河北	E	18.40	19.48	0.00	0.00	0.00	0.00	6.31
4	辽宁	E	12.08	20.55	27.57	23.03	38.45	21.92	23.93
5	上海	E	0.00	0.00	0.00	0.00	0.00	0.00	0.00
6	江苏	E	0.00	9.18	8.86	3.33	9.02	17.91	8.05
7	浙江	E	0.00	0.00	0.00	0.00	3.28	6.19	1.58
8	福建	E	0.00	0.00	0.00	0.00	0.00	0.00	0.00
9	山东	E	0.00	0.00	0.00	0.00	0.00	0.00	0.00
10	广东	E	0.00	0.00	0.00	0.00	0.00	0.00	0.00
11	广西	E	12.22	13.40	16.20	16.39	42.39	41.34	23.66
12	海南	E	0.00	0.00	0.00	0.00	0.00	0.00	0.00
13	山西	C	0.00	2.99	2.03	3.45	0.00	4.92	2.23
14	内蒙古	C	7.16	9.07	10.87	9.16	16.84	22.18	12.55
15	吉林	C	28.12	33.42	36.17	38.68	48.27	50.47	39.19
16	黑龙江	C	15.36	13.91	17.06	21.36	25.53	29.53	20.46
17	安徽	C	21.74	24.29	30.15	31.27	39.39	39.28	31.02
18	江西	C	3.46	10.17	12.04	1.65	46.74	35.69	18.29
19	河南	C	8.46	10.37	0.00	2.85	0.00	0.00	3.61
20	湖北	C	36.64	40.20	37.35	27.19	21.14	0.00	27.09
21	湖南	C	40.94	45.13	49.36	0.00	62.82	59.78	43.00

序号	省（市、自治区）	地区	1997 年	1998 年	1999 年	2000 年	2001 年	2002 年	平均值
22	四川	W	0.00	0.00	0.00	0.00	0.00	0.00	0.00
23	贵州	W	0.00	0.00	0.00	0.00	0.00	0.00	0.00
24	云南	W	0.00	0.00	0.00	0.00	0.00	0.00	0.00
25	西藏	W	0.00	0.00	0.00	0.00	0.00	0.00	0.00
26	山西	W	0.00	0.00	0.00	0.00	0.00	0.00	0.00
27	甘肃	W	27.42	27.11	28.88	27.21	26.54	28.55	27.62
28	青海	W	0.00	0.00	0.00	0.00	0.00	0.00	0.00
29	宁夏	W	9.52	9.76	8.65	6.65	17.72	15.61	11.32
30	新疆	W	0.00	0.00	0.00	0.00	0.00	0.00	0.00
	全国		11.71	14.39	14.47	9.36	19.50	16.47	14.32
	东部地区		4.21	7.07	6.33	4.83	9.80	8.34	6.76
	中部地区		23.46	26.87	27.56	16.54	35.05	30.96	26.74
	西部地区		5.50	4.97	5.48	5.25	6.69	6.00	5.65

表中，E 为东部地区的缩写，C 为中部地区的缩写，W 为西部地区的缩写。

东部地区中，辽宁和广西是产生生产性用水 WATR 值的最主要省（自治区）。辽宁有 23.93%的平均 WATR 值要调整，从数量上来说，这意味着可以节约 3.923 7 亿 m^3 的水；广西有 23.66%的平均 WATR 值要调整，从数量上来说，这意味着可以节约 1.509 1 亿 m^3 的水。东部地区中，江苏和河北是另外两个产生 WATR 值的省份。江苏有 8.05%的 WATR 值要调整，从数量上来说，这意味着可以节约 1.436 3 亿 m^3 的水。河北有 6.31%的 WATR 值要调整，从数量上来说，这意味着可以节约 0.765 1 亿 m^3 的水。浙江是另外一个有非零的 WATR 值的省份，其生产性用水的 WATR 值为 1.58%。所有这些省份都是工业比较发达的省份，也是我国经济增长最富活力的省份。相对于我国的其他省份来说，这些省份的 WATR 值是比较低的，但是它们在将来也应减少其生产性用水数量。

中部地区是生产性用水效率最低的地区。如表 5-6 所示，中部地区中，没有一个省份的生产性用水处于最优效率状态。湖南、吉林、安徽、湖北、黑龙江、内蒙古、江西等几个省份的生产性用水的 WATR 值都较高。分别为：43.0%、39.19%、31.02%、27.09%、20.46%、12.55%、18.29%。从数量方面来看，在不影响经济绩效的前提下，这些省份可以节约的水资源分别为：6.871 2 亿 m^3、3.753 4 亿 m^3、3.78.87 亿 m^3、4.958 6 亿 m^3、1.721 3 亿 m^3、1.791 7 亿 m^3、0.433 4 亿 m^3。由于湖南和湖北的水资源比较丰富，因此，它们也比其他省份消费了更多的生产性用水。安徽与吉林都有自己的产业带。吉林有机械制造业、制药业、食品加工业、冶金业及林业共 6 个优势产业。吉林也在诸如汽车、拖拉机、钛合金、碳产品、木材、糖、原油及植物油等产品生产方面处于领先地位。安徽的经济发展滞后于邻省，然而，它的自然资源如铁、铜、煤等储量非常丰富，这使得安徽成为中国的另一个制造基地。黑龙江也是我国的一个传统制造业基地，其产业主要集中于煤、石油、木材、机械以及食物等方面。同时，江西和内蒙古也在建立各自的产业基地。这些省份的所有生产行为可能采用了过时的生产技术，也可能采用了过量的生产规模，结果消耗了过多的生产性用水。山西和河南是另外两个存在着非零的 WATR 值的省份，它们各自的 WATR 值分别为 2.23%和 3.61%，总计可以减少的水消耗量为 23.839 9 亿 m^3。低效率的生产流程以及过时的技术是导致这些省份有较高的 WRTR 值的最主要原因，如果能从外部引入先进的技术以及有效率的生产流程，便能有效降低生产性用水中浪费性用水的比例。

西部地区的生产性用水的 WATR 值比该地区的居民生活用水的 WATR 值要高，但是，西部地区的生产性用水的 WATR 值要比中部地区的生产性用水的 WATR 值要低。甘肃和宁夏是导致西部地区产生 WATR 值的最主要省（自治区）。甘肃的生产性用水的 WATR 值为 27.62%，宁夏的生产性用水的 WATR 值为 11.32%。这意味着，在不降低产出的情况下，这两个省分别可以减少 1.402 2 亿 m^3 和 0.146 3 亿 m^3 的生产性用水量。我国的制造业已经有庞大的规模，并正以惊人的速度增加。然而，由于没有适宜的规划，导致我国的自然资源消耗过度，水资源也不例外。这导致了居民生活用水的 WATR 值和生产性用水的 WATR 值之间的差异。

5.3.2.4 水资源利用效率与各省的发展

WATR 揭示的是各省水资源利用中无效率的部分。在 DEA 模型中，各省能够通过调整来减少其水资源利用中无效率的部分。因此，各省的水资源利用的全要素效率（Water Efficiency，WE）可用式（5.12）来说明。

$$WE=1-WATR \tag{5.12}$$ ①

基于式（5.12），可以计算出我国总体的 WE 值为 81.56%。根据同样的方法，可以计算出东部地区、中部地区以及西部地区的 WE 值分别为：95.67%、79.80%及 96.76%。如图 5-3 所示，在全要素水效率（Total-factor Water Efficiency，WE）和每单位资本的真实收入（Per Capita Real Income，PCRI）之间存在着 U 形曲线关系。

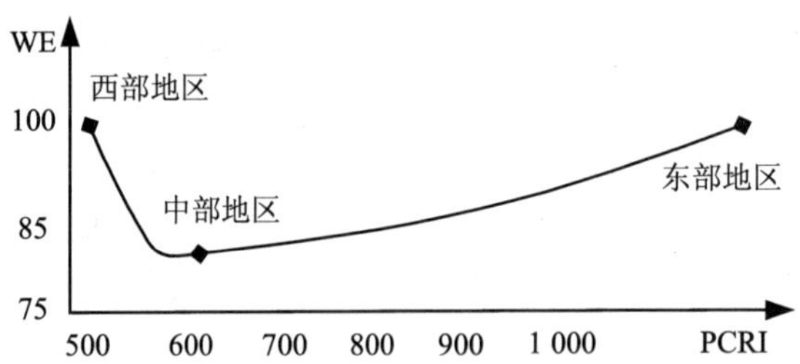

图 5-3 我国全要素水效率和每单位资本的真实收入之间的 U 形曲线图

东部地区的每单位资本的真实收入最高，平均为 1 000.74 元，而其水资源利用效率则处在全国第二位。西部地区的水资源利用效率最高，而其每单位资本的真实收入最低，为 543.5 元。中部地区的每单位资本的真实收入处于第二位，平均为 595.2 元，其水资源利用效率在 3 个地区中最低。U 形曲线图与中国目前的实际情况相吻合，那就是，落后的生产流程以及落后的技术不仅带来水资源的总量调整，同时也导致了环境的恶化。

由于东部地区的每单位资本的真实收入已达到较高的水平，水资源利用效率和环境质量便成为该地区的焦点问题。因此，东部地区应采用更有效率的生产流程和更先进的技术来提高水资源利用效率。中部地区的 WE 值最低，应采取有效措施来改变该地区无效率的生产流程。如图 5-3 所示，WE 值在经济发展之初，有一个较短时期的戏剧性降低，然后，随着经济的发展，花费较长的时间又恢复到原来的初始水平。这一结果表明：在经济发展之初，各地区可能高度关注水资源的消费，严重恶化的 WE 值得到了减少和控

① Li，K.-W. China's capital and productivity measurement using financial resources[M]. Center Discussion Paper. Economic Growth Center. Yale University，2003.

制。为了维持经济发展的可持续性，各省需要进一步减少 WATR 值。

5.3.3 基于 SFA 的农业用水效率分析①

5.3.3.1 区域划分

由于气候和地理条件的多样化，以及经济发展步伐的不同，我国农业生产的地域差异很大。考虑到生产活动的相似性，将我国的 31 个省份划分为 6 个区域：东北地区（含辽宁、吉林、黑龙江），黄河流域（含北京、天津、河北、山西、山东、河南、陕西），长江流域（含上海、江苏、浙江、安徽、江西、湖北、湖南），南部沿海（含福建、广东、海南、广西），西南地区（含重庆、四川、贵州、云南），西北地区（含内蒙古、西藏、甘肃、青海、宁夏、新疆）。

5.3.3.2 数据来源

所使用的数据来源于中国统计年鉴（1998—2007）、中国水资源公报（1997—2006）、中国农业统计资料汇编（1949—2004）及水利科学数据共享中心（http://center.hydrodata.gov.cn）。在使用的变量中，农业生产总值采用 1996 年不变价格进行折算；土地是指农作物的播种面积；劳动力则用农、林、牧、渔业的就业人数来衡量；投入要素的价格指数也按 1996 年不变价格进行折算；此外，由于各省份 2005 年与 2006 年的年降雨量、日照时间、平均湿度与平均温度数据缺失，只能采用省会城市数据进行指代。

5.3.3.3 分析方法

分析方法采用随机前沿生产函数方法 SFA。具体来说采用的是巴特斯和科里于 1995 年开发的模型，即本章 5.2 所述的 BC-1995 模型。设 Y_{it} 为地区 i 在时间 t 的农业产值，BC-1995 模型可以表述为：

$$Y_{it} = f(X_{it}, W_{it}, \beta)\exp(V_{it} - U_{it}) \tag{5.13}$$

式中：W_{it}——农业用水；

X_{it}——其他投入；

β——待估计参数；

$V_{it}^{\mathrm{IID}} - N(0, \delta^2)$——服从独立一致分布假设的随机残差项，其中包含了农业生产中不可控制的因素；

U_{it}——生产技术效率损失即实际产出与生产前沿面之间的距离，假定 U_{it} 服从半正态分布，即 $U_{it}^{\mathrm{IID}} - N^{+}(0, \delta_u^2)$。

从式（5.13）中可以看出，技术上有效的产出水平 Y^{*}_{it} 可以通过设定 $U_{it}=0$ 而得到。那么，地区 i 农业生产技术效率的估计公式为：

$$TE_{it} = Y_{it} / Y_{it}^{*} = Y_{it} / f(X_{it}, W_{it}, \beta)\exp(V_{it}) = \exp(-U_{it}) \tag{5.14}$$

如果随机前沿生产函数形式采用常规的 C-D 函数形式，此时，式（5.13）可表示为：

$$\ln Y_{it} = \beta_0 + \beta_1 \ln K_{it} + \beta_2 \ln L_{it} + \beta_3 \ln F_{it} + \beta_4 \ln P_{it} + \beta_5 \ln W_{it} + V_{it} - U_{it} \tag{5.15}$$

① 本部分根据下列文献改写而成：王学渊，赵连阁.中国农业用水效率及影响因素——基于 1997—2006 年省区面板数据的 SFA 分析[J].农业经济问题，2008，3.

式中：K_{it}——农业机械总动力；

L_{it}——劳动力；

F_{it}——化肥；

P_{it}——农药。

在式（5.15）中设定 $U_{it}=0$，可以得到技术上有效的产出 $\ln Y^*_{it}$。与此同时，用生产一定产出的最小可行用水量 W^*_{it} 代替实际用水量 W_{it}，可以得到用水有效的产出 $\ln Y^{W^*}_{it}$，其表达式为：

$$\ln Y_{it}^{W^*} = \beta_0 + \beta_k \ln K_{it} + \beta_t \ln L_{it} + \beta_f \ln F_{it} + \beta_p \ln P_{it} + \beta_w \ln W_{it}^* + V_{it} \tag{5.16}$$

假设式（5.15）和式（5.16）的 WE_R 相等，则地区 i 的农业用水效率估计公式为：

$$\ln WE_{it} = \ln W_{it} - \ln W_{it}^* \Rightarrow WE_{it} = \exp(-U_{it} / \beta_w) \tag{5.17}$$

5.3.3.4 随机前沿生产函数的估计结果

表 5-7 显示了随机前沿生产函数的估计结果。总体来看，模型拟合程度良好，大多数估计参数都在 1%或 5%的水平下显著，而且模型不能拒绝存在技术无效和规模报酬不变的可能性。在所有投入要素中，只有劳动力对产出产生负影响，且在任何水平下都不显著，这可能是由于该变量包含了农村地区的非农劳动力，过分夸大了农业劳动力的数量。除西南地区以外，所有地区虚拟变量的估计参数在所有水平下都不显著，这表明相对于东北地区，农业生产的地理变化并不明显。

表 5-7 随机前沿生产函数的估计结果（因变量：单位面积农业产值）①

变量	系数	标准误差
常数项	−0.112 640 1	0.667 726 2
劳动力	−0.132 675 4	0.116 641 4
农业机械	0.159 200 7*	0.089 063
化肥	0.408 009 9**	0.129 733 9
农药	0.261 093 7**	0.077 732
水	0.285 486 6**	0.077 101 7
黄河流域（地区虚拟变量）	0.142 839 1	0.140 295 6
长江流域（地区虚拟变量）	−0.027 327 6	0.137 174 5
南部沿海（地区虚拟变量）	0.005 597 7	0.165 758 1
西南地区（地区虚拟变量）	0.374 839 4*	0.153 475 9
西北地区（地区虚拟变量）	−0.078 951 9	0.160 207 1

①表中，*、**分别代表 5％、1％的显著水平。

5.3.3.5 农业用水效率估计结果

基于以上生产函数参数估计结果，利用式（5.17），可以计算出各省份历年的用水效率。表 5-8 给出了 6 个区域的用水效率估计值。在估计用水效率时，采用的是 C-D 函数形式，该函数虽然容易估算，但缺点是由于价格弹性与要素间的替代弹性为固定常数而不具伸缩性。如果采用较灵活的函数形式，如超对数模型，则会引起更加严重的多重共线性。

由表 5-8 可知，所有的效率值都小于 1，表明全国各地区的农业用水均处于无效状态，都存在一定的改进空间。农业用水效率的平均水平仅为 0.49，这意味着中国的农业生产浪费了将近一半的水资源。从地域上看，西南地区用水效率最高；西北地区用水效率最低；西北地区农业用水占全国农业用水总量的 21.96%，生产的粮食却只占全国粮食中产量的 7.39%，且每单位农业用水的粮食产量仅为全国平均水平的 34%，特别是宁夏，农业用水效率仅为 0.12。东北地区和南部沿海的用水效率高于全国平均水平；黄河流域和长江流域的用水效率均在全国平均水平之下，这说明黄河流域和长江流域的各省份较之其他地区也有待于在提高农业用水效率方面做出更大的努力。此外，从各省份情况看，农业用水效率变化较大，西藏的效率值最大，高达 0.86，而同属西北地区的宁夏的效率值却最低，仅为 0.12。

表 5-8　各地区农业用水效率估计结果

地区	农业用水效率		
	均值	最小值	最大值
东北地区	0.524 407 4	0.085 314 7	0.803 196 5
黄河流域	0.483 092 6	0.178 680 7	0.796 463 9
长江流域	0.462 897 3	0.223 387 1	0.854 532 2
南部沿海	0.515 627 8	0.185 229 3	0.787 398 8
西南地区	0.542 971	0.196 956 5	0.794 995 1
西北地区	0.460 827 7	0.073 541 5	0.883 396 7
平均	0.490 145 6	0.073 541 5	0.883 396 7

5.3.4 基于 SFA 的工业用水效率分析①

5.3.4.1 模型说明

关于 SFA 的详细介绍见本章 5.2。此处采用的 SFA 模型是巴特斯与科里于 1992 年开发的模型，即本章 5.2 所述的 BC-1992 模型，通过该模型来分析我国工业用水的效率状况。具体的函数形式则使用了较为灵活的超越对数函数，该函数的优点是可以克服数据的剧烈变动，具体的函数形式如下：

$$\ln y_t = \beta_0 + \sum_{i=1}^{4} \beta_i \ln x_{it} + \sum_{i=1}^{4} \sum_{j=1}^{4} \beta_{ij} \ln x_{it} \ln x_{jt} + v_t - u_t \tag{5.18}$$

式（5.18）中：左边是产出变量，右边是投入变量以及影响产出的各种因素，y_t 表示 GDP 中的工业产值；t 代表年份编号，t=1，2…，T，T=33，所有的β都是待估参数。误差项由两个独立的部分组成：v_t 表示设定误差、测量误差和随机因素对前沿面的影响，是经典的随机误差；u_t 表示技术非效率，与 v_t 相互独立，表示第 t 个年份工业用水非效率的随机变量，计算公式为：

$$u_t = u \exp[-\eta(t-T)] \tag{5.19}$$

① 本部分根据下列文献改写而成：孙爱军，董增川，王德智.基于时序的工业用水效率测算与耗水量预测[J].中国矿业大学学报，2007，4.

u_t的分布服从非负断尾正态分布（truncations at zero），即$u_t - N^+(\mu, \delta_u^2)$。第 t 年的工业用水技术效率（Technical Efficiency，TE）定义为：

$$TE_t = \exp(-u_t) \tag{5.20}$$

TE_t 介于 0，1 之间，值越大表示工业用水效率越高，本文将采用 Frontier4.1 软件，计算各年的 TE_t。

5.3.4.2 **变量与数据**

工业产值与固定资产净值分别是被解释变量和解释变量，分布在方程的两边。式（5.18）中，y_t 表示第 t 年 GDP 中的工业产值（亿元），数据以已经正式出版的中国工业统计年鉴上公布的数字为准。

k_t 是式（5.18）中 x_t 其中的一个变量，用来表示资本。具体的是指固定资产净值年平均余额，即固定资产净值在研究期内余额的平均数。它的计算公式为：固定资产净值年平均余额=（1—12 月各月月初、月末固定资产净值之和）/24。该指标根据“资产负债表”中“固定资产原价”、“累计折旧”指标的期初、期末数计算填列。其中固定资产净值指固定资产原价减去历年已提折旧额后的净额。计算公式为：固定资产净值=固定资产原价－累计折旧。

l 表示工业从业人数，它可以通过统计年鉴中的第二产业从业人数减去建筑业的从业人数来获得。w 表示用水消耗量，是指在输水、用水过程中，通过蒸腾蒸发、吸收、产品带走等各种形式消耗掉、不能回归到地表水体或地下含水层的水量。

数据主要是通过查阅中华人民共和国水利部发布的《中国水资源公报》以及《中国统计年鉴》获得的。其中，1992—2003 年的基础数据来自各年的《中国统计年鉴》，1992 年以前的数据来自《新中国五十年统计资料汇编》，GDP、工业从业人数、固定资产净值年平均余额都可从《中国统计年鉴》中获得，工业耗水量从《中国水资源公报》中获得。

5.3.4.3 **函数形式的选择**

如式（5.18）所示，随机前沿生产函数有多种形式。在分析工业用水效率之前，需对各种可能情况进行假设检验，以便决定选择哪一种形式的超越随机前沿函数模型是最适宜的。表 5-9 给出了假设检验的结果。所有的假设检验都使用广义似然率统计量：

$$\lambda = -2\ln\frac{L(H_0)}{L(H_1)} \tag{5.21}$$

式（5.21）中，L（H_0）和 L（H_1）分别是零假设 H_0 和备择假设 H_1 前沿模型的似然函数值。如果零假设成立，那么自由度为受约束变量的数目，第 1 个零假设认为柯布一道格拉斯生产函数是合适的（所有的二阶系数都为零）；第 2 个零检验认为不存在无效率项，即$\lambda=\mu=\eta=0$；第 3 个零假设认为模型是希克斯中性技术进步（Hicks Neutral Technical Change）；第 4 个零假设是认为没有技术进步。为了全面比较，分别尝试各种零假设情况，似然比检验统计量λ服从混合 x^2 分布，假设检验结果如表 5-9 所示。

通过分析，表 5-9 中除最后一行之外，其他的零假设均被拒绝。表明式（5.22）较好地拟合了样本数据。式（5.22）的函数形式如下：

$$\ln y_t = \beta_0 + \beta_k \ln k + \beta_l \ln l + \beta_w \ln w + \beta_{lw} \ln l \ln w + v_t - u_t \tag{5.22}$$

表 5-9　假设检验结果

零假设	对数似然值	检验统计量λ	临界值	结论
柯布道格拉斯函数：$\beta_{ij}=0$	21.439 7	87.329 0	15.09	拒绝
不存在无效率项：$\lambda=\mu=\eta=0$	51.964 6	26.279 2	10.50	拒绝
希克斯中性技术进步：$\beta_{KT}=\beta_{LT}=0$	57.573 5	15.061 4	9.21	拒绝
无技术进步$\beta_{KT}=\beta_{LT}=\beta_{TT}=0$，$\beta_t=\beta_{kt}=\beta_{lt}=\beta_{tt}=0\cdots$	48.987 7	32.233 0	11.35	拒绝 … 拒绝
$\beta_t=\beta_{kk}=\beta_{kt}=\beta_{kw}=\beta_{lt}=\beta_{ww}=\beta_{lt}=0$	57.464 5	15.279 4	15.507	接受

通过使用 Eviews 软件，模型的参数估计结果如下：

$$\begin{aligned}
&\ln y_t = -21.599\,7 + 1.147\,87 \ln k + 2.386\,8 \ln l + \\
&2.031\,9 \ln w - 0.235\,0 \ln l \ln w \\
&t:(-5.620\,4)(17.751\,5)(5.402\,5)(6.032\,8)(-5.708\,6) \\
&p:(0.000\,0)(0.000\,0)(0.000\,0)(0.000\,0)(0.000\,0)
\end{aligned} \tag{5.23}$$

调整后的 R^2（adjusted r-squarded）为 0.993 4；F 检验统计量（F-statistic）为 1 470.975；其伴随概率 p（probability）为 0.000 0，总之，公式（5.23）的 F 检验、T 检验等参数检验皆通过，模型成立。用 Frontier4.1 也可以估计出参数值，其结果与用 Eviews 软件进行运算后的结果是一致的，同样可以得到式（5.23）。

5.3.4.4 工业用水效率水平的测定

通过 Frontier4.1 软件可以计算出我国各年的工业用水效率值，其结果如表 5-10 所示。从表 5-10 中可以看出，我国的工业用水效率总体水平比较高，33 年的平均效率水平是 0.974 2。而且各年之间的差别较小，不存在跳跃式的显著变化，主要是因为进行纵向比较时，水资源利用的技术水平的改进是渐进的，管理的创新是一个渐进的过程，工业用水技术效率的改善也是一个长期渐进的过程。

表 5-10　我国工业用水效率水平

年份	效率水平	年份	效率水平	年份	效率水平	年份	效率水平
1972	0.973 7	1981	0.978 7	1990	0.974 9	1999	0.975 6
1973	0.972 8	1982	0.978 1	1991	0.970 3	2000	0.974 9
1974	0.972 7	1983	0.974 9	1992	0.968 5	2001	0.974 8
1975	0.973 6	1984	0.970 4	1993	0.970 3	2002	0.974 8
1976	0.975 4	1985	0.968 6	1994	0.973 4	2003	0.975 2
1977	0.976 0	1986	0.970 2	1995	0.975 7	2004	0.977 1
1978	0.976 3	1987	0.972 7	1996	0.976 7	平均值	0.974 2
1979	0.976 9	1988	0.974 5	1997	0.977 2	—	—
1980	0.977 9	1989	0.973 8	1998	0.975 7	—	—

参考文献

[1] Aigner，D. J.，C. A. K. Lovell，and Schmidt. Formulation and Estimation of Stochastic Frontier Production Functions Models[J]. Journal of Econometrics，July 1977.

[2] Banker，R.D.，Charnes，A.，Cooper，W.W.. Some models for estimating technical and scale inefficiencies in data envelopment analysis[J]. Management Science，1984 （30）.

[3] Battese，G. E. and G. S. Corra. Estimation of a Production Frontier Model: With Application to the Pastoral Zone of Eastern Austrlia[J]. Australian Journal of Agricultural Economics，June 1977.

[4] Battese and Coelli battese，G. E. and T. J. Coelli. Frontier Production Functions，Technial Efficiency and Panel Data: With Application to Paddy Farmers in India[J]. Journal of Productivity Analysis，June 1992.

[5] Battese and Coelli battese，G. E. and T. J. Coelli. A Model for Technical Inefficiency Effects in a Stochastic Frontier for Panel Data[J]. Empirical Economics，1995，Vol. 20.

[6] Charnes，A.，Cooper，W.W.，Rhodes，E.. Measuring the efficiency of decision making units[J]. European Journal of Operational Research，1978 （2）.

[7] Farrell，M.J.. The measurement of productive efficiency[J]. Journal of the Royal Statistic Society A 120 part III，1957.

[8] Li，K.-W. China's capital and productivity measurement using financial resources[M]. Center Discussion Paper. Economic Growth Center. Yale University，2003.

[9] Fare，R.，Grosskopf，S.，Lovell，C.A.K.. The measurement of efficiency of production[M]. Boston: Kluwer Nijhoff Publishing Co，1985.

[10] G.A. Boyd and J.X. Pang. Estimating the linkage between energy efficiency and productivity[J]. Energy Policy，2000（28）.

[11] Jin-Li Hu，Shih-Chuan Wang and Fang-Yu. Yeh Total-factor water efficiency of regions in China[J]. Resources Policy，December 2006.

[12] J.-L. Hu and S.-C. Wang. Total-factor energy efficiency of regions in China[J]，Energy Policy，2006（34）.

[13] J.-L. Hu and C.-H. Kao. Efficient energy-saving targets for APEC economies[J]. Energy Policy，2007 （35）.

[14] Jondrow，Lovell，Materov and Schmidt Jondrow，J.，C. A. K. Lovell，I. S. Materov，and P.Schmidt. On the Estimation of Technical Inefficiency in the Stochastic Frontier Production Function Mode[J]. Journal of Econometrics，August 1982.

[15] Steverson，R. E. Likelihood Functions for Generalized Stochastic Frontier Estimation[J]. Journal of Econometrics，May 1980.

[16] W. Meeusen and J. Vanden Broeck. Efficiency Estimation from Cobb-Douglas Production Functions With Composed Error[J]. International Economics Review，1977（1）.

[17] 王学渊，赵连阁. 中国农业用水效率及影响因素——基于1997—2006年省区面板数据的SFA分析[J]. 农业经济问题，2008，3.

[18] 孙爱军，董增川，王德智. 基于时序的工业用水效率测算与耗水量预测[J]. 中国矿业大学学报，2007，4.

[19] 姚伟峰. 中国经济增长中的效率变化及其影响因素实证研究[J]. 北京：中国经济出版社，2007.

[20] 托马斯・G・罗斯基. 经济效益与效率[J]. 经济研究，1993，6.

[21] 朱有为，徐康宁. 中国高技术产业研发效率的实证研究[J]. 中国工业经济，2006，11.

[22] 诸大建，邱寿丰. 生态效率是循环经济的合适测度[J]. 中国人口・资源与环境，2006，5.

[23] 袁安照，姚禄仕. 经济效率内涵初探[J]. 重庆工业管理学院学报，1996，6.

[24] 张先治. 经济效益与经济效率——兼与托马斯・G・罗斯基商榷[J]. 财经问题研究，1994，11.

[25] 战松. 制度与效率——基于中国债券市场的思考[D]. 西南财经大学博士学位论文，2006.

[26] 吴俊. 中国银行业效率分析及其影响因素研究[D]. 重庆大学硕士学位论文，2003.

[27] 刘军. 基于生态经济效率的适应性城市产业生态转型研究——以兰州市为例[D]. 兰州大学博士学位论文，2006.

[28] 刘渝. 中西部地区农业水资源利用效率分析[D]. 华中农业大学硕士学位论文，2006.

[29] 李世祥. 中国水资源利用效率区域差异研究[D]. 中国地质大学硕士学位论文，2006.

[30] 卞亦文. 基于 DEA 理论的环境效率评价方法研究[D]. 中国科学技术大学博士学位论文，2006.

[31] 宋序彤. 我国城市用水发展和用水效率分析[J]. 中国水利，2005，13.

第 6 章　水资源产权论

水资源产权制度的构建不仅有助于从根本上提高水资源配置效率，而且有助于降低水资源利用的溢出效应，是从需求角度解决水资源危机问题的关键。本章在前人研究的基础上，对水资源产权理论进行了阐释。第 1 节介绍了水资源产权概述；第 2 节介绍了水权的界定与分配；第 3 节介绍了水权交易；第 4 节介绍了水权管理。

6.1 水资源产权概述

6.1.1 水权的内涵

所谓水权就是水资源产权，它是由所有权、使用权、经营权等组成的一组权利束。对水权的理解主要应把握以下几个方面：

（1）水权在本质上不是反映人与物之间的关系，而是反映人与人之间的经济权利关系。

（2）水权是一组权利束，而不是单项的权利，尤其不能将水权仅仅理解为狭义的所有权。也就是说，水权是由一系列权利构成的，主要包括水资源所有权、使用权、经营权、支配权和收益权等。同时，这组权利束是可以分解的。

（3）水权是独立于水资源所有权的一项制度，是水资源的所有人依照法律的规定或合同的约定所享有的对水资源的使用或收益权。因此，水资源所有权是水权之母，水权是由水资源所有权派生而来的。若不存在独立的水资源所有权或者所有权属不清，水权将无从产生。

（4）水权是可以实现的权利。如果水权是无法实现的，则水权对于合理利用水资源也就无法起到应有的作用。政府应负责保护和强制执行水权，因为它承担这项职能所花费的成本要比由私人承担该项职能所花费的成本低。

6.1.2 水权的基本特征

水资源具有自然再生性、整体性、流动性、使用上的不可分割性等特征。水资源的这些特征也决定了水权具有如下基本特征：

（1）水权同时具有排他性和非排他性的特征。根据 2001 年我国出版的《水法》第三条规定，从法律层面上来看，法律约束的水权具有排他性。同时，水资源通过市场配置给用水户以后，由于可以从水量上区别用水户，排他性明显得到加强。但从实践上来看，水权具有非排他性。水资源的整体性和区域性，使得某些水资源在使用时排他成本很高。用来调节生态平衡的水资源具有生态公益性和较大的外部性特征，因而这部分水资源具有明显的公共物品性质，从而具有非排他性。此外，我国宪法虽然规定水资源归国家或集体所有，但由于我国现行的水权管理体制存在许多问题，使得水权实质上归部门或者地方所有，不利于水资源的优化配置。水权主体是虚置的，以至于国家所有的水权流于形式，权利被稀释，失去排他功能。

在很多情况下，水资源是介于公共物品和私人物品之间的，属于准公共物品，非排他性和非竞争性不同时具备。这些资源特性在水权上表现为，生态公益性的收益每个公民都能享有，但是又不能单独对每个公民收费，因此具有非排他性。

（2）水权具有可分离性。在现行的法律框架下，水资源所有权归国家所有，这是非常明确的，但纵观水资源开发利用全过程，国家总是自觉或不自觉地将水资源的经营权授予地方或部门，而地方或部门本身也不是水资源的使用者，他们通过一定的方式再授权给最终使用者。因此水权的所有权、经营权和使用权可以分割开来，归属于不同的权利主体，所有权归国家或集体所有，经营权可以归个人或某一组织所有，使用权归使用者所有。

（3）水权的外部性。水资源的外部性特征赋予了水权外部性。由于水资源的流动性、随机性和循环性，不仅对水资源定量衡量的技术要求高，而且其计量成本也很高，以至于难以精确地确定某一水权持有者的配水额，水权易受到其他人的侵害。某一流域上游水权拥有者的用水策略影响下游水权拥有者的收益和成本，具有流域外部性。当代人拥有的水权配额影响后代人的收益和成本，具有代际外部性。同样，在某一地区修建水库，会改变局部地区的生态环境，可能给周边地区带来额外的收益或损失。

（4）水权交易的不平衡性。由于我国的水资源归国家所有，水权的交易是在所有权不变的前提下使用权或经营权的交易。“水权交易的双方是两个不同的利益代表者，它们的地位是不一样的，一方通常是代表国家或集体组织行使水资源的管理权，它出让水权；另一方则是为了获利的水资源经营者或使用者，水权出让者可以凭借政府的良好形象或者权威对出让的水权施加影响，而且他们具有垄断性，而购买者则不具备这样的优势。”①这里的不平衡主要是指水权交易双方地位的不平等。水权出让者是高度集权的政府机构，具有垄断性，而水权接受者是相对分散的用水户，用水户的分散性和资源范围的广阔性，降低了单个用户的谈判能力，强化了每个用水户“搭便车”的激励效应，容易导致效率损失。

（5）水权的可交易性或可转让性。由于水资源在地域间分布不均匀，地区的降水具有季节性，同时水资源的分布与人口分布以及经济发展状况等也不协调，水资源各种用途的经济效益也有差异，这些差异从需求角度使得水权具有可交易性。从供给角度上看，水资源是不易储存的，水资源丰富时，如果不能转让或交易的话，只能是白白地浪费掉，而水资源富足的地域希望水资源能给它带来更高的经济效益，因此从水资源的优化配置上来说，水权具有可交易性。

水权的可分离性提供了水权可交易性的基础，水权的使用权、收益权、转让权等权利的分离，使水资源在所有权不变的前提下，水资源的取水权或用水权、经营权或开发

① 姜文来. 水权及其界定[J]. 中国水利报，2000，11.

权等可以通过市场进行交易。当然，由于水权的外部性以及其所具有的广泛影响，水权的可交易性不能像其他产权那样运转自如，政府对其要有一定的控制。因而水权是否可转让以及它的转让程度大小，在很大程度上还取决于不同国家的政策目标和管理体制。在水权制度建立的初期，一些国家为了强调水权的公益性，不允许水权转让，这是必要的。随着人口的增长和用水量的急剧增加，再加上水资源的匮乏和水污染的加重，水权转让的客观需求日益突出。发达国家水资源管理的经验表明，实行可转让和可交易的水权制度，对于提高水资源的利用效率、促进水资源的合理使用具有非常重要的意义。为了对水资源进行宏观控制，水权的转让和交易必须经过政府的批准，转让的内容也必须有所限制。

（6）水权的限制性。这里的限制性包括两个方面的内容：① 由于水权的权利客体是流动性的水资源，因而要受到水量、水质、用水时间和地点等客体本身自然属性的限制；② 由于水资源独特的经济属性决定了水权的行使在很大程度上受到制度的约束和政府的管理。如果一个人从河流中取水的"用水顺序权"比较靠后，这样只有当水源丰富、那些排位更靠前的人的需求都满足之后，他才能用到水，他能否得到水在一定程度上要看优先权更大的人抽水浇地后，又把多少水返还到河里而定。也就是说，一个人权利的实现要受到其他权利所有者策略的限制。

6.1.3 水权的分类

水权的外延非常丰富，可以按照不同的角度对水权进行划分：① 根据水权的内涵进行划分；② 根据水权的排他性强弱进行划分；③ 根据水权功能的不同进行划分。

6.1.3.1 根据水权的内涵划分

根据内涵的不同，水权可以分为水资源的所有权、水资源的使用权以及水资源的经营权 3 种。

（1）水资源的所有权，是指国家、单位和个人对水资源依法享有的占有、使用、受益和处分的权利，是一种绝对的物权。水资源所有权的客体是水资源或水体，是水体中的水资源所有权和土地所有权的统一。2002 年通过的新《水法》中明确规定："水资源归国家所有，水资源的所有权由国务院代表国家行使"。国家对水资源的占有、使用和受益的权利，将通过国家对水资源所有权进行管理的方式来实现，如水资源配置、征税等。其中，国家对水资源的使用权将转化为消费者对水资源的使用权，因为通常国家并不直接使用水资源。也就是说，从法律上规定国务院是水资源所有权的代表，而地方各级人民政府不是水资源所有权的代表，无权擅自处分其境内的水资源，而只能依法负责本行政区域内水资源的统一管理和监督，并服从国家对水资源的统一规划、统一管理和统一调配的宏观管理。从理论上看，尽管水资源所有权应该适用于水资源的全部功能，但是由于传统民商法、经济法上的所有权重在对水资源的经济占有、利用、受益和处分，导致水资源所有权过多关注水资源的经济功能，而较少考虑环境功能和社会功能。

（2）水资源的使用权，是从所有权中派生并分离出来的一项权利。落实使用权是实现所有权的重要方式之一，所不同的是使用权一旦从所有权中分离出来，其权属主体随即发生变化，既非国家、亦非全民，而是具体的消费者，水资源的使用权与每个消费者休戚相关，它是消费者在法律规定范围内对所使用的水资源的占有、使用、受益和依法处分的权利。经由法律行为而获得水资源的使用权有两种方式：① 通过获得取水许可证并缴纳水资源费而获得；② 依据法律规定由其他水权转让而获得。然而，在实践中，由于水资源的特殊性，作为个体消费者或群体消费者，通常都不能或难以直接使用水资源，而需要接受专门从事供水的企业提供的服务，也就是说，在水资源的国家所有权和消费者的使用权之间，还存在着水资源的经营权。

（3）水资源的经营权，是连接所有权与使用权的一座“桥梁”。通过它，抽象的国家所有权就被部分地转化为具体的消费者使用权。经营权的权属主体通常是开发和经营水资源的企业，包括从事水资源的开发、输送、加工、配水等活动的企业或机构，在市场经济条件下，这些企业或机构的性质都是经营性的。水资源的经营权包括对水资源的开发设施的使用权和对商品水的出售权等两层含义。在多数情况下，从事水经营的企业还同时拥有开发设施的所有权，但并不拥有对水资源所有权。

6.1.3.2 根据水权的排他性强弱划分

根据排他性强弱，可以将水权划分为国家水权、区域水权（流域水权）、俱乐部水权以及私人水权。

国家水权是指在一国国境范围内的所有居民都可以享有的水权，在这一范围内，这种水权没有任何的排他性。这种水权一般由中央政府或者其派出机构直接管理。国家水权对于整个国家的居民都存在着开放性。当然，由于不同地区居民对享用国家水权的成本是不同的，实际上不可能人人都能享用这些水权。

所谓区域水权是指以行政区划为单位、由区域政府管理、在该区域范围内所有居民可以共同享有的水权。与区域水权相对应的是流域水权。流域范围内，由流域机构管辖的所有居民可以共同享有的水权就是流域水权。区域水权（流域水权）对区域外（流域外）的居民或单位具有排他性，而对于区域内（流域内）的居民没有排他性。

俱乐部水权是指在某一较小范围内由某个区域内组织或社团拥有的水权。这种水权按照我国《水法》上的提法也可以称之为集体水权。这种水权对于俱乐部内部成员没有排他性，而对于俱乐部以外的成员具有排他性。多数情况下，俱乐部水权由俱乐部成员自主管理、通过社会机制进行配置。

私人水权是指明确由某个用水户使用、支配和让渡的水权。这种水权具有最强的排他性。

从国家水权、区域水权（流域水权）、俱乐部水权直至私人水权，其排他性由无到有、由弱到强。但是，产权界定是要花费成本的。之所以即使需要成本也要作使产权具有排他性的努力，是因为“产权界定越明确，财富被无偿占有的可能就越小，因此产权的价值就越大。”[①]我国的水权制度从所有权来说只有国家水权、区域水权和俱乐部水权，还没有私人水权；从使用权来说，各种水权均已存在。2002 年 8 月 29 日第九届全国人大常委会第二十九次会议修订通过的《中华人民共和国水法》根据水权的可分解性，既强调了水资源国家所有这一“所有权”规定，又强调了单位和个人可以合法使用水资源这一“使用权”规定。

与上述水权的排他性相对应的是水资源的配置效率。作为稀缺资源的水权，排他性

① 巴泽尔. 产权的经济分析[M]. 上海：上海三联书店，上海人民出版社，1997.

越大，水资源的配置效率就越高；反之则越低。从我国的国情来看，水权制度改革的趋势是使水权制度的排他性不断增强。这是由于产权制度的出现本身就是资源日渐稀缺的产物。在水资源相对充裕时，对水资源设置排他性的成本往往高于收益，这是得不偿失的。随着资源稀缺性的增强，设置排他性水权制度的相对成本下降，使得排他性水权制度的建立是有利可图的。

6.1.3.3 根据水权的功能划分

根据水权的不同功能，可以将水权划分为生活用水水权、生产用水水权和生态环境用水水权。

生活用水水权，即满足城市和农村居民及牲畜基本生活用水的那部分水权。生活用水是应该优先得到保障的，而且对于生活用水的质量要求也比较高，因此在对这部分水权进行分配的时候，必须要优先给予满足。这部分水权的价格也不应由市场单独决定，而应由政府根据居民的承受能力结合市场情况来决定。生活用水水权具有非常显著的特点：① 生活用水水权要求保证率高。水是人类最基本的必需品之一。生活用水供给首先考虑的是社会效益，其次才是经济效益。生活用水涉及千家万户，关系到人民群众的切身利益，供水保证率要求高。② 供水水质要求高。生活用水水权的供水水质要求高，必须达到国家生活饮用水标准，否则，将对人民群众的健康造成极大的危害。生活用水处理过程要求严格，一定要经过沉淀、过滤、消毒、软化等一系列处理措施之后才能饮用。③ 生活用水量变化较大。一年中季节和温度变化决定了生活用水的水量变化较大。一天之内，城镇居民在工作单位滞留时间较长，所以其住所的供水小时变化系数较大。除节假日用水增加外，生活用水日变化系数波动较小。

生产用水水权可以分为工业用水水权、农业用水水权等多样化的用水水权，生产用水水权具有竞争性、排他性和利益关联性等私有物品的特征，需要通过市场来协调。其中农业用水水权和生活用水水权、工矿企业用水水权有很大不同，以灌溉为主的农业用水水权具有自身的规律和特点。① 用水的随机性很强。农业用水与降雨情况密切相关，用水量的随机性很强，表现为“水少多用，水多少用”的特点。② 用水季节性很强。根据农业作物的种植结构、灌溉制度和当地自然气候条件，农业用水时间非常集中。农业用水一年就集中在作物生长关键期的几个月，是农作物的“救命水”，是农民的“保命水”。③ 作物地域性需水差别较大。农业用水随着温度、雨量、土壤、作物品种和供水条件的不同有较大的变化，同种作物在西北内陆地区耗水可能比东部沿海地区高出几倍。④ 农业用水分散性强，农民没有节水积极性。农村以家庭为基本生产单位分散用水的生产特点和供水计量设施落后的现状，使得我国绝大部分地区均按亩计收农业水费，水费与用水多少没有直接关系，导致农民和水管单位没有节水积极性，普遍采用漫灌方式。

生态环境用水水权是指维持生态系统和环境而必需的那部分水权。其中生态用水水权是指动物、植物能够保持正常生存状态所需要的那部分水权，生态用水侧重人和自然的关系；环境用水水权是指保持水体自净能力的用水水权，其侧重人和资源的关系。显然不管是生态用水还是环境用水都是一种非排他性的公共物品，难以进入水市场，应该由政府负责提供。按照水权配置的原则，生态环境用水权仅次于基本生活需求用水的优先权，应该优先满足。因为，生态环境用水影响着经济社会的可持续发展，水资源的开发利用必须优先考虑生态环境用水份额，而且这一份额应满足维持区域生态系统稳定和使生态环境保持良性动态平衡所需的水量。

6.2 水权的界定与分配

6.2.1 水权的界定

6.2.1.1 水权界定的含义

所谓水权界定，是指水权主体依法划分水资源所有权、经营权、使用权等产权归属，明确各主体行使权利的范围及管理权限的一种制度安排。这种制度安排可以是非正式的，即按照用水习惯进行水权界定。为使水权界定具有权威性和可操作性，更多的是通过法律法规进行正式的制度安排。水权界定不仅是水资源产权明晰的关键，而且是水权交易市场有效运作的基础。

通过水权界定，加强对水资源所有权的统一管理，以确保水资源所有权权益不受损害。水权界定不仅是对水资源所有权的界定，同时也是对水资源经营权、使用权的界定。水权界定不仅有利于维护水资源所有权，也有利于保障涉水企业真正拥有自主经营的合法权利，充分调动企业经营者的积极性，使其在所赋予的经营权范围内合法、有效、不受干预地行使自主权，促进水资源经营效益的提高。

6.2.1.2 水权界定的要素

任何一项权利都是由权利的主体、权利的客体和权利的内容所构成。其中权利的主体是指能够实施或拥有某项权利的自然人或法人，权利的客体是指权利的作用对象，而权利的内容则是指权利是如何规定的、其细节是什么。同样，水权也可以如此进行分析。

水权主体是指在对水的占有、使用、处分、保护活动中享有权利和承担义务的人。水权主体是权利主体和义务主体的合称。由于水权的分离性，不同层次的利益主体都可能拥有水权的不同组成部分，这样就造成了水权主体的多样性。按照不同的标准，水权主体可以划分为不同的种类。根据主体性质的不同，可以分为自然人、法人、其他组织和国家 4 种；根据主体所承受的是权利还是义务，可以分为权利主体和义务主体；由于水权组一个权利束，根据各种水权的不同性质，水权主体又可以分为水所有权主体，水使用权主体，水经营权主体等。根据权利义务相一致原则，享受权利的同时也必须履行相应的义务，因而，在绝大部分情况下，权利主体同时也是义务主体。只要是需要水资源的利益主体，原则上都可以通过行政分配或市场交易成为水资源的权利主体。

水权客体是水权主体的权利和义务所共同指向的对象。它是将水权主体间的权利和义务联系在一起的客观基础，没有客体这个中介，就不可能形成水权。水权客体是水，因为无论是哪种具体的水权，都要和水这种物质联系起来，没有水，水权中包含的权利和义务就没有客观的承载对象，水权也就无从谈起。水是一种自然物质，按其存在状态的不同，可以分为海洋水、大气水和陆地水。其中陆地水又可进一步分为地表水、地下水、生物水和土壤水。就具体的水权客体而言，水资源所有权和使用权的客体是资源水，即天然的淡水资源。

水权的内容即水权的具体规定，水权是一组权利束，包含多个层次。具体包括水资源的所有权、使用权和经营权等。所有权是其他权利的原生权，是第一位的。关于这几种权利的相互关系已经在 6.1 节中有所阐述，这里不再赘述。

6.2.1.3 按水资源的形态对水权进行初始界定

根据水资源形态可以对水权进行初始界定。水资源在地球上以各种形态存在，包括气态水、液态水和固态水。不同形态的水，其界定方式是不同的。

（1）气态水的初始水权界定。气态水通过大气循环在全球流动，可以认为气态水属于全人类所共有，但是全人类是一个很宽泛的概念，所以实际上气态水的水权是缺失的。现实中气态水作为一种公共资源常常引起一系列环境问题，如酸雨问题、黑雪现象等。这正是由于气态水的初始产权没有清晰界定所导致的后果。以酸雨为例，酸雨是气态水遭遇硫氧化物形成的，由于大气环流，这些污染的气态水在另一个地区以降雨形式落在地面，就形成了酸雨。酸雨已经成为影响人类生存发展的一大公害。从这些公害现象中，可以发现其产生的一大原因就是因为没有明确地界定空气或气态水的产权，气态水成为一种公共资源被滥用，造成“公地悲剧”。气态水是跨国界的，其水权界定与大气层的保护和管理分不开。全球各国必须联合起来，组成大气保护的跨国组织，签订大气保护的框架协定，限制污染空气的物质排放量，将气态水作为稀缺公共资源加强技术检测和保护管理。

（2）固态水的初始产权界定。地球上有相当多的水以固态形式即冰雪、冰川存在于地球的南北两极地表以及陆地的高山上。国家境内的冰雪、冰川水权归国家所有，其使用权由国家政府分配。公海上漂浮的冰山，南北两极地表的冰雪、冰川的初始水权归全球、全人类所有，但实际上其水权主体也是缺失的。正是因为水权的缺失，这些冰雪、冰川的初始产权没有清晰界定，它们的管理开发以及污染等问题逐渐成为世界关注的焦点。

（3）液态水的初始产权界定。液态形式存在的水主要包括海水、地表水和地下水。海水的初始产权界定与固体水的界定方式类似，需要区分其是国家范围内的还是属于公海的，国家内海的水权为国家所有，其使用和管理及相关权益都由政府分配。而公海的水权主体则是缺失的，会出现类似上述所说的气态水和固态水的“公地悲剧”问题，其水权的管理依靠国际协商和制定国际公约。地表水和地下水的初始水权界定是水权研究的重点问题，一般按国家法律规定，地表水和地下水资源归国家所有。

6.2.1.4 水权界定原则

（1）可持续性利用原则。可持续性利用原则是指不断努力获取更多水资源的同时，在人类社会有意义的时间和空间尺度上，就水资源的数量和质量而言，人类社会利用水资源的选择空间不被缩小。可持续性原则要求充分考虑不同地区、不同人群生存和发展的平等用水权，并充分考虑经济社会和生态环境的用水需求。水资源是国民经济发展的重要资源，是经济社会可持续发展的物质基础和基本条件，水资源的可持续利用是经济社会可持续发展的重要支撑和保障。因此，水权界定一定要坚持可持续利用的原则。水资源使用权的分配要控制在环境可承受的范围之内，坚持总量控制，所分配的水资源总量不得超过水资源调查评价所确定的可供分配的水资源量，以防止水分失控和由此带来的资源过度开发、承载能力下降的局面，维护当代人和子孙后代的生存和发展空间。

（2）高等级用水优先保证原则。水权按照优先顺序可以分为生活用水水权、生态环境用水水权、生产用水水权。由于生活用水是用来满足城市和农村居民基本生活用水需求的，因此在进行水权分配时，生活用水水权应优先给予满足；由于生态环境用水影响着经济社会的可持续发展，在进行水权分配时，在生活用水水权已经得到保障的前提下，接着应优先考虑生态环境用水；在生活用水水权、生态环境用水水权得到基本满足后，最后才考虑生产用水水权。当然，高等级用水优先保证原则并不意味着要在满足高等级用水的所有需求之后，才考虑下一等级的用水需求，而是指在满足高等级用水的基本需求之后，才能考虑下一等级的用水需求。

（3）效率优先，兼顾公平原则。效率原则即指水权优先分配给那些经济效率高的地区、行业和部门。效率优先原则包括两层含义：① 水资源的界定应该能够起到节约用水、提高水资源利用效率的激励作用；② 从流域整体出发，水权的界定不能绝对平等，而应在优先保证各地区基本生活用水的基础上适当向水资源利用效率高的地区和行业倾斜，这样有利于引导水资源向优化配置的方向发展。

公平原则就是要保证不同地区、不同人群生存和发展的平等用水权，并充分考虑经济社会不发达地区的用水需求和生态环境的用水权。水权界定必须充分考虑水资源在地域间、行业间、人群间的平等分配和生态用水的要求，保证水资源在上下游、左右岸、不同区域、不同部门间的公平分配。

水权界定要求效率和公平的统一，这是在水权界定过程中追求的理想目标，但在现实中效率和公平经常存在冲突。例如，将水资源向高效率的产业倾斜时，不能兼顾公平问题。随着经济社会的发展，农业水资源向城市生活和工业用水转移数量不断增大，水资源利用效率得到提高，但在一定程度上对农业水权构成了侵犯，农民不得不加大节水投资力度，这在一定程度上加大了生产成本，必须采取必要的措施补偿这种成本，这样才能体现公平原则。同样在流域范围内（或跨流域）不同区域水资源分配和流动，也涉及利益的再分配，所以在水权界定时，应该兼顾公平原则，只有这样才不会损害部分人的权益。在进行初始水权界定时，应该更加注重公平原则，在满足公平原则的前提下再考虑效率的问题；如果二者不能兼顾，则在公平原则下进行水权的初始界定，而水权的效率原则可以在水权的二级分配（市场分配）与水权交易中体现出来。

6.2.2 水权的分配

水权的分配包括水权的初始分配和再分配，后者属于水权交易的范畴，将会在6.3具体介绍，这里主要讨论水权的初始分配。

6.2.2.1 水权分配的关键参数

（1）水权优先权的确定。初始水权优先权的确定应以生活用水优先保证为基本原则，同时兼顾效率及公平原则，并适当考虑其他用水。要确定水资源的需要层次，当水资源比较紧缺的时候，要优先满足基本生活用水的需要；在满足生活需要之后还有剩余时，再考虑生产用水和生态用水的需要。对于生产用水这部分用水需求，可以采用取水许可证制度。这部分水权的分配应以效率原则为主，同时也应兼顾公平原则，以兼顾不同流域、区域、企业及个人对水资源的需要。对于水资源相对紧缺，枯水期会发生用水冲突的地方，特别是个别用水的总取水量超过实际可更新的水资源总量的地方，可通过不同的取水保证率条件，明确界定优先级别。

（2）水权量的确定。要确定水权量，必须明确设计取水能力、取水许可指标、实际用水量之间的关系。设计取水能力往往是在工程建设之初经有关部门批准的针对特定取水状态而设立的，其目的和依据都是取水量，因此它不应成为初始水量确定的依据。而对于取水许可指标和实际用水量而言，则须根据实际情况加以区别对待。首先，取水许可指标是一个平均量的概念，而实际用水量是一个波动的概念。正常情况下，实际用水量的多年平均值应小于且接近取水许可量。这时，初始水权的水量应以取水许可的总量为依据。由于我国取水许可管理对总量控制不够严格，个别实际用水量明显小于取水许可量，这时，应本着适度紧缩用水和坚持合理用水的原则，以实际用水量确定初始水权。其次，取水许可制度允许的无须取水许可的少量用水，水权初始分配则应以实际用水量为依据。

（3）水权质的界定。水权质的确定，是明晰水权所必不可少的一项内容。不同水质的水，其使用价值不同，如Ⅰ类水通常指自然状态下的洁净水，甚至可以直接灌装饮用；Ⅱ类水则可以直接进入自来水厂；Ⅲ类水已属轻微污染，须经处理才可进入自来水厂；Ⅳ类水属于工业用水以及人体非直接接触的娱乐用水；Ⅴ类水则一般只可用于农灌和一般景观用水。可见，作为一项财产权，水权的质与其财产价值密切相关，必须加以明确界定。在实际界定中，不应局限于目前国家规定的这五类水标准。可在此基础上，结合实际情况，针对特定的水质指标作更为细致的界定。

6.2.2.2 水权分配模式

（1）人口分配模式。按照平均主义的思想，位于同一水源地的所有居民都有平等享用水资源的权利。沿用这一思路，在进行水权分配时，将可分配水量按人口分解到各用水户。由此，各用水户可分到的水权数量为：

$$\mathrm{WR}_i=\mathrm{WR}\times(P_i/P),\quad i=1,2,\cdots,n \tag{6.1}$$

式中：P——该水资源辖区总人口数；

P_i——该用水户的人口数；

WR——可分配的水权总量；

WR_i——该用水户的水权量。

这种平均主义的分配模式强调了所有的用水户拥有同等的用水权，体现了资源分配的公平性。这一模式在智利的部分地区得到广泛使用。如果在我国采用人口分配模式分配水权，就忽略了不同行业与地区从业人员对水资源的需求差异，将城镇居民与农村居民等同看待，将沿海地区和中西部地区也等同看待。对城镇居民而言，水资源仅仅是生活资料，而对农村居民来说，水不仅是生活资料，还是生产资料。况且城镇居民已经享用了较大的社会资源（如就业、交通、社会最低保障等），平等参与分配对农民有失公允。同时，根据人口数量分配水资源，容易导致劳动密集型产业获得较多的水权，不利于产业结构升级。

（2）面积分配模式。水权分配的另一模式是按照水源地周围地区面积进行分配。依此模式用水分配的水权量为：

$$\mathrm{WR}_i=\mathrm{WR}\times(M_i/M),\quad i=1,2,\cdots,n \tag{6.2}$$

式中：M——水资源辖区的总面积；

M_i——该用水户所辖的区域面积；

其他符号的含义同式（6.1）。

面积分配模式与国外的河岸权相类似，它规定水权属于沿岸的土地所有者。河岸权是在土地开发初期自然存在并发展的一种水权形式，有其自然的合理性，在英国和美国的东部丰水地区应用较为广泛。但这一模式有其片面性，因为流域面积与相应的耕地面积及其他生产要素的分布并不是简单的比例关系，如黄河上游地区流域面积普遍较大，如果按照这一模式进行分配，可能会使黄河下游在枯水年份更加无水可用。因此，这种分配模式明显不具有现实可能性。但该分配模式对农用水权的分配而言，将公式中 M 换成耕地面积也许更具有指导意义。

（3）产值分配模式。一般来说，一个地区的用水量与其经济发展是相对应的，而 GDP 指标是反映地区经济发展水平的重要指标。因此按 GDP 指标分配水权，较上述两种分配模式，更接近经济社会的现实。按 GDP 进行水权分配的计算公式为：

$$\mathrm{WR}_i=\mathrm{WR}\times(\mathrm{GDP}_i/\mathrm{GDP}),\ i=1,2,\cdots,n \tag{6.3}$$

式中：GDP——整个水资源辖区的国内生产总值；

GDP_i——各用水业户的 GDP 指标；

其他符号的含义同式（6.1）。

从理论上讲，这种按 GDP 进行水权分配的模式更能体现资源配置效率，有利于提高整个国家和地区的经济发展水平，但与平等发展权利理论相抵触。平等发展权利理论认为，公共资源是人类的共同遗产，其使用最终要促进每一个人的福利。对于在发展机会上居于劣势的地区，在资源的使用上需要分配更多的资源，而且要求发达地区帮助落后地区实现在发展机会上的均等。例如，在我国黄河流域，按照平等发展权利理论，上游省份由于经济发展缓慢，在水权分配上应该得到更多的照顾。若按产值分配模式，上游地区只能得到较少的水权份额，长期下去，将会加重上下游两极分化。从产业发展角度而言，这种分配模式将会导致农业等产值低的行业水权量逐年减少，而农业又是一个需水量大且对水资源高度依赖的产业，长此以往，必将导致农业等低产值产业的退化，造成产业发展的失衡。因此产值分配模式在施行过程中难度较大，但对于各行业内部的水权再分配，具有一定的参考价值。

（4）混合分配模式。上述 3 种水权分配模式由于配置依据的不同，配置结果也不同。一般而言，不同地区、不同行业和不同的社会群体对水权的分配模式的偏好各不相同。例如，在黄河流域，像青海、甘肃、内蒙古等上游地区偏好流域面积配置模式；陕西、山西、河南等中游地区偏好人口配置模式，选择该模式对该地区的经济发展可能更为有利；黄河下游山东省则偏好产值配置模式。由此可见，任何一种模式都会得到偏好者的支持，同时也会遭到其他区域的反对。因此，上述任何一种模式在实践中均难以落实，必须选择一种折中的、为各方所接受的分配模式。一种比较简单的方式就是对上述 3 种配置模式进行加权，即混合分配模式：

$$WR_i=[W_1\times(P_i/P)+W_2\times(M_i/M)+W_3\times(\mathrm{GDP}_i/\mathrm{GDP})]\times\mathrm{WR},\ i=1,2,\cdots,n \tag{6.4}$$

式中：W_1、W_2、W_3——上述 3 种模式的加权值；

其他符号的含义同式（6.1）。

混合分配模式的关键是上述权重的确定，其大小取决于各方的谈判能力和决策者的偏好。政府部门或其授权的管理机构在综合各方意见的基础上，合理地确定权重，以决定各用水户的初始水权配额。就分配难度而言，由于该分配模式综合了各方面的因素和意见，其分配结果易为各方接受。

实践中，水权分配模式的选取必须考虑政府所要达到的主观目标以及信息量的获取程度等因素，在综合各方面因素基础上，做出最佳的选择。对于不同的分配模式，表 6-1 从适用范围、可操作性、偏好和实施难度等方面对人口分配模式、面积分配模式、产值分配模式、混合分配模式进行了比较。

表 6-1 不同水权分配模式的比较

特性＼模式	人口分配模式	面积分配模式	GDP 分配模式	混合分配模式
适用范围	跨区域分配	跨区域分配、农用水分配	跨区域分配、行业内部分配	各个层面的水权分配
可操作性	简单	简单	简单	复杂
公平与效率	公平	公平	高效率	二者兼顾
行业偏好	非农业	农业	非农业	兼顾
实施难度	难度大	难度大	难度小	难度小

此外还有一些学者提出了“现状分配模式”、“行政分配模式”、“民主协商分配模式”和“市场分配模式”等。现状分配模式是在承认用水户用水现状的基础上，以现有的用水量（上一年或近几年的加权平均值）为标准，依据这种“溯往原则”进行水权分配。行政分配模式也可以称作行政管制分配模式，即由政府负责和管理水资源的开发建设，提供水利建设经费，统筹向用水户分配水权，并收回水权再重新分配，同时禁止水权的移转与交易，以维护政府计划调控的延续性。民主协商分配模式是指由具有共同利益的用水户自行组成并参与决策的组织，如水利灌溉组织、流域用水组织以及用水者协会组织，通过内部民主协商的形式分配水权。市场分配模式即通过公开拍卖的方式对水权进行分配。一般而言，这部分水权的拍卖价格高于上述初始分配的水权价格，参与竞买者一般是水资源边际产出较高的行业，由于有较高的收益预期，往往会对这部分水权支付较高的价格。

6.2.2.3 水权分配程序

水权分配程序主要分为水权分配评价、水权分配决策、水权分配执行和水权分配监管 4 个环节。

（1）水权分配评价。水权分配实际上是水资源的使用权分配，使用权的初次分配就是水资源使用权量的分配，体现在对分配水量的规定性。所以，要做到科学、合理地分配水权，必须建立两套指标，即水资源的宏观控制指标和微观定额体系。水权分配评价要求客观公正，可以由水资源管理委员会委托政府所属科研机构或者是水资源中介机构进行。

根据全国、各流域和各行政区域的水资源量和可利用量，制定水资源宏观控制指标，对各省级区域进行水量分配，进而再向下一级行政区域分配水量。通过建立微观定额体系，制定出各行政区域的行业生产用水和生活用水定额，并以各行业的用水定额为主要依据核算用水总量，在区域水资源量以及区域经济发展和生态环境保护的基础上，科学地进行水量分配。根据经济发展水平制定的分行业、分地区的万元国内生产总值用水定额指标体系要以逐步接近国际平均水平为总目标。

通过水资源调查评价摸清全国、各流域和各行政区域的水资源量是建立水权分配评价的基础和前提条件。只有搞清楚全国、各流域和各行政区域的水资源量和可利用量，才能在全国范围对各省级区域进行水量分配，进而再向下一级行政区域层层分配水量。

制定各行业生产用水定额和各行政区域生活用水定额。通过制定各行业生产用水和生活用水定额，才能在已知全国可利用水资源和各流域水资源量以及各省级区域经济发展和生态环境保护的基础上，科学分配水量到各省级区域，然后据此层层分配水量到地（市）级行政区域、县（市）级行政区域。

（2）水权分配决策。水权分配决策应由专家委员会、评价委员会和政府相关部门组成的水资源管理委员会协商决定。各级水资源管理委员会在完成水资源调查评价，摸清全国各流域、各行政区域的水资源量和可利用量以及各行业用水定额的基础上，制订各行政区域的水量分配方案、年度水量分配方案和调度计划。水量分配方案是指在一个流域内，根据流域内各行政区域的用水现状、经济发展水平、用水效率、管理水平等各项因素，将流域内各种形式的多年平均水资源量分配到各行政区域的计划。这是一个长期多年平均水资源量分配计划，而具体到每一年份，有的年份降雨量多，有的年份降雨量少，也就是说，在不同的年份，各行政区域的可利用水量是随着来水量的不同而变化的。另外，重大的水资源配置决策需获得相应一级的人大常委会通过才有效。

（3）水权分配执行。根据水量分配方案和本年度预测来水量，制订每一年份的水量分配方案和调度计划，将水资源分配到各行政区域。这里的水权主体是各行政区域的人民政府或其授权的水行政主管部门。水权分配的执行分为初始分配和二次分配两个阶段的设计见图 6-1。

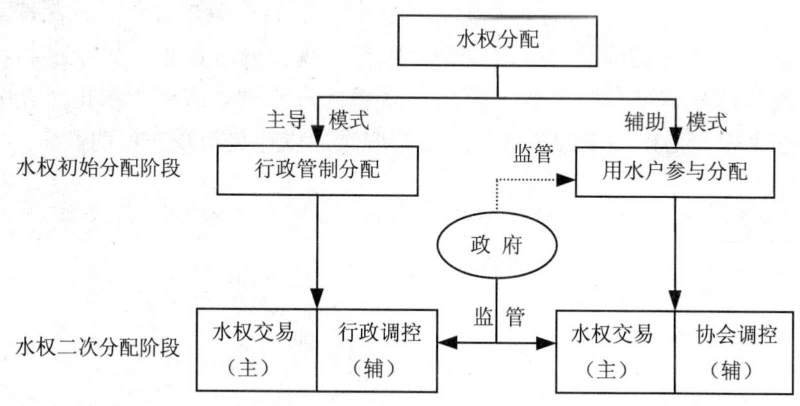

图 6-1　水权分配的执行过程

- 水权的初始分配：水权初始分配的目的是进一步明晰用水者的用水权益，因此水权初始分配应该详尽、明晰。首先应当提出初始水权的申请，水权管理机构（水资源管理委员会）对初始水权进行审查，包括引水量（含水量、水质、流量过程等）与所管理总水量的关系以及现用水对防洪、生态、环境等公共利益的影响。审查后还要经过初始水权的公示，包括界定初始水权所必须的申请人姓名、申请的用水目的、用水地点、引水量（包括流量过程限制）、引水设施的描述，以及有关水权优先权的界定与描述等必要的参数，还应该包括水权初始分配申请人的相关申请内容以及水权管理机构审查水权的结果及原因等。当初始水权经公示一定时期，没有异议提出，或所提出异议已解决的情况下，水权管理机构（水资源管理委员会）即可授予水权初始分配申请者相应的初始水权。

初始水权分配在主要的大、中型流域，应沿袭行政管制分配模式，以兼顾公平与效率，实现宏观调控的目标；在一些条件成熟的小流域，即在用水量相对比较集中、有一定的公众参与基础、水资源存在稀缺的小型流域里面，可以逐步培育和建立用水户协会，由行政主管机构授权，民主协商分配初始水权。

➢ 水权的二次分配：水权的二次分配即水权的流转和交易。水权的二次分配的顺利实施必须明晰水权，解除对水权交易的禁止，引入市场机制，实施水权交易，以节约用水，提高水资源配置效率。可以先在水资源稀缺的流域进行试点，建立水权市场，然后再逐步向其他流域推广。

由于水权完全界定（建立私有水权制度）的成本高昂，所以，水权结构的主体形式仍将是公共产权，但其内部的排他性可以不断提高，国有水权和流域水权可以更多地分割为区域水权和集体水权，水权主体也可以多元化，包括各级政府、组织、企业、用水大户甚至个人。水权的分配应因地制宜、渐进改革，对于跨流域调水，仍可采用国有水权的观点，减少中央财政补贴，引入市场机制；对于水事冲突严重的流域，可将流域水权分割为更明确的区域水权，并广泛引入流域民主协商；区域内的水资源管理，可以将更多的区域水权分割为集体水权甚至私有水权，从取水许可管理逐步转向水权管理。通过一系列的措施，基于行政手段的产权制度融入越来越多的市场机制，混合水权制度和多种配水制度同时并存将成为现实，从而进一步降低不同水权的界定及维护成本。

（4）水权分配监管。在实行水权分配的过程中要实行分配评价、分配决策、分配执行、分配监管四权分立的原则。行政管制分配要体现公开、公正、民众参与、民众监督的原则。市场机制配水要体现竞争、有序、效率优先原则。政府配水也要充分运用市场手段。政府在水权交易市场中同样肩负监督的职责，以避免市场失灵的产生。

6.3 水权交易

6.3.1 水权交易概述

6.3.1.1 水权交易的含义

水权交易是通过市场机制来配置水权，根据供求关系调节水权供需的一种交易机制，是水权拥有者出让全部或部分水权而潜在的水权需求者买进全部或部分水权的行为。

水权交易最早出现在美国西部的部分地区，如加利福尼亚、新墨西哥等州，具体做法是允许优先占有水权者在市场上出售富余水量。20 世纪 60～70 年代以来，水权交易的理论逐渐被广泛接受，越来越多的国家已经开始或者准备开始实行水权交易制度，如除了美国的西部地区外，智利和墨西哥分别于 1973 年和 1992 年开始实行水权交易制度，中东的一些缺水国家也于 20 世纪末开始讨论和准备实行这种制度。可以说，水权交易理论的形成和水权交易制度的发展反映了世界水资源管理的新趋势。

水权的交易应该具备 3 个基本前提：① 可交易的水权。这意味着水资源使用者同意再分配水权，并且他们可以从水权交易中得到补偿；② 定义明晰的水权。它有利于提高个人（如农民）或群体对于公共灌溉管理部门讨价还价的能力；③ 安全的水权。用水者在考虑了全部机会成本之后，可以在卖水和用水之间作出合理选择，从而促进投资和节约用水。

6.3.1.2 水权交易的分类

按交易主体、交易涉及产业、交易时间和交易空间的不同，水权交易可以分成不同的类型（图 6-2）。

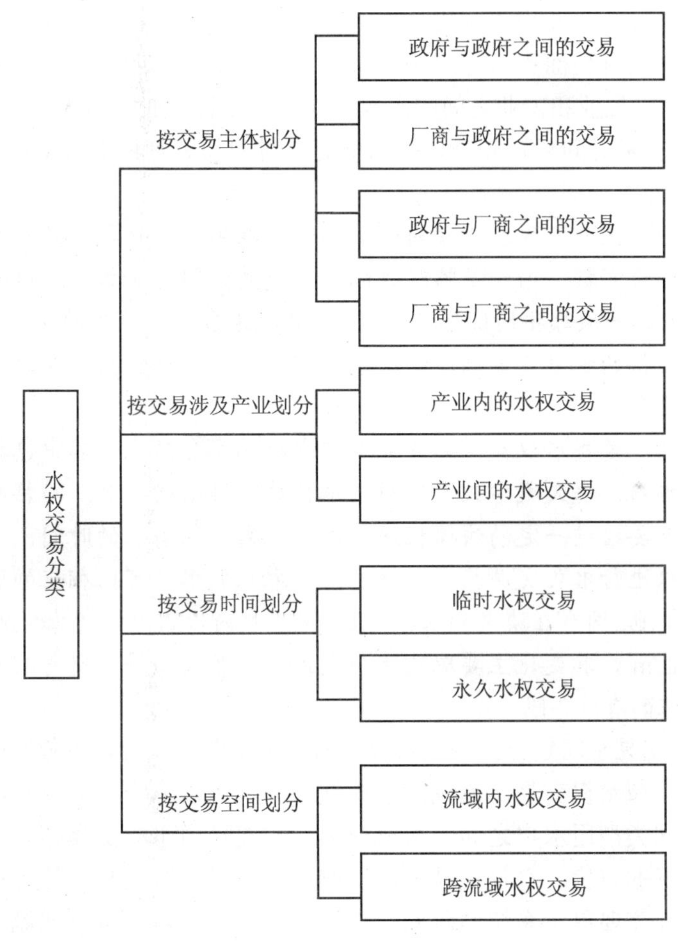

图 6-2 水权交易类型

（1）按水权交易主体的不同划分。按交易主体的不同可以将水权交易分为：政府与政府之间的交易、政府与厂商之间的交易、厂商与厂商之间的交易等。这里的“厂商”就是微观经济学中生产者行为理论所指的厂商，它可能是一个企业，也可能是一个农户。

如果就“厂商”和“政府”分别作为买方和卖方进行两两组合，可能存在以下几种情况：① 政府（买方）与政府（卖方）之间的交易；② 政府（买方）与厂商（卖方）之间的交易；③ 厂商（买方）与政府（卖方）之间的交易；④ 厂商（买方）与厂商（卖方）之间的交易。

（2）按水权交易涉及的产业划分。按水权交易所涉及的产业来划分，可以将水权交易分为产业内水权交易以及产业间水权交易。

产业内水权交易是在同一产业内部，如农业部门或工业部门内部，由于用水效率的差异，或者由于生产过程中使用新工艺、新设备或采用新方法，水权利用效率较高的一方就会将节约下来的水权，与水权利用效率较低的一方进行交易，形成市场对水权的重新配置。

产业间水权转让主要发生在农业和工业之间。农业是用水大户，大部分水权分配给了农业，但是与工业部门相比，农业部门用水效益不高，如果通过修建水利工程，对渠道衬砌防渗处理，提高农业用水利用效率，或者改变种植结构，减少高耗水植物种植面积，增加低耗水植物种植面积，加强田间管理等措施节约农业用水，通过交换将用水水权转让给工业，这种农业和工业之间的水权转让即是一种产业间的水权转让形式。

（3）按水权交易时间长短划分。按水权交易时间长短可将水权交易分为临时交易、永久交易。

- 临时交易：主要发生在一年内的水调配量在不同用户之间的转移，但水权仍旧由原所有者掌握。由于是临时性的水权交易，因此价格也相对低一些，例如在澳大利亚，一般每年的价格在 0.02 ~ 0.04 澳元/m^3，价格的变化主要取决于水权拥有者提供的水量可靠性，以及水量调配基准、作物生长期及特殊作物的市场价格等因素。
- 永久交易：是指水权交易部分或全部水权的完全转让，其中包括销售者的部分或全部水权的永久减少或签发新的水权许可证给购买者。与临时交易不同，永久交易需要经过一定的法律程序，因此也需要相当长的时间。如果一个灌溉企业的水权进行永久交易获得成功，那么灌溉取水许可证相应的取消、灌溉农田将成为旱地。同样在澳大利亚，一般情况下州内永久水权交易的价格范围是 0.4 ~ 1.2 澳元/m^3，其变化主要取决于特定地区作物的栽培、交易前水的可靠性及水权许可证的有效年限。

（4）按水权交易空间划分。按照水权交易的空间跨度来分，水权交易又可分为流域内水权交易和跨流域水权交易。流域内水权交易，又可以分为流域内不同区域的水权交易和同一区域不同类型用水户之间的水权交易。与流域内水权交易相比，跨流域的水权交易涉及交易水权的定价、水权交易中的法律保障，以及其他相关的各种生态、经济等问题，更为复杂，需要更为系统的研究。根据交易时间长短又可以把流域内水权交易和跨流域水权交易划分为以下 4 种：

- 流域内临时交易：这是一种非常常见的交易形式，临时交易主要是发生在不同用户之间的转移。由于是临时性的水权交易，因此价格也相对低一些，价格的变化主要取决于水权拥有者提供的水量可靠性、水量调配基准、作物生长期及特殊作物的市场价值等因素。

- 流域内永久交易意味着部分或全部水权的完全转让，其中包括销售者的部分或全部水权的永久减少或签发新的水权许可证给购买者。永久交易与临时交易不同，需要经过一定的法律程序，因此也需要相当长的时间。
- 跨流域临时交易是指不同水资源流域（地区）之间进行的水权临时交易，相应的，流域（地区）水管理法规中有关水资源计量和销售的规则也需进行相应的修改，使之符合跨流域临时交易的要求。
- 跨流域永久交易中，由于不同流域（地区）之间的水资源管理法则和水权交易程序及水定价原则不尽相同，因此，进行跨流域交易前需要对相应的法律问题、产权问题、成本回收和定价、水交易中的交易系数以及包括防止盐碱化在内的环境问题等进行研究。

6.3.2 水权交易的动力与成本收益分析

6.3.2.1 水权交易的动力分析

从资源配置的经济效率角度来看，水权交易的内在驱动力来源于各用水户之间用水边际收益的差异。即只要存在用水户边际收益的差异就存在水资源调度与水权重新分配的潜在效益，只要这种潜在效益大于所需成本，水权交易就会产生。下面以农业用水与工业用水之间的水权交易为例来说明水权交易的动力。

通常来说，农业用水的边际收益要低于工业用水的边际收益，两者存在边际收益差（图 6-3）。

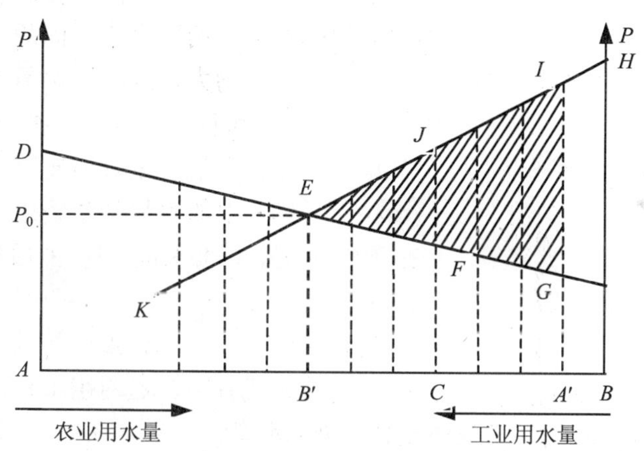

图 6-3 水权交易的动力分析

假设某流域在正常年份下的可用水量为 *AB*，而 *DG* 与 *HK* 曲线则分别代表农业用水与工业用水的边际收益曲线。假设在缺水的情况下，农业和工业需水量分别为 *AA′* 与 *BB′*。此时流域内的总用水量（*AA′*＋*BB′*）大于总供水量 *AB*，流域可用水量不能完全满足所有用水户的正常需求。假设不考虑交易成本，若按优先权方式分配水权，农业用水顺序优先，即优先保证和满足农业用水的需水量（*AA′*），而工业用水将只能使用剩余水量（*A′B*）。在 *A′*分界点上，工业用水的边际收益 *IA′*要远大于农业用水边际收益 *GA′*；若按比例分配即取消农业和工业水权的优先差别，共同分担缺水，令农业和工业用水按均等量减少用水量，农业与工业用水分别减少为 *AC* 与 *BC*，减少量分别为 *A′C* 与 *B′C*。

在 C 分界点上，工业用水的边际收益 JC 大于农业用水边际收益 FC。在 A'和 C 点上都存在农业释出低效水资源的压力以及工业补给高效水资源的意愿。如果允许水权进行交易，双方将会在均衡点 E 进行交易，交易产生现有水资源配置的最大净收益 $\square ADEB' + \square B'EHB$，此时工业和农业之间边际收益差为零。而图中阴影面积 ΔEJF（比例分配）和 $\triangle EIG$（优先权）即为水权交易按比例分享、优先权制的初始水权配置方式（只要是可能存在边际收益差的方式）所带来的收益损失。由此说明，边际收益差是产生水权交易的动力来源。

6.3.2.2 水权交易成本收益分析

（1）水权交易成本以及收益。在水权交易中，交易成本是决定交易活跃程度的重要因素。交易成本的高低，直接影响到水权交易的实现，决定了水权市场在水资源配置中作用的发挥程度。

从范围上来看，水权交易成本有狭义和广义之分。狭义水权交易成本是指在交易过程中由交易双方直接支付的成本，包括：交易双方发布和收集有关水权交易的信息费用，双方讨价还价费用，签订水权交易合同的签约费用，支付水权交易中心的有关费用，水权的过户费用，交易双方的履约费用以及违约损失等。这一交易成本直接关系到交易双方的利益得失，因而其高低大小将直接影响到水权交易的活跃程度。

广义的水权交易成本除了包含狭义水权交易成本外，还包括水权的界定成本、水权的规制成本和水权的衡量成本等。水权界定成本又称水权的初始分配成本。在现行的水权制度下，要将公共水权界定给各个用水户，不仅要对地区的水资源状况作出准确的度量和评价，而且在分配过程中还要确定分配模式，协调用水户之间的利益，最后确定各用水户的水权量，这一过程需要耗费大量的人力、物力，这种成本属于制度变迁成本。水权的规制成本是指水权市场的建设和管理费用，执行、监督、维护交易所支付的成本。所谓的水权衡量成本是指制定水权交易单位，进行水权度量等所支付的成本，这部分成本有些已经由社会（前人）支付，但水权交易过程中的水权计量费用，包括安装计量器具、实地量测费用、统计核算等，却必须由水权交易来承担，这 3 项费用一般并不由交易双方直接承担，而是由政府负担。

水权交易旨在为了交易双方可以在交易活动中获利。如果交易成本过高并足以抵消交易双方的获利空间，交易行为将会终止。假如现有甲、乙两用水户，甲的单位水资源的产出效率为 0.4 元，乙的用水效率较高，单位水资源产出为 0.5 元。随着规模的扩大，双方都有增加用水量的要求。如果交易成本为零，那么只要交易价格大于 0.4 元，甲用水户就有出售水权的要求；同时，只要交易价格低于 0.5 元/m^3，乙用水户就有购买水权的要求。由于交易成本不可能为零，因而交易成本的高低就成为该交易成功与否的关键。如果交易成本小于 0.1 元/m^3，双方就能在 0.4～0.5 元之间达成交易，并都从中获利，如果高于这一价格，交易将不会发生。

继续用前面关于水权交易动力分析的例子对水权交易的成本与效益进行分析。在实证研究中，对各用户用水边际收益的估计，通常是假设各用水户在充分掌握本身用水信息的情况下，以用水户的对新增用水量的愿付价格（Willingness To Pay，WTP）与对出让水量的愿受价格（Willingness To Accept，WTA）作为用水户的边际用水效益。如图 6-4 所示，在既有的水权分配下，假设农业部门为水权市场的潜在卖方，农业部门对移出水量的愿受价格反映出水资源的价值 V_a（w），也就是用水的边际收益或减少用水的机会成本与边际损失。相应的，假设工业部门为水权交易的买方，工业部门对增加用水的愿付价格反映出工业用水的价值 V_b（w），也就是工业用水的边际效益。假设在未交易的情况下，农业用水的水权分配为 AC，工业用水的水权分配为 BC，通过水权交易后，农业用水量为 AE，工业用水量为 BE，在不考虑外部性的情况下，此时水资源分配产生的总效益达到最大，交易价格 P_w 反映出水资源的市场价值。

如果考虑交易成本，按照 Colby 分析，水权流转过程中可能涉及的交易成本是：① 行政引导（administratively-induced）的交易成本。水权交易时所需支付的行政手续成本，包括寻找交易对象、协商交易数量、补偿金额与水的运送方式等。② 政策引导（policy-induced）的交易成本。基于特殊政策考虑，致使水权交易双方必须支付的成本，如认定交易水权的法律成本、工程成本、交易的申请与同意过程、对第三者影响及诉讼的成本等。①

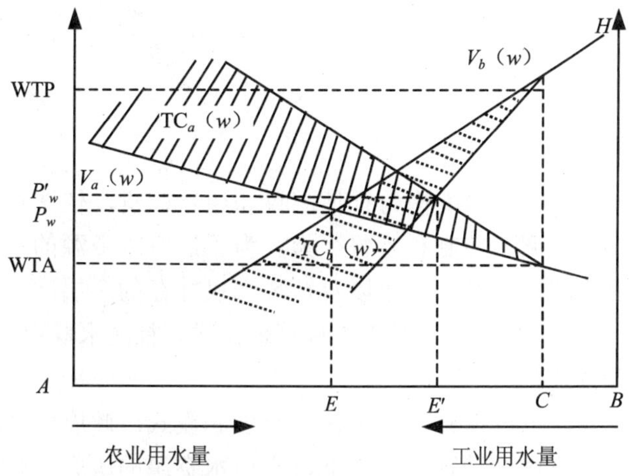

图 6-4　水权交易的成本收益分析

如果将水权交易双方支付的成本划分为卖方的交易成本 TC_a（w）与买方的交易成本 TC_b（w），则水权交易的净收益为总收益减去买卖双方的交易成本之和。因此，对用水户而言，将交易成本并入计算后，此时水资源市场的交易量为 $E'C$ 而不是 EC，市场交易价格为 P'_w，其中的交易成本分别由买卖双方承担，因此水权交易对农业与工业部门的净收益分别为 NB_a 与 NB_b：

$$NB_a = P_w^{'} \times E^{'}C - \int_{AE^{'}}^{AC} [V_a(w) + TC_a(w)]dw \tag{6.5}$$

$$NB_b = \int_{BC}^{BE^{'}} [V_b(w) - TC_b(w)]dw - P_w^{'} \times E^{'}C \tag{6.6}$$

分析结果表明，对交易双方而言，水权交易的市场潜在收益与交易成本是决定水资

① Coby,Bonnie G.Transactions Cost and Efficiency in Westen Water Allocatiom[J].American Journal of Agricultural Economics. Vol 72,1990.

源重新分配的关键。只有在双方净收益大于零的情况下，水权交易才有可能发生。至于交易过程所可能产生的外部性成本，有一部分包含在行政引导与政策引导交易成本中，因为水权的流转或交易须经过行政主管部门的审核，在审核过程中已剔除部分的外部效果与冲击。

（2）降低水权交易成本的措施。水权交易成本的降低可从以下几个方面着手：① 建立网上交易系统，降低市场建设成本、管理成本和狭义交易成本。建立以互联网为平台的水权信息系统，及时发布水权供求信息，降低信息收集费用；利用网上谈判系统，减少谈判双方费用，降低谈判成本；通过网上水权交易系统完成交易，降低交易费用。② 政府可在水权交易方面进行适当的鼓励性的补贴，如降低交易费、减收过户费等，以刺激水权交易，提高整个社会的水资源利用效率。③ 社会各方面加大水利设施投资，建立便捷的输水网络和计量设施，降低水权交易成本。

6.4 水权管理

6.4.1 水权管理模式的比较

水权管理是国家水行政管理机构为行使职权和履行职责，依法对水权的产生、变更及消灭所实施的组织、协调、控制和监督行为。为了适应水资源的不同属性要求，要求在水资源上建立起国有产权、私人产权以及社区产权并存的多层次产权结构，相应的水权管理模式便有国有水权管理模式、私人水权管理模式和社区水权管理模式。

6.4.1.1 国有水权管理模式

国有水权管理模式，也可以称之为水权政府管制模式。政府管理或管制水权的主要手段是法律和行政权力。在这种管理模式下，不但水资源的所有权归国家，而且它的使用权、处置权、转让权等都受政府管理，也就是政府直接干预水资源配置，水资源的供给和需求都由政府来调节和控制。我国传统的计划配置水资源的管理模式就是一种政府管制模式。根据水资源政府管制的特点，可以把政府管制分为经济性管制和社会性管制两种类型。经济性管制通常是指政府通过价格、数量、质量、进入与退出等方面的限制来约束水资源使用者的用水行为，其目的主要是防止水资源配置的低效率和确保使用者的公平使用。社会性管制是指以保障国民的安全、健康、卫生、环境保护、防止灾害为目的，对水资源相关产品与服务质量和伴随着提供它们而产生的各种活动制定一定标准，并禁止、限制特定行为的管制。

国有水权管理模式有其优势所在。因为，水资源从宏观上看是一整体，河流等水资源往往分布范围很广，那些只有小范围权力的管理单位是无法对水资源进行宏观调控的。而且水资源的开发利用是一个系统工程，只有权力较大的政府才有优势进行水资源的宏观调控。政府作为一种强有力的等级结构，在协调水事相关部门的利益和解决水资源利用冲突等方面，具有明显的降低协调成本和执行成本的作用。

国有水权管理模式有助于解决某些具有公共物品属性的水资源的市场失灵问题。管理模式的效率是由具体的交易技术结构和体制组织形式决定的。对于水资源来说，其特性多样，不同的水有不同的交易结构，适合不同的管理体制。随着技术的进步，水权也逐步清晰，许多领域的水资源管制可以逐步放松，比如城市的生活用水、农业的灌溉用水等。但对于资产专用性较强、财产的公共性较高的那部分水资源来说，还是适合于采用政府管理体制，生态环境用水就是这样的一种水资源。生态环境用水功能单一，而且是地球生存环境必备的一部分，其资产专用性极强，不像其他用途的水资源，转换成别的用途后也不会引起太大的损失。而生态用水的缺乏将会给人类带来灾难性后果。生态用水不仅有利于人类生活质量的提高，而且有利于经济社会的可持续发展，具有很强的外部性，若是由市场管理，会造成投资供给不足，也就是市场失灵。

国有水权管理模式在提供资源保护标准方面具有明显的信息优势和成本优势。要为水资源系统提供一个维持资源可持续发展的保护标准，如生态环境用水的需求总量及分布，需要花费高昂的成本，并需要多个部门的协作。而且建立一种科学的资源保护标准，既存在计量能力的障碍，也存在获取相关水文结构、气象统计资料、生态环境等情况的准确信息的障碍。政府在提供这种资源保护标准方面，比其他组织具有明显的信息优势和成本优势。政府可以用相对较低的成本组织高水平的科研团队进行资源保护研究。对于一些投资大、风险高而回报周期长的基础研究和基础设施，私人往往不愿介入，而政府却有相对优势，这时候只能由政府提供，同时政府有能力进行大范围的监测工作。总之，政府能够从更宏观的范围、以相对低的成本确定资源保护标准。

国有水权管理模式并非在任何时候、任何情况下都是有效率的。因为这种管理模式存在比其他组织更高的管理成本。在最基本的用水户层面，政府组织会面临更高的信息成本问题，而且政府还面临多重委托—代理问题、设租寻租问题等。这些都会影响国有水权管理模式的绩效。

6.4.1.2 私人水权管理模式

私人水权管理模式是在水权明晰的前提下，通过市场机制，引导水权从低效率的使用部门或地方向高效率的部门或地方流动。在我国，实际上是在水资源所有权国有的前提下，通过市场机制交易水资源的使用权等有关权益，既包括微观上的提高水权价格以促进节水，也包括在流域上下游之间、不同地区之间、不同部门之间的水权交易。市场机制实现水资源优化配置的重要条件是允许水权自由交易。市场通过水权的交易使水资源流向使用效率高的地方，通过水权交易达到供需平衡，从而实现水资源的优化配置。

国有水权管理模式的主要问题是水权的稀缺性得不到反映，不能有效限制人类无限的需求欲望，导致水资源供求矛盾更为突出。私人水权管理模式能有效反映水权的稀缺性和抑制行为主体的机会主义行为，可以优化水权配置，激励节水，提高用水效率，协调供求矛盾。与国有水权管理模式相比私人水权管理模式省略了考核需求者真实需求量的工作，降低了考核成本。市场的竞争性使用水者有抑制其无限的需求欲望的内在机制，从而达到节约用水的目的。总之，对于经济用水水权来说，私人水权管理模式能提高水资源的配置效率。

私人水权管理模式除了有上面提到的效率优势以外，还可以获得以下 5 点潜在收益：① 用水户有了更多的选择，以决定他们是否需要重新配置和如何配置；② 用水户的水权权益得到进一步保障。水权市场的完善意味着建立了良好界定的水权，用水户就获得了水权安全的保证，因此愿意对可能增进收益的节水技术进行投资；③ 可交易水权制度将促进水权拥有者考虑用水的机会成本，包括不同用水的收益，水权拥有者将综合权衡水权的成本与收益，以期获得最大的收益；④ 可交易水权制度将使水权拥有者考虑由其他使用者带来的外部成本，从而减少水资源退化；⑤ 与灌溉水以量定价方法相比，农民更愿意接受水权市场交易所形成的定价方法。

但是，私人水权管理模式也有其局限性。① 私人水权管理模式具有区域局限性。水权在整体上的系统性和规模上的宏大性，以及水权在空间上转移的困难性，使市场调节水权的能力受到空间的约束，私人管理水权在局部是高效的，但不能自动实现全国性的水权最优配置。② 私人水权管理模式具有时间滞后性。水权的多寡与季节、年际相关，并且难以预测，所以水权市场的供给与需求都不稳定，市场难以及时反映供给与需求双方的变化，价格的变动慢于供需的变动，因而市场对水权的配置是事后纠偏型的。③ 私人的效率优先性使水权的配置很难兼顾到公平，如果不加以限制，水权就不能进入十分需要但又付不起费的地方。尤其是在旱涝灾害出现时，市场机制往往会出现失灵的情况，政府对此进行协调是必要的。④ 部分水权的公共物品性和外部性导致了私人水权管理模式的失灵。水权使用中的“搭便车”行为，常常导致市场无法显示出个人对水权使用的真实偏好，从而使得市场机制的核心——价格机制，失去了资源配置的导向作用。生态用水水权、市政用水水权就属于这类公共物品性质的水权，具有外部性，如果就由市场配置，往往会造成供给不足的情形。

6.4.1.3 社区水权管理模式

国有水权管理模式和私人水权管理模式都有各自的优缺点，或者说它们都有相应有效的管理范围，即国有水权管理模式适合管理资产专用性强、外部性强的公共物品性水权；私人水权管理模式适合管理排他性强、竞争性强而无外部性或外部性弱的私人物品性水权。然而现实中很多水权是介于公共物品与私人物品之间的准公共物品。对于准公共物品性的水权来说，如果能构建一种合适的社区水权，将提高这种水权的配置效率。具体来说，就是将一种准公共物品的水权或部分水权赋予某一群体，将其称之为社区或者俱乐部。在社区内部全体成员有权消费社区水权（俱乐部水权），这时社区水权具有公有产权性质。在社区之外，对社区水权（俱乐部水权）的消费是排他性的，这时社区水权又具有私人水权性质。

社区水权管理模式可以认为是一种区别于国有水权管理模式和私人水权管理模式，优化配置水权的第三种模式，是一种政府管制和市场机制相结合的模式。就水权管理而言，由政府控制水权总量和质量，向组成社区的各企业或其他用水单位分配一定水量的水权，并且允许社区成员间自由交换水权，结果可以达到水资源使用的边际效率一致，从而实现优化配置水资源的目标。社区水权管理模式可以较好地结合国有水权管理模式和私人水权管理模式的优点，同时又避免国有水权管理模式和私人水权管理模式的缺点。

6.4.2 取水许可证制度

许可证制度是一种政府对资源的管制方式，现代的取水许可证制度虽然起源于西方发达国家，但我国古代也曾实施过类似的制度。如唐、宋、元时期实行的“申贴制”和明清时期的实行的“水册制”，在一定程度上都具有取水许可证制度的性质。

现代的取水许可证制度不同于以往的取水许可证制度。它们在管理机制和实施方式上都有很大的区别。实施取水许可制度是我国水行政主管部门分配水资源使用权的重要方式，它的核心是审核需水单位的用水申请和分配用水权，是一种水权的初始分配或界定制度。

我国的取水许可制度自 1993 年 8 月 1 日《取水许可制度实施办法》颁布以来，已经初步形成一套比较完整的管理运行机制，在强化水资源的统一管理和保护水资源，合理开发日益短缺的水资源等方面取得了明显效果，在一定程度上克服了对水资源的乱开滥采现象。但仍有不少需要完善的地方。这主要体现在：

（1）用水者缺乏产权应有的主体地位。虽然取水许可制度赋予了用水者依法享有水资源和收益的权利，但并没有赋予用水者明确的使用权主体地位，其权属并不十分明确，并且用水者的用水权利不具有长期稳定性。2006 年实施的《取水许可和水资源费征收管理条例》规定取水许可证有效期限一般为 5 年，最长不超过 10 年，目前实施的取水许可证的有效期为 5 年，有效期届满，需要延续的，取水单位或者个人应当在有效期届满 45 日前向原审批机关提出申请，原审批机关应当在有效期届满前，作出是否延续的决定。

（2）用水者的权利受到相当大的限制。2006 年实施的《取水许可和水资源费征收管理条例》对用水户的权利在取水的各方面都有不同程度的限制，如取水起始时间及期限、取水用途、取水量、年内各时间段用水量、保证率、取水方式、节水措施、退水地点、污水处理措施等。用水者虽然通过取水许可证可以获得使用水资源的权利，但受到相当大的限制，尤其缺乏与之相应的处置权和转让权。我国的 1993 年 8 月 1 日颁布的《取水许可制度实施办法》中规定：取水许可证不得转让。这种不完善或受到限制的权利影响了产权制度激励作用和资源配置作用的发挥。

（3）取水许可证制度受制于过度的行政管理手段。取水许可制度的制定较多考虑行政管理手段，忽视法律制度的规范性与稳定性，更缺乏对用水者的产权主体地位的考虑，因而使政府与用水者形成一种从属关系，而不是相互尊重的平等地位。

（4）取水许可制度赋予的水权性质处于国有垄断地位。我国的取水许可证的颁发表明，取水许可证几乎是国有性质，这意味着社区与市场缺乏应有的水权，不能发挥社区与市场的管理水资源的作用，也就不能很好地实现水资源配置效果。根据王亚华①对黄河水利委员会 2000 年发放的 395 套取水许可证持有者的统计，黄河流域较大的取水许可证绝大多数为公共机构持有（占到 90%），其中国家正式代理人（地方政府部门和乡镇政府）占 41.8%，其他诸如供水公司、用水事业单位和国有企业，也可以由国家力量直接控制。这表明，持有取水权者绝大多数是代表国家意志或者是国家力量的延伸，私人利益结合成的社团组织（如非国有企业、非政府组织）持有的取水权微不足道。这种取水权的垄断分布状况对于建设现代水权制度和进行水资源的科学管理将产生不利的影响。

实施用水许可证制度的主要目的不是要加强政府对水资源的管制，恰恰相反，实施该制度正是要放松政府对除了生态用水以外的水资源的管制行为，让市场、社区发挥配置水资源的作用。

6.4.3 水权交易中的外部性内部化

6.4.3.1 水权交易的外部效应

水权交易的外部效应是指那些与交易无直接关联者，因水权交易而导致受益或损失，

---

① 王亚华. 水权解释[M]. 上海：上海三联书店，2005.

却不必为此支付成本或得不到应有的补偿。无论是流域内的还是流域间的水权交易，都是在水资源紧缺条件下为解决水资源的时空分布不平衡而进行的。因此，水权交易势必改变水资源的时空分布，进而产生一定的外部效应。这种外部效应既有正外部效应，也有负外部效应，但无论是哪一类外部效应，都是私人成本与社会成本的不一致或私人收益与社会收益的不一致，都将导致水资源配置的扭曲，使水权交易的净收益下降。因此有必要分析水权交易的外部效应及其特点，以此促进水资源的优化配置。下面着重对负外部效应进行探讨。

（1）水权交易对生态环境的不利影响。水权交易对生态环境所造成的影响主要表现为对“卖出”水权地区的生态环境影响。如果进行大规模的水权交易，改变了原有水资源状况，可能诱发生态环境的变化。如俄罗斯的北水南调工程，以亚洲地区 8 条流入北冰洋河流的总水量 19 500 亿 m^3 为设计依据，调出水量仅仅为 1%～3%，但造成了原流入喀拉海的淡水量的热量的减少，影响喀拉海水温、积水、含盐量及能量的平衡。导致极地冰盖扩展增厚，春季解冻时间推迟，地球北部原本短暂的生长季节，再度缩短半个多月，至使西伯利亚大片森林遭破坏，风速加大、春雨减少、秋雨骤增，严重影响了农业生态环境。同时也使北冰洋海域通航条件变差，甚至还可能潜在的影响着当地乃至全球的气候。另外，如果水权交易的数量及年限设计不当，在遇到枯水年时，还很有可能会影响“卖出”水权地区本身的用水，给当地居民生产生活带来不利。

（2）水权交易对流域水量的影响。同一流域以及跨流域水权交易会造成流域水量及回归水变化，从而对原流域下游用水产生影响。当流域上游地区跨流域转移水量时，将直接减少原下游地区应获取的总水量，若转移水量达到一定程度，其后果如同缺水季节的影响，将改变下游水资源配置状态，抬高下游取用水成本。当同流域内下游将水量出售给上游用户时，处在下游的用水户将因水质水量的变化而受影响。例如农业灌溉用水被转移后，原本在灌渠下游依赖灌溉回归水的用水户权益将遭受到间接影响。而大多数国家或地区，对于回归水的水权并没有特别的规定，并且回归水的计算相当复杂，通常难以计算其外部性。

（3）水权交易对流域水质的影响。一方面，同流域内农业用水转移至工业用水或城市用水后，农业用水减少，工业与城市因交易而增加了用水量，同时其所排放的废水也相应增加。而另一方面，农业用水释出后，原流域或灌溉渠道中用以稀释污染的水量也同时减少，更加剧对下游水质的破坏，从而大大增加了下游用水的成本负担。

（4）水权交易对地下水源的影响。在南方，农业水田灌溉因其可长期保持田面渗水状态，是涵养地下水源的主要来源之一。而农业用水转移后，会减少地下水的补注量，一方面对生态环境产生影响，另一方面将可能提高抽取地下水的成本。

6.4.3.2 解决水权交易外部性的对策

正是由于外部性的存在，阻碍了水权交易效率的实现，为此有必要采取一系列的手段来减少水权交易的外部性。实现水权交易外部性内部化的方法有预防性措施、补偿性措施和科斯方法。预防性措施就是在交易前对每笔交易进行评估，以保证第三方的利益不受损害；补偿性措施也叫庇古手段是将外部性内部化，将对第三方的损害计入水权交易价格之中进行补偿；所谓科斯方法就是在水权交易双方和外部性承受者第三方之间建立一个外部性市场，通过市场交易的方法解决外部性。

（1）预防性措施。水权交易人为地改变了水的时空分布，对卖出方和买入方附近居民的生产生活以及对自然生态环境都产生很大的影响，所以各国水权交易都重视交易的评估，如美国加州组织了一个由多学科的人员参加的委员会，这个委员会包括律师、工程师、水利专家、土地使用和水使用分析师以及供水公司的运作管理人员等，委员各自独立地或者集体地对每一笔水交易进行分析讨论以确保这项交易符合相关各方利益，保证该项交易没有损害各项水利工程和下游用水户的利益。

（2）补偿性措施。外部性存在时，水权交易对水资源的配置是缺乏效率的，买方和卖方在租售水权时，没有考虑他人或环境为他们的买卖行为支付的社会成本，交易价格也只是反映了私人成本，而不是包含社会成本的全部成本。如果不必支付全部成本，交易均衡价格就要低一些，均衡交易量就要高一些。校正水权交易外部性的经济手段是由买卖双方承担其交易的全部成本。提供外部性内部化的服务是公共产品，应由政府部门来完成。政府部门以征税比如提高水资源税率的方式，在水价之外再加收一笔相当于“社会成本”的税额，用以补偿因水权交易而使他人、环境遭受的损害。交易价格包括社会成本后，其价格上升，抑制了对水权的需求，交易量就会减少，相应的，对他人、环境的损害也就降低了。

（3）科斯方法。用水是一种基本权利，买卖双方对第三方进行补偿实际上就是限制了买卖双方的交易和用水权利，而第三方享受优良的生态环境和清洁安全的水源也是一种权利。水权交易导致的外部性会对第三方的权利造成损害。首先，就要明确谁有权利实行自己的行为，是交易双方具有买卖水权并对第三方造成损害的权利，还是第三方有权不受这种损害。其次，外部性带来成本和收益，当外部性权利安排效率较低时，科斯方法就会在外部性的制造者——交易双方和承受者——第三方之间建立一个外部性市场，提高外部性配置效率。按照科斯第一定理，当交易费用为零时，外部性权利的任意配置可以无成本地通过市场交易得到重新配置，而不会影响它的最终配置或社会效率。由于交易费用肯定存在，按照科斯第二定理，权利的初始界定不同，效率不同，所以要把外部性权利界定给最有利于社会用水效率最大化的一方。科斯定理为解决交易外部性还提供了一种启示，这就是减少交易费用，创造交易的条件，或者由政府承担水权交易的外部成本，以润滑水权交易，提高水权交易效率。

参考文献

[1] Anderson，Terry L.，ed. Water Rights: Scarce resource Allocation，Bureaucracy，and the Environment[M]. Cambridge，MA: Ballinger，1983.

[2] Aruel D，et al. Water Allocation Mechanisms-Principles and Examplles[J]. The World Bank，2000 （6）.

[3] Bonnie Colby S.，David B. Bush. Water Markets in Theory and Practice[M]. West View Press，1987.

[4] Bromley，D. W. Property Rights and Natural Resources Damages Assessments[J]. Ecological Economics，1995，14（2）.

[5] Herve Levite，Hilmy Sally. Linkages between productivity and equitable allocation of water[J]. Physics and Chemistry of the Earth，2002（27）.

[6] Howe，C. W. ，Schurmeier ，D. R. ，and Shaw ，W. D. J r. Innovative Approaches to Water Allocation: The Potential for Water Markets[J]. Water Resources Research，22（4）.

[7] Koehler. Water Rights and the Public Trust Doctrine: Resolution of the Mono Lake Controversy[J]. Ecological Law Quarterly. 1995（3）.

[8] Mather，John Russell.Water Resources Development[M]，John iley & Sons Inc. 1984.

[9] Shatanawi，Muhammad，Evaluating Market-Oriented Water Poicies in Jorden: A Comparative Study[J]. Water International，1995，(20）.

[10] Scott A. Jercich. California's 1995 water bank program: Purchasing water supply options[J]. Journal of Water Resources Planning and Management，1997.

[11] World Bank. Water Resource Management: World Bank Policy Paper[M]. Washington. DC，1993.

[12] 沈满洪. 水权交易制度研究——中国的案例分析[M]. 杭州：浙江大学出版社，2006.

[13] 李雪松. 中国水资源制度研究[D]. 武汉大学硕士学位论文，2005.

[14] John R. Teerink and Masahiro Nakashima.美国日本水权水价水分配[M]. 天津：天津科学技术出版社，2000.

[15] 胡振鹏，傅春，等.水资源产权配置与管理[M]. 北京：科学出版社，2003.

[16] 罗慧. 中国可持续发展条件下的水权交易机制研究[D]. 西安交通大学硕士学位论文，2005.

[17] 林关征. 水资源的管制放松与水权制度[M]. 北京：中国经济出版社，2006.

[18] 田圃德. 水权制度与水权市场研究[D]. 河海大学硕士学位论文，2004.

[19] 于万春，姜世强，贺如泓. 水资源管理概论[M]. 北京：化学工业出版社，2007.

[20] 康芒斯. 制度经济学（上）[M]. 于树生，译. 北京：商务译书馆，1962.

[21] 苏青. 河流水权和黄河取水权市场研究[D]. 河海大学硕士学位论文，2002.

[22] 李慧娟. 中国水资源资产化管理研究[D]. 河海大学硕士学位论文，2006.

[23] 王学渊，韩洪云，赵连阁.浅议我国水权界定[J]. 水利经济，2004，4.

[24] 姜文来. 资源资产论[M]. 北京：科学出版社，2002.

[25] 姜文来. 水权特征及界定[J]. 中国水利报，2000，4.

[26] 苏青，施国庆，祝瑞祥. 水权研究综述[J]. 水利经济，2001，1.

[27] 刘巍，韩焕庆. 水库水权及水权分配探讨[J]]. 科研与管理，2007，4.

[28] 徐华飞. 我国水资源产权与配置中的制度创新[J]. 中国人口资源与环境，2001，11.

[29] 张维，胡继连. 水权市场的构建与运作体系研究[J]. 山东农业大学学报（社科版），2002，1.

[30] 葛颜祥，胡继连. 水权的分配模式与黄河水权的分配研究[J]. 山东社会科学，2002，4.

[31] 常云昆，等. 中国水问题与水权制度[EB/OL]. http ://www.huaxia.org.cn/old/zazhi/renwen/rw3.htm.

[32] 姜文来. 水权及其作用探讨[J]. 中国水利，2000，12.

[33] 冯彦，何大明.国际河流的水权及其有效利用何保护研究[J]. 水科学进展，2003，1.

[34] 王亚华. 水权解释[M]. 上海：上海三联书店，2005.

[35] 范可旭，李可可. 长江流域初始水权分配的初步研究[J]. 人民长江，2007，11.

[36] 姚傑宝. 流域水权制度研究[D]. 河海大学硕士学位论文，2006.

[37] 单以红. 水权市场建设与运作研究[D]. 河海大学硕士学位论文，2007.

[38] 雷玉桃. 流域水资源管理制度研究[D]. 华中农业大学硕士学位论文，2004.

[39] 张仁田，童利忠. 水权、水权分配与水权交易体制的初步研究[J]. 水利发展研究，2002，6.

[40] 葛颜祥. 水权市场与农用水资源配置[D]. 河海大学硕士学位论文，2003.

第 7 章　水资源保护论

由于水资源具有公共物品性质及水资源利用过程中存在外部性，需要采取一定的措施或建立一定的机制来保护水资源。本章在介绍了水资源保护的理论基础和主要内容的基础上，重点介绍：① 论述水资源保护的管制理论，这是一种通过政府强制干预来保护水资源的方式；② 论述了水资源保护的庇古理论，这种方式降低了政府干预强度，通过对水资源保护进行补贴或对排污收税的方式来保护水资源，是一种政府干预和市场调节相结合的方式；③ 论述了水资源保护的科斯理论，这种方式完全通过市场机制调节来实现对水资源的保护，政府只是进行一定标准和措施的初始界定。

7.1 水资源保护的理论基础

7.1.1 水资源保护的理论依据

7.1.1.1 公共物品与水资源保护

（1）水资源的公共物品性质。如果不让人们消费一商品的代价很高或根本不可能，该商品就是非排他的。禁止某流域一用户在该流域取水，这不仅仅是非道义的，而且从成本上考虑也是代价高昂的，因为要面对的不仅仅是昂贵的监督费，在流域附近 24 h 全方位的监控也面临着可操作性问题。同样，为改善某一流域水质的水资源保护行为，最终带来流域整体水质的提高，造福的也是全流域的用水户，很难禁止一用水户去享有此福利。因此，水资源具有非排他性。

如果对于任何给定的生产水平，向一额外的消费者提供一单位商品的边际成本为零，该商品就是非竞争的。对于某一流域给定的总水量和供水成本，多向一用水户供水并未增加供水成本或者说是增加的供水成本可以忽略不计，因此，水资源具有非竞争性。同样，由于水的流动性，对某一流域的水污染进行治理，最终会带来整个流域水质的好转，这也使得流域附近所有的用水户们的福利有所改进。对于任意单个用水户而言，其福利改进所耗费的成本几乎为零。因此，水资源具有非竞争性。

由于水资源使用既具有非排他性问题，又具有非竞争性问题，因此，具有明显的公共物品属性，从而不可避免地出现“搭便车”现象和“公地的悲剧”问题。

（2）水资源保护中的“搭便车”现象。对公共物品而言，其天然属性是社会共同需要。社会共同需要决定了政府必须提供公共物品，而水资源保护就是一种典型的应社会共同需要而产生的公共物品。

非竞争性和非排他性的存在使得经济当事人试图成为一个“免费搭车者”。水资源保护的这种特征，使得水资源保护者不能或很难阻止他人享有该保护行为所带来的福利改进，因此，水资源保护存在“搭便车”现象。

例如新安江水库的水资源保护的目的主要是为了下游地区的经济发展，这一保护行为导致许多重大工业企业无法在位于河流上游的淳安地区落户和发展，使得淳安经济发展受阻。同时，淳安每年还需投入大量经费用于污水处理和水资源保护。水资源保护的成本，无论是显性成本还是隐性成本都是巨大的，理应由受益地区对淳安进行补偿。然而，在具体补偿费用的分担上，问题出现了，因为淳安地区的水资源保护行为已经实施，在一定时间内，下游地区即使不付费，也同样能享受到洁净的水资源。因此下游地区成了“免费搭车者”，对它们来说，短期内不负担补偿费用或少负担补偿费用是合乎理性的。但这一行为在长期范围内并不是理性的，会挫伤上游地区水资源保护的积极性最终影响到下游地区，但是在多个地方政府利益博弈和政绩考核约束下，地方政府往往只会注重短期目标。

（3）水资源过度使用导致的“公地的悲剧”。非竞争性和非排他性的存在很可能导致对公共物品的过度使用，从而造成“公地的悲剧”。

1968 年，英国学者加雷特·哈丁（Garrett Hardin）在《公地的悲剧》（《The Tragedy of the Commons》）一文中写道：在一个村庄的公共牧场，村里的任何成员都可以自由放牧，并免费使用，由于土地数量以及牧草生长的速度存在限制，每个牧场有最合适的放牧数量。当超过这个数量的羊进入牧场，牧草会变得稀缺，如果这个牧场是属于某个成员拥有的，多放牧则得不偿失，他自然不会做这样的蠢事。可是，当这个牧场属于全体成员共同所有时，从每个成员的角度来看，多放牧一只羊的好处是属于他自己的，而草场被破坏是由全体成员平均分摊的，个人的收益大于个人需要付出的成本。因此，每个成员可能都会多放牧羊，最后过度的放牧就把这个公共牧场给毁掉了，这就是“公地的悲剧”。

在取水权和污染权界定不明确的情况下，某一共有水域附近用水户的用水行为很容易导致共有水域的悲剧。因为某个特定水域的含水量是有限的，过度的取水容易导致水位下降，并最终导致水域的干涸。同样，某个特定水域的水环境容量是有限的，过多的污水排入将导致整个水域的水质下降，并最终导致水域变成臭水区。滇池的蓝藻爆发就是“公地的悲剧”或“公共池塘的悲剧”的典型代表。

虽然水域附近的用水户知道过度用水导致的后果是什么，但是由于权责的不对等，大家都注重眼前利益，不愿保护水资源而让他人低成本或零成本享有因保护行为所带来的收益，或是由于污水排放所承担的成本相对于其治污所增加的成本来说微不足道。这样最终导致了共有水域的悲剧。

7.1.1.2 外部性与水资源保护

外部性是指从事某种经济活动的经济单位不能从其行为中获得全部收益或不需支付全部成本，导致社会所获得的收益或付出的成本与经济行为人获得的收益或付出的成本不一致。外部性在水资源保护和使用中广泛存在，主要包括水资源保护的正外部性和水资源使用的负外部性。

（1）水资源保护和使用中的外部性。当某一行为所产生的社会收益大于私人收益时，该行为就具有正外部性。在水资源的保护中，正外部性是普遍存在的。例如某一流域的上游地区为了保证该流域水源的洁净而实施的水资源保护行为就具有很强的外部性，下游地区能免费获得优质的水资源，这使得下游地区的福利有所增加，这是一种额外收益的获得。理论上说，下游地区为此需对上游地区进行补偿。在没有任何补偿的情况下，若上游地区以提供此水资源保护行为自身的边际收益等于边际成本原则来保护水资源，那么最终将导致水资源保护的不足。可见，水资源保护具有很强的正外部性。

当某一行为所造成的社会成本大于私人成本时，该行为就具有负外部性。在水资源的使用中，负外部性是普遍存在的。例如某一水域周围分布了大量用水户和工业企业，对于该流域中的某一企业，它需要大量用水，并会排放大量污水。该水域的水环境容量是有限的，该企业每一单位污水的排放，就会导致此水域中其他用水户可用水环境容量的减少。严重情况下，若是该企业的污水排放行为导致此水域中的水资源因水质太差而不可用，这将会给此水域中的其他用水户施加巨大的额外成本。由此可知，污水排放具有很强的负外部性。

（2）由外部性引发的水资源保护难题。由于水资源保护具有很强的正外部性，因此，地方政府往往很难有动力去采取切实措施来保护水资源，因为政绩考核往往是“唯 GDP 论英雄”，而要想在短期内改善某一水域的水质状况需要关停大量的工业企业，会影响该地区的经济增长。

若是通过制定一系列企业排污标准来改善某一水域的水质，这就要求各个排污企业投入大量经费来处理排放的污水，这对企业而言，是一笔巨大的“额外”开支。

7.1.2 水资源保护的主要内容

按水资源保护的内容划分，可分为水源保护、水质保护和水生态保护 3 种。

7.1.2.1 水源保护

清洁、充足的饮用水供给是人类生存和区域发展的重要自然资源基础，水源保护则是确保饮用水安全的第一道屏障和关键性环节。长期以来，人类对水源保护概念的理解仅仅局限于通过工程性措施维持和改善水源水质，忽略了各项措施实施所引发水源地政府、社区以及居民在行为上的响应，较少对水源保护过程中当地政府和居民权益所受影响给予足够关注，这也使得以往水源保护工作的有效性不断受到质疑。

自 20 世纪下半叶起，全球范围内水资源短缺与水源水质恶化问题日趋突出，引发了对传统唯技术论水源保护理念的反思，人们开始意识到决定水源保护工作成败的关键在于水源地当地政府和居民的合作态度和参与力度，以影响当地政府收入和损害当地居民福利为代价的传统水源保护策略很难具有可操作性和可持续性。因此，寻求有效方法以协调区域发展与水源保护的矛盾成为当前水源地管理中迫切需要解决的问题。

当前各项水源保护措施固然重要，但区域发展与水源保护矛盾的解决更为关键。水源地、用水区域、上游地区作为水源保护涉及的 3 个空间区域，三者关系理应得到重新审视。水源地是否应该无条件承担水源保护的责任？用水区域在获得高品质原水的同时是否应对水源地承担部分义务？上游地区在何种机制下会积极为下游地区水源保护作出贡献？回答以上问题的关键在于对水源地、用水区域、上游地区三者权利与义务的界定。水源地有保护水源的义务，但也有寻求可持续发展的权利；用水区域有寻求和保护清洁水源的权利，但也有补偿水源地利益的责任；上游地区有利用水体自净能力的权利，但也有维护下游水质的义务。因此，水源地、用水区域、上游地区三方的冲突主要聚焦于两个问题：水源地水源保护与上游地区发展的冲突；水源地发展与用水区域原水需求的冲突。

鉴于水源系统的重要性以及水源地经济社会系统的复杂性，寻求水源地发展与水源保护的相互协调是一个长期而艰巨的过程，值得关注的是，理论层面上，由于我国自然地理区域类型多样，并且河流型水源地、湖泊型水源地、水库型水源地、地下水源地的特点也各不相同，因此将区域发展与水源保护的协调方法拓展至不同自然地理区域、不同类型水源地具有重要的理论与现实意义，相应的水源地有效管理模式以及生态补偿机制研究将成为国内水源地管理研究的热点；操作层面上，水源地管理研究强调研究与实践的互动，注重研究者与管理者的双向交流，如何选择典型区域，将新的管理方法和管理策略予以应用，跟踪评估其绩效并及时改进，将成为水源地管理研究者面临的现实问题。

7.1.2.2 水质保护

水质型缺水，即水环境恶化导致生活用水和生产用水的短缺，是我国水资源危机的重要方面甚至是主要方面。国家水利部公布的《2006年中国水资源公报》显示：

- 河流水质：2006年，对约14万km河流水质进行评价，Ⅰ类水河长占3.5%，Ⅱ类水河长占27.3%，Ⅲ类水河长占27.5%，Ⅳ类水河长占13.4%，Ⅴ类水河长占6.5%，劣Ⅴ类水河长占21.8%。与2005年比较，全国水质总体状况变化不大。各水资源一级区中，西南诸河、西北诸河、珠江、长江和东南诸河5个区水质较好，符合和优于Ⅲ类水的河长占65%~93%；黄河、辽河、淮河、松花江和海河5个区水质较差，符合和优于Ⅲ类水的河长占30%~42%。
- 湖泊水质：对43个湖泊的水质进行评价，水质符合和优于Ⅲ类水的面积占49.7%，Ⅳ类和Ⅴ类水的面积共占15.3%，劣Ⅴ类水的面积占35.0%。对43个湖泊的营养状态进行评价，云南的泸沽湖为贫营养，17个湖泊处于中营养状态，25个处于富营养状态。国家重点治理的太湖、滇池和巢湖的水体质量分别为“全湖整体处于富营养状态”、“全湖处于富营养状态”、“全湖总体处于富营养状态”。
- 水库水质：在评价的327座水库中，水质优良（优于和符合Ⅲ类水）的水库有260座，占评价水库总数的79.5%；水质未达到Ⅲ类水的水库有67座，占评价水库总数的20.5%，其中水质为劣Ⅴ类水的水库有11座。主要超标项目为总磷、总氮、高锰酸盐指数、化学需氧量和氨氮。对275座水库的营养状态进行评价，2/3的水库处于中营养状态，1/3的水库处于富营养状态。
- 地下水水质：2006年，对北京、辽宁、吉林、黑龙江、上海、江苏、海南、甘肃、青海、宁夏10个省（自治区、直辖市）776眼地下水监测井的监测资料进行了评价。评价结果表明，水质适合于各种使用用途的Ⅰ~Ⅱ类水井占监测井总数的10.1%，适合集中式生活饮用水水源及工农业用水的Ⅲ类水井占28.6%，适合除饮用外其他用途的Ⅳ~Ⅴ类水井占61.3%。

可见，我国可用淡水资源的水质不容乐观，在人均用水极度短缺条件下的水质恶化将严重阻碍人们的生产生活和经济可持续发展。不仅地表水，我国的地下水资源也受到了不同程度的污染，导致部分地区地下水水质恶化，对于原本水资源短缺地区，地下水这一补充性用水也面临着水资源危机。

虽然中国的人均水资源拥有量只有世界平均水平的 1/4，但是，无论是河流、湖泊和水库等地表水，还是地下水，如果Ⅲ类以上的水资源比例提高 10%，全国的水资源短缺状况就可以大大缓解。因此，水质保护是修复水生态、保障水供给的必由之路。

水质保护刻不容缓，对于重点水域附近的污染企业要勒令整改、搬迁甚至是关停；要采取一定的行政或技术措施改善各地饮用水的取水源水质，使当地百姓能喝上放心水；应实施一系列政策措施或建立一系列机制来确保污染企业能自愿或自觉加装污水处理设备，保证排放的废水符合一定的标准。

7.1.2.3 水生态保护

随着中国经济的快速增长，水生态破坏问题日益严峻，尤其是河流、湖泊的水生态恶化，危及饮用水安全和环境的可持续发展。

在我国，较大的河流大都存在水生态恶化问题，这也是长期片面追求经济增长所带来的副产品。地区的经济增长往往伴随着重大工程项目的上马、重大工业企业的落户和迅速的城市化进程，这会导致当地水资源的过度使用和水污染的加剧。

水资源的过度使用往往表明生态用水的不足，这严重影响了水域的生态健康，降低了水环境容量，破坏了水域的自动调蓄能力，最终使水生态环境极其脆弱和易受破坏。水污染的加剧将导致水质的恶化，这不仅仅使得受破坏水资源不适合饮用，更使得水环境不适宜生物生存，而多样的水生物往往是水域自净能力和水生态健康的源泉，太湖蓝藻的频繁爆发就是因水污染导致水生态破坏所产生的问题。

因此，人类社会不仅要保护水资源，保护水质，更要重视对水生态的保护，在保证足够的生态用水情况下注重水质保护，为水自然生态系统中的动植物提供适宜的生存环境，维持水生态动植物的多样性，保障水生态的健康。

7.2 水资源保护的管制理论

7.2.1 水资源保护的管制手段

在传统的水资源管理过程中，较常见的方法是采用管制手段。管制手段是实施管制的主体（一般是国家行政机构）根据相关的法律、法规和标准，对活动主体的行为加以约束和限制。在管制的要求下，有关主体遵守相关法律、法规和标准是强制性的或义务性的，如果出现违章行为，管制主体将会对其进行法律或者经济制裁。这是通过政府强制干预的方式来保护水资源。管制手段的主要特点是污染者或水资源过度使用者别无选择：要么服从，要么面临仲裁和行政程序的惩罚。很显然，这种手段是依靠法律与行政的权威性得以实施的。根据管制手段的不同，水资源保护的管制手段可以分为法律手段和行政手段两种。

7.2.1.1 水资源保护的法律手段

法律手段是指依靠法制机构，运用法律的强制性，按照一定法律、法规来管理的一种方法。水资源保护的法律手段的实质是以法律的权威性为作用机制，在一定范围内调整人们在开发、利用、保护水资源过程中所发生的社会关系，具有严厉的强制性和制裁性。水资源保护的法律手段不能仅仅强调水资源管理立法，还应该强化依法治水。

法律手段是其他手段发挥作用的前提和基础，没有法律手段作保证。行政手段就无法可依，经济手段就失去效能，教育手段就苍白无力。水资源保护的法律手段主要包括水资源保护立法和水资源保护执法两个方面：

（1）水资源保护立法。水资源保护法律是国家制定的，用来调整人们在开发、利用和保护、改善水资源过程中所发生的各种社会关系的法律规范的总称。水资源保护法律所调整的是人们相互之间在开发、利用、保护、改善水资源过程中所发生的社会关系，包括为合理开发和利用水资源而发生的社会关系、为保护和改善水质而发生的社会关系、为防治水资源污染而发生的社会关系等。

中国在水资源管理方面的法律已经有：《中华人民共和国水法》《中华人民共和国水土保持法》《中华人民共和国环境保护法》《中华人民共和国水污染防治法》等，地方性的水资源法规有各地的水资源保护条例、饮用水管理办法、节约用水管理办法等。但是，水资源管理立法依然存在一些空白，如《水源保护补偿法》《水权交易法》《水污染权交易法》等都是可以考虑的新型法律或法规。

（2）水资源保护执法。水资源保护立法使水资源保护有法可依，水资源保护执法则要求水资源保护当局有法必依、执法必严、违法必究。如果说我国的水资源保护立法工作已经取得了可喜成绩，那么，水资源保护执法则显得相对落后。这就要求：① 加大水资源保护执法力度。公检法部门及水资源保护行政机构必须以水资源保护法为依据，处置各种违反水资源保护法的行为。② 提高水资源保护执法效果。③ 加强水资源保护执法检查。要进一步加强人民代表大会的检查监督功能，执法部门要定期向人民代表大会汇报水资源保护执法情况。④ 增加水资源保护执法透明度。使水资源保护执法接受公众和新闻媒体的监督。

7.2.1.2 水资源保护的行政手段

各级政府行政机关在水资源保护方面具有其他组织不可替代的作用，特别是当采取法律手段和经济手段不能纠正外部性引起的水资源配置不当时，就存在国家行政干预的可能性。

水资源保护的行政手段是管理者依靠行政组织（如水利、建设、环保等部门），运用行政管理措施和方法，依据法律、法规和政策手段对水资源进行科学管理。行政手段一方面要严格执行上级水资源法规进行依法管理，另一方面要根据本地实际创造性开展水资源管理。对于上级法律和政策鼓励的事情要大胆去做，对于上级法规没有禁止的要敢于创新，对于上级法规和政策明令禁止的要坚决执行。例如，有些地方主动制订了生态功能区规划、水源保护规划、水污染赔偿办法等并积极进行实践探索，对于这样的行为要予以鼓励。

水资源保护的行政手段在保护水资源方面具有重要作用，其作用主要体现在：

（1）可利用政府所支配的资源对水资源保护这一公共物品进行投入，如水资源保护科学研究、水资源保护教育、水资源产权界定、水资源保护工程的兴建、水资源保护产业的引导、水资源保护队伍建设等。

（2）利用政府的强制力，加强水资源监督力度，按照水资源保护的法规和标准执行行政职能，严惩践踏水资源保护法规的人和事，坚决杜绝水资源管理中的不正之风，实现各级政府水资源保护责任制。

（3）形成包括水资源保护在内的政府综合决策机制。由于我国的水资源管理部门各自为政、条块分割严重，导致不同政府部门出台的政策相互抵制。不改变这种状况，水资源保护无法真正落到实处。为此，必须建立水资源保护与经济发展综合决策机制，保证在重大决策中综合考虑水资源保护与经济发展的协调。

（4）进行水资源保护的短期、中期和长期规划。

7.2.2 水资源保护管制手段的具体运用

按照管制的对象和主要内容，水资源保护的管制手段又可分为水价管制、取水管制、污染管制和数量管制 4 种。

7.2.2.1 水价管制

水资源价格是影响水资源需求者用水数量的直接杠杆。水价管制由于牵涉的问题比较多，因此，相对于其他管制措施，水价管制的实施更值得注意。实践证明，制定适当的水资源价格，在改变公众的水资源保护行为、提高经济效率和促进对节水设施投资等方面，具有重要的作用。

水资源价格是衡量水资源稀缺程度的信号。如果政府确定的水资源价格低于市场均衡价格，必然导致水资源的过度使用或浪费，进而导致水资源短缺。

政府管理部门应该根据水资源供需变化的情况进行水价调整。但是，水资源价格的调节机制并不是一味地提价，而要充分体现效率与公平的关系：基本生活用水和公共用水体现公平优先；生产性用水和享乐型生活用水体现效率优先。

7.2.2.2 取水管制

仅仅水价管制是不够的，对于那些高收入的用水户，水价管制无法激励他们节约用水，因此，需采取取水管制手段。

针对我国北方部分地区缺水严重的状况，一些地区已经采取了切实可行的措施来减少用水户对水资源的使用。如分时段的供水措施，仅仅在上午或傍晚的用水低峰期供水，这样能激励用水户合理规划一天的用水，也能防止用水高峰期断水现象的发生。

针对我国部分城市地下水过度开采的状况，采取强制措施限制地下水的使用是必须的，同时也应辅以地下水回灌的方式来防止城市地面的下沉。由地下水过度使用导致的地面沉降，它会严重影响房屋地基的稳定性，也会导致地面出现裂纹，妨碍到城市交通系统的正常运转。

针对我国部分河流的断流现象越来越严重，也有必要限制河流湖泊水量的过度使用，长江和黄河是两条孕育中华文明的“母亲河”，由于长期的过度取水，导致黄河断流成为了每年必有的“正常现象”。因此，需要采取强制措施保证大江大河水流的畅通，也要保证各地不会因过度取水导致湖泊干涸而出现沙漠化。

7.2.2.3 污染管制

作为世界上废水排放量较大的国家之一，2003 年，我国废污水排放总量达 680 亿 t，比 1980 年增加了两倍多。我国每年约有 1/3 的工业废水和 2/3 的生活污水未经处理直接排入水中，还有大量未达标处理的废水被偷排、漏排，农业生产中化肥和农药的大量使用，使污染长期累积，水环境日趋恶化。全国至今还有 3 亿农村人口喝不上符合标准的洁净饮用水。例如在缺水状态下，云南至今还有 153 万人喝着高氟水。水体污染进一步加剧了我国水资源短缺的局面，一些丰水地区产生了水质型缺水的现象。

针对我国日趋严重的水污染问题，应采取一系列严厉的措施来对水污染物排放进行管制，污染管制手段主要是将污水排放厂商重新布局或勒令污染严重的厂商关停的方式。

造成我国水污染严重的一个重要原因是，各地在经济增长的攀比下导致的重大项目重复建设。例如钢铁业会带动大批的相关污水排放企业的上马，在 GDP 为导向的增长模式下，很多省份纷纷建造炼钢厂，因为炼钢厂是纳税大户，能带动工业产值的显著增长。这一现状导致了我国低端钢的产量严重过剩，同时高端钢却存在着生产不足的现象。钢厂是一类典型的规模经济企业，高端钢的生产需要庞大的生产规模和顶端的技术，而各地重复建设的中小型钢厂显然无法达到这一规模和技术要求。因此，可以采取一系列严厉的措施，对于有改造潜力的钢厂采取整合和重新布局的方式达到规模经济条件，对于难以改造的小型低端钢厂要勒令其关闭，这样能减少大量的污水排放。

污染管制不仅仅是管制污水排放的总量，对造成水污染的物质也要进行管制。例如对 DDT 的管制就是典型，DDT 使用后会有残留通过雨水、河流等途径流入水体，导致严重的后果。DDT 对蚊蝇及多种农作物的害虫有良好的杀灭效果。发明者米勒教授曾获得诺贝尔奖金。但使用以后对人类造成了严重后果，目前，在地球表面还有 2/3 的保存量。尤其这些毒物进入食物链后，逐级富集，美国研究人员测定淤泥中的 DDT 浓度为 0.014×10^{-3}，虾体中为 0.44×10^{-6}，鱼吃小虾，鱼体中又提高了 10 倍，吃鱼的鸥体中提高了 7 000 倍，DDT 可扰乱鸟体中的钙代谢，鸟卵壳变薄或不成卵。DDT 进入人体可引起肝细胞破坏，美国早在 20 世纪 70 年代就禁用 DDT，但在 90 年代的哺乳妇女的乳汁中仍有 DDT 的成分，可见污染程度之深远。对于此类会造成水体污染的物质，对其管制的唯一方法就是禁止销售、禁止使用，这样才能避免其危害。

7.2.2.4 数量管制

我国污水排放的一个突出问题是排污总量很大且难以控制，呈逐年增多现象，面对严重的水污染现状，迫切需要进行排污量管制，可以运用数量管制手段来达到这一目标。

数量管制手段主要是设立排放标准。排放标准是对厂商可以排放多少污水的法定限制，如果厂商超过限制，它就会面临经济惩罚甚至刑事惩罚。设立排放标准的一个优势就是能比较好地控制污染总量，但问题也很突出，主要是对不同污水排放厂商的不同排污标准设定，政府往往很难掌握具体的信息。

进行数量管制，政府要对造成水体污染的污染物进行归类并分析不同污染物的危害程度和影响范围，在总的污染物排放标准中包含不同污染物各自的排放标准；要分析不同行业所产生的主要污染物类别，以便能具体掌握某类行业的污染物排放状况，进行分行业数量管制；要细致了解各地不同厂商的排污状况，将具体的排放标准和厂商的实际情况结合，避免“一刀切”现象的出现。

7.2.3 管制手段的优点分析

7.2.3.1 管制手段的专业化优势

水资源保护行政机关是对本行政区的水资源保护工作实施统一监管的主管部门。它们全面掌握水资源保护法律法规和政策，拥有治污技术、水质检测手段和丰富的水资源信息。其职权和专业性使之在事实调查、认证和证据收集上具有专业优势。它们不仅可以克服当事人举证能力不足的缺陷，还可以借助专家的力量准确确认水污染的事实和原因，确定责任，计算损害大小，并可能得到比其他方式更为合理的解决结果。

7.2.3.2 管制手段的高效性

管制手段在举证责任、适用规范和运作方式上具有很大的灵活性。因为水资源保护行政机关本身就承担着代表政府对水资源状况进行监管、对水污染损害纠纷进行处理的职权，它可以对水资源侵害者依法行使各项行政管理权利，并可以对正在进行的水资源污染损害行为采取相应的强制措施，直接对水污染作出处理，从而减少水资源纠纷的解决成本。

7.2.3.3 管制手段可以建立健全水资源保护的行政制度

水资源保护行政机关通过对水资源纠纷个案的行政处理，不仅可以实现对当事人利益的保护，还可以从纠纷解决过程和结果中积累专业知识和管理经验，运用并反映于水资源行政管理的方针和政策，进而建立健全水资源保护的行政制度，制定科学合理的水资源保护对策，从而积极有效地防止今后同类问题的发生，将水资源纠纷处理与水资源行政管理、水资源污染损害的预防有机结合起来。

当然，管制手段也存在灵活性差、执行成本高等缺陷，因此，需要其他手段的配合使用。

7.3 水资源保护的庇古理论

7.3.1 庇古手段的内涵

所谓庇古手段，就是庇古在《福利经济学》中所表述的政策措施，是一种侧重于“看得见的手”即通过征税和补贴等政府干预来达到外部性内部化目的的经济手段。庇古通过分析边际社会产品与边际私人产品的差异来解释外部性问题产生的原因，认为外部效应是由于边际私人成本与边际社会成本、边际私人收益与边际社会收益的背离造成的。当存在外部性时，市场的价格不能反映生产的边际社会成本，即私人成本不能完全衡量经济成果，市场机制不能通过自身的运行达到资源配置的帕累托最优状态。

那么，为了消除这种外部性，就应该对产生负外部性的单位收费或征税，对产生正外部性的单位给予补贴。具体地说，在产生外部成本的情况下，政府应对外部不经济的产生者征收相当于边际外部成本（*MEC*）数额的罚款或税收（图 7-1）。在产生外部收益的情况下，政府应对外部经济的产生者给予数额相当于边际外部收益（*MER*）的财政补贴（图 7-2）。这样，外部成本和外部收益就内在化为个体的私人成本和私人收益。使得个体对自己的经济行为承担全部责任，获得全部利益，从而实现资源的最优配置。图 7-1、图 7-2 中，*MSC* 表示边际社会成本曲线，*MPC* 表示边际私人成本曲线，*MPR* 表示边际私人收益曲线，*MSR* 表示边际社会收益曲线。

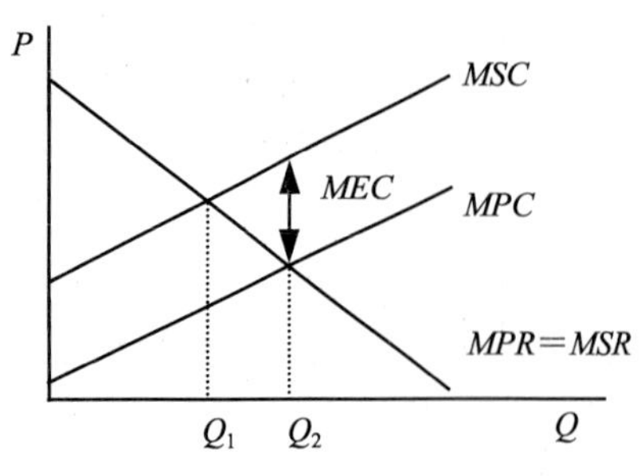

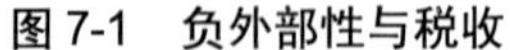

图 7-1　负外部性与税收

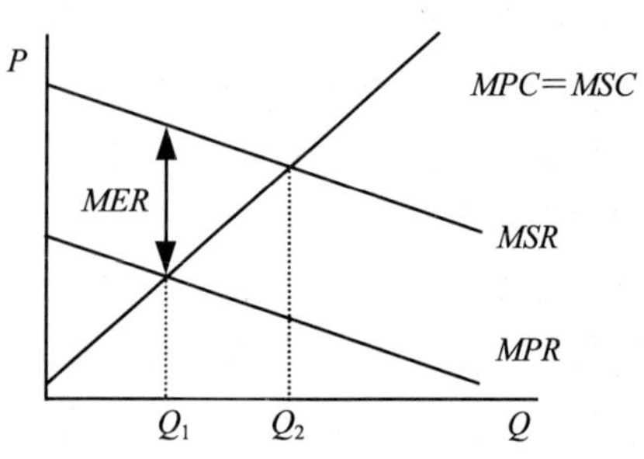

图 7-2　正外部性与补贴

7.3.2 庇古手段在水资源保护中的运用

假如流域中的某一地区的水资源保护行为对该流域中的其他地区产生正的外部经济影响，并且该地区并未在其决策中考虑这一点，则边际社会收益大于边际私人收益，即 $SMR>PMR$。在需求既定从而边际成本既定的情况下，该地区会按照 $PMR=MC$ 来决定水资源保护量，而社会最优的保护量则取决于 $SMR=MC$。因此，社会需求的水资源保护量大于私人的最优水资源保护量，即在存在正外部性的情况下，完全竞争市场的水资源保护供给不足。正外部性在水资源保护中广泛存在，因此需要运用庇古手段来将外部性内部化。在水资源保护的正外部性内部化中，庇古手段又可分为补贴手段和补偿手段。[①]

7.3.2.1 补贴手段

水资源保护的补贴手段就是国家通过资金、实物或其他服务的形式向实施水资源保护的单位或个人提供补贴，使得其保护水资源所获得的报酬与所付出的成本相等，使得个人依据边际收益等于边际成本的原则来实施的水资源保护量符合社会最优的水资源保护量。

国家对采用先进技术和措施进行清洁的生产者提供优惠价格或低息、无息贷款，对企业和农场治理污染、保护水环境的活动给予资金补贴，这些都是对水资源保护实施的补贴行为。

由于污水处理具有规模经济的特点，故有些地方政府会收集企业或生活污水进行集中治理。这样既能节约成本，又使得运用超大型污水处理设备治污成为可能，同时也可解决一些排污企业的后顾之忧，这是一种非常好的间接补贴方式。

7.3.2.2 补偿手段

补偿手段在水资源保护中的运用，主要是通过上级政府对水资源保护区的保护行为进行补偿来实现的。这是一种上一级政府对地区的补偿，是一种政府调节手段，下面主要以水源保护补偿为例来分析补偿手段。

（1）水源保护补偿机制的内涵。水源保护补偿机制是指政府或者水资源受益者通过某种形式补偿因水源保护或失去发展机会的受偿主体，从而达到保护水源本身这个客体以实现主体的水资源产权收益的目的，达到自然、人和社会和谐发展的一种经济制度。

① 本部分主要引用了沈满洪教授主持的浙江省水利厅 2006 年委托项目“水源保护补偿机制研究”课题报告的相关内容，所引用部分主要由高登奎执笔。

水源保护补偿的实质是依托在水源这个客体基础上、借助补偿费这个工具反映主体之间水资源产权关系的经济补偿。

水源保护补偿机制属于生态保护补偿机制的核心内容。目前，在建立水源保护补偿机制时还存在两大障碍：一是技术性障碍。技术性障碍包括 4 个方面的问题。① 生态保护投资主体的确定问题。要落实“谁保护，谁受益”的原则，就得首先知道谁在提供生态保护。一个生态保护区域中如果只有一个经济主体，那么这是一个简单的问题；一旦一个区域中有两个或两个以上的经济主体，就出现“保护者是谁”、“保护了多少”等问题。② 生态保护受益主体的确定问题。要落实“谁受益，谁付费”的原则，就得知道谁在生态保护中受益了。一个生态保护受益区域中如果只有一个经济主体，那么这是一个简单的问题；一旦一个区域中有两个或两个以上的经济主体，就出现“受益者是谁”、“受益了多少”等问题。③ 生态资本增殖总量的量化问题。要对生态保护者提供补偿，就要知道通过保护者的劳动和投入带来多大程度的生态资本增殖，以及生态资本增殖的货币化计量方法。这样，才能做到“增殖多少，补偿多少”。④ 生态效益“溢出”部分的量化问题。通过生态保护，使得生态资本增殖。但是，增殖部分的生态资本，一部分是保护者自己享用了，另一部分是“溢出”后被他人享用了。要补偿的恰恰是“溢出”部分。为此，就得知道“溢出”的数量。二是制度性障碍。生态保护补偿机制属于卡尔多·希克斯改进而不是帕累托改进，通过受益地区、受益行业对生态保护付出代价、为作出贡献的地区、行业及生态保护者提供应有的补偿，达到生态质量改善的目的。这一性质，决定了实施这一制度存在阻力：生态保护的既得利益者希望继续免费享用优质的水资源。

在水源保护补偿机制中，保护主体、受益主体相对比较明确，水生态资本的增殖及其水生态效益的“溢出”相对容易量化，因此，第一个障碍基本消除。而且，通过政府的协调和经济主体之间的谈判，第二个障碍也有可能解决。因此，在水源保护领域可能率先建立生态补偿机制。当然，在水资源产权没有得到明确界定的情况下，在流域上下游的微观经济主体之间直接建立“受益者补偿保护者”的补偿机制在现阶段是不可能的。在流域上下游区域政府之间建立“受益区域政府补偿保护区域政府”的补偿机制在现阶段也是十分困难的。一个区域既是上游区域的下游也是下游区域的上游，它的代表——该区域政府在和上游区域或下游区域就水源保护补偿进行讨价还价交易过程中承受的不利因素必定反映到它和下游区域或上游区域的讨价还价中，容易产生“层层加码、关关提价”的情况，这样形成的巨额交易费用使得水源保护补偿的区域之间的交易不可行。从短期来看，流域内最高政府是水源保护补偿机制的责无旁贷的补偿主体。但是，在长期来看，政府应该培育完善的市场经济体制、科学界定水资源各种产权安排，从而降低上下游区域的水资源交易费用，将水源保护补偿机制问题逐渐让区域之间自行解决，从而增加经济活动效率和社会总财富。

（2）水源保护补偿机制的策略。水源保护补偿机制涉及多方面的内容，在短期、中期和长期各有轻重缓急。下面从补偿原则的确定、补偿机制的选择、补偿方式的权衡、补偿主体的确定、受偿主体的确定、补偿金额的大小 6 个方面详细阐述建立水源保护补偿机制在短期、中期和长期的侧重点（表 7-1）。

- 补偿原则的确定：建立水源保护补偿机制的目的是为了实现人、生态和经济的和谐发展和可持续发展，尊重人的生存权和发展权，维护人的生存权、发展权以及水生态环境权的统一。为此，建立水源保护补偿机制的原则应该是社会总财富极大化原则和效率原则。只有在社会财富增加、经济发展、社会进步、科技提高的基础上，才能更好地保护好水源，才能有资本维持社会公平和稳定，才能在更高的层次上实现人、生态和经济的和谐均衡。建立水源保护补偿机制的其他内容都必须服从和遵循这一最高指导原则。针对我国水源保护和经济发展的状况，在短期，因为水源区的水源保护已迫在眉睫，急需加大对水源保护的工程投入，这种投入的边际产出非常巨大，在资金有限的条件下，暂时牺牲一些对水源区人民的公平是迫不得已的次优选择，所以短期的水源保护补偿最高指导原则应是"效率优先、兼顾公平"，即"效率+公平"；在中期，因为持续的不公平将对社会稳定产生影响，最终会阻碍社会总财富的增加和效率，所以中期的水源保护最高指导原则应是"公平优先、兼顾效率"，即"公平+效率"；在长期，效率则是建立水源保护补偿机制的唯一最高指导原则。

- 补偿机制的选择：建立水源保护补偿机制应该从政府补偿逐步过渡到市场补偿和社会补偿。也就是说，在短期是政府补偿机制；在中期是政府补偿机制为主，辅以市场补偿机制，即"政府补偿+市场补偿"；在长期则是市场补偿机制和社会补偿机制，但同样离不开政府补偿。当然政府补偿也可以利用市场机制。政府补偿既可以从财政收入中安排补偿资金，又可以采用在水费中增设"水生态保护费"等方式筹措资金。
- 补偿方式的权衡：补偿方式应该从"输血型"过渡到"造血型"和反补偿方式。也就是说，在短期是资金输入等"输血型"方式；在中期，除了资金输入等"输血型"方式外，还有人力资源开发等"造血型"方式，即"输血型+造血型"方式；但在长期，则是"反补偿"方式，发达国家水源区往往很少人居住或者无人居住，而水源区又生态环境优美，每年创造可观的旅游收入，这些收入反过来可以帮助中下游的经济发展，因此从长期来看，随着生态移民的逐步实施、水源区的人口逐渐减少，水源区的旅游收入反过来可以支持中下游的经济发展，即"反补偿"方式。
- 补偿主体的确定：在短期，补偿主体应该是流域内最高级政府；在中期，随着水资源产权的进一步明晰化，流域最高政府和中下游区域政府共同承担着补偿主体的使命；在长期，由于"反补偿"方式的建立，水源区可以创造收入支持中下游地区的经济发展，水源区政府或者政府代表则成了补偿主体。
- 受偿主体的确定：在短期，受偿主体应该是水源区政府，由水源地政府将补偿资金配置于水源保护的公共工程以及从事水源保护的居民；在中期，随着公平和社会稳定问题变得相对突出，水源区居民共同成为主要受偿主体；在长期，由于"反补偿"方式的建立，这部分收入应该归流域最高政府统筹安排，流域最高政府则成了受偿主体。
- 补偿金额的大小：在短期，由于水源保护形势严峻，涉及一些水源保护工程建设，所以补偿金额需要较大规模；但是在中期，随着水源保护工程的逐渐见效，补偿重点转向水源保护区居民，所以补偿金额较大；在长期，由于"反补偿"方式的建立，补偿金额会发生逆向流动。

表 7-1 建立水源保护补偿机制的策略选择

序号	补偿机制内容	短期	中期	长期
1	补偿原则的确定	效率+公平	公平+效率	效率
2	补偿机制的选择	政府补偿机制	政府补偿+市场补偿	市场补偿+社会补偿
3	补偿方式的权衡	输血型	输血型+造血型	反补偿
4	补偿主体的确定	流域最高政府	流域最高政府+中下游区域政府	水源区代表
5	受偿主体的确定	水源区政府	水源区人民	流域最高政府
6	补偿金额的大小	大	较大	负

（3）水源保护补偿机制的实施。建立水源保护补偿机制是一项系统工程，涉及水源保护、环境、资源、经济、社会和文化等诸多方面，需要水利部门、环保部门、财政部门以及流域各级政府与公众的广泛参与。

- 对水源保护区的基本情况进行分析：根据第一个阶段收集的相关资料和实地考察的资料，分析水源保护区所在区域的区位条件、资源状况、水土涵养、产业结构和布局状况、人口结构、教育水平、产业政策限制等因素，区分出水源保护区与其他地区的自然差异度和保护差异度。
- 计算补偿金额：可以与水源保护区的地理经济条件差不多的区域进行比较，利用机会成本测算法和土地损耗测算法等方法，计算出全部差异金额，剔除掉自然差异导致的收入差距，为应该补偿给水源保护地因水源保护而损失的收入。
- 补偿主体和受偿主体的确定：根据对水源保护地基本情况分析和整个流域的地理经济条件分析，在短期、中期和长期侧重不同的效率和公平考虑，确定水源保护的补偿主体和受偿主体。这一过程不是一劳永逸的过程，在短期、中期和长期应该有不同的补偿主体和受偿主体，水源保护补偿机制设计应该动态地确定补偿主体和受偿主体。
- 金额分配：在补偿主体和受偿主体确定后，补偿金额也已经计算好后，自然而然就是资金从补偿主体向受偿主体的转移过程。
- 建立与水源保护补偿机制相对应的约束机制：这些约束机制包括：完善环境违法行为的法律追究制度；建立水源地环境污染损害赔偿机制；建立水源保护的行政监督机制等。

7.3.3 庇古手段在水污染控制中的运用

污水排放具有负外部性，因此需要采取一定的手段将污水排放的负外部性内部化。庇古手段在水污染负外部性内部化的运用中，主要有征收水污染税和排污收费两种方式。

7.3.3.1 水污染税

假定某厂商的排污行为对经济社会中的其他人员或企业产生负的外部经济影响，并且该厂商并未在其决策中考虑这一点，则边际社会成本大于边际私人成本，即 SMC＞PMC。在需求既定从而边际收益既定的条件下，该厂商将会按 PMC＝MR 决定产量，而社会最优的产量则取决于 SMC＝MR。因此，社会需要的产量小于私人的最优产量，即排放污水的厂商存在过度生产行为。

可以采用对该厂商每一单位的污水排放征税的方式，将外部性内部化，只需确保由该厂商每一单位产出所引起的水污染外部不经济量等于税收量，就能使得每单位产出的私人成本等于社会成本，这样该厂商的产出量等于社会最优产出量。

征税手段的总体效果是使污水的排放量减少，实现了经济效率与污水减排效果的统一。但是，征税手段的具体经济效果对不同的经济主体是各不相同的。对于那些比较容易实现污水处理和减排目标的厂商，合理的征税行为能促使其通过生产流程管理和技术改造来减少污水排放；对于那些虽然难以减少污水排放，但是自身规模庞大、资金雄厚的厂商，它们可以通过一次性投资建设大型污水处理设备和循环用水来实现减排目标；对于那些小型排污厂商，它们可以将污水交由第三方来处理，这样，第三方也可以运用集中处理的方式实现规模经济；对于那些重度污染，且污水的确是非常难以处理的厂商，将会因不堪污染税重负而关停。

7.3.3.2 污水排放费

污水排放费是对厂商每单位的污水排放进行收费。接下来以一家钢厂向河中排放污水为例，来分析对厂商污水排放进行收费的问题。

图 7-3（a）显示了钢厂在竞争性市场中的生产决策，图 7-3（b）表示当所有钢厂的污水排放都产生相似的负外部性时，市场的需求和供给曲线。假设该厂商的生产函数都是固定比例的，因此它不能改变生产要素的投入比例，要减少废水只有降低产出。接着将分两部来分析外部性的性质：首先是只有一家钢厂产生污水，然后是所有的钢厂都以同样的方法产生污水。

钢的价格为 P_1，即图 7-3（a）中供给和需求曲线的相交点所对应的价格。图 7-3（a）的 *MC* 曲线给出了一个典型的钢厂的边际生产成本。该厂商的产出为 q_1 时利润最大化，这时边际成本等于价格。①然而，随着厂商的产出改变，使下游用水户付出的外部成本也会随之改变。这一外部成本由图 7-3（a）中的边际外部成本（MEC）曲线给出。对大多数形式的污水排放来说，这一曲线是向上倾斜的，因为随着厂商产出的增加以及向河中倾倒的废水增加，它对水质的边际危害也增加了。

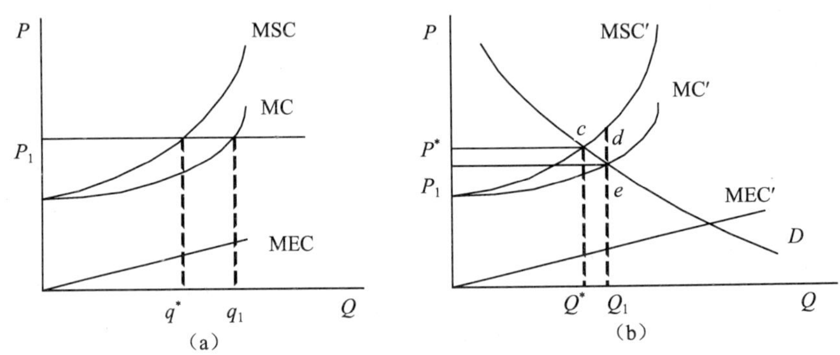

图 7-3　污水排放中厂商与产业的外在成本

从社会的角度看，该厂商的产出太多了。有效产出水平应当是价格等于生产的边际社会成本。在图 7-3（a）中，边际社会成本曲线是用每一产出水平上的边际成本加上边

① 它又等于边际收益，因为厂商是把价格作为给定的。

际外部成本得到的（即 MSC=MC+MEC）。边际社会成本曲线 MSC 与价格线在产出为 q^* 处相交。由于这时只有一家工厂向河中倾倒废水，生产的市场价格不变。由图 7-3（a）可知，厂商的产出太多了（q_1 而不是 q^*），并产生了太多的污水。

在图 7-3（b）中，MC′曲线是该产业的供给曲线。考虑所有的钢厂都把污水倒入河中，与产业的产出相关的边际外部成本 MEC′是把每家厂商在每种产出水平下所对应的边际外部成本相加而得到的。MSC′曲线代表所有钢厂边际生产成本和边际外在成本的总和，即 MSC′= MC′＋MEC′。

当存在外部性时，产业的产出是否是有效率的呢？如图 7-3（b）所示，有效的产业产出水平是一额外单位产出的边际收益等于边际社会成本时所对应的产出水平。由于需求曲线衡量了消费者的边际收益，因此，有效产出为 Q^*，即为边际社会成本曲线 MSC′与需求曲线 D 的相交处所对应的产出。然而，产业的竞争性产出是 Q_1，为需求曲线和供给曲线 MC′的相交处所对应的产出。显然，产业的产出太高了。

在此例中，每单位产出都导致产生污水。因此，无论我们是看一家厂商的污染还是整个产业的污染，经济效率都显示生产了过多的产出，因为它导致太多的污水被倒入河中。过度污染来源于产品不正确的定价，图 7-3（b）中的价格 P_1 太低了，它只反映了厂商的边际生产成本，而不是边际社会成本。只有对较高的价格 P^*，钢厂生产的产出水平才是有效率的。

对于每一单位 Q^*以上的产出，社会成本由边际社会成本与边际收益（需求曲线）的差额给出。结果，社会总成本就是图 7-3（b）中的 *cde* 的面积。

当存在负的外部性时，平均私人成本低于平均社会成本。结果，即使是在某些污水排放厂商离开产业才有效率时，这些厂商还是留在产业里。因而，负的外在性鼓励太多的污水排放厂商留在产业里。因此，需要对钢厂征收数量为 *cde* 面积的污水排放费，使得钢厂的生产成本反映其由于额外的负外部性而给他人带来的污染成本，从而促使其将产量维持在有效率的水平上。

7.4 水资源保护的科斯理论

7.4.1 科斯手段的内涵

就水资源保护而言，“科斯手段”侧重于用市场机制的方式解决水资源保护和使用中的外部性问题，政府只在其中扮演“守夜人”或“裁判员”的角色。水资源保护的科斯手段包括水权交易机制、自愿协商机制、排污权交易机制等，其中水权交易机制已在第 6 章中加以阐述，在此就不进一步展开了。

所谓科斯手段，就是著名的“科斯定理”所表述的内容，只要能把外部效应的影响作为一种财产权明确下来，而且谈判的费用不大，那么，外部效应的问题可以通过当事人之间的自愿交易而达到内部化。科斯为解决外部性问题而提出了一个解决方案，内容是：① 只要财产权是明确的，并允许经济当事人进行自由谈判，那么在交易成本为零或很小的条件下，无论在开始时产权赋予谁，市场均衡的最初结果都是有效率的；② 在交易费用不为零的条件下，不同的产权制度会影响到资源配置的效率。

这样，对于外部性问题，只要规定产生外部性的经济单位有权制造它，或者规定受到外部性影响的单位有权拒绝它，则通过这项权利的自由交换，经济当事人会以最低的成本寻求解决方案。产权清晰后，只要交易成本为零，无论产权如何初始分配，外部性问题都能得到解决。也就是说，一旦产权确立，就不需要政府干预来处理外部性问题。通过市场这只“看不见的手”就可以实现帕累托最优。

7.4.2 科斯手段与水资源保护

水资源保护是需要成本的，流域内某一地区进行水资源保护，必然会使流域内其他地区获益，因此需要其他受益地区补偿该地区，从而能使该地区有足够的动力进行持续的水资源保护行为，这种流域内地区之间的补偿行为可以看做是科斯手段中自愿协商机制在水资源保护中的具体运用。

7.4.2.1 水资源保护的正外部效应

如图 7-4 所示，对于某一进行水资源保护的上游地区，Q 代表污水减排量，P 代表减排所获收益，MPB 代表在进行此保护行为后，该地区所获收益，MSB 代表在进行此保护行为后，整个流域所获收益。假设此上游地区将污水排放量控制在 Q 水平，由图可知该地区所获收益为 P。因为该上游地区采取了污水减排措施，对应污水排放量 Q，整个流域所获收益为 P^*。因此，在此减排标准下，正外部性收益为 $P'=P^*-P$。

假定为获得此减排量，上游地区所付出的边际成本 MC 大于 P 且小于 P^*，即 $P<MC<P^*$。这样，单纯依靠市场的力量是无法将减排量保持在 Q 水平的，因此，需要受益地区对此上游地区进行补偿，其补偿额度应大于或等于 MC 与 P 的差额。

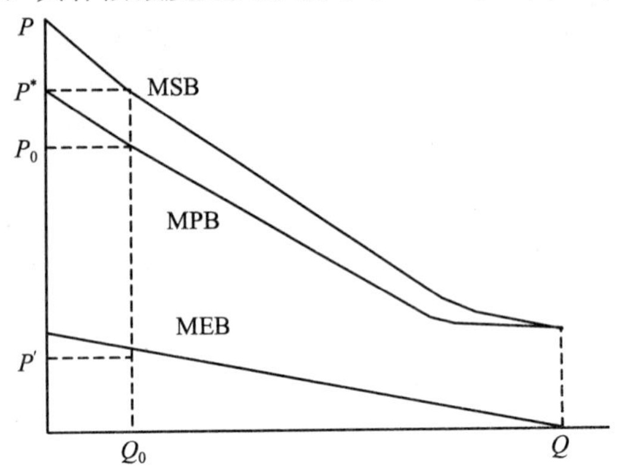

图 7-4 水资源保护的正外部效应

7.4.2.2 流域内水源保护生态补偿机制

对一个流域而言，不同区域之间的水资源保护生态补偿可以看做是运用科斯手段来将水资源保护的正外部性内部化的一种方式，补偿金额的最终确定实际上是一个流域不同区域之间相互协商的结果。

上游地区的水源保护具有正外部性，即为保护水源，不仅投入了巨大的财力、物力，也牺牲了发展的机会，导致经济发展缓慢，而且保护成果无偿地转移到了下游地区。因此，在受益主体明确而且受益金额可以量化的前提下，可以通过受益地区补偿水源保护地区的方法，使外部效应内部化。

7.4.3 科斯手段与水污染权配置机制

7.4.3.1 水污染权配置机制的具体内容

可交易水污染权即合法的污水排放权利，通常以水污染许可证的形式表现，并允许像商品一样买卖，这实质上是各地政府在实施水污染许可证管理及污水排放总量控制的前提下，鼓励企业最大限度地减少污水排放总量、追求使用最少水污染排放指标的一种市场手段。

戴尔斯在其《污染、产权、价格》著作中提出了污染权这一概念。戴尔斯认为，外部性的存在导致了市场机制的失效，造成了生态破坏和环境污染。单独依靠政府干预，或者单独依靠市场机制，都不能起到令人满意的效果，只有将两者结合起来才能有效地解决外部性问题，把污染控制在令人满意的水平。他认为，环境是一种商品，政府是这种商品的所有者。作为环境的所有者，政府可以在专家的帮助下，把污染物分割成一些标准的单位，然后在市场上公开标价出售一定数量的“污染权”。每一份污染权允许其购买者排放一单位污染物。根据专家的计算和测定，每一水域或区域出售污染权的数量要足以保证其清洁度使人们能够接受。如果一时难以达到，可以在初始时超额供给污染权，然后逐年收回部分污染权，直至达到这一点。

在戴尔斯污染权理论基础之上建立起来的水污染权交易制度的基本内容是：实行水污染许可证制度，政府向企业发放水污染许可证，企业则根据水污染许可证向特定地方排放特定数量的污水；水污染许可证及其所代表的水污染权是可以买卖的，企业等经济主体和政府可以根据自己的需要，在市场上买进或卖出水污染权。

这一制度包含下列几个要点：

（1）“水污染权”或者称水污染指标出售的总量要受到水环境容量的限制。一个区域到底出售多少“水污染权”要建立在水环境检测部门、水资源保护部门认真研究、论证的基础之上。最大限度是不能超过水环境容量，最佳数量是使老百姓普遍感到满意。绝不能因为“水污染权”是政府的垄断产品，而任意发放和出售。

（2）“水污染权”初次交易发生在政府水环境管理当局与各污水排放主体之间，即政府把“水污染权”出售给各污水排放主体。污水排放主体可以是污水排放企业。污水排放企业购买“水污染权”的初始动机是，在技术水平保持不变的前提下，为了维持原来产品的生产，不得不排放污水。水资源保护组织购买“水污染权”的动机就是为了将污水排放总量降低更多，比政府做得更好。投资者购买“水污染权”的动机就是为了自身利益的最大化，期望依靠“水污染权”现期价格与未来价格的差价谋取利润。

（3）“水污染权”的将来交易可能发生在更广泛的范围之内。① 污水排放企业与污水排放企业之间的交易。有的企业生产规模扩大了，需要拥有更多的“水污染权”，而有的企业通过技术创新，“水污染权”有结余，只要两个企业之间的交易使双方都能获利，“水污染权”交易就会发生。② 污水排放企业与水资源保护组织之间的交易。水资源保护组织认为随着经济发展和生活水平的提高，水环境质量应该有相应的提高，所以出资竞购“水污染权”，从而迫使污水排放企业减少污水排放。③ 污水排放企业与投资者之间的交易。投资者认识到“水污染权”是一种稀缺的经济资源，也加入这种资源交易的操作，在买进卖出中渔利。④ 政府与各经济主体之间的交易。随着水环境质量要求的日益提高以及政府财力的不断增强，政府还可以回购一些“水污染权”，以进一步减少污水排放。当然，在“水污染权”的交易活动中，就像一种普通商品的交易一样，任何一个经济主体都可以参与交易。

水污染权交易是以让市场机制发挥基础性作用、各经济主体共同参与、政府参与调节的水资源保护的有效运行机制。实施水污染权交易制度主要有确定污水排放总量、分配水污染许可证和实施水污染权交易 3 个环节。

7.4.3.2 水污染权初始界定与分配

水污染权初始界定与分配的一般步骤是：首先由政府部门确定一定区域的水环境质量目标，并据此评估该地区的水环境容量；然后推算出污水的最大允许排放量，并将最大允许排放量分割成若干规定的排放量，即若干水污染权；政府可以选择不同的方式分配这些权利，如公开竞价拍卖、定价出售或无偿分配等。

（1）确定污水排放总量。水环境容量是指在一定水文条件和污染物特性下，在满足特定用户水质要求和水环境保护目标时，水域可以容纳、消纳污染物质的上限。

水资源可持续利用的排污量等于水环境容量。只有污水排放总量在水环境容量之内，污染物质才不会积累，水质才不会恶化，水资源才能在质的方面实现持续利用。

可以将水环境看成是一种可再生公共资源，需要充分利用以提高环境容量资源的效率，也需要保护维持人类赖以生存的环境质量。水环境作为一种资源在水环境容量内使用是合理的，零排放是不经济的或低效率的，如果能做到对这种资源的合理配置就可以提高利用这种资源产生的效益和减少治理污水的社会成本。但如果对其使用超过水环境容量将会破坏水环境质量，影响饮用水安全。因此，需要研究一种水环境容量的分配方式和管理模式，使其产生最大效益又能保护水环境这一公共资源持续利用的能力。

污水排放总量控制是将管理的地域或空间（如行政区、流域、水环境功能区等）作为一个整体，根据要实现的水环境质量目标，确定该地域或空间一定时间内可容纳的污水总量，采取措施使得所有排入这一地域或空间内的污水总量不超过可容纳的污水总量，以保证实现水环境质量目标。

污水排放总量控制包含 3 个方面的内容：① 地域性（或空间性）。总量控制必须确定在某个流域范围内并将此范围作为一个整体考虑。但流域范围的确定要结合实际情况，过小过大都不宜。流域范围小，则所确定的最大污水排放量也相应趋小，导致在总量控制保障下的水污染权交易受阻，交易空间大为缩小。反之，则对该总量加以控制实施的困难大大加剧。所以，总量控制涉及层层分割性。往往首先是某个流域或某个省域范围的总量控制，然后落实到各市地，通过水污染物排放总量控制指标的分解来实施。从而有区域内水污染权交易，也存在跨行政区水污染权交易、跨区域水污染权交易等。② 时间性。污水排放总量控制是限制在一定时段内。这个时段可以是 10 年、5 年、1 年、1 季或者 1 月。一般以年度为单位。③ 目标性。污水排放总量控制必须是基于一定的水环境质量目标。由此确定的总量是在综合考虑期望的水环境质量和现有水环境状况下做出的。总量控制中的总量是根据水环境的自净能力确定的最大可容纳污水总量，是被制定的上限。所以在采取措施时要保证绝不超过该总量。

污水排放总量控制的对象是污水排放单位（企业），只要管理到企业的总排放量，企业就可以按照自己拥有的总量指标来分配排放。因为这种执行尺度的放宽，总量控制可在一定程度上将治理责任和治理行动区分开来，污水排放者也有了履行责任的灵活性；又可将总量指标进行分割，为引入市场机制的水环境管理政策——水污染权交易提供契机。企业进而有充分的自主权选择成本低的履行削减污水的方式，就地削减或者公司购买水污染权。可见，总量控制是实施水污染权交易的基础。

（2）分配水污染许可证。水污染权（环境容量资源使用权）是一种权力，一般还是有限的权力。这种抽象的权力借助水污染许可证的实体形式得以体现。水污染许可证，或水污染指标，是水资源保护行政主管部门向水污染者颁发的允许其在一定时间内向水环境排放一定量的污水的行政许可，污水排放者因而获得有限的污水排放的权力，其实质是对水环境容量资源这种商品的一种配置。水污染许可证获得后需要进一步对其跟踪考核，一般予以年度调整，在各企业账户中减掉要扣除的许可证数量；如果某水污染单位的应扣许可证数量超过了所持有的水污染许可证数量，则将面临罚款和补扣许可证的双重处罚。反之，如果没有获得水污染许可证，就不允许排放被管制的污水。

水污染权初始分配是构建水污染权交易制度的基础。水污染权初始分配模式主要有竞价拍卖、固定价格出售、无偿分配3种分配方式。

- 竞价拍卖：这是以出售的方式将水污染权许可证出售给出价最高者的做法。这种方法符合市场经济“公平、公开、公正”的原则，最有效率，资源流入到给予最高评价的人手中，实现资源的有效配置。对政府来说可以减少管理和交易成本，并且政府还可获得一笔拍卖收益；但对企业来说会加重负担，企业不仅要承担购买水污染权所需的费用，还要承担获取有关信息的费用以及由此影响生产的风险。
- 固定价格出售：固定价格出售方式是以统一价格出售水污染权，根据所有水污染者对水污染权的需求和保留价格，结合排放总量和市场状况等确定初始水污染许可证的价格。固定价格出售的关键就是确定相对合理的水污染权交易的初始价格，不同地区、不同的行业可有不同初始价格。初始价格确定得不合理，就会出现市场的混乱。但由于市场可根据供需情况自动调节价格，运行一段时间后，初始价格的一些不合理的地方会得到纠正。事实上，政府为制定合理的初始价格本身就需要花费大量成本搜索获取信息；同样，基于对收费的抵触心理，也因此遭到企业及一些利益集团的反对。
- 无偿分配：水污染权的无偿分配是指环保部门按一定的标准来分配许可证配额，企业不必为此付出成本。Hahn[①]对许可证免费分配给排放单位的情况做了调查，得出一个重要的调查结果：最初的分配对许可证的最后分配（交易后）和市场势力存在下的许可证价格都会产生影响（这与竞争市场上发生的情况相反，在竞争市场上最终价格、许可证的最终分配与起始的分配是没有关系的）。政府免费分配不仅影响公平性，还影响交易的效率。因此，免费分配所依赖的依据变得至关重要。依据可分为成本效率分配、非经济因子和现时经济活动量（历史产出量）三类[②]：① 成本效率分配依据对完全竞争市场上水污染权交易均衡结果的预测，具有较高污水治理成本的企业得到较多配额，而低污水治理成本的

① 罗伯特·W·哈汉. 市场的力量与可转换财产权[J]. 经济学季刊第99卷1984，4.
② 吕忠梅. 论环境使用权交易制度[J]. 中国政法大学学报，2000，4.

企业得到较少配额，因此不能激励企业采用先进高效的水污染控制技术和生产方式。同时，由于政府不能掌握企业的污水治理成本信息，不能对均衡结果进行无偏的估计，因而也不具有可操作性。② 非经济因子包括国土面积、人口等，由于这些因素和水环境不具有直接联系，故适用性不强。③ 以现时经济活动量为基础的免费分配指政府根据企业现时的污水排放水平，将水污染许可配额按比例免费分配给各企业，生产技术落后、产生较多污水的企业将得到更多的配额，这种分配方式是目前采用最多的分配依据。政府免费分配方式使政府的污水治理费用来源减少，而且水污染权无偿获得却能有偿转让，导致社会利益分配不公，竞争地位不平等情况。

由于不同的分配方式各有其特点和优势，因此，依据具体情况，往往在实际运用中会将不同分配方式结合起来使用。

7.4.3.3 水污染权交易模型

水污染权交易是指环保部门制定排污总量控制指标，将此指标按一定的原则和方法，以水污染许可证的方式发放给污水排放单位，此证可在总量控制的条件下，充分利用市场机制的作用在污水排放单位之间进行交易，从而使企业单纯的治理污水行为转变为企业自身经济活动的一项管理政策。表现为水污染许可证在不同的所有者的账户之间的转移，低污水治理成本的企业利用治理技术优势增加削减污水排放量，卖出自己剩余的水污染许可证；高污水治理成本的企业买入其他企业剩余的水污染许可证，同时在允许量下增加污水排放。交易使双方都得益，当企业间治理最后一单位的污水的边际成本相等时，交易停止。通过交易，污水排放单位将持有的水污染许可证重新分配，实际上是重新分配了污水排放削减责任，使削减成本低的污水排放单位持有较少的水污染许可证，削减较多的污水排放量，从而实现全社会污水排放总成本最小化。

地表水的控制标准是如此之多，企业排放的水污染物种类又千差万别，根据同类型交易原则，水污染权交易将几乎难以实现。因此，水污染权交易的指标不宜过多。根据我国的实际情况，可先选取化学需氧量、氨氮这两项指标作为试点，各流域再根据自身的水污染状况选取 1～2 项指标作为交易对象。如长江流域可先选取化学需氧量、氨氮和总磷作为试点交易指标，待条件成熟后，再扩展到石油类、生化需氧量和挥发酚等项目。

我国目前的水污染权交易尚处于起步阶段，各地试点的交易模式不尽相同。根据我国国情，从降低交易成本和保证交易顺利进行的角度来考虑，较为完整的流域水污染权交易制度体系应包括立法、信息公示、监控系统、总量控制、水污染权的初始分配和市场交易六大部分。流域水污染权交易制度体系设计如图 7-5 所示，流域水污染权交易体系中的六大部分之间具有依存关系，缺少任何一环都将导致水污染权交易的不完善，最终会影响流域水污染权交易机制的有效性，接着将分析其中每一部分各自的内容、功能特点和各部分之间的相互关系。

（1）水污染权交易制度立法。我国需要对水污染权及其交易进行法律确认，明确水污染权交易制度的基本原则、各方的权利和义务、相应的奖惩措施。同时，应尽快制定流域水污染防治法，在其中明确水污染权交易的法律地位。

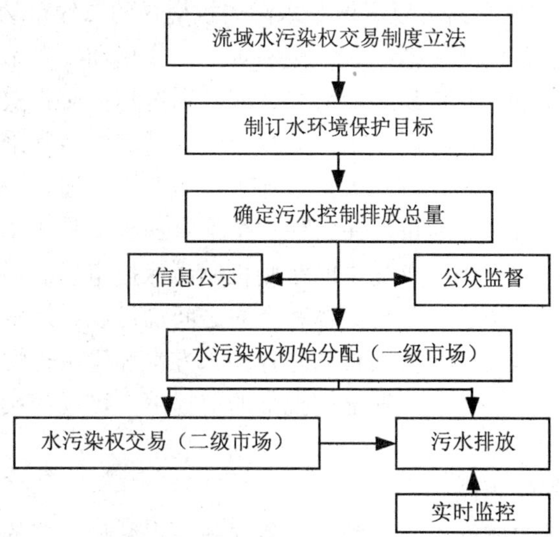

图7-5 水污染权交易制度体系示意

（2）信息公示。流域内的水污染权交易中心必须设立信息发布部门及时进行信息公示。信息公示包含两个系统：专业信息公布平台和大众传媒。专业信息公布平台要及时准确地发布与水污染权及其交易有关的一切信息，当地主要媒体要定期公布污水排放报表等必须被公众了解并接受公众监督的信息。在不完全竞争市场、信息不对称和政府职能强大的国情下，完善的信息公示制度可提高市场透明度，降低交易费用，保障公民的知情权，使水环境保护工作接受社会监督，提高公民的水环境保护意识。

（3）监控系统。只有确保了每个污水排放企业拥有的合法水污染权数量和实际排放量的对应关系，水污染权作为交易商品的属性才能存在，因此完善的实时监控系统是保障水污染权交易公平、公正进行和控制水环境质量的关键，监控系统由水污染权交易中心下设的监管委员会进行管理。

（4）总量控制。总量控制包括国家的总量目标和地方控制区域总量目标，要对国家和地方控制区域内污水排放源的数量、布局和水污染物的种类、排放量进行调查、确认和公示，再根据水环境容量或水环境质量目标确定污水排放的控制总量并公示。

（5）水污染权的初始分配。水污染权的初始分配可以看做是水污染权交易的一级市场，由水污染权交易中心下设的交易委员会组织进行。可将污水排放的总量按一定比例分为无偿赠与、奖励、拍卖和储备4个部分，这4个部分的比例关系和分配原则应因地制宜并进行公示。无偿赠与部分按流域内各污水排放企业对社会福利所作贡献的大小依比例分配；奖励部分给予在污水治理中成绩突出的污水排放企业；拍卖部分由各污水排放企业通过竞价的方式获取；储备部分按无偿赠与或租借的形式给予新建的公益性单位或特殊单位以初期的扶持。通过4种方式进行的水污染权初始分配，要兼顾各种规模企业的利益，既要避免过大地增加企业负担，又要防止个别企业垄断水污染权市场，还要考虑企业在社会福利和污染治理上所作的贡献。水污染权初始分配要体现效率和公平的原则，各个污水排放企业获得的初始排污权的数量、组成和成交价格等信息必须进行公示。

（6）市场交易。市场交易可以看做是水污染权交易的二级市场，也由交易委员会进行管理。交易市场的主要职能包括：制定交易规则；收集和发布市场信息；自动撮合买卖双方的成交价格和数量；对交易进行清算、交割和过户；对租赁活动进行管理；负责处理职责范围内的其他事务。我国在水污染权交易的试点中常常采取政府牵头下的交易双方直接讨价还价的方式，这种方式大大增加了交易费用，违背了科斯定理中交易成本为零或者很小的假设。所以交易市场在力保完全信息和零交易成本等方面负有重大的责任，同时交易市场还应建立排污权交易的激励机制，保持市场的活跃性。水污染权交易采取自愿原则，流域内的企业、社会团体和个人之间均可以通过水污染权交易市场进行自由交易；跨地区的水污染权交易须首先进行买入方水环境可行性论证，在买入方的水环境容量许可并获得当地水环境主管部门批准的前提下，可以在卖出方所在区域的交易市场进行交易。

7.4.3.4 水污染权交易的优越性

由于不同企业减排的成本不同，为了避免那些污水减排量多的厂商承受高成本，可以通过利用可转让的水污染许可证来实现这一目标。

在水污染许可证制度下，水污染许可证将成为一种“有价资源”，能激励企业减少污水排放，企业节约下来的污水排放指标，既可在企业与企业间进行商业交换，又可“储存”起来以备自身扩大发展之需。可交易水污染权的卖方由于超量减排而剩余水污染权，其出售可交易水污染权获得的经济回报实质上是市场对有利于环境保护的企业的外部经济性的补偿。可交易水污染权的买方由于必须新增水污染权而不得不花钱购买，其支出的费用实质上是外部不经济性的代价。

如果有足够多的厂商和许可证，一个竞争性的许可证市场就会发展起来。在市场均衡时，许可证的价格等于所有厂商污水减排的边际成本。否则，一家厂商就会发现购买更多的许可证是有利的。那些污水减排边际成本相对较高的厂商会购买较多的许可证，并最少地减少污水排放。因此，在水污染权交易机制下，政府选择的排放水平会以最低的成本实现。

可销售水污染许可证产生了一个外在性的市场，由于这一市场方法把排放标准下的某些优点和收费制度下的成本优点结合起来，非常有吸引力。管理这一制度的机构决定总的许可证数目，从而决定了流域总的污水排放量，这就具有了排放标准的优点。但是许可证的可销售性使得污染的减少以最低成本实现，这又具备了收费制度的优点。

参考文献

[1] Tom Tietenberg. Environmental and Natural Resource Economics（6th） [M]. Addison Wesley，2005.

[2] Andreu Mas-Colell，Michael D.whinston，Jerry R.Green. Microeconomic Theory（1th） [M]. Oxford University Press，2005.

[3] Mankiw N G. Principles of economics（third edition） [M]. Mason. THOMSOM，2004.

[4] Petersen M M. A natural approach to watershed planning[J]. Water Science and Technology，1999，39（12）.

[5] Constanza R，D Arge R，Rudolf de Groot. The value of the world’s ecosystem services and natural capital[J]. Nature，1997.

[6] Nick Hanley，Joson F，Shogren and Ben White. Environmental Economics in Theory and Practice[M]. New York，Oxford University Press，1997.

[7] Weak comparability of values as a foundation for ecological economics[J]. Ecological Economics，1998（3）.

[8] Solecki，William D. Environmental Hazards[J]. Global Environmental Change Part B：Environmental Hazards Volume 2，2000（4）.

[9] Sara J，Scherr and Andy White. Outline for Presentation-Factors to Consider in Choosing[M]. Instruments to Promote Environmental Services. 2002.

[10] Luis Garnez. Outline for Presentation-The Use of Market Instruments for Environmental Services in Costa Rica[M]. Workshop on Payment Schemes for environmental Services. Beijing，Apr 22-23，2002.

[11] 张维迎. 博弈论与信息经济学[M]. 上海：三联书店，1997.

[12] 丹尼尔・F・史普博. 管制与市场[M]. 余晖，译. 上海：三联书店，1999.

[13] 曼瑟尔・奥尔森. 集体行动的逻辑[M]. 陈郁，译. 上海：三联书店，1996.

[14] 【美】平狄克，鲁宾费尔德. 微观经济学（第四版）[M]. 北京：中国人民大学出版社，2000.

[15] 【英】朱莉・斯托弗. 水危机[M]. 北京：科学出版社，2000.

[16] 【泰】布里安・兰多夫・布伦斯，【美】露丝・梅辛蒂克. 水权协商[M]. 北京：中国水利水电出版社，2004.

[17] 【美】ARIEL DINAR 编.水价改革与政治经济——世界银行水价改革理论与政策[M]. 北京：中国水利水电出版社，2003.

[18] 科斯等. 财产权利与制度变迁[M]. 上海：上海三联书店，1994.

[19] 泰勒尔. 产业组织概论[M]. 北京：中国人民大学出版社，1997.

[20] 沈满洪. 资源与环境经济学[M]. 北京：中国环境科学出版社，2007.

[21] 沈满洪. 环境经济手段研究[M]. 北京：中国环境科学出版社，2001.

[22] 中国科学院可持续发展战略研究组. 2007 中国可持续发展战略报告——水：治理与创新[M]. 北京：科学出版社，2007.

[23] 赵来军. 我国流域跨界水污染纠纷协调机制研究[M]. 上海：复旦大学出版社，2007.

[24] 张凯. 水资源循环经济理论与技术[M]. 北京：科学出版社，2007.

[25] OECD. 环境经济手段应用指南[M]. 北京：中国环境科学出版社，1994.

[26] OECD. 环境管理中的经济手段[M]. 北京：中国环境科学出版社，1996.

[27] 郑通汉. 中国水危机[M]. 北京：中国水利水电出版社，2006.

[28] 贾绍凤，姜文来，沈大军，等. 水资源经济学[M]. 北京：中国水利水电出版社，2006.

[29] 王景福. 建设节水型社会研究[M]. 北京：中国环境科学出版社，2006.

[30] 李强，等. 中国水问题[M]. 北京：中国人民大学出版社，2005.

[31] 刘昌明，等. 中国 21 世纪水问题方略[M]. 北京：科学出版社，2001.

[32] 王浩，等. 面向可持续发展的水价理论与实践[M]. 北京：科学出版社，2003.

[33] 沈大军，等. 水价制定理论、方法与实践[M]. 北京：中国水利水电出版社，2006.

[34] 沈满洪. 水权交易与政府创新——以东阳义乌水权交易案为例[J]. 管理世界，2005，6.

[35] 王金南，万军，张惠远.关于我国生态补偿机制与政策的几点认识[J]. 环境保护，2005，10.

[36] 刘玉龙，阮本清，张春玲，许凤冉. 从生态补偿到流域生态共建[J]. 中国水利，2006，10.

[37] 张春玲，阮本清. 水资源恢复补偿经济理论分析[J]. 水利科技与经济，2003，3.

[38] 钱水苗，王怀章. 论流域生态补偿的制度构建——从社会公正的视角[J]. 中国地质大学学报，2005，9.

第 8 章　水资源节约论

增加水资源的供给是解决水资源短缺问题的重要手段。由于水资源供给受到生态极限的约束，因此，从需求管理的角度入手，实现水资源节约才是解决水资源短缺问题的关键。本章主要从需求角度阐述实现水资源节约的主要举措，如节水技术创新、节水制度创新、节水管理创新等。在此基础上，对节水型社会建设进行了简要分析。

8.1 节约用水概述

8.1.1 节约用水的内涵

节约用水的英文是“water conservation”，有“水资源保护、守恒与节约”之意。1978 年，美国内务部将节约用水定义为：有效利用水资源，供水设施与供水系统布局合理，减少需水量；1979 年又提出：减少水的使用量，减少水的浪费与损失，增加水的重复利用和回用；1983 年美国政府提出新的解释：减少需水量，提高水的使用效率并减少水的损失和浪费，为了合理用水改进土地管理技术，增加可供水量。美国奥尔良州水法将节水定义为：通过改善引水、输水和回收水的技术，或通过实施其他许可的节水办法来减少引水量以满足当前有效的用水。

国内对于节约用水的内涵有多种不同的理解。1996 年《节水型城市目标导则》[①]指出，节约用水是指通过行政、技术、经济等管理手段加强用水管理，调整用水结构，改进用水工艺，实行计划用水，杜绝用水浪费，运用先进的科学技术建立科学的用水体系，有效地使用水资源，保护水资源，适应城市经济和城市建设持续发展的需要。

董辅祥、董欣东等[②]对节约用水内涵的定义是：在合理的生产力布局与生产组织前提下，为实现一定的经济社会目标和经济社会的可持续发展，通过采用多种措施，对有限的水资源进行合理分配与可持续利用。

《全国节水规划纲要（2001—2010）》[③]将节约用水定义为：在不降低人民生活质量和经济社会发展能力的前提下，采取现实可行的综合措施，减少水损失和浪费，提高用水效率，合理和高效利用水资源。

由以上表述可见，虽然不同的学者对节约用水内涵的理解并不相同，但节约用水的内涵大致包括以下 3 个方面：

---

① 国家发展计划委员会，国家经济贸易委员会，建设部颁布.节水型城市目标导则[M]. 1996.

② 董辅祥，董欣东. 城市与工业节约用水理论[M]. 北京：中国建筑工业出版社，2000.

③ 全国节约用水办公室发文. 全国节水规划纲要（2001—2010），2002.

（1）节约用水包含节约水量和保护水质两个方面。节约水量是指减少水资源的浪费；保护水质则是要防治水环境污染，相对增加水资源的拥有量。通过实施节水办法来减少用水量。

（2）节约用水的核心是提高水资源的利用效率。节约用水通过一系列行政、技术、经济等手段加强用水管理，调整用水结构，改进用水工艺，高效合理地发挥水资源的多重功能，在既定的水资源条件下达到最优的经济、社会和环境效益。

（3）节约用水的最终目标是实现水资源的可持续开发和利用，实现人与自然的和谐共处。节水的最终结果是减少水资源的耗用量，缓解水资源短缺状况，解决用水效率不高的问题，从而实现水资源可持续利用，进而实现经济社会可持续发展。

8.1.2 节约用水的经济学本质

在资源的合理配置中，往往面临 3 个主要决策：① 生产哪些商品，生产多少；② 怎样生产；③ 如何分配和谁将分配这些商品和服务。水资源效率实际上是水资源的合理配置问题，就是经济社会活动中的水资源在各种不同的使用方面和方向之间，分出轻重缓急，决定水商品和水服务的最终种类和数量，并且寻求一种最佳的分配方式，从而使社会福利达到最大化。因此，节约用水的根本途径就是提高水资源效率。

在本书第 5 章中介绍了托马斯·G·罗斯基的经济效率分类，即配置效率、技术效率和动态效率。在托马斯·G·罗斯基的理论基础上，本章结合中国水资源配置的实际，也为了便于后续分析，将水资源效率划分为“水资源配置效率”（基本上对应于罗斯基的配置效率）、“水资源管理效率”（基本上对应于罗斯基的技术效率）和“水资源技术效率”（基本上对应于罗斯基的动态效率）3 个层面。如图 8-1 所示。[①]

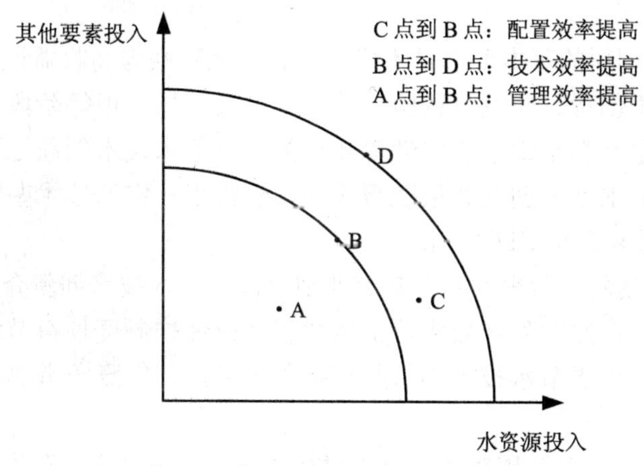

图 8-1 水资源效率的分解示意

在图 8-1 中，生产可能性曲线的两个轴分别为水资源与其他要素的投入。A 点表明不论是水资源还是其他要素投入，其配置效率均不高，造成了资源的浪费，是无效率的；通过提高水资源的管理效率实现节水后，社会的产出由 A 点移动到生产可能性曲线 B 上；

① 图 8-1 是沈满洪教授主持的浙江省水利厅 2007 年委托项目“节约用水的相关制度研究”课题报告的基础上修改而成，由沈满洪提出。

C 点到 B 点为生产可能性曲线上的移动，说明在同样的产出水平下，由于节约用水，水资源这种稀缺性资源的耗费减少，配置效率提高；B 点到 D 点为生产可能性曲线向外扩张移动，说明采取了节水技术措施之后，水资源的利用效率大大提高，社会产出也随之增加。

通过图 8-1 对水资源效率的分解可见，要真正实现经济学意义上的节水，必须通过技术创新，提高水资源技术效率，实现生产可能性曲线的整体向外移动，提高单位水资源的产出水平；必须通过制度创新，提高水资源配置效率，实现生产可能性曲线上的移动，优化水资源配置；必须通过管理创新，提高水资源管理效率，实现从生产可能性曲线内向生产可能性曲线上的移动，遏制浪费用水现象。

8.2 节约用水技术创新①

8.2.1 节约用水技术创新的内涵

节水技术是指能提高水资源利用效率或效益、减少水损失、能替代常规水资源的各项技术。节水技术主要包括直接节水技术和间接节水技术，前者主要是指能直接减少水资源损失的各项技术，而后者主要是指能通过水资源的循环利用来节约水资源的各项技术。节水技术也可以分为农业节水技术、工业节水技术和城镇生活节水技术等。

节水技术创新是以节水技术的构思新颖性和成功实现性为特征的非连续性事件，它涉及节水技术的创意、研发、试验、生产、使用以及推广等一系列过程，它始于系统性的创意、研发而终于市场实现，可以是全新的节水技术，也可以是改进的节水技术。节水技术创新具有以下特征：

（1）节水技术创新的基本要素是不确定性、高风险性与高收益性并存。节水技术创新的不确定性存在于创意、研发、试验、试生产以及市场实现等阶段，主要包括技术不确定性、经济不确定性和组织不确定性等几种类型；节水技术创新还可能面临市场风险和技术贬值风险；节水技术创新如果获得成功，会带来一定的技术垄断，这种技术垄断往往会给创新主体带来高额垄断利润。

（2）节水技术创新所带来的收益具有非独占性。节水技术创新介于公共品和完全排他性产品之间，具有一定的外部效应。虽然知识产权保护制度使得节水技术创新者拥有垄断性产权，但是，由于节水技术创新具有扩散效应，使得竞争者仍能通过模仿分享创新者的收益。

（3）节水技术创新不仅具有经济效益和社会效益，同时还具有生态效益。节水技术创新能给创新主体带来一定的收益，它也能通过溢出效应给其他相关主体带来一定的利益。此外，它还能节约水资源、改善水质、减少水污染、改善生态环境，具有较强的生态效益。

① 本节是在沈满洪教授主持的浙江省水利厅 2007 年委托项目“节约用水的相关制度研究”的课题报告相关内容的基础上改写而成，原执笔者为陈庆能。

8.2.2 节约用水技术创新的方法和途径

实施节水技术政策主要是通过激励性措施，以增加创新主体的创新收益或减少创新主体的研发成本、交易成本、融资成本、销售成本等相关成本，使创新主体所获得的创新收益大于创新成本来激励创新主体进行节水技术创新。

8.2.2.1 节水技术创新与产权

产权是指个人或其他人受益或受损的权利。知识产权保护是激励节水技术创新的重要手段。在缺乏知识产权制度的情况下，节水技术创新的溢出效应使创新者不能得到应有的收益补偿，这将抑制创新主体的创新行为，而知识产权的设立则授予了创新者在一定时期内独占节水技术创新收益的权利，解决了具有公共属性的节水技术创新成果的“溢出效应”而导致的“搭便车”问题，使得节水技术创新的私人收益率趋同于社会收益率。因此，建立和健全节水技术创新的产权制度的核心是要做好节水技术创新的知识产权保护工作，为此，要重点做好两方面的工作：

（1）制定完善的节水技术知识产权政策和法律体系，通过完整的法律体系来保障节水技术创新者的利益，通过良好的法律环境来倡导人们树立尊重和保护知识产权的公德心。

（2）建立将财政性节水技术项目创造的知识产权授予承担者的制度。由于节水技术创新不仅具有经济效益，而且具有社会效益和生态效益，因此，许多相关科研项目都是由财政资助进行研究。为了激励财政性节水技术基金项目承担者自主创新的积极性，政府应将该基金项目所创造的知识产权，授予项目承担者，由项目承担者依法运用。单位和完成该项目的科技人员因运用该知识产权产生的利益关系依照有关法律、法规和行政规章的规定执行或者由双方约定。

8.2.2.2 节水技术创新与市场

市场在节水技术创新方面具有自我组织、自我加强的作用，资源配置效率高。因此，可以通过相关市场制度的完善来形成节水技术创新的市场环境，提高节水技术的运行效率。

（1）要形成较为完善的市场交易规范。通过市场交易获取理想的创新收益是激发节水技术创新活动的内在诱因。因此，应形成较为完善的市场交易规范，要建立健全节水技术创新成果交易的系列制度，包括节水技术产权交易制度、节水技术产业化成果交易制度、节水技术交易中介服务制度，以及人才流动、资金融通等促进节水技术创新要素有效组合的制度。另外，要建立健全规范节水技术创新交易秩序的系列制度，以降低节水技术创新主体参与市场交易的交易成本。

（2）要建立规范的市场竞争环境。优胜劣汰的竞争压力，会促使创新主体为维持自身的生存和发展而有效地利用资源，创新主体生存和发展的外部竞争环境，可以从外部形成持久的动力激励，来激发它的技术创新动力。因此，必须有效地打破垄断，加速市场化建设进程，完善市场体系，培育节水技术竞争市场。通过市场体制建设，创造节水技术创新的理想的市场结构和竞争模式，以市场的外在力量来推动节水技术创新。同时，为了避免不正当竞争侵害创新主体的利益，挤占创新主体的市场空间，挫伤创新主体的积极性，应通过制度建设，加大反不正当竞争的力度，来保证竞争行为的规范有序。

（3）要建立完善的中介服务体系。各类节水技术创新主体的资源有限，随着节水技术创新活动的发展，需要有一个健全的节水技术创新中介服务体系为它们提供支持和帮助。因此，应建立健全节水技术中介服务机构，为各类节水技术创新主体提供相关服务。

8.2.2.3 节水技术创新与政府

产权与市场在节水技术创新中存在着许多失效之处，它们并不能保证造就一个最有利于节水技术创新的外部环境，因此需要政府加以弥补强化。政府可以从完善政策制度体系的角度出发，充分发挥政策对节水技术创新的激励作用，形成有利于节水技术创新的政策环境，以减轻创新主体在节水技术创新过程中所面临的各种不确定性、降低它们所面临的风险、降低创新成本、提高创新收益。政府的政策创新主要包括以下几个方面的内容：

（1）财政补贴政策。财政补贴政策主要包括：采取节水技术研发补贴、节水产品生产补贴、节水产品消费补贴等形式对节水技术创新主体进行补偿。节水技术研发补贴是对从事节水技术研发的企业和科研机构进行补贴。这种补贴方式有利于降低创新主体的研发成本，提高它们从事节水技术研发的积极性。节水产品生产补贴则主要是根据节水产品的产量对生产者进行补贴。这种补贴有利于增加节水产品产量、降低生产成本、提高生产企业的经济效益。节水产品消费补贴则是对节水产品的购买者给予一定的补贴，以促进节水产品的推广。

（2）税收优惠政策。税收优惠政策作为政府调控经济最直接的手段，在推动技术创新过程中被世界各国政府广泛运用。税收优惠政策同样也可以用于节水技术创新过程之中。在运用税收政策时，应根据节水技术自身的特性制定相应的政策。

- 应对所有有研发投入的节水技术创新主体实行优惠政策：只要创新主体当年实际发生了研发支出就应该享受相应的税收优惠政策，这样将激励创新主体增加研发投入。可以根据创新主体的研发投入金额大小，按一定的比例，例如5%～10%的比例进行返还。同时，研发费用还可以税前列支并加以扣除，以降低创新主体的研发成本。此外，研发设备还可以加速折旧，以加速研发设备的更新。
- 完善所得税政策：对企业投资于节水技术创新所获得的利润减征企业所得税；对企业投资于节水技术创新所获得的利润再用于节水技术创新投资者，应退还其用于投资部分的利润所对应的企业所得税；对于进行国家规定项目的节水技术创新的投资应实施税收投资抵免政策；允许企业或者科研机构把用于节水技术创新投资所导致的亏损直接用于抵减其他投资的资本利得；加大亏损结转力度，对于用于特殊项目的节水技术创新投入所导致的亏损可退还一部分以前年度已纳所得税款。
- 建立节水技术创新准备金制度：对有研发新节水技术愿望但经济实力不足的企业或科研机构，允许按销售收入的一定比例提取节水技术创新准备金，所提取的准备金应免税。
- 对节水技术创新成果的使用实行税收优惠：可采取对节水技术新产品免征增值税等税收优惠政策，以促进新产品的使用。

（3）金融扶持政策。金融扶持政策主要是从分散金融风险、降低融资成本的角度，对节水技术创新活动进行扶持。在实际使用中，可以采取以下几项金融扶持政策：

- 低息（贴息）贷款政策：低息（贴息）贷款政策可以减轻节水技术创新主体的

利息负担，有利于降低它们的研发成本和生产成本。这项政策的主要缺点是：政府需要筹集一定的资金以支持贴息或减息的补贴，贷款数量越大，贴息量越大，需要筹集的资金也越多。

➢ 各类金融机构尤其是政策性金融机构应对节水技术创新活动采取扶持政策：政策性金融机构应对节水技术专项项目、节水技术成果转化项目、节水技术产业化项目、引进的节水技术消化吸收项目等给予重点支持。同时，商业性的金融机构也应根据国家投资政策及信贷政策，对节水技术创新活动给予信贷支持。

➢ 推进支持节水技术创新的多层次资本市场建设：要通过股市等资本市场来分散节水技术创新过程中存在的金融风险，要支持有条件的节水技术创新企业在国内主板和中小企业板上市。要建立加速节水技术产业化的多层次资本市场体系，将资本市场建成节水技术创新投资的主渠道。

➢ 成立节水技术创新风险准备基金：要引导社会资金、保险公司以及证券机构，投资于节水技术创新风险准备基金，为节水技术创新提供资金上的支持，同时也降低节水技术创新过程中存在的金融风险。

（4）政府采购政策。对节水技术创新产品进行大规模政府采购，可以创造和增加节水技术创新产品的市场需求，产生节水技术创新的“市场拉动”效应。这样，便可以使节水技术创新产品在市场开拓期获得比较稳定的市场保证，降低市场风险。政府采购政策主要包括以下两个方面的内容：

➢ 政府采购：即政府用财政性资金将节水技术产品购买下来。为了做好节水技术产品的采购，政府必须做好相关工作。① 建立节水技术产品认证制度。可以由水利部门会同环保部门等，按照公开、公正的程序对节水技术产品进行认定，从而为节水产品的采购做好技术准备。② 实行节水技术产品或节水技术的政府首购制度。对节水企业或科研机构生产或开发的试制品和首次投向市场的节水产品或者节水技术，经过科技部门等相关部门认定，符合节水技术发展方向，具有较大市场潜力并需要重点扶持的，由政府进行首购。③ 实施节水技术研发项目的政府订购制度。对于需要研究开发的重大节水产品或技术，经论证后，列入政府科技开发计划，通过政府采购招标方式，面向高新技术企业、高等院校和科研院所开展节水技术研发订购，签订政府订购合同，并要建立相应的考核验收机制。

➢ 政府采购后的节水技术的推广和使用：任何技术创新的成果都必须应用于生产、生活中，都必须接受市场的检验，节水技术创新成果也不例外。政府采购部分地解决了节水技术市场需求不足的问题，但是并未解决节水技术的推广及大规模使用的问题。由于节水技术的使用不但具有经济效益，而且具有社会效益和生态效益，这使得节水技术或节水产品的使用者使用节水技术或者节水产品所花费的成本往往高于从中所获得的收益，因而导致他们对节水技术或者节水产品的推广和使用不感兴趣。因此，政府应将其所采购的节水技术以较低的价格甚至免费让给节水产品生产企业使用，以降低节水产品的生产成本，从而降低节水产品的价格，并进而导致节水技术或节水产品的使用者使用节水技术或者产品所花费的成本小于从中所获得的收益。这样便可以促进节水技术的推广和使用。

（5）奖励激励政策。奖励激励政策主要是对在节水技术创新过程中作出重要贡献的人员进行奖励，以调动他们从事节水技术创新活动的积极性。可以采取以下方式对相关人员进行奖励：

- 设立节水技术创新成果提成奖：即从获得的节水技术创新收益中，提成奖励在创新过程中作出重大贡献的技术人员。应根据所获得的节水技术创新收益，每年按一定的比例进行提成。此提成是正常工资和其他奖金的附加部分，不影响参与提成的技术人员的正常工资、年薪或其他应得奖金。
- 设立节水技术成果累计奖：该奖项是针对为节水技术创新事业作出长期努力和贡献的相关人员的积累性奖励，是对长期从事节水技术创新工作相关人员的肯定。该奖项的设立有利于激励为技术创新作出贡献但没有取得技术创新成果的科技工作人员从事节水技术创新活动的积极性。
- 设立节水技术推广奖：推广节水技术成果具有经济效益、社会效益和生态效益三重特性，而节水技术的使用者往往重经济效益而轻社会效益和生态效益。因而它们对应用节水技术成果的积极性不高，使得节水技术成果的推广难度很大，推广人员的工作更多体现为一种社会公益性质，推广人员的劳动价值无法从市场中得到合理的回报，使技术成果推广人员的积极性受到挫伤。因此，需要政府制定相应奖励政策，对社会上一些社会效益、生态效益明显，而经济效益不明显的重大节水技术成果的推广，依据工作量和应用效果对技术推广人员进行奖励。

（6）科技发展政策。合适的节水技术创新政策对节水技术创新活动的开展起着重要作用。为此，政府应制定促进节水技术创新的科技发展政策，并把它列入国家中长期科学和技术发展规划纲要及相关国家科技开发计划当中。政府应确定节水技术创新研发的重点扶持对象，在资源有限的情况下，政府的科技发展政策应向节水技术创新研发的重点扶持对象倾斜。政府重点扶持的研究项目应当是公共性强、“溢出”效应大、边际社会效益高的节水技术项目。

8.3 节约用水制度创新

8.3.1 节水制度创新的内涵

节水制度创新是建立一系列与节水相协调配套的制度保障体系，建立以经济手段为主，激励约束各级政府、用水单位和个人的经济法律制度，使水资源的开发、利用、科研、生产、销售等各个过程的节约行为受到真正的激励，使所有节水的相关人员都能从节水的行为中获得效益。

节水制度创新是以利益导向为核心的新型运行制度，目的在于调动人们节水的积极性和创造性。根据制度经济学，制度的安排在资源配置中起着至关重要的作用，任何资源的配置都是一定制度安排决定的。市场机制和政府干预都是资源配置的重要方式。以产权保护为前提、以价格机制为核心的市场机制是资源配置的基础，以价格管制和数量管制为主要手段的政府干预可以在一定程度上防范市场失灵。因此，水价制度、用水定额制度和水权制度等都是资源配置的重要方式。

8.3.2 水价制度

8.3.2.1 水价制度的内涵

水价制度是指以水资源的供求关系为基础，通过一定范围公众参与的社会机制合理分配水价各构成成分之间的比例关系，并选择合适的水价表现形式以实现水资源优化配置，达到经济、社会和生态可持续发展目的的一种经济制度。这一定义可以从以下几个方面来理解：

（1）水价是决定水资源稀缺性程度的重要杠杆。水价的形成和决定以水资源的供给和需求为基础，供给大而需求小会导致低水价，供给小而需求大会导致高水价。政府对水价的管理和调整要以水资源的供求状况为依据。

（2）水价制度的建立必须通过一定范围公众参与的社会机制来实现。水价制度的建立必须有政府、供水公司、大型用水单位和社会公众代表广泛参与，制订水价和修改水价时必须召开水价听证会。这样，各方面的利益和要求都会得到一定程度的考虑，避免了行政垄断制定水价导致的水资源配置扭曲。

（3）水价制度必须合理安排水价构成成分之间的比例关系。水价构成中有水资源费、供水成本、合理利润、环境成本等成分，合理水价中必须包含各项成分，并且各项成分之间应具有合理的比例关系。如果水价中没有完全体现各项成分或者比例关系不合适，都会对经济社会发展产生不利的影响。

（4）水价制度必须因地制宜安排水价的表现形式。水价形式有单一制水价形式、两部制水价形式和阶梯式水价形式等。这 3 种水价形式也可以季节性波动，从而使它们带有季节性水价的色彩。水价制度必须根据当地的实际情况选择适合地方特点的水价形式，在水资源季节波动性较大的地区，应该考虑季节性因素，使水价形式随季节性波动。

8.3.2.2 水价制度与节水

如上所述，水价有 3 种基本表现形式：① 单一制水价；② 两部制水价；③ 阶梯式水价，实际经济生活中的水价形式也可以是上述 3 种水价形式的复合。此外，对于水资源季节性波动和年份波动较大或者需求波动较大的地区，也可以使水价形式随季节和年份波动以达到最大的水资源利用效率。

（1）单一制水价。单一制水价是计划经济时代由政府制定的、兼顾各类用水户利益的一种福利水价，曾经起到维持社会稳定和促进经济增长的作用。但是，随着经济的发展，这种单一制水价逐渐显示出其弊端。这种水价往往很少考虑水资源的商品价值和水的正常成本，造成了水价结构单一、缺乏弹性、不利于调整等后果。历史经验和现实都表明，这种水价单一的价格结构既不利于水资源的节约利用，也不利于供水事业的发展，更不利于水资源的优化配置与合理使用。

（2）两部制水价。在不同水文年份可利用水量以及供水区需水量都有相当大的不确定性的地区，为了保证供水工程正常运行和用水单位利益，宜采用两部制水价。两部制水价虽然可以增加供水企业的收入，但也会增加贫困群体的经济负担。因此，推行两部制水价时，应辅以其他的政策措施来克服其缺陷。

（3）阶梯式水价。合理的阶梯式水价，既能使用户基本需求不受影响，又能满足用户使用更多水资源的要求，实现水资源的优化配置和经济社会的可持续发展。阶梯式水价的作用主要体现在以下 5 个方面：

- 树立和强化节水意识：水资源短缺已成为制约经济社会可持续发展的突出问题，这就要求在市场经济体制下，充分认识水资源的经济属性，实现水资源从自然资源向经济资源转变，发挥价格杠杆和市场机制在水资源配置和水需求调节等方面的作用，促进节约用水，提高用水效率。实行阶梯式水价，拉开级差，增大调节力度，有利于树立和强化节约用水意识。
- 有效协调低收入者支付能力与水价按边际成本定价高的矛盾：由于水资源越来越紧缺，它的边际成本越来越高，如果按边际成本定价，将会超过低收入者的购买能力，他们的用水权利会受到侵害，但是，如果水价定得过低，供水企业的成本得不到补偿，供水将难以为继，为了解决这个矛盾，对低收入者实行低价供水，以保障其用水权利，企业低价供水的亏损由高用水量者进行补偿，如图 8-2 所示。

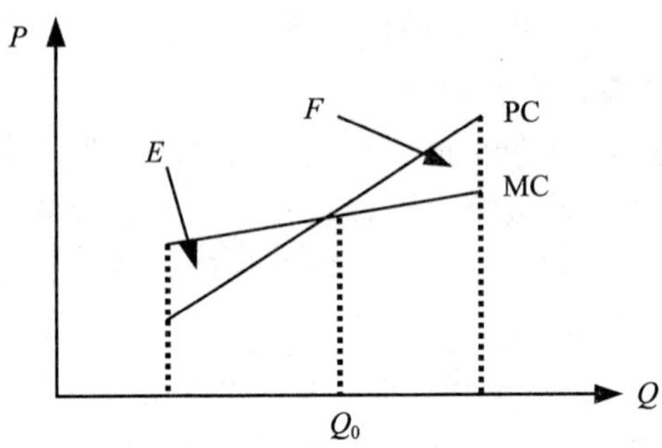

图 8-2 阶梯式水价与边际成本的关系

图 8-2 中，MC 表示边际成本曲线，也就是供水企业的供给曲线，PC 表示阶梯式水价曲线。用水量在 Q_0 以下，PC＜MC，用水单位（户）以低于 MC 的价格 PC 购水，获得高于买价的效用——MC 减去 PC 的差额，可以看成是政府福利；用水量在 Q_0 以上，PC＞MC，用水者以高于 MC 的价格 PC 购水，效用减少，减少量是 PC 与 MC 的差额，为用水者的负效用，用水量越大，负效用越大。用水的负效用可以抑制高用水者的用水行为，实现节约用水的目的。对于供水企业来说，Q_0 以下的亏损（E 区域）由 Q_0 以上高于 MC 实现的利润（F 区域）来补偿。

- 体现了公平与效率的统一：一般地，用水量在 Q_0 以下的是低收入者，他们得到相当于 E 的福利，用水量在 Q_0 以上的是高收入者，他们多付出 F 的费用。这样通过阶梯式水价实现了社会财富的再次分配，增进社会公平。此外，能够承担较高水价的用水单位，一般具有较高的水资源边际收益，从而使得水资源流向利用效率较高的地方，提高了水资源的配置效率。因此，阶梯式水价体现了公平与效率的统一。
- 有利于促进水资源的可持续利用：阶梯式水价扩大了不同分段的价格差异，采用这种分段定价结构，将在一定程度上遏制水资源的浪费及不合理的低效利用现象，如果用户消耗水量超过一定的数量，就必须支付高额的边际成本，这种水价属于意愿支付的范围，是消费者偏好的选择结果。如果用户不愿支付高价，就必须节约用水、杜绝浪费。这对于促进节约用水，提高用水单位的节约用水意识，具有重要的促进作用，有利于水资源的充分利用和保护，有利于推动中水回用和污水再生利用，有利于促进节约用水技术的开发和应用，实现水资源的良性循环和可持续利用。

➢ 保证供水企业成本补偿和扩大再生产：水费收入是保证供水企业进行成本补偿和扩大再生产的主要资金来源。长期以来，我国一直采用单一的水价模式，水价偏低，造成供水企业无法实现成本补偿和自负盈亏的良性发展机制。阶梯式水价对超过基本水量的用水单位（户）执行高额的边际成本价格，这种高额的边际成本价格有助于水管单位获取更多的资金以用于管道改造、技术更新、水资源的开发以及水污染的治理，同时有利于水管单位提高供水质量，改善供水环境和扩大再生产。

8.3.2.3 水价制度对节约用水的作用机理分析

合理的水价制度通过作用于用水单位和供水单位两个客体来达到节约用水的目的。在用水单位方面，由于水价中将包含环境水价，污染越严重环境水价越高，用水单位越自觉减少污染，从而达到保护水质和节约水量的目的；用水超额加价，使得水资源流向边际收益高的用途中，从而提高了水资源的利用效率。在供水单位方面，合理水价制度会增加他们的收入，使他们有资金进行技术研发、管网改造和铺设中水回用管道设施，减少供水过程中的跑、冒、滴、漏现象，达到节约水量和实现水资源可持续开发和利用的目的。

节约水量、保护水质、提高水资源的利用效率和实现水资源的可持续开发和利用都是节约用水的内涵。合理的水价制度促进节约用水的机理可以用图 8-3 表示。

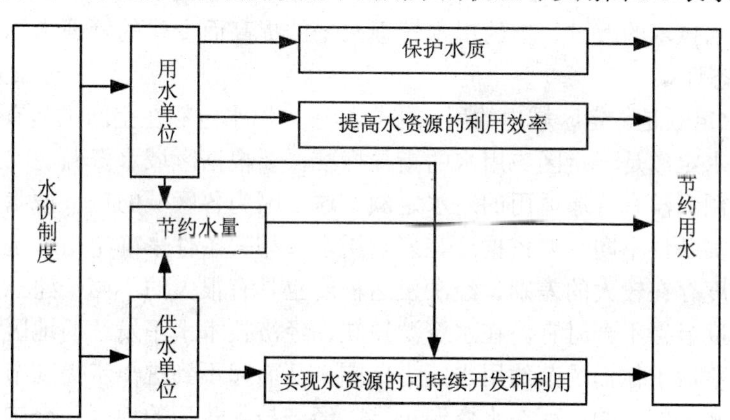

图 8-3 水价制度对节约用水的作用机理

8.3.3 用水定额管理制度

8.3.3.1 用水定额管理制度的内涵

用水定额是指在一定期限内、一定约束条件下、一定的范围内以一定核算单元所规定的水资源消耗（或占用）标准，是人为规定的一种考核指标或衡量尺度，通常反映某种考核指标的平均先进水平。用水定额管理制度是指用水管理部门依据核定的用水定额和相应的用水规模对用水户进行监督管理，并允许用户对定额范围之内多余的水量进行用水定额的市场交易，从而起到对社会各行业及用水户实行用水总量控制（计划水量＝用水定额×用水规模），达到节约用水作用的一种经济制度。用水定额管理制度的这一定义隐含以下几层含义：

（1）它体现了从重视水资源供给管理向重视水资源需求管理的转变，有利于利用市场管理手段达到节约用水的目的。以前在解决用水矛盾的时候，一味追求从工程技术的角度来扩大水资源供应。这种解决办法带有浓厚的“重工程建设、轻制度建设；重供给管理、轻需求管理”的色彩。水资源管理从重视供给管理向重视需求管理转变是必然选择。这种转变使得利用市场经济手段来解决水资源供需矛盾成为可能。并且，运用市场经济手段在解决水资源供需矛盾的时候，市场经济手段又可以分为两种：① 累进加价收费；② 用水定额交易。累进加价收费是先确定价格，然后让市场确定总的用水量；而用水定额交易是先确定用水总量，然后让市场确定价格。

（2）用水定额是随着节约用水技术的改进、节约用水管理水平的提高而变化的管理指标，用水定额在时间上具有动态性。用水定额不是铁律，不能一经确定就不再更改，而是要随着经济技术等条件的变化适时作出相应调整。同节水先进国家相比，我国水资源利用效率还比较低，特别是生产用水的水资源利用效率还有很大提高余地。在今后的节约用水工作中，要努力做到“单位产值的用水量减少或者单位用水量的产值增加，经济规模扩大而用水规模不增加或者用水规模也增加但是增加的比例小于经济规模增加的比例”，理想结果是做到“经济规模扩大而用水量零增长或负增长”。为此，随着节约用水技术的改进和节约用水管理水平的提高，在用水定额管理过程中要尽量做到“计划水量＝上年度计划水量×（1－递减率）”，努力提高水资源的利用效率。因此，用水定额是随着节约用水技术的改进、节约用水管理水平的提高而变化的管理指标，用水定额在时间上具有动态性。

（3）用水定额是一定区域内的用水指导标准，用水定额在空间上具有因地制宜的静态平衡性。用水定额是一定区域用水的指导标准，要根据区域水资源的状况和用水效率来确定用水定额，没有普遍适用的用水定额。这是因为各区域的经济技术水平、水资源丰缺程度等现实条件不同，要依据这些影响用水的相关条件来确定用水定额。在我国，水资源丰缺程度存在较大的差别、经济发达程度也具有很大的不同，建立全国统一的用水定额管理制度显得不合时宜。在水资源短缺、经济技术水平发达的地区，全国统一的用水定额往往落后于他们的节约用水能力范围，从而起不到进一步提高节约用水技术和节约用水管理水平的目的；而在水资源丰富、经济技术落后的地区，全国统一的用水定额往往超出他们的节约用水能力范围，从而强烈抵制用水定额而使得统一的用水定额起不到节约用水的目的。此外，用水定额也应该根据来水、降水的情况（水资源的年际变化）做适当的调整，以便更大程度提高水资源效率，使水资源为社会创造更多的社会财富。因此，确定用水定额一定要以本地区的各种影响用水的相关条件为依据，充分考虑现时水资源条件和经济技术水平，形成本地区特定条件下的用水定额体系，使得用水定额在空间上具有因地制宜的静态平衡性。

（4）可以在用水定额管理的基础上实现用水定额交易。实行用水定额交易，必须先明确各用水单位（户）占有的用水定额。在此基础上，各用水单位（户）之间才能调剂余缺。实行用水定额交易可以达到提高水资源的利用效率和进行用水总量控制的目的。允许用水定额交易，用水单位（户）之间就可以对水资源进行调剂余缺，就能达到对水资源使用的总量控制和提高了水资源的利用效率的目的。

8.3.3.2 用水定额的确定方法

目前，国内有关专家学者推出了多种用水定额制定方法，包括经验法、统计分析法、类比法、技术测定法和理论计算法等。

（1）经验法。经验法亦称直观判断法，是专家依据实践经验和判断能力，通过逻辑思维，综合相关信息、资料和数据，提出定量估计值的方法。该方法简单易行，省时省事，耗费较少，便于调整，但易出现片面性和盲目性。它又可以分为调查法、主观概率值法和德尔菲法 3 种。

调查法：根据专家们就某项用水所持个人信息量度评价的数学平均值。其公式如下：

$$\bar{V} = \frac{1}{n}\sum V_i \tag{8.1}$$

式中：$\bar{V}$——产品用水平均值；

V_i——第 i 个样本用水值；

n——样本数量。

此方法的优点是简单易行，综合信息量大，并且直观，通常很有效，也是在定额制定之前，计划用水工作中使用较多的方法。缺点是在专家的选择上较困难，要求有一定客观基础，而且容易受个人因素影响。

主观概率值法：该方法是在调查法的基础上，选择加权平均或概率平均值确定定额值的方法。其公式如下：

$$\begin{gathered} V = \bar{V} + \lambda\Delta \\ \bar{V} = (a + 4m + b)/6 \\ \Delta = |(a - b)/6| \end{gathered} \tag{8.2}$$

式中：V——定额值；

$\bar{V}$——加权平均值或概率平均值；

a、m、b——先进值、一般值和悲观估计值；

λ——标准差Δ的系数。

德尔菲法：它是在上述两种方法的基础上，对定额值再次聘请专家评定后重复计算概率平均值，经多次反复后确定定额值。其优点是个人因素影响比上两种方法小。经验法的成败关键，同评估组织者的主观评价、组织工作者情况以及“专家”状况密切相关。

（2）统计分析法。该方法是把过去用水的统计资料与当前用水状况结合起来分析研究，确定用水定额的方法。该方法有两次平均法和统计趋势分析法两种。

两次平均法：因统计值代表了过去实际发生的情况，代表着平均水平，考虑定额的先进性进行两次或多次平均以期求得定额值，也可用于判定定额水平。其公式如下：

$$V_e = \frac{1}{K}\sum V_i \tag{8.3}$$

式中：V_e——定额值；

V_i——样本中小于平均值 V 的数值；

K——样本中小于平均值 V 的样本个数。如果其值没有满足先进水平要求，可进行 3，4，…，m 次平均，求得定额值。但其水平是否为先进水平需经检验后方可知道。

统计趋势分析法：根据多年用水统计资料，分析其随时间的变化规律和发展趋势，判定用水定额。具体办法是舍去不合理用水数值后，以用水平均值进行统计拟合，求出相应条件下的数学模型，得到用水平均值与时间的函数关系。确定指定年限内用水量平均值，再求出均方差后根据平均先进原则，确定累积频率及其对应 λ 下的定额值。统计分析法准确、可靠性高，但需大量的统计资料，样本容量小时，容易失真。

（3）类比法。类比法是以相同或相似产品用水条件及典型定额为基准，分析出类比关系，类比出相应定额。此方法可以分为比例推算法和曲线图示法两种。

比例推算法：它以实测法或统计分析法求得相似同比例关系或差数制定用水定额。其公式如下：

$$V_M = K \cdot V_{MD} \tag{8.4}$$

式中：V_M——需计算的单位产品定额；

K——比例系数；

V_{MD}——相邻或相似的典型定额项目的单位产品用水定额。

曲线图示法：以一组已知的典型用水定额项目为基准，根据其影响因素，求所需项目的用水定额，亦称影响因素法。

类比法工作量小，简便，可操作性强，容易掌握，定额数值合理准确。其缺点是对典型用水定额的依赖性较大。

（4）技术测定法。它是在一定条件下通过实测分析确定用水定额的方法。通常采用以水平衡测试为依据，经用水分析后确定定额。优点是有较高的准确性和科学性，缺点是工作量大，工作周期长。

（5）理论计算法。根据用水技术要求和设计水量，用理论公式计算生产用水数量而确定定额的方法。

8.3.3.3 用水定额管理制度对节约用水的作用机理

用水定额管理制度可以通过两种手段达到节约用水的目的：① 计划手段；② 市场手段。

计划手段是指在水资源特别紧缺的时候，利用行政权威强制规定用水户在一定时间内的用水量，它是用水户必须遵守的硬性约束。例如，浙江省玉环县等水资源特别紧缺的市县在枯水年就曾经使用这种硬性定额管理，有效地达到了节约水量和解决水资源供需矛盾的目的。在水资源特别短缺的地区面对枯水的年份（月份），使用这种硬性定额管理的计划手段可以达到两个结果：① 减少用水量；② 保证居民生活用水和生态用水，从而有利于实现水资源的可持续开发和利用。这两个目的都是节约用水的内涵，从这个意义上来讲，用水定额管理制度通过硬性定额规定的计划手段达到了节约用水的目的。

市场手段没有计划手段的强制性定额规定，而是“软性定额”约束。它通过两个方面的作用机理来达到节约用水的目的：① 累进加价；② 用水定额交易。累进加价是指在一定的定额内实现“福利性水价”，超过这个定额的一定范围内实现较高的水价，用水量过多则实现超高水价。在经济学理论中已经反复证明过价格机制能够起到节约资源和提高资源的利用效率的目的。同理，用水定额管理制度中的累进加价市场手段也能够起到节约水量和提高水资源的利用效率的目的。用水定额交易是指用水户之间的水资源使用权交易，它能够达到在水资源使用量一定的情况下，通过市场交易使得水资源自动流向水资源配置效率较高的地方。此外，水资源利用效率低的用水户也因为能通过用水定额交易获得收入而减少或者停止粗放用水，从这个意义上来讲，用水定额交易能够起到节约用水的目的。综上所述，通过累进加价和用水定额交易这两个市场手段而实现的用水定额管理制度能够达到节约用水的效果。用水定额管理制度对节约用水的作用机理可以用图8-4来表示。

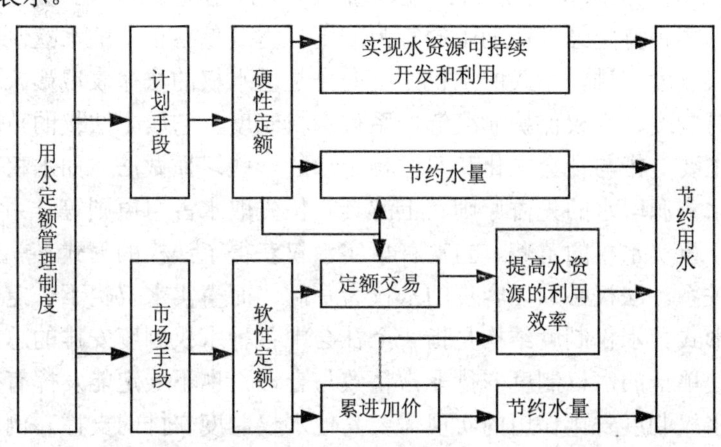

图8-4　用水定额管理制度对节约用水的作用机理

8.3.4 水权制度

8.3.4.1 水权制度的内涵

水权制度是借助于保护、节约和高效利用水资源这个客体以实现水权主体的水资源产权收益的目的，达到自然、人和社会和谐发展而围绕水权的划分、界定、实施、交易、保护和调节而建立的一系列经济制度的总称。该定义背后还隐含以下几个基本点：

（1）水权制度的核心范畴是“水权”。水权制度始终以“水权”的划分、界定、实施、交易、保护和调节为具体内容。可见，水权制度的核心范畴是“水权”,“水权制度”与“水权”有相同的主体和客体。水权制度包括两个方面的主体：① 与水权束中的公共权力相对应的公共主体，即政府；② 与水权束中私人收益相对应的私人主体，即各个与水资源用益权相关的单位和个人。“水权制度”的客体是水资源。水权制度本身、水权制度主体和水权制度客体这三者具有密不可分的关系。保护、节约和高效利用水资源这个客体，是为了维护水权主体的水资源产权利益；实现水权主体的经济社会利益，又必须重视保护、节约和高效利用水资源这个客体本身；而达到保护、节约和高效利用水资源这个客体，以及实现水权主体的经济社会利益，必须建立合理的水权制度这个强有力的工具。

（2）水权制度的目的是实现水权主体的经济社会利益。建立合理的水权制度能起到保护、节约和高效利用水资源这个客体的作用，进而实现水权主体的经济社会利益。水权制度本质上是为了实现水权主体的经济社会利益，而对水资源这个客体的保护、节约与高效利用只是其表现形式。水权主体的经济社会利益主要是指与水资源用益权相关的单位和个人的经济社会利益，它是水权束中的私人收益的具体体现。水权主体的经济社会利益也包括国家利益和社会利益，它是水权束中的公共权力的具体体现。由于水资源的公共性特征，公共主体的利益就表现在生态用水、用水安全及其可持续性。公共主体利益的实现最终必然有利于私人主体，增加私人主体的收益，从这个意义上来讲，公共主体对水资源行使的政治权力，实际上也可以视为财产权利的内容之一，是行政管理权和财产权的复合，其本质还是为了实现水权私人主体的私人收益。

（3）水权制度包括水权制度安排和水权制度结构。水权制度安排是指人们围绕水资源用益权相关的各种特定经济活动中的行为准则。它既包括正式的水权制度安排，也包括非正式的水权制度安排。正式的水权制度安排是指水权的法律表现形式，如水权界定制度、水权交易制度、水权保护制度等一系列水权制度，它属于法权的范畴。非正式的水权制度安排主要是指与社会文化和习俗相延承的一些习惯做法，如水权的依附土地占有原则、公共水资源取水的先占原则、上游具有优先取水占用原则等一系列社会默认的习惯，它是属于事实水权的范畴。当这种事实水权获得了法权的形式，就成为具有法律意义上的权利关系。法权必须以客观的水权为基础，而事实水权也不一定能及时地、充分地获得法权形式。水权制度结构是指一个社会中各种水权制度安排的总和。在一个经济社会中，即使单一的水权制度安排非常精致与合理，也不一定能发挥有效的经济社会效益。单个的水权制度安排作用的实现需要其他水权制度安排的支撑。例如，单一的水权界定制度不能使经济社会实现水资源配置的帕累托改进而导致水资源配置扭曲，它必须借助于水权交易制度和水权保护制度来实现水权主体的经济效益。只有水权制度结构合理才能使各个单一的水权制度安排发挥特有的作用，才能使水权制度安排的结合发挥“1+1＞2”的整体效应。因此，在建立水权制度时，既要注重各种水权制度安排的精致与合理，更要重视水权制度的有机组合——水权制度结构。

（4）合理的水权制度是因地制宜和灵活多样的。水权制度的因地制宜和灵活多样主要表现在 3 个层面上：① 关于事实水权与法权的关系。由于交易成本和其他原因，在实际经济生活中有很多事实水权并没有取得法权的形式。在建立水权制度时，不应该彻底否定事实水权和全面推进法律意义上的水权（法权），必须是事实水权与法权的同时并存。② 在条件和时机成熟的时候逐步将事实水权法制化，即将事实水权取得法权的形式，从而使水权制度朝优化和高级化方向演进。这种水权制度的演进也不是各地同时进行，而是根据各地实际情况有先有后、因地制宜和灵活多样的演进与优化。③ 水权制度必须反映当地的水资源稀缺程度。水资源的稀缺性是建立水权制度的原始动力，失去了这个原始动力，水权制度的建立就显得没有必要或者因巨大的交易成本而变得不可行。总之，一个国家或者地区的水权制度与其水资源状况、经济发展程度、法律制度、文化习惯、历史传承等因素有关，而这些因素都具有程度不同的动态性。因此，合理的水权制度是因地制宜和灵活多样的。

8.3.4.2 水权制度变迁及其对促进节约用水的作用机理分析

（1）水权制度变迁动因。水权制度变迁源于现有水权制度的非均衡，即人们在现有水权制度的约束和规范下理性地从事各种经济活动，其结果却逐渐偏离了水资源有效配置这一目标，并最终违背了人们追求最大福利的初衷。换言之，“水权制度非均衡”指的是在既定水权制度的约束下的最优行为——个人理性，并未实现水权制度理性，其结果却没有与适宜水权制度所对应的结果相吻合。由此可见，利益的刺激和诱导不但是不同经济利益主体从事各项经济活动的核心驱动力，也是导致水权制度变迁的根本动因。

水权制度安排之所以会被创新，是因为现有水权制度安排无法实现潜在利益的最大化，从而使人们产生了对新水权制度安排的需求，也就是只有当水权制度创新的预期收益大于预期成本时，人们才会产生对新水权制度的需求。影响水权制度变迁收益的因素主要是水资源的相对价格的变化（稀缺程度的变化），而影响水权制度变迁成本的因素主要有社会习惯、文化传统以及水资源计量和管理的技术水平等因素。当变迁的预期收益大于预期成本时，水权制度变迁就会发生。此外，新的水权制度要能有效发挥作用，除了上面阐述的预期收益增加和动态交易成本减少外，还必须使新水权制度下水市场运作的静态交易成本足够低廉。水权制度变迁的动因可以用图 8-5 表示。

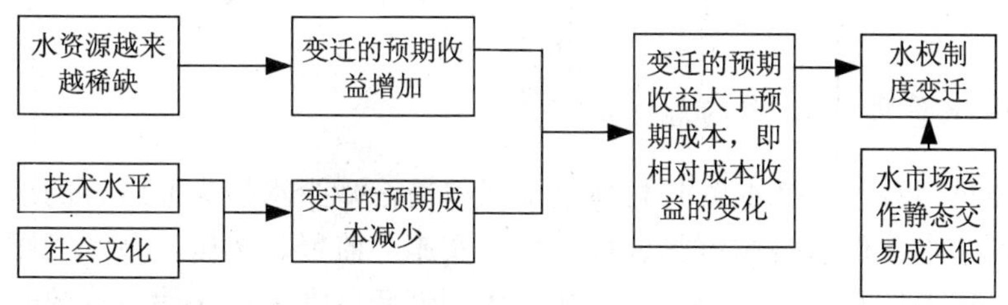

图 8-5　水权制度变迁的动因

（2）水权制度变迁对促进节约用水的作用机理分析。水权制度不仅影响水资源的有效配置，而且也影响人们的各种经济行为，其功能多种多样，其基本的功能主要表现在：

- 约束功能：水权制度的约束功能规定了水权主体不能作为的方面，例如不能污染自己拥有的水资源、不能超标排放污水等，如果违反水权制度的一些规定，水权主体将会受到不同程度的惩罚。因此，水权制度的约束功能能起到保护水质和实现水资源的可持续开发和利用的作用。
- 激励功能：水权制度能够为水权主体提供一定程度的合理收益预期，不断激励水权主体努力高效利用自己拥有的水资源从事各项生产性经济活动，从而增加水权主体和整个社会的福利。从这个意义上来讲，水权制度的激励功能能起到提高水资源的利用效率的作用。
- 高效率配置水资源功能：水权制度重新确定了水权主体对水资源的行为权利关系，从而决定了水资源在各行为主体之间的分布状态。水权制度影响水资源配置及其利用效率，合理的水权制度总是使水资源的利用向高收益方向流动，从而有利于单位产值耗水量的减少。从这个意义上来讲，水权制度的高效率配置水资源的功能能起到节约水量和提高水资源的利用效率的作用。水权制度的高效率配置水资源的功能通过水权交易制度来实现。

从上面的论述可以看出，水权制度的 3 个主要功能都是节约用水的内涵，都能起到节约用水的作用。水权制度对促进节约用水的作用机理可以用图 8-6 来表示。

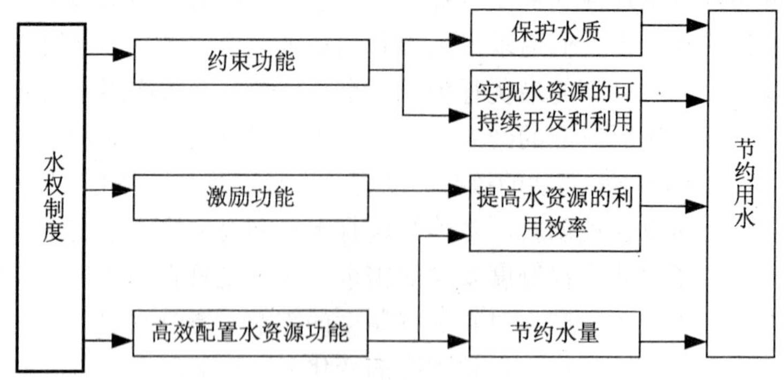

图 8-6 水权制度对促进节约用水的作用机理

8.4 节约用水管理创新

8.4.1 节约用水管理创新的内涵

节水管理是指对为提高水资源利用效率或效益，减少水损失而进行的节水活动的综合管理，通过节水管理网络对节水进行计划、实施、监督、考核。节水管理创新则是以运行机制的可实现性和构思新颖性为特征的体制创新，它采用法律、行政、经济、技术等手段保证节水工作可以合理高效进行。

按照制度经济学的观点，制度的好坏决定资源配置的效率，没有好的制度就不会有高效的管理，并且制度的改革和创新是没有止境的①。节约用水的各种配置性措施，如界定水权、定额管理以及各种节水技术必须通过相应的管理制度才能有效实施。因此，为了更有效地进行节水管理，必须不断完善节水管理制度，通过制度创新来推进节约用水管理创新。

8.4.2 节约用水信息公开管理

节水信息是表征水资源利用过程中有关数量、质量、分布、联系和规律的数据、文字和图形等的总称，是经过加工的、能够被水资源利用部门、环境保护部门、用水单位和公众利用的数据，是人类在水资源利用与保护实践中认识自然资源和解决水资源配置问题所必需的一种共享资源。

8.4.2.1 节水信息的需求与供给

不同的节水主体与节水信息有不同程度、不同类型的需求，一般来说，节水信息的需求方主要为政府部门、用水企业和社会公众。政府是节水信息的需求方，政府对节水信息的需求主要表现在理性决策、节水仲裁和节水管理等方面。作为水资源利用大户，企业需要利用行业节水信息，判断自己的节水技术与水平，并做出相应的节水决策；另外，在一些行业中，水资源作为生产要素之一，是企业竞争力的制约因素，企业污染控

---

① 贾绍凤，姜文来，沈大军，等.水资源经济学[M]. 北京：中国水利水电出版社，2006.

制与节水的刺激需要借助于市场节水信息。社会公众也是节水信息的需求者，公众环境权是与知情权密不可分的，公众节水信息掌握程度关系到公众争取权益及可能的决策。公众对水资源信息的了解、对水环境保护的监督是文明社会的重要标志。

节水信息管理的主体是节水信息的供给方，通过节水信息公开，满足水资源利用主体与管理主体的信息需求。根据节水信息的来源，分为内部管理信息与外部使用信息，相应的，节水信息供给的主体分为节水管理机构和用水户，节水管理机构主要包括水利部门、各级节水办、各级水质监测站、自来水公司、环保局以及发改、经贸、建设部门；用水户包括农业用水户、工业用水户和家庭。由此来看，节水信息的供给方同时也是节水信息的需求方，如何通过机制设计既可以使节水信息的供给方有动力提供节水信息，满足节水信息需求，又能保证信息准确可靠，实现节水信息对称与公开，是节水信息管理的重点环节。

8.4.2.2 节水信息公开管理的作用机理

尽管信息公开在总体上是有益于社会大多数相关利益者，但是在具体到何种信息公开，以何种方式及程度公开，仍然存在着争议，因为节水信息具有不对称性。根据委托代理理论，在节水活动中，政府管理部门是节水工作的委托人，委托企业与其他用水单位进行节水实践。在这种情况下，委托人要想获得足够的信息就必须使用某些刺激手段迫使代理人提供更多的信息，节水信息公开就是用这样的方法，通过信息公开，公众可以对代理人进行监督。

理论上，在一个信息完全透明且充分流动的理想社会里，不同的节水手段的社会效果差异很小。然而，现实社会的信息往往是不充分和不对称的。从节水角度来说，信息的不对称性主要表现在水资源管理部门与用水户、用水户与用水户、公众与用水户、公众与水资源管理部门之间。一般而言，用水户对生产、生活用水信息了如指掌，因而对实际用水量、排污、重复利用所需要的成本也较为清楚，相反，水资源管理部门对这些情况的了解要少得多。用水户如果存在节水空间，他们往往不会自动将数据公开，只有当认为隐瞒数据的害处大于益处时，或者当用水空间不够时，这些信息才会被自动公开。因此为消除信息不对称性，既要制定节水信息管理制度，也要鼓励用水户主动提供与公开更多的数据，通过信息公开，不仅使用水户的情况能够及时被政府管理部门了解，而且使公众了解其节水情况，对水资源利用起到监督作用。水资源利用过程中的信息不对称可以用图 8-7 来表示。

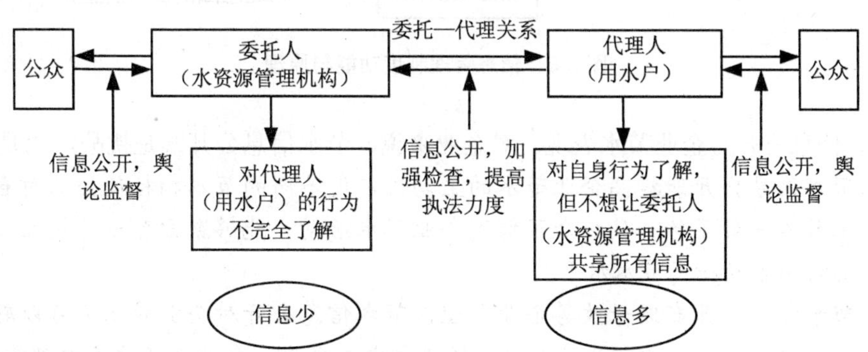

图 8-7 水资源利用过程的信息不对称

从上述分析中可以发现，节水信息不对称性的存在，是节水信息公开管理的必然要求。节水信息的公开，可以直接或者间接促进水资源由低效率向高效率流动。具体来说，由于各利益相关者在水资源利用环节中所处的地位不同，节水信息管理产生的功能也不尽相同。节水信息管理的功能可以用图 8-8 来简单表示。

（1）信息公开与政府节水管理。对于节水管理部门而言，节水信息公开对节水管理部门的工作提出了更高的要求。节水信息公开工作是一项综合性很强的工作，涉及用水管理的各个方面，主要具有以下 4 个功能：

- 信息公开有助于改善政府节水决策，通过信息公开，执法者有了足够的信息，就可以控制水资源利用领域，从而使有限的资源配置得到优化；
- 信息公开有助于协调整个社会共同参与管理的潜在手段，通过信息公开，可以改善各种利益相关者的关系，特别是用水户与公众之间的关系，充分发挥公众参与作用；
- 信息公开有助于提高政府水质监理水平，以前政府对企业水质监理时，企业总是表现出不配合与抵触情绪，给水质监理造成障碍，信息公开及其强大的媒体宣传，能迫使企业对其社会形象给予高度重视，使水质监理工作具有更大的主动性与针对性；
- 信息公开有助于节水宣传工作的开展，一般认为，节水宣传所起到的作用相当有限，然而，在信息公开管理中，节水信息宣传是将信息传达至相关群体的最重要手段，它利用信息公开的契机充分动员整个社会参与节水活动。

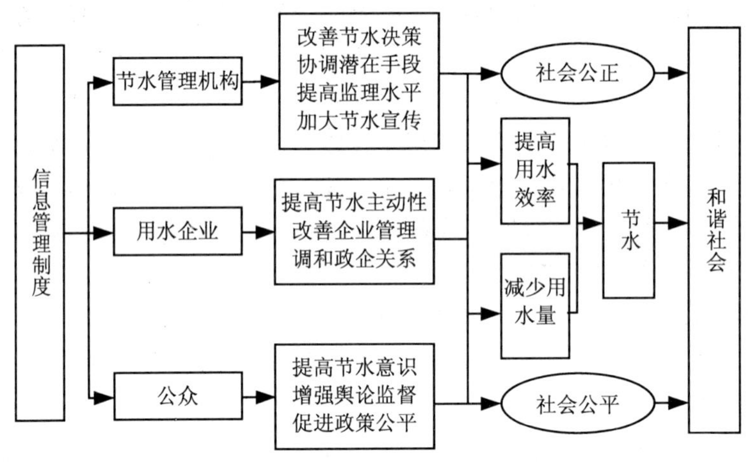

图 8-8　信息管理制度功能与原理

（2）信息公开与企业节水表现。对企业来说，节水信息公开既是挑战，也是机遇。

- 节水信息公开能提高企业节水的主动性，用不同的节水指标使企业对自身的节水效率一目了然，使公众了解到企业节水活动，能够激励企业为树立良好社会形象而主动提高节水水平。
- 节水信息公开有助于改善企业管理，节水信息公开对企业的压力可以转化为企业节水治污的动力，为了在激烈的竞争中求生存，企业必须改善内部管理水平、节水工艺、节水技术，充分提高水重复利用率等。这些措施不仅可以提高水资源利用率，还会在有限水资源要素的制约下，从根本上改变企业形象，提高企业的生产力和竞争力。

➢ 信息公开还有助于企业改善与政府的关系，用水企业与企业之间存在着定额分配上的竞争，用水企业与政府之间存在着上下级的监督与指导，信息公开能够将二者的行为清晰地表达出来，在实际操作过程中，给二者提供了一个调和的机会，减少潜在的贪污腐败机会，杜绝不合理的管理决策。

（3）信息公开与公众参与。信息公开工作的开展，能够提高公众和社区节水意识，信息公开的过程也是节水宣传与教育的过程，以浅显易懂、生动活泼的形式将节水行为的评价过程、节水标准和节水效益公之于众，使公众充分了解水资源现状与面临的压力，这些信息有利于他们在日常生活中注意节水，同时影响他们对企业形象的评价，间接影响企业的节水行为与政府的执法力度。公众在学习和了解节水信息公开程序，进行信访和投诉时，也是能够对政府节水工作起到监督作用，公众节水意识的增加又会对信息公开工作提出更高的要求，增强舆论监督的压力，促进节水政策的公正、公平，形成行政节水管理部门和公众互相促进的良性循环。

（4）信息公开与社会发展。节水信息公开的效益超出了节水本身。信息的公开化意味着政府对信息管制的放松，政府的积极参与一方面是信息公开的基础，另一方面也表明政府鼓励并愿意利用自己对信息的掌握并使其公开透明化来促进社会进步，这是民主政府的标志之一。对于一个处于转型期的经济体，是十分有意义的。节水信息通报制度，是环境信息乃至政府各类信息公开的一次尝试，在信息公开过程中，各利益相关者可以对公开的程序、方式和数据的准确性提出不同的意见，充分体现这一过程的民主性，为促进个人及全社会的发展进步而努力。

如前所述，节水信息公开的过程可以促进各方之间的交流与协商，这一过程既是提高水资源利用效率，减少水资源利用量的过程，也是建立信任的良机，通过这一方式缓解社会矛盾，降低社会发展的成本，后面一点乃是节水信息公开管理的深层意义所在。

8.4.3 节约用水监督管理

8.4.3.1 节水监督管理的内涵及主要内容

从广义上讲，节水监督管理可以分为政府稽核、企业自律和公众监督3种形式。

（1）政府稽核。政府稽核是指政府节水管理部门依法对各类用水主体进行指导、检查、督促，发现和纠正违反节水管理制度的行为，促进各类用水主体自觉遵守各项节水管理规定，改进自身节水管理规章制度的行为。

政府稽核制度在整个节水监管体系中占据着主导地位。这是因为：① 政府节水稽核具有强制性，拥有极大的权威，其实施的效果直接而迅速；② 政府拥有实施监管的必要的专业技术、设备和人员，有能力实施复杂的监管工作；③ 政府稽核的目标、理念、措施往往对自律监管和公众监督起着指导和参照的作用，从而构成整个节水监管体系的基础。

政府节水稽核的对象是用水户。根据用水户组织形式和用水的性质，可以分为企业用水户、单位用水户、社区用水户、家庭用水户。

节水稽核需要通过一定的制度、技术手段和措施予以实施。这些手段主要包括产品认证制度、技术监测制度、现场检查制度。不同监管方式的权威性、效果、适用范围等方面都存在着差异，在节水监管活动中，对于同一监管内容和对象可以同时采取几种监管方式以相互补充，提高监管效率，避免监管漏洞。政府稽核的主要内容有：

- 用水器具市场准入：这类监管的对象为各用水器具生产开发企业，监管主体为各行业主管部门，监管的主要方式是产品认证制度。
- 用水户内部节水管理制度的指导：这类监督主要是针对用水户内部节水制度的建立、执行等方面的监督。监督对象为各类用水主体，监管主体为各类用水主体自身，主要通过内部核查的方式进行，政府节水管理部门可以对其进行指导。
- 节水设施运行情况的检查：最优的方式是组建统一的节水管理机构进行监管，在目前尚未建立统一节水管理机构的情况下，宜由各行业主管部门进行监督。监管方式主要是现场检查、技术监测等。
- 用水计划、用水定额执行情况的监督：这类监督主要通过用水户提供的用水情况报表来进行监督。现场检查主要起到查证用水户实际用水是否与报表相一致。现场检查可以采取定期检查、不定期抽查相结合的检查方式。
- 高污染、高耗水企业的限制：主要通过行业主管部门的行政审批、市场准入等方式予以实施。
- 污染防治设施的配备与运行状况监管：监管对象主要是企业用水户、单位用水户和社区用水户，主要由环保局负责实施，行业主管部门予以协助。
- 污染物达标排放的监管：重点是企业尤其是高耗水、高污染行业的企业。监管主体主要是环保部门，行业主管部门予以协助，主要的监管方式是技术监测、现场检查等。
- 废水循环利用的监督：重点是企业尤其是高耗水、高污染行业的企业。监管主体主要是环保部门，行业主管部门予以协助，主要的监管方式是技术监测、现场检查、信息报告、信息通报、信息公开等。公众参与则难以深入到企业内部。

（2）企业自律。这里的“企业”泛指用水主体本身。企业自律是监管对象通过其内部组织、制度、措施对自身行为进行的监督、管理、评价、调整和控制等。作为使各种节水制度措施最终得以贯彻的最广泛的主体，监管对象的严格自律是节水制度成功的关键。要使监管对象自觉地贯彻实施各种节水措施并发挥其创造性，则必须建立良好的制度激励机制——正面引导和负面约束机制，这也是政府应当承担的责任。

企业自律是用水户针对自身的实际情况制订节水计划、管理制度并组织实施的监管制度。企业自律的核心是建立内部控制制度，通过完善内部节水管理制度、设定内部节水管理指标、明确岗位节水管理职责、设置节水设施、采用节水工艺等方式，自我实现节水目的。企业自律是节水工作取得成效的内在动因，政府应当采取优惠措施引导用水主体做好自律工作。

（3）公众监督。公众监督是指除政府有关部门和监管对象以外的社会组织、个人对节水活动的监督。公众监督可以表现为对节水个案的监督，如对污染水源、浪费用水的行为进行举报，也可以表现为对节水政策措施的参与，如涉水事务的听证等。公众监督对于节水决策的科学性以及弥补政府监管和自律监管方面的不足起着重要作用。

公众监督的对象既包括政府节水管理部门，也包括各类用水主体。公众监督对象广泛，内容也没有限制，在促进节水立法、决策完善，弥补政府稽核不足方面能够起到重要作用。

公共监督通过信息公开、征求意见、舆论监督等手段进行监督。公众监督的内容十分广泛，主要涉及以下几个方面：

- 水资源开发、利用、保护整体规划的监督：监督的对象为规划部门，主要通过听证会、论证会、专家咨询会等方式来实现。
- 节水规划的监督：监督对象为发改部门，可以采取信息公开、征求意见、舆论监督等方式予以实现。
- 水环境保护与水污染防治规划监督：监督对象为环保部门，可以采取的主要手段是信息公开、征求意见以及舆论监督等。
- 取水工程建设项目的监督：监管对象主要是水利部门，主要通过听证会、论证会、专家咨询会等方式来实现。取水工程建设应兼顾取水需要、沿岸居民的利益以及生态需要，各方的利益代表都应当参与。
- 取水许可制度的监督：监管对象是水利部门，主要目的在于防止取水许可中的不法行为，因此取水许可的监督也主要是对个案的监督，采取热线电话的方式让利害相关人和其他知情人发表意见的方式比较合适。
- 水源地保护规划执行情况的监督：监督的主要对象是环保部门，信息公开、热线电话、舆论监督等方式都可以很好地起到监督的作用。
- 用水定额的监督：用水定额的监督以制定机关即发改部门为监督对象，水利部门、供水公司、农业部门、经贸部门、建设部门、社会公众利益相关机构和群体为监管主体，主要采取信息公开、征求意见、舆论监督等方式予以实施。
- 用水计划的监督：用水计划监管的对象主要是用水计划核定部门即各行业主管部门，监督主体主要是发改部门、水利部门、环保部门、农业部门、经贸部门、建设部门以及社会公众，监督方式可以采取信息公开、征求意见、舆论监督等手段。
- 水价政策的监督：水价政策监管的对象为水价制定部门，主要是发改部门和供水公司，主要监管主体是水利部门、农业部门、建设部门、经贸部门以及社会公众等利益相关群体。监管方式可以采取信息公开、征求意见、舆论监督等方式。
- 输配水设备、设施运行状况的监管：输配水设备、设施是供水公司财产的一部分，因此这部分内容的监管主要由供水公司来实施。公众参与对供水公司的自我监督也能起到重要补充作用。

8.4.3.2 节水监督管理的作用机理

节水监督管理主要从 3 个方面促进节水：

（1）促进守法。通过节水监管的实施可以有效地防止用水主体的违法行为，促进其在日常生产生活中遵守有关节水法规，从而实现节水的目的。

（2）纠正违法。通过监管的实施可以及时地发现各个主体在节水中的违法行为，给予其一定的制裁，从而使其纠正违法行为，达到节水的目的。

（3）改进节水工作。通过节水监管工作可以发现在节水工作中存在的各种问题，对这些问题的深入分析研究可以改善节水管理，创新节水管理制度措施，从而在更高层次实现节水的目的。

8.4.4 节约用水考核管理

8.4.4.1 节水考核管理的定义

节水考核管理，是指针对各部门、各单位所承担的节水工作，应用一系列科学的节水考核指标，对区域、部门和用水户的节水效果进行量化约束与监督管理，实现人、社会与自然和谐发展的一系列制度安排。其实质是为节水目标有效落实提供重要保证，是节水活动过程管理制度化和正式化的体现。与一般的绩效考核不同，节水考核是一个围绕水资源管理绩效与利用水平的专业性考核制度。掌握它的含义，可以从以下 3 个方面来理解：

（1）节水考核是政府节水管理的一部分，是政府考核体系中评价水资源效率、水生态效益与可持续发展的一项重要内容，其本质属于管理型制度，为政府水行政管理部门掌握宏观节水效益与微观节水效率、实现节水目标的数量管理与节水技术的质量管理提供重要参考依据。

（2）节水考核涵盖政府部门、工业企业、农业种植户、城市用水户等各级单位与部门，是对各级单位与部门节水职责的履行程度与节水表现的综合性评价，以强制型的行政手段、法律手段和激励型的经济手段为主，以引导型的教育手段、宣传手段为辅。

（3）有效的节水考核度必须遵循一套科学的原则，能对考核对象产生激励与约束的双重功能，是一项重要的管理技术。不遵循科学原则的考核制度或导致错误的判断、或导致无效的结果，给节水活动带来重要的浪费或损失。节水考核制度体系的重点是建立一套科学合理的节水考核指标体系，对各级水资源管理、使用部门的节水工作产生有效的过程管理。

8.4.4.2 节水考核制度四要素

（1）考核对象。依据水资源使用流程，水资源管理的考核对象可以分为节水管理部门与水资源利用部门两大类型，节水管理部门包括城市水资源行政管理部门、农业用水监督指导部门、工业用水监督指导部门、城市用水监督指导部门；水资源利用部门包括各行业的用水单元，如各类事业单位、企业和家庭。不同的考核对象，其考核的具体目标、方法和责任归属也有所差异。

（2）考核目标。考核目标因考核对象而异。一般来说，节水管理部门工作重点是城市与部门的宏观节水管理，如节水制度建设、节水技术推广、节水宣传教育等方面，其相应的考核目标侧重于提高基础节水管理水平；而对于水资源利用部门，包括各类事业单位、企业与家庭，这些单位与家庭的节水重点体现在实际节水量与利用率的提高方面，其相应的考核目标，与节水管理部门相比较，更侧重具体节水效益水平。

（3）考核方法。一般来说，城市节水的效果最直观地表现为用水量的节约，此外，还表现为其产生的直接经济效益、可计量外部间接效益以及许多难以估量的外部间接效益。所谓直接经济效益是指由于用水量的节约引起相应供水设施投资及运行管理费用的减少；可计量的外部间接效益主要是指因节水而减少排水量、减少污染、改善环境而避免的各种损失（如因水质恶化而产生的水处理费），以及所产生的生态环境效益。由此可见，考核城市节水的水平应充分体现水资源的可持续利用思想，在考察实际节水量的基础上，尽可能体现包括经济效益、社会效益和生态效益在内的综合效益。事实上，这三者在一定程度上是相互关联的，关键在于如何根据考核对象的情况选取适当的、一定数量的节水指标。

（4）考核责任。考核责任是指考核主体对考核制度的逐级落实与具体实施，使各级执行者能够准确把握对水资源这个客体进行考核的具体目标是什么、每个部门应该做什么、做到什么程度、有些什么奖惩以及什么途径反馈。由于水资源利用形式的多样化，不同部门、不同地区的节水考核责任应该充分考虑地区水资源自然禀赋差异、行业水资源实际利用差异以及地区经济发展、历史延承、文化习俗等条件，做到因地制宜，灵活多样。

8.4.4.3 节水考核管理的作用机理

节水考核管理是实现水资源有效利用的制度保障，它不仅影响着水资源的高效利用和合理配置，也影响着人们的各种经济活动。它对节水的作用机理主要表现在两大方面：

（1）约束水资源过度使用。首先，节水考核严格规定了各类水资源利用中的限制性活动，如对各类新建项目必须禁止使用非节水型器具，采用符合国家标准的节水型生活器具，有助于规范和约束水资源利用活动；其次，节水考核明确规定了水资源利用活动中不同行业的水资源利用标准，如各类工业取水量指标、工业用水重复利用率指标、城市供水管网漏损率指标等，有助于实现水资源配置良性循环与可持续发展；最后，节水考核规定了考核结果与惩罚措施之间的关系，对于考核结果不符合预期目标或者单项指标严重违反水资源利用标准的单位和个人，该制度明确了惩罚机制，有效监督和约束了违规行为。

（2）激励水资源高效利用。节水考核能够对示范型节水部门、单位提供一定程度的预期收益。例如，考核制度对于各行业用水部门中评选示范性用水单位予以一定的表彰和奖励；对于同级水资源管理部门中节水活动突出的政府管理部门，记入政府政绩考核体系。因此，节水考核能不断激励水资源利用部门和水资源管理部门努力提高水资源配置效率，实现节水的目的。

8.4.5 节约用水奖惩管理

8.4.5.1 节水奖惩管理的定义

节水奖惩管理是指在节水管理及实施过程中对有关机构、单位或者个人的行为进行正面或负面的评价，并给予相应的物质或者精神上的奖励或处罚，或者要求其实施或停止一定行为的制度。

节水奖惩管理的目的在于对节水工作中取得突出成绩的有关机构、单位和个人进行表彰和鼓励，对违反节水法律法规、政策制度或者未能有效履行节水管理职能的有关机构、单位和个人进行批评和鞭策，从而引导其节水行为。

节水奖惩管理的作用主要体现在 3 个方面：① 直接对奖惩对象的行为产生影响，或激励或鞭策，从正反两方面促进其各项节水工作的开展。② 完善节水管理的各项制度，通过对节水先进单位和先进个人经验的总结与对节水后进单位和后进个人教训的反思，促进各项制度的完善落实。③ 节水奖惩管理的实施有利于在全社会倡导建设节水型社会的良好氛围，引导全社会的节水行为。

8.4.5.2 节水奖惩管理的基本制度

（1）节水奖励制度。节水奖励制度是通过正面激励措施引导节水主体主动实施节水行为，积极履行节水管理职责的制度。节水奖励的方式可以分为物质奖励、精神奖励和政策优惠等。

- 物质奖励制度：物质奖励主要是通过颁发奖金、奖品等方式对节水先进主体予以奖励。节水奖励制度应当重视宣传性、示范性的作用，不是也不可能是通过物质奖励来改善节水主体的经济状态。物质奖励对于各类主体都可以适用。
- 精神奖励制度：精神奖励主要是通过授予荣誉称号，给予通报表扬等方式对节水主体的行为予以积极评价以鼓励其继续实施节水行为并带动其他节水主体节水行为的制度。精神奖励对各类主体都适用，尤其对于企业组织更为有效。
- 政策优惠制度：政策优惠制度是对节水取得重大成绩、作出重要贡献的企业提供财政支持、税收减免、项目补贴、融资优惠等政策支持的制度。政策优惠制度直接关系到企业运营成本和市场竞争优势，对企业具有重大吸引力。节水项目的财政支持，项目补贴等方式对以市、县为单位的节水主体也可以适用。

（2）节水惩罚制度

- 财产处罚制度：根据行政诉讼法的规定，财产处罚制度包括罚款、没收违法所得、没收非法财物等。财产处罚制度主要适用于企业以及其他组织违反节水规定的处罚，针对个人的财产处罚执行成本过高，不宜采用。
- 精神处罚制度：精神处罚可以采取警告、通报批评、取消荣誉称号等方式，几种方式对于各类主体均可适用。在对企业实施精神处罚时，也可以参照精神奖励的办法，根据其违法行为的性质、情节、造成的后果等因素规定不同层级的公告、通报方式。
- 行为、资格限制制度：根据行政诉讼法的规定，行为、资格限制的方式包括责令停产停业、暂扣或者吊销许可证、暂扣或者吊销执照。这类处罚方式仅适用于企业。

8.4.5.3 节水奖惩管理实施的制度手段

（1）节水奖励制度的实施手段。对于节水工作的奖励可以设立以下几个奖项：节水管理奖、节水奖、节水技术开发奖、节水宣传推广奖、水生态保护奖。

- 节水管理奖：节水管理奖是对在节水管理工作中具有突出贡献的单位和个人的奖励。奖励方式可以采取授予荣誉称号并颁发奖金的形式予以奖励。节水管理奖采取竞争性、排他性的奖励制度。
- 节水奖：节水奖是对在模范执行用水计划、节水、提高用水效率中取得突出成绩的用水户的奖励。节水奖应当重点考虑用水效率的提高，而不是单纯用水量的减少。采用先进节水器具、节水工艺节水、废水循环利用、非常规水资源利用方面取得突出成绩的用水户的奖励可以列入该奖项。为了促进众多节水主体的节水行为，节水奖宜采取非竞争性、非排他性的奖励制度。
- 节水技术开发奖：节水技术开发奖是对节水器具的设计制造、节水技术、工艺的开发方面作出了突出贡献的单位和个人的奖励。可以采用通报表扬、颁发奖金、授予荣誉称号等方式。节水技术开发奖宜采用竞争性、排他性的奖励制度，以促进节水技术的不断进步。该奖项也可以在科技成果奖评选中予以体现。

- 节水宣传推广奖：节水宣传推广奖是对在节水意识的宣传、节水技术的教育、推广等方面作出突出贡献并有重大影响的单位和个人的奖励。可以采用通报表扬、颁发奖金、授予荣誉称号等方式。节水宣传推广奖宜采用竞争性、排他性的奖励制度。
- 水生态保护奖：水生态保护奖是对在水生态环境保护中作出了突出贡献、取得了重大成绩的单位和个人的奖励。可以采用通报表扬、颁发奖金、授予荣誉称号等方式。水生态保护奖宜采用竞争性、排他性的奖励制度。

（2）节水惩罚制度的实施手段。除保留现有行政处罚之外，可以考虑新设以下处罚制度：节水管理不力的处罚制度；超计划用水处罚制度；浪费用水处罚制度；环保设施缺陷处罚制度；超标排污的处罚制度。

- 节水管理不力的处罚制度：节水管理不力的处罚制度是对节水管理工作中未能有效履行职责导致严重后果的单位和个人的处罚制度。根据严重程度可以给予警告、通报批评、责令检查等处罚方式。节水管理不力的处罚制度主要针对的是政府各个节水管理部门及其负有责任的工作人员。对单位的处罚可以由水资源统一管理联席会议决定，对个人的处罚则可以由所属单位负责，情节特别严重时也可以由联席会议决定对其的处罚。
- 超计划用水处罚制度：超计划用水处罚制度是对严重超计划用水的用水户给予处罚的制度，根据严重程度，可以给予警告、罚款、通报批评等一种或几种处罚方式，还可以根据当事人的纠正情况渐进式使用几种方式。由于超计划用水处罚制度主要针对的是各类企业和其他组织、社区等，因此其处罚也由各行业主管部门实施较为合适。
- 浪费用水处罚制度：浪费用水处罚制度是对严重浪费水资源的行为予以处罚的制度，处罚对象以用水户为主，从执行成本上考虑一般不涉及个人（有时也可以对严重浪费水资源的个人由有关人员予以口头警告）。根据严重程度，可以给予警告、罚款、通报批评等一种或几种处罚方式，还可以根据当事人的纠正情况渐进式使用几种方式。浪费用水的处罚也由各行业主管部门实施。其他节水管理部门在节水管理职责过程中发现有严重浪费用水的，可以建议主管部门进行处罚。
- 环保设施缺陷处罚制度：环保设施缺陷处罚制度是未按环保法的要求配备环保设施或者即使配备了环保设施也不将其投入使用，或者只是偶尔将其投入使用的行为进行处罚的制度（有关环保法律法规对这种行为有处罚规定，但可以设立不同种类的处罚方式）。根据严重程度，可以给予警告、罚款、通报批评等一种或几种处罚方式，还可以根据当事人的纠正情况渐进式使用几种方式。环保设施的检查是环保部门的法定职责，环保设施缺陷的处罚也理应由环保部门实施较为合适。其他节水管理部门在节水管理过程中发现环保设施缺陷的，可以建议环保部门进行处罚。
- 超标排污的处罚制度：超标排污的处罚制度是对严重超标排放污染物质致使水体

严重污染的用水户（主要是企业）进行处罚的制度，相关环保法律法规也有相关处罚措施，如罚款、限期整改、责令关闭等措施，作为节水奖惩制度中的处罚措施可以考虑采用警告、通报批评等环保法律法规未规定的处罚方式以避免双重处罚。同样，对该行为也可以根据严重程度给予一种或几种处罚方式，或者根据当事人的纠正情况渐进式使用几种方式。环保部门具有的污染监测和查处职责使其在处罚超标方面具有优势，因此该制度也由环保部门实施。其他节水管理部门在节水管理过程中发现有超标排污的，可以建议环保部门进行处罚。

8.5 节水型社会建设

8.5.1 节水型社会建设的内涵

1982 年，李佩成院士首先在我国提出了节水型社会的概念。他认为“所谓节水型社会，就是社会成员改变了不珍惜水的传统观念，改变了浪费水的传统方式，改变了污染水的不良习惯，深刻认识到水的重要性和珍贵性，认识到水资源并非无限，认识到水的获取需要花费大量的劳动、资金、能源和物质投入；并在工程技术上改变目前落后的供水、排水技术设施，使其成为可以循环用水、节约用水、分类用水的节水系统；在经济上实行有采有补、严格有序的管理措施，将节水意识和节水道德传教于后代，成为每个社会成员的自觉行为，从而把现在的水资源消费浪费型社会改造成为节水型社会”①。

原水利部部长汪恕诚结合我国特殊国情，对节水型社会进行了全面概括：节水型社会是指节水制度和水资源配置工程体系基本完善，产业结构、布局与水资源承载能力相协调，全社会形成自觉节水的风尚和合理的用水方式，在维系良好生态系统的基础上实现水资源的供需平衡，基本实现经济社会发展用水零增长且与小康社会相适应的社会②。

节水型社会的本质特征是建立以水权、水市场理论为基础的水资源管理体制，形成以经济手段为主的节水机制，建立起自律式发展的节水模式，不断提高水资源的利用效率和效益，促进经济、资源、环境协调发展。因此，节水型社会在内涵上应包括相互联系的 4 个方面：

（1）在水资源的开发利用方式上，节水型社会把水资源的粗放型开发利用转变为集约型、效益型开发利用，是一种资源消耗低、利用效率高的社会运行状态。

（2）在管理体制和运行机制上，涵盖明晰水权、统一管理，建立政府宏观调控、流域民主协商、准市场运作和用水户参与管理的运行模式。

（3）从社会产业结构转型上看，节水型社会涉及节水型农业、节水型工业、节水城市、节水型服务业等具体内容，是由一系列相关产业组成的社会产业体系。

（4）从社会组织单位上看，节水型社会涵盖节水型家庭、节水型社区、节水型企业、节水型灌区、节水型城市等组织单位，是由社会基本单位组成的社会网络体系。

节水型社会是水资源集约高效利用、经济社会快速发展、人与自然和谐相处的社会。因此必须充分发挥市场在水资源配置中的导向作用，形成以经济手段为主的节水机制，

---

① 李佩成. 认识规律、科学治水[J]. 山东水利科技，1982.

② 汪恕诚. 建设节水型社会工作的要点. 中华人民共和国水利部网站，2003.

不断提高水资源的利用效率和效益，促进经济、资源、环境协调发展。

8.5.2 节水型社会建设的目标与阶段

8.5.2.1 节水型社会建设的目标

《中国节水技术政策大纲》提出了通过节水技术政策的实施力争实现的目标：到 2010 年实现工业取水量“微增长”，农业用水量“零增长”，城市人均综合用水量逐步下降①。

国家水利“十一五”规划提出了更为具体的节水目标：“十一五”期间万元 GDP 用水量由 370 m^3 降低到 300 m^3；万元工业增加值用水量由 180 m^3 降低到 120 m^3；灌溉水有效利用系数由 0.45 提高到 0.5。从较为长远的目标来看，到 2020 年，我国将初步建成与全面小康社会相适应的节水型社会。这在总体上将要求节水制度和水资源配置工程体系基本完善，产业结构、布局与水资源承载能力相协调，在维系良好生态系统的基础上实现水资源的供需平衡，实现经济社会发展用水零增长。

8.5.2.2 节水型社会建设的阶段

按照社会发展的不同阶段，把节水型社会建设划分为 3 个阶段，即强制发展阶段→自律式发展阶段→自觉发展阶段，它们分别代表节水水平由低到高的发展过程：

（1）节水型社会建设初期是强制发展阶段。水资源开发利用程度不高，这时的水资源短缺问题没有突现，人们的节水意识不高，主要靠政府的行政、法规等硬性措施强制节水，因此节水法规等法制措施的制定是主要影响因素。

（2）节水型社会建设的中期。随着水资源开发利用强度的加大，水资源需求不断增长，人们的节水意识不断提高，节水型社会进入了自律式发展的进程。这一阶段主要是通过水价等经济手段，刺激用水户采用先进的节水技术和普及节水型设备来提高水资源的利用效率，使节水型社会建设的观念不断深入人心。

（3）节水型社会建设的成熟阶段。在这一阶段，水价等约束已经随着人们生活水平的提高对节水的调节作用越来越弱，尤其是随着生活水平的提高，居民生活用水定额会呈现上升的趋势。因此，节水宣传、教育等软手段成为该阶段影响用水量的主导因素，构建政府调控、市场引导和公众参与的自觉节水体系是节水型社会建设最终要实现的目标（图 8-9）。

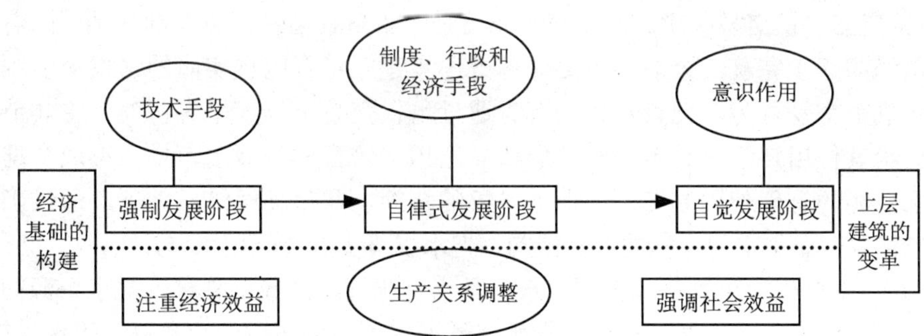

图 8-9 节水型社会建设的 3 个阶段

① 中国节水技术政策大纲（上）[J].节能与环保，2005，5.

因此，将节水行动变为社会群体和个人的自发行动，需要政府行政手段、市场经济手段与社会激励手段、软环境制度建设手段的相互补充。在节水型社会的整个建设过程中，各种作用机制的关系是：以市场经济手段为主的节水机制，辅以行政手段与社会激励，最终形成节水型社会的环境氛围，使节水成为企业与个人的自发自觉行动。行政手段是政府宏观层面的干预，市场经济手段是微观层次的调节，社会软环境的制度建设是对前两者的必要补充。三者有机结合，在全社会形成节约用水、合理用水、防治水污染、保护水资源的良好的生产和生活方式，形成一套完整的自我约束的节水型社会建设体系。

8.5.3 节水型社会建设的支撑体系

8.5.3.1 管理体制与运行机制体系建设

（1）加强水资源统筹管理制度建设。节水型社会建设的核心是制度建设，前提是水资源统筹管理。水资源统筹管理是以公平的方式，在不损害重要生态系统可持续性的条件下，促进水、土及相关资源的协调开发和管理，以使经济和社会财富最大化的过程。节水型社会管理体制建设的主要内容是进行水资源管理体制改革，建立和完善水资源统筹管理体制，由地方水行政主管部门统筹城乡涉水行政事务。通过统筹管理的方式，以强化区域水资源统筹管理和监督，实行地表水、地下水、客水多水源联合调度，水量与水质的统筹管理，并能充分协调流域上下游之间利害相关者之间的利益冲突，最终达到水资源可持续利用的目标。

（2）建立政府调控、市场引导、公众参与的节水型社会管理体制。政府调控应重点围绕用水和排污总量控制与定额管理、公共利益的维护和水资源保护、水市场规范等方面开展制度设计；市场引导应重点围绕科学的水价、水量和水权交易规则、激励与处罚等开展制度设计；公众参与方面应主要围绕公众知情与意愿表达、决策参与和民主监督等方面开展制度设计。

（3）建立水资源有偿使用制度。水资源的稀缺性决定了水的价值，稀缺的程度决定了水资源价值的大小，因此为了保护有限的水资源，应根据地区水资源条件和经济水平加大水资源费征收力度。具体体现在 3 个方面：① 合理调整水资源费征收标准，完善水资源费的征收程序；② 完善排污收费制度；③ 调整扩大污水处理费的征收范围。

（4）建立水权交易制度。水权交易制度是节水型社会经济调节的基础，随着我国水权交易市场的逐步完善，今后的主要任务是逐步建立符合区域实际的水权交易制度、交易规则和规范交易行为。允许水权拥有者通过水权交易市场，平等协商，将其节约的水有偿转让给其他用户，提高全社会的水商品意识，培育和发展水市场，形成合理利用市场配置水资源的有偿使用制度。为保证水权的实施，在市场经济条件下，通过确立宏观的总量指标和微观的定额指标的双重控制，把水权落实到每一用水单元。

（5）建立合理的水价形成机制。水价是水资源管理的经济杠杆，对水资源的优化配置和节约用水起着十分重要的作用。在水资源一定的条件下，水价越低，用水量就越大，浪费水现象就越严重；水价越高，用水量就越小，水的利用效率就越高。面对日趋严重的水资源危机，如何确定科学合理且有较强可操作性的水价，实现节约用水、缓解水资源供需矛盾的目标，是节水型社会建设工作中亟待解决的问题。科学合理的水价应按照补偿成本、合理收益、优质优价、公平负担的原则，在统一管理的前提下兼顾各地区不同行业的特点分类定价。调整水价要在一定的限制范围内，充分考虑到社会各类用水户的承受能力。对于农业等低质水的需求应当鼓励使用再生水，通过制定合理的再生水水价，鼓励推广再生水利用。

8.5.3.2 法制体系建设

我国节水型社会的建设还在初步探索阶段。从整个社会的范围看，全社会的节水意识尚未形成，许多节水措施未得到贯彻执行，节水的实际成效与可持续发展的要求还有很大距离。这就需要加快节水型社会的法律、法规体系建设，补充、修改和完善水资源保护、开发、利用相关法规、规章、制度，将节水型社会建设纳入法制化、规范化的轨道，为节水型社会建设提供必要的法制保障。节水型社会制度建设与创新是关键，而在各种制度安排中，法律具有更加基础和核心的地位。从立法的角度看，建设节水型社会的法律制度框架已经基本形成，一些重要的制度安排已经到位。但是要使节水成为每个人的自觉行为、成为政府管理的基本理念、成为企业的生产目标，还需要继续探索前进。

法制建设需要有进一步完善的节水法规体系。《中华人民共和国水法》已有关于建立节水型社会的原则性规定以及一些配套的法规，但缺乏一部具体的节水法律，有关节水的法律还没有形成完备的节水型社会的法律体系。因此，当务之急是制定相关节水条例、水资源管理条例、用水定额、水价管理、农业用水水权交易、城市污水回收利用管理办法等地方性和全国性的法规、政策，为依法用水、治水和节水提供法律保障，将节水型社会建设纳入法制化轨道。

8.5.3.3 工程体系建设

建设节水型社会，要建立与水资源优化配置相适应的节水工程，其主要任务是发展规模化的农业节水工程，全面推行节水灌溉工程以提高农业用水效率，推动农业节水的快速发展。我国节水工程的建设已经取得了初步的成就，今后应加大工程建设的资金投入，确保工程建设资金按规定用途使用，并运用科学的综合管理方式指导已建节水工程的良性运作，用科学发展观和高新技术指导节水工程建设，使国家不仅有计划而且有能力建设大型节水工程。需要说明的是，我国节水型社会建设强调制度建设，并不是排斥工程设施建设，而是工程开发的性质逐渐由传统的开发转为与合理配置、节约、保护相结合的可持续开发。

8.5.3.4 科技支撑体系建设

建立节水型社会要在科学发展观的指导下进行。在高新节水技术开发应用方面，要借鉴发达国家的经验。发达国家在工业节水、农业节水和生活节水等领域都非常重视节水新工艺、新技术的运用，主要依靠科技力量推动节水型社会建设，如美国的喷灌技术，以色列大规模的节水农业等。因此，从地表水、土壤水、地下水的循环转化关系研究出发开展各项专项研究，据此分析水资源的承载能力，建立起科学的水资源合理配置模型、构造生态和经济社会全面发展相协调的用水系统等是节水型社会技术进步的突出表现。深入开展苦水、咸水、污水处理回用等非常规水资源的开发研究与综合利用，同时注意引进和推广符合区域发展情况的新技术、新工艺、新设备，这是节水型社会建设的趋势。

8.5.3.5 社会文化体系建设

倡导全民节水和保护水生态环境的社会价值观。节水型社会建设最终是在生产力和生产关系变革的基础上，进行社会上层建筑的变革。社会上层建筑包括以法律、法规为核心的政治上层建筑和以思想、道德为核心的思想上层建筑。另外要通过各种形式的宣传教育，调动企业、单位和个人参与建设的积极性，建立起一种追求人与自然以及人与人之间和谐和对水生态友好的现代水观念，并以此指导生产、生活和消费方式，在更高层次上促进保护水资源与经济社会发展目标的协调统一。

参考文献

[1] 【英】Colin Green 著. 夏军，庞进武，译. 水资源经济学手册：原理与实践[M]. 北京：中国水利水电出版社，2005.

[2] 【美】Eirik Furubotn，【德】Rudolf Richter 著. 姜建强，罗长远，译. 新制度经济学——一个交易费用分析范式[M]. 上海：上海三联书店，2006.

[3] 王春元，杨永江. 水资源经济学及其应用[M]. 北京：中国水利水电出版社，1999.

[4] 王亚华. 水权解释[M].上海：上海三联书店，2005.

[5] 巴泽尔. 产权的经济分析[M]. 上海：上海三联书店，2006.

[6] 汪丁丁. 制度创新的一般理论[J]. 经济研究，1992，5.

[7] 科斯，等. 财产权利与制度变迁[M]. 上海：上海三联书店，1994.

[8] 盛洪. 新制度经济学家和他们的理论——现代制度经济学[M]. 北京：北京大学出版社，2003.

[9] 杜伟. 对企业技术创新的制度激励框架分析[J]. 经济经纬，2001，3.

[10] 杜伟. 加强技术创新的制度激励研究[J]. 西北工业大学学报（社会科学版），2003，3.

[11] 王文革. 论我国节能经济激励制度[M]. 中国环境科学学会学术年会优秀论文集，2006.

[12] 沈满洪. 水权交易制度研究——中国的案例分析[M]. 杭州：浙江大学出版社，2006.

[13] 沈大军. 水管理学概论[M]. 北京：科学出版社，2004.

[14] 贾绍凤，姜文来，沈大军，等. 水资源经济学[M]. 北京：中国水利水电出版社，2006.

[15] 张瑞恒，等. 水资源经济论[M]. 北京：中国大地出版社，2003.

[16] 任伯帜，熊正为. 水资源利用与保护[M]. 北京：机械工业出版社，2007.

[17] 沈振荣，等. 节约用水新概念[M]. 北京：中国水利水电出版社，2006.

[18] 郑杭生. 中国水问题[M]. 北京：中国人民大学出版社，2005.

[19] 汪光焘，等. 城市节水技术与管理[M]. 北京：中国建筑工业出版社，1994.

[20] 郭培章，宋群. 中外节约用水技术与政策案例研究[M]. 北京：中国计划出版社，2003.

[21] 魏群. 城市节水工程[M]. 北京：中国建材工业出版社，2006.

[22] 刘俊良. 城市节制用水规划原理与技术[M]. 北京：化学工业出版社，2003.

[23] 董辅祥，等. 城市与工业节约用水理论[M]. 北京：中国建材工业出版社，2000.

[24] 崔金星，李希昆. 节水型社会建立的基础和条件[M]. 北京：中国水利水电出版社，2002.

[25] 崔玉川. 城市与工业节约用水手册[M]. 北京：化学工业出版社，2002.

[26] 高艳玲. 城市水务管理[M]. 北京：中国建材工业出版社，2006.

[27] 中国水利学会水资源专业委员会.节水型社会建设的理论与实践[M]. 北京：中国水利水电出版社，2005.

[28] 全国节约用水办公司. 全国节水规划纲要及其研究[M]. 南京：河海大学出版社，2003.

[29] 汪恕诚.建设节水型社会工作要点[EB/OL]. 中华人民共和国水利部网站，2003.

[30] 水利部水资源司和水利部发展研究中心联合调研组. 全国节水型社会建设试点进展情况调研报告

[R]. 水利发展研究，2006，1.

[31] 万育生，等. 我国水资源管理制度的研究[J]. 中国水利，2005，7.

[32] 杨耀年. 梨园河灌区建设节水型社会的实践与思考[J]. 甘肃水利电力技术，2005，3.

[33] 张健. 坚持科学发展观建设人水和谐的节水型社会[EB/OL].http://www.mywater.cn/water/academia/aa1.htm，2007，9.

[34] 张健. 绵阳市节水型社会建设的重点和特点[J]. 中国水利，2005，13.

[35] 中国节水技术政策大纲（上）[J]. 节能与环保，2005，5.

[36] 中国节水技术政策大纲（中）[J]. 节能与环保，2005，6.

第9章　水资源对策论

水资源危机的出现，既源于粗放供给问题，又源于过度需求问题；既存在技术落后的根源，又存在制度失灵的根源，因此，必须寻求综合的治理对策。根据前面各章的分析可以将解决水资源危机的思路概括为：以供给—需求分析为基本方法，以数量—价格管理为基本手段，以水权改革和政策体系设计为保障措施，切实提高水资源效率，保障水资源安全，实现人—水和谐发展。为此，本章主要阐述水资源安全保障的战略体系、水资源优化配置的机制构建以及水资源管理政策的发展趋势等若干问题。

9.1 水资源安全保障的战略体系

9.1.1 水资源安全的内涵及目标

9.1.1.1 水资源安全的内涵

水资源安全属于非传统安全。水资源安全的内涵界定可以从水资源的数量、水资源的质量和水资源的更新能力3个方面去考察。

（1）从水资源数量上看，水资源安全是指在当时技术条件下，水资源的供给数量能保障当前和可预见的将来经济社会发展和人民日常生活的需要。水资源数量波动应当在当时技术水平可控制的范围内。水资源供应量波动过大，会导致水资源数量过少或过多。数量过少，影响水资源的有效供给，给经济活动和人民生活带来安全威胁；数量过大，超出防御能力，引发洪涝灾害，也会造成经济和生命财产上的威胁。

（2）从水资源质量的角度看，水资源安全是指水资源质量能够满足经济社会活动、人民生活用水和生态用水的质量要求，同时水质变化处于水体自身净化恢复能力范围内。水作为资源也和其他资源一样，要有相应的质量保证，质量不能满足要求时，尽管可以采取一定的技术手段使之达到相应标准，但水资源具有生态属性，是生态系统赖以生存的基础，当其质量的恶化超出其自身净化恢复的能力时，将导致生态灾难，进而产生不可恢复性危害。因此，水资源安全意味着水资源的质量必须在一定的范围内，当水资源质量超出这个范围时，会出现水生态安全。

（3）从水资源的更新能力看，水资源安全是指水资源的消耗量处在水资源自然更新的数量范围内，且更新量的波动处在与社会发展水平相一致的当时技术可控制范围内。水资源的生态属性决定了水资源的消耗量必须控制在其能够恢复的水平范围内，当消耗量超出其恢复能力时，随着消耗总量的增大，将导致水资源的枯竭，进而导致生态灾难。水资源的恢复基本上依赖于降水，因此在绝大多数情况下，水资源的消耗量应当小于降水量，在消耗量不得不超过降水量的情况下，其超出部分应该在当时技术条件下（如跨流域调水等）能够恢复的范围内，否则将导致水资源安全威胁。

综合上述 3 个角度的分析可见，水资源安全是指，在一定技术条件下，水资源的数量能满足当时和未来一定时期生产、生活和生态稳定需要，数量的波动能为所具有的技术条件有效控制，水资源的质量能得到充分的保障，质量的波动能为水体的自我净化能力所恢复，水资源的消耗量能为降水和当时技术条件所补充。

9.1.1.2 水资源安全的目标

水资源安全的目标不是单一的，而是综合的。可以从经济目标、社会目标和生态目标 3 个角度分别加以考察，如图 9-1 所示。

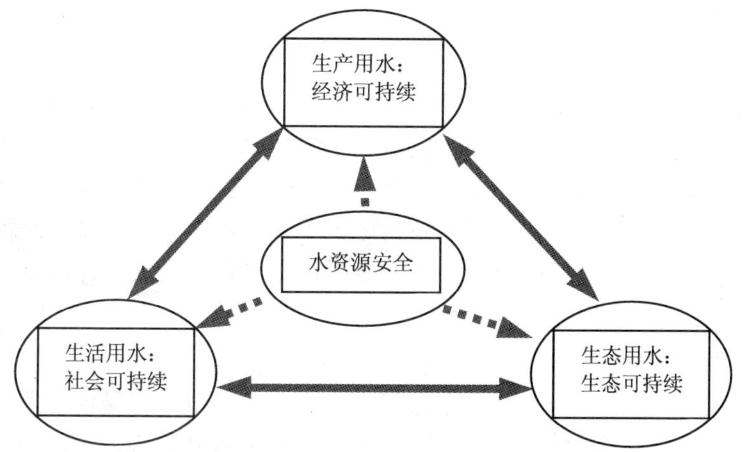

图 9-1　水资源安全的三重目标

水资源安全的经济目标是保障经济系统健康发展，通过保障生产用水的安全性，实现经济可持续发展。水资源是经济发展的基础性资源，是经济得以可持续发展的支撑。长期以来，经济学分析经济产出时往往只考虑资本和劳动这两个投入要素，而忽视了水资源等自然资源的投入。其实，无论是农业经济、工业经济还是服务业经济的发展，都离不开水资源的投入。水资源安全的经济目标主要应考虑如下几个方面：① 保障水资源对经济发展的支撑作用；② 保障水资源在不同经济领域的高效率配置；③ 保障水资源的技术效率达到尽可能高的水平；④ 保障水资源高效利用的技术供给。

水资源安全的社会目标是保障人类社会健康发展，通过保障生活用水的安全性，来实现社会可持续发展。水资源是人类赖以生存和繁衍的基础性资源。无论是城市还是村落无一不是依水而建、人类社会群落无一不是依水而居。水资源安全的社会目标主要应考虑如下几个方面：① 保障水资源在社会生活领域的供应；② 保障水资源在居民生活领域的公平配置；③ 最大程度上控制水冲突、水纠纷和水矛盾；④ 保障水资源公平配置的制度供给。

水资源安全的生态目标是保障生态系统的健康发展，通过保障生态用水的安全性，来实现自然环境和生态系统的可持续发展。自然环境和生态系统是人类经济社会发展的根基。水资源的安全保障必须以自然环境和生态系统的良性循环为前提。水资源安全的生态目标主要应考虑如下几个方面：① 保障生态系统自身用水的需要；② 保障生态系统水环境达到一定的质量要求；③ 保障生态—经济系统水资源的循环利用；④ 保障水生态安全的技术和制度供给。

图 9-1 表明，水资源安全的三重目标不是相互孤立的，而是相互制约、相互影响的。水资源的生态可持续发展是基础，没有这个基础经济可持续发展和社会可持续发展都无从谈起。水资源的经济可持续发展是手段，一方面它离不开生态可持续发展这个基础；另一方面它又为社会可持续发展提供经济保障。水资源的社会可持续发展是人类社会的终极目标，但是如果这个终极目标的设计出现偏差也会严重影响经济可持续发展和生态可持续发展。

9.1.2 水资源安全保障的战略构建

水资源安全保障体系构建的目标是双重的：① 数量上的足额供给——保证城乡居民生产、生活的用水需求和自然环境的生态用水需求；② 质量上的安全供给——保证城乡居民特别是农村居民洁净水的供给，实现城乡居民用水质量安全。为了实现水资源供给的数量安全和质量安全，水资源安全保障体系的构建，既要从供给角度入手——构建起水资源安全的供给保障体系，又要从需求角度入手——构建起水资源安全的需求保障体系，还要从贸易角度入手——构建起水资源安全的贸易保障体系。在特殊情况下，还需要构建水资源管制保障体系。

9.1.2.1 水资源供给保障战略

虽然水资源开发存在一个极限，即保障生态安全的极限，但是由于各个地区的水资源开发使用的程度、状况和特点各不相同，因此，水资源供给保障战略仍然是保障水资源安全的重要方面。从经济理论上讲，水资源供给保障战略就是利用影响水资源供给曲线移动的因素，调整一些政策变量使供给曲线向右或向左移动，以实现水资源安全保障的战略。从政策实践角度上讲，水资源供给保障战略是指，按照可持续发展的理念在保证生态用水、确保生态安全的前提下，通过工程技术手段和经济管理措施进一步挖掘水资源开发潜力，增加生产用水和生活用水的供给，以促进经济可持续发展和社会可持续发展的水资源战略。实施水资源供给保障战略的主要措施有：

（1）保护水生态，治理水土流失。水土流失的治理是保障水资源安全的基础，水源地的生态保护是保障水资源安全的关键。但是，生态保护具有很强的正外部性，如果没有激励机制就会使保护者缺乏保护的积极性。况且，流域上游和水源保护区往往是相对欠发达地区。因此，建立水生态保护补偿制度，是保护水生态和区域经济协调发展的重要手段。在水生态保护的主体、水生态受益的主体及水生态保护的效果均容易量化的情况下，如在跨流域、跨区域引水工程中，可以建立“谁受益，谁付费”和“谁保护，补偿谁”的市场补偿办法；在水生态的受益者主体不明确的情况下，如在生态公益林建设中，可以采用政府财政转移支付的办法向保护者提供补偿。

（2）治理水污染，恢复水体功能。水质型缺水是我国水资源危机的重要方面甚至是主要方面。整治水体污染是修复水生态的必由之路，也是增加我国水资源供给的主渠道。从源头控制看，水环境保护必须采取下列措施：① 严格实施达标排放与总量控制相结合的方针。达标排放是长期坚持的环境保护的一项基本原则，但仅有这一原则是不够的。如果达标的废水总量过多仍然会损害水环境。因此，必须坚持总量控制的原则，根据流域水环境保护目标，计算各流域一定浓度的废水允许排放数量，将排放指标分配或拍卖给流域内的企业或家庭，严格控制废水排放总量。② 严格实施污水减排与废水集中治污的方针。随着生活水平的提高，人们对环境质量的要求也日益提高。因此，对水体保护要有长远目标，要有步骤地实施废水减排计划。同时，实施城市生活污水与园区工业污水的集中治理工程，实现废水治理的规模经济效果。

（3）保护水域率，保证蓄水容量。由于错误的人口政策，导致片面的产业政策。在“以粮为纲”的产业政策导向下，我国一度出现了“向水域要耕地，向水域要粮食”的现象，如在 20 世纪 70 年代，昆明市围垦了滇池 38 km^2 的水域面积，使得滇池的水域面积从 50 年代的 350 km^2 减少到 21 世纪初期的 312 km^2，导致滇池周边的湿地功能散失殆尽。在工业化迅速推进的进程中，出现了更加严重的“向水域要土地，向水域要园区”的现象，千湖之省的湖北省湖泊数量锐减到百个以下。因此，必须尽快实施水域保护计划，保护水域率和水域面积，进而保证包括蓄水功能在内的水域综合功能。

（4）转换水功能，保证洁净供水。水资源具有饮用、发电、灌溉、养殖、旅游等广泛的功能。20 世纪 50 年代以来，我国建设了一大批以发电功能为主的水库。这些水库在现代化建设中发挥了重要作用。但是，随着经济社会的发展，饮用水的功能更加凸显，而可替代的发电技术又迅猛发展（如核电技术、风能技术等），因此，实施水库功能转换计划，将部分水库的水资源发电功能调整为饮用功能，是解决城乡居民饮用水需求的可行之策。解决这个问题需要协调好两个方面的关系：① 水利部门与电力部门之间的关系；② 供水区域与需水区域之间的关系。

（5）海水淡化，增加新的水源。沿海地区和海岛地区以资源型缺水为主，即自然淡水资源短缺。对于这些区域而言，引水尚不能从根本上解决水资源短缺矛盾，必须利用自身优势开展“造水”，实施海水淡化工程计划。海水淡化技术的关键在于降低成本。发展海水淡化技术及其产业，必须做到：① 加快制定海水淡化技术的规划和发展战略；② 设立海水淡化研究专项，加快关键技术的攻关力度；③ 加大扶持力度，为海水淡化技术及其产业的发展提供良好的政策环境；④ 鼓励社会各界力量介入海水淡化市场。

（6）开发大气水，实施人工降雨。在特殊的干旱缺水时期，开发大气水，实施人工降雨工程，是缓解旱情的举措之一。关于大气水的开发需要注意把握 3 点：① 大气水的开发是在迫不得已的情况下采取的一种非常手段，是对水资源供给的一种补充，不能作为主要供给手段。② 开发大气水的关键问题是技术进步，通过技术创新降低大气水的开发成本。如果开发成本高于开发收益，那么会使得大气水开发工作得不偿失。③ 由于人们可以非竞争性、非排他性地享受人工降雨的效果，因而，这种手段难以由市场提供，往往需要由政府作为公共产品加以提供。

9.1.2.2 水资源需求保障战略

水资源生态安全存在一个底线，如要保障一条河流的生态安全，最多只能抽取其中的 60%的水资源，必须保证 40%的生态用水。因此，水资源供给保障总是存在一个极限的。所以，必须强化水资源需求战略。从经济理论上讲，水资源需求保障战略就是利用影响水资源需求曲线移动的因素，调整一些政策变量使需求曲线向右或向左移动，以实现水资源安全保障的战略。从政策实践上讲，水资源需求保障战略是指，通过技术进步提高水资源利用效率，通过价格调整等经济手段遏制过度用水和浪费用水，从而保障水资源安全的战略。在水资源管理中，供给保障属于供给侧管理，需求保障属于需求侧管理。

随着经济社会的发展，消费者对水的消费偏好呈现增强的趋势，消费者的收入水平也呈现增加的趋势，在这种情况下，很容易导致水资源需求的迅速扩张，需求曲线向右移动是一个总体趋势。水资源需求保障战略的实施同样要根据实际情况确定。在大多数情况，水资源呈现紧缺态势，可以采取水需求紧缩战略：

（1）引进和开发节水技术，提高水资源利用效率。我国的水资源危机不仅是“短缺危机”，也是“效率危机”。一方面，我国人均水资源拥有量只有世界平均水平的 1/4；另一方面，我国每万元 GDP 的用水量是世界平均水平的 4 倍。因此，要考察学习以色列等典型的缺水国家的用水、管水经验，引进和开发节水技术，提高单位水资源生产率，是短期内在水资源供给增加有限的情况下保障我国水资源安全的极其重要的一个方面，并且存在巨大的潜力。

（2）建立水价调节机制，遏止过度用水需求。水资源价格是影响水资源需求者用水数量的直接杠杆。“高价少用，低价多用”是需求定律在水资源领域的反映。总体上讲，水资源的价格体现水资源的稀缺程度。随着时间的推移，水资源的稀缺性呈现加剧趋势，因此，水资源价格的上升是一个长期的趋势。但是，水资源价格的调节机制并不是一味地提价，而要体现一些基本原则：基本生活用水和公共用水体现公平优先；生产性用水和享乐型生活用水体现效率优先；少用低价，多用加价；分质供水，分质定价；优质水高价，劣质水低价。

（3）调整产业结构，转变经济增长方式。在水资源成为稀缺资源的背景下，要尽力压缩水资源密集型产业，大力发展节水型产业。要像重视劳动生产力一样，重视水资源生产率，促进产业结构的调整和升级。① 进一步调整三大产业结构的用水比例；② 进一步提高水资源的重复利用率，实行中水回用；③ 进一步压缩水资源密集型产业。

9.1.2.3 水资源贸易保障战略

水资源在不同产业（如农业和工业）之间、在不同区域（如宁夏回族自治区与山东省）、在不同用水户（A 与 B）之间存在着明显的水资源效率差异。只要存在着水资源效率差别，就可能存在着通过交易提高社会福利的潜力。水资源贸易保障战略就是基于不同产业、不同区域、不同用水户之间的水资源效率差异，通过贸易提高水资源效率的一种手段。

水资源贸易保障战略的主要措施有：

（1）建立水权交易制度，优化配置水资源。水权制度的建设是水资源管理制度改革的核心和关键。通过明晰水权，允许水权交易，可以形成反映水资源稀缺性的水权价格，使水资源配置到高效率的产业或区域。在市场化改革不断深入的情况下，建立规范的水权交易市场必将大大优化水资源配置效率。为此，需要对初始水权在区域之间进行明确的界定，进而在区域内部将水权界定到用水户。这样，必然发生区域与区域之间、用水户与用水户之间的水权交易。

（2）建立水污染权交易机制，优化水环境容量资源的配置。根据水环境容量，确定废水排放总量、分配废水排放指标、建立水污染权交易机制是一种行之有效的手段。上海市闵行区在水污染权交易机制的实践方面已有成功经验。实施排污权交易机制主要有 3

个环节：① 确定废水排放总量；② 分配排污许可证。排污许可证的分配一般有以下 3 种方式：竞价拍卖、固定价格出售、无偿分配；③ 实施水污染权交易。

（3）树立虚拟水意识，鼓励虚拟水净进口。虚拟水是由伦敦大学亚非研究院的一位教授在 20 世纪 90 年代中期提出的新概念，是指生产商品和服务所需要的水资源数量，如生产 1 kg 粮食需要用 1 000 L 水，这 1 000 L 水就是产品背后看不见的虚拟水。如果进口的虚拟水多于出口的虚拟水，那么就有虚拟水的净进口。为了缓解水资源短缺状况，减轻我国水资源需求压力，可以鼓励进口虚拟水多的产品（如粮食），鼓励出口虚拟水少的产品，并限制出口虚拟水多的产品。虚拟水政策是以更加宽广的视野来谋求水资源安全的思路。水资源不能依赖进口，但是虚拟水可以进口。这是一种重要而新颖的思路，不是就水而水，但水资源安全体系的构建绝对不可能完全寄希望于虚拟水贸易。

9.1.2.4 水资源管制保障战略

数量管制和价格管制是在商品和要素极度稀缺的情况下经常采用的管制手段。在水资源极度稀缺的情况下，同样可以采取这种手段。水资源短缺往往是制度短缺，是由于政府所确定的水资源数量和价格管制的失误造成的。基于此，根据管制手段所造成的水资源短缺，进一步通过政策调整，实现水资源配置的优化或公平分配。这就是水资源管制保障战略。

如图 9-2 所示，一个社会的水资源供求均衡处于 E 点，此时的均衡价格为 P_0，均衡数量为 W_0。但是，考虑到低收入阶层的用水承受能力，政府往往会确定一个 P_1 的保护价。由此加剧了水资源的供求矛盾，出现了（W_2-W_1）的水资源短缺。这种情况是传统计划经济体制国家普遍存在的一个现象，也是至今在水资源管制领域普遍存在的一个问题。

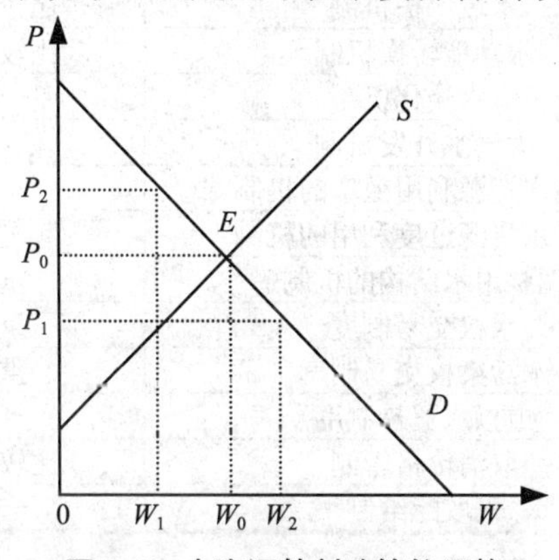

图 9-2　水资源管制政策的调整

如何解决这个问题？思路有二：

（1）取消价格管制，使水资源价格恢复到市场均衡价格 P_0。也就是说，取消原来由政府财政补贴的（P_0-P_1），使水资源价格充分显示其稀缺性程度。取消价格管制带来两个方面的政策调整效应：① 缓解了水资源的供求矛盾，实现了供求均衡；② 减轻了政府财政负担，使政府财政收入可以用于水科学研究等领域。

（2）采取配给制，将有限的水资源在社会成员之间进行公平分配。如果维持价格不变，可供水量为 W_1，那么，在社会成员（如人口为 M）中的人均配置数量就是 $\frac{W_1}{M}$。配给制的本意是要实现稀缺资源的公平分配，但是，其结果恰恰相反。配给制存在的突出问题是，在水资源数量为 W_1 的情况下，消费者不仅愿意为此支付 P_1 的管制价格，也不仅愿意支付 P_0 的均衡价格，而且愿意按照需求曲线所确定的 P_2 的价格。这样，P_2 与 P_1 之间存在巨大的价格差，由此往往导致黑市的产生，使得平价水成为投机倒把分子在黑市上牟取暴利的工具。

因此，管制价格的制定需要慎之又慎。为了同时兼顾效率与公平，可以采取阶梯式水价制度，日常生活用水采取统一的低价策略，超额用水采取较高价策略，洗车用水等奢侈性用水采取特高价策略。

上述水资源安全保障战略体系的四大类别的作用是各不相同的：供给保障体系主要解决水资源的有效供给问题，立足于开源；需求保障体系主要解决水资源的有效需求问题，立足于节流；贸易保障体系主要解决水资源的优化配置问题，立足于优化；管制保障战略主要解决准确度量水资源的稀缺性程度以及特殊情况下的水资源公平分配问题。这四大类别 14 个方面的重要程度是不同的，实施时间的要求也不一定是同步的，可以分步进行。而且，各项保障体系的轻重缓急是各不相同的，有的是根本性制度安排，有的是一般性安排；有的是长期性举措，有的则是临时性举措。表 9-1 对此作了简要的概括。

表 9-1 水资源安全保障战略体系一览表

保障体系类别	保障体系名称	重要性	时间性
供给保障战略	水生态保护机制	重要	紧迫
	水污染控制机制	重要	紧迫
	水域保护机制	比较重要	紧迫
	水功能转换机制	比较重要	比较紧迫
	海水淡化机制	一般	一般
	大气水开发机制	一般	一般
需求保障战略	提高水资源利用效率的机制	重要	紧迫
	遏止水资源过度利用的机制	重要	紧迫
	调整用水结构的机制	重要	紧迫
贸易保障战略	水权交易制度	重要	比较紧迫
	水污染权交易制度	重要	比较紧迫
	虚拟水贸易制度	一般	一般
管制保障战略	取消价格管制	比较重要	比较紧迫
	采取配给制	一般	必要时紧迫

前面的分析都是立足于当前的静态分析和比较静态分析。但是，水资源安全保障战略的构建不能局限于当前，还要立足于长远，因此，从理论上讲，还需要建立水资源跨时期优化配置战略。这属于动态分析范畴，这里从略。

9.2 水资源优化配置的机制构建

9.2.1 实施机制的构建

水资源优化配置需要机制作保障，而且，这种保障不是依靠单一机制就能够实现的，而是要通过多种机制的密切配合来实现。从机制的性质来讲，需要别无选择的强制机制、权衡利弊的选择机制和道德约束的自愿机制互补使用；从机制运行的分工而言，需要政府机制创新、市场机制创新和社会机制创新的相互配合。

9.2.1.1 别无选择的强制机制

别无选择的强制机制是一种刚性约束机制，又称为管制手段，是实施管制的主体（一般是国家行政机构）根据相关的法律、法规和标准，对活动主体的行为加以约束和限制。强制机制运用的前提是：必须有相关的可执行的法律、法规和标准。在管制的要求下，有关主体遵守这些法律、法规和标准是强制性的或义务性的，如果出现违章行为，管制主体将会对其进行法律或者经济制裁。

强制机制是依靠法律或政府的强制力得以实施的刚性约束机制，具有权威性、强迫性等特征。强制机制的主要特点是：受管制的经济主体没有选择的余地，处于被动模式，他们要么服从命令，要么面临仲裁和行政程序的惩罚。因此，强制机制的实施必须包括一个形成管制指令的机构和一个违章监督制裁的系统。按照管制主体、管制范围和程度的不同，强制机制又可分为法律强制和行政强制两种。

法律强制是指依靠法制机构，运用法律的强制性，按照一定法律法规来管理水资源的一种方法。法律制度是市场经济运行的重要制度保证，属于正式制度，是一种具有刚性的正式制度安排。其实质是以法律的权威性为作用机制，在一定范围内调整人们在开发、利用、保护水资源过程中所发生的社会关系，具有严厉的强制性和制裁性。法律强制不能仅仅强调水资源管理立法，还应该强化依法治水。我国一方面要进一步完善法律制度，另一方面要严格执法。

行政强制是管理者依靠行政组织（如水利、建设、环保等部门），运用行政管理措施和方法，依据法律法规和政策手段对水资源进行科学管理。行政手段一方面要严格执行上级水资源法规进行依法管理，另一方面要根据本地实际创造性开展水资源管理。对于上级法律和政策鼓励的事情要大胆地做，对于上级法规没有禁止的要敢于创新，对于上级法规和政策明令禁止的要坚决执行。在水资源安全问题上必须建立“一票否决制”的政府官员责任制。

9.2.1.2 权衡得失的选择机制

权衡得失的选择机制是以柔性激励为基础的分散管理，又称为经济手段。管理者并不做出详细的行动规定，而是设计出一套合理的制度，经济主体在给定的制度环境下按照自己的偏好、所拥有的信息权衡利弊，理性选择对自己最适宜的行动路径。

选择机制通过向经济主体提供直接或间接的利益作为驱动，来实现既定的政策目标，借助市场信号使经济主体做出相应的行为决策，而不是制定明确的控制水平或方法来规范人们的行动。如果选择机制被很好地设计并加以实施的话，将促成企业和个人在追求自身利益的同时客观上促进水资源的优化利用。选择机制的特点在于，它是基于市场机制的柔性激励制度，经济主体有多种选择，在给定的制度约束下，可以根据自己的技术条件和其他因素做出最有利的选择，通过市场这一“看不见的手”的引导，选择机制可以实现管理者设定的目标，从而实现“激励相容”、“自选择”。因为最后的行为是经济主体自行选择的，因此选择机制的执行成本小于强制机制的执行成本。

权衡得失的选择机制在水资源管理中具有广泛的应用。例如，水权交易制度、水污染权交易制度、节约用水制度、阶梯式水价制度、水源保护补偿制度等都是属于可以让经济主体进行理性选择的制度安排。这些制度的实施，需要创造良好的制度环境，尽可能降低市场交易成本。

9.2.1.3 道德约束的自愿机制

道德约束的自愿机制是一种基于个人素养的非正式制度安排，是通过社会风尚、伦理道德等软约束，激发人们内心理念来实施一定的行为，从而达到一定的目标的制度安排。它强调的是道德教育和自我约束，可以从两个角度来考察：① 以习俗、道德、伦理为主体的社会精神对人们价值取向的影响；② 以习惯、知识等形式累积下来的非正式制度对人们行为的制约。通过教育，强化良心效应，使得人们从事外部不经济行为时感到不安，从而尽量不从事产生外部不经济效应的事务。运用思想教育的道德教化方式来解决当前发展中的不和谐问题具有很好的现实意义，因为中国的传统文化属于儒释道结合的东方文化，这种文化背景强调的是天人合一、人与自然和谐共处的朴素思想，它为水资源优化配置奠定了良好的文化基础。

节水型社会的建设除了一些别无选择的强制机制和权衡利弊的选择机制外，大量的内容属于道德约束的自愿机制。例如，提倡节约用水的观念的养成，保护水资源人人有责的意识的形成，公众参与水资源管理机制的构建，政府、社团和媒体联手开展的节水周宣传活动等，都属于自愿机制。

上述 3 种机制的特征比较可见表 9-2。

表 9-2　3 种实施机制的比较分析

比较项目	强制机制	选择机制	自愿机制
选择自主性	没有选择，被动执行	选择后主动实行	自愿实施
激励水平	重在约束，激励较少	主要以经济或非经济利益作为激励动力	主要通过自身素质和道德约束
政策灵活性	僵硬的	比较灵活，根据既定的目标选择不同标准	灵活
政策约束力	强制性，威慑力	在约束规则下自行选择行动集合	软约束
政策目标的确定性	确定	确定	不确定
政策成本	制定制度成本较少；执行、维护成本很高	制定规则成本较高；执行、维护成本较少	实施过程漫长，但一旦成功实施，后期成本最小
政策的经济效率	较少	较高	一般

9.2.2 实施主体的分工

如果对全社会的所有经济主体作一个分类，大致上包括政府、企业和公众。政府对应的是政府干预机制，企业对应的是市场机制，公众对应的是社会机制。

通过第 2 章对水资源危机的制度根源的分析可见，市场机制与政府干预并不能简单地作出非此即彼的选择。市场机制与政府干预都存在一定的有效区域，也都存在失灵的区域。市场有效、市场失灵分别与政府有效、政府失灵两两组合存在以下 4 种情况：① 市场有效，政府有效；② 市场有效，政府失灵；③ 市场失灵，政府有效；④ 市场失灵，政府失灵。从中可以得出如下几个结论：

（1）市场机制与政府干预的结合有可能性出现“市场有效与政府有效”的结合。这时，选择任何一种机制都是有效的，无须多作分析。

（2）市场机制与政府干预也可能一个有效、一个无效的现象。这时，只要保证在“市场有效、政府无效”的领域发挥市场机制的作用，政府退出这个领域；在“政府有效、市场无效”的领域，要加强政府管理、有效行使政府职能。

（3）有些情况下，市场机制与政府干预之间的选择并不一定是完善与不完善之间的选择，而是在不完善的程度和类型之间、在缺陷的程度和类型之间的选择（如第二种组合与第三种组合之间的选择），甚至可能仅仅是在不合意与无法容忍之间的选择（如第二种组合与第四种组合之间或第三种组合与第四种组合之间的选择），因此，在不能实现“最优”的情况下，只能选择“次优”。

（4）选择越倾向于市场机制，其体制就会面临更多导致“市场失灵”的危险；选择越倾向于政府干预，其体制就会面临更多导致“政府失灵”的危险。这说明，在水资源安全保障体系的建设中，既不能完全摆脱市场，也不能完全不要政府，而是要求市场机制与政府干预的有机结合。

（5）由于水资源问题会同时面临“市场失灵”和“政府失灵”，所以在建立水资源优化配置机制设计时，需要寻求新的制度安排——社会机制的创新。大量实践表明，水资源的保护、开发与利用，仅依靠政府是不够的，仅依靠市场也是不够的，仅依靠政府与市场还是不够的，必须依靠社会公众的广泛参与。

如表 9-3 所示，政府、企业和公众在水资源安全保障体系构建中的功能是不同的，它们承担着各自不同的功能，特别要强调各自的创新领域。

9.2.2.1 强化政府机制创新

水资源安全保障体系的实施需要政府创新。创新的方向是在“市场有效，政府失灵”的领域政府退出，在“市场失灵，政府有效”的领域政府加强。并且改革水资源管理体制，防止政府失灵，提高管理效率。

表 9-3 政府、企业与公众在机制实施中的职能分工

主体	主要功能
政府	提供水利建设、水环境保护等公共产品；通过水资源法规的制定与实施提供制度保障；为水资源市场提供公平竞争的市场秩序；在促进水资源配置效率的同时保障水资源利用的公平；鼓励水利科技攻关，推广水利适用技术；宣传水资源知识，提高公众的水危机意识和节水自觉性
企业	竞争性地参与水利工程的建设；在政府引导下参与水资源的开发与保护活动；发展节水型产业；研发节水型技术和增加淡水供给的技术；自觉抵制以破坏水资源为代价的经济发展模式；从事虚拟水贸易；支持公共水利事业的发展和建设；对政府水务管理提供监督
公众	了解水资源形势，提高水资源安全意识；自觉消费节水型产品，抵制消费耗水型产品；组织自治性组织，参与社区范围内的水务管理；组织节水型社团，向社会宣传节约用水；通过向政府和企业获取信息形成为政府行为和企业行为的监督

政府创新的一个重点是水资源法律制度建设。水资源法律制度的创新必须实现由适应计划经济模式向适应市场经济模式转变，由以立法为主向立法与执法并重转变，由不

考虑法制成本向考虑法制成本转变。

水利部门是政府从事水资源管理的职能部门。地方水利部门理所当然应该承担起区域水资源管理的神圣职责。但由于水利部门在水资源管理中存在着纵横交错的矛盾：①“条”与“条”之间的矛盾；②“块”与“块”之间的矛盾；③“条”与“块”之间的矛盾；④上下级之间的矛盾。因此，只有建立水资源保护与经济增长统筹的综合决策机制，才有可能避免矛盾，理顺关系。这种决策机制首先是同级政府不同部门之间的综合决策机制，其次是同一流域上下游之间的综合决策机制。虽然统筹与协调是要付出成本的，但是为了长远的、全局的利益支付一定的代价是值得的。

政府创新的另一个重点是理顺水资源管理体制。目前，大多数政府水资源管理采取的是“多龙管水”的体制，由此导致了“管水量管不了水质、管水源管不了供水、管供水管不了排水、管排水管不了治污、管治污管不了回用”的局面。因此，水务管理一体化就是一个可以替代的方案，可能是一种有效保护、合理利用水资源的先进管理模式。它改变了部门分割的水资源管理体制，可能实现水资源管理的质与量的统一、时间与空间的统一，开发与治理的统一、节约与保护的统一。当然，水务管理一体化的“一龙管水”，执行的是一体化的制度，它可能面临垄断的危险；多部门参与的“多龙管水”，执行的是专业化的制度，它可能面临高额交易成本的风险。到底如何取舍，应该权衡利弊，因地制宜。

9.2.2.2 强化市场机制创新

水资源配置的市场化是水资源配置制度改革的一个方向。市场机制不仅可以在竞争性产品领域发挥重要作用，科斯定理揭示了市场机制同样可以适用于非竞争性产品领域。在传统理论认为市场无效的领域，如存在外部性、公共产品的领域，市场机制同样可以发挥重要作用。随着我国市场化程度的提高、市场机制的逐步完善，有条件在界定水权的基础上，通过经济手段优化配置水资源。

积极探索水权和水污染权有偿使用制度改革，适当提高供水价格，确定自来水和原水合理比价，发挥经济杠杆对水资源开发、利用和保护的推动作用。要利用市场机制协调好不同区域间水资源开发、利用与保护中引发的矛盾。建立水生态补偿机制、水污染权交易机制等，扩大生态公益林建设的范围、提高生态公益林生态补偿的标准。

要逐步确定水资源管理和控制指标，建立总量控制和定额管理制度。工业节水以提高重复利用率为核心，对我国主要工业用水行业的主要产品确定用水定额；城市节水以降低管网漏失率为核心，加快再生水回用步伐；农业节水以提高灌溉水利用系数为目标，将节水与现代农业建设相结合。

9.2.2.3 强化社会机制创新

在“市场失灵，政府失灵”的情况下，也许可以通过市场机制与政府干预的结合寻求答案，但社会机制是一种更为重要的第三种机制。

社会机制创新的重点是构建节水型社会。不仅在工程措施和技术条件等方面采取节水型措施，而且在社会文化和制度条件等方面采取节水措施；不仅在法律法规、规章制度等方面采取节水的正式制度安排，而且在思想观念、伦理道德等方面采取节水型的非正式制度安排。

公众对水资源等公共事物具有知情权。因此，要建立水资源公报发布制度。通过信息披露建立起公众对政府水利建设和水资源管理工作的监督、公众对企业水资源使用行为的监督。建立起“公众的‘声音’发布——人大的投票表决——政府的行为选择或企业的行为调整”这样一个监督链。

水资源管理需要公众参与。通过提高用水户的参与程度，由用水户代表或相关利益团体来协商决定水资源分配、水资源价格、水市场建设等，实行民主决策管理，接受用水户的监督，提高透明度。调动用水户参与水利工程建设和管理的积极性，促进高效管水和高效用水。

政府、企业与公众都要在水资源的供给与需求、开源与节流、开发与保护等方面发挥各自的作用，在强调政府机制创新和市场机制创新的同时，着力于社会机制创新。在强调各自创新的同时，加强彼此之间的配合与衔接，形成“政府主导、市场推动、公众参与”的水资源优化配置的和谐局面。

9.3 水资源管理政策的发展趋势

9.3.1 “三个结合”的趋势

水资源管理向来是政府的重要职责，在相当长的时期甚至是政府的主要职责。但是，随着经济社会的快速发展，人们越来越认识到管理者与被管理者之间、不同经济主体之间是一个互动的过程，是一个制衡的结构。在水资源管理中是一个典型的政府、企业、公众三足鼎立的关系。如图 9-3 所示。

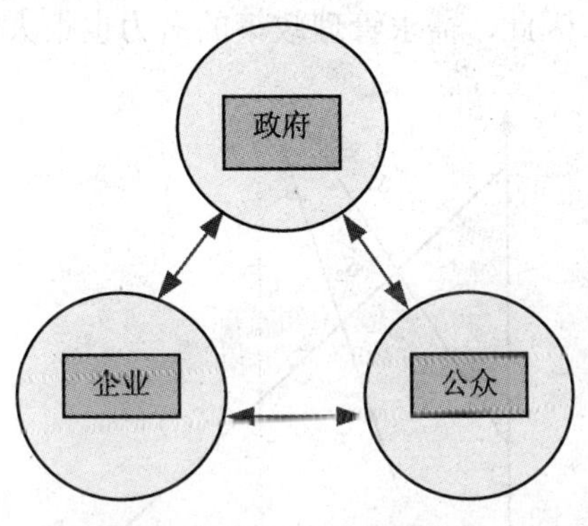

图 9-3　水资源管理中政府、企业与公众三足鼎立的结构

图 9-3 表明，政府与企业之间、政府与公众之间不是简单的管理者与被管理者之间的关系，而是相互制衡的关系。① 政府与企业的关系。从水资源的供求关系而言，政府（或是其某个机构）是供给者，企业是需求者；从权利义务关系看，企业向政府缴纳水资源税或费，政府向企业提供水资源安全保障等公共产品；从政策的制定与实施的关系看，政府是政策制定和实施的主体，企业是政策作用的对象，但是企业在政策制定过程中可以发表自己的声音，企业可以对政府的政策实施加以监督。② 政府与公众的关系。从水资源的供求关系看，政府是水资源的供给者，公众是水资源的需求者；从权利义务关系看，公众向政府缴纳水资源费或水资源税，政府利用水费向公众提供水资源安全保障等

公共产品；从政策制定和实施的关系看，政府制定和实施水资源政策，公众有权参与水资源政策的制定和实施。③ 企业与公众的关系。作为生产者的企业是商品市场的供给者，作为消费者的公众是商品市场的需求者。企业按照利润最大化原则选择生产什么、生产多少，公众按照效用最大化原则选择购买什么、购买多少。在这个买卖关系中，公众具有极大的选择权，对于有利于水资源保护、有利于水资源节约、有利于水生态安全的产品多购买，反之则少购买，以此对企业的行为产生重大影响。

9.3.2 “三个转变”的趋势

9.3.2.1 从“重供给管理、轻需求管理”向“供给管理与需求管理并重”的转变趋势

随着人口和经济的快速增长，经济社会对水资源的需求呈现出不断递增的趋势。但是，水资源的供给是存在一个生态安全极限的，也就是说超过这个极限，会导致生态灾难，使得人类的取水行为得不偿失。因此，在接近生态安全极限的情况下，必须强调需求管理，通过提高水资源效率遏制过度水资源需求。

图 9-4 表明，当水资源供给曲线处于 S_1 位置的时候，由于水资源仍然比较富余，可以继续采取扩大供给的方式缓解水资源供求矛盾，如将供给曲线移动到 S_2 的位置。但是，S_0 是一个生态安全极限，也就是说，人类的生产用水和生活用水的最大数量就是 W_0，超过 W_0 部分应留作生态用水。因此，供给政策的使用存在一个极限，超过这个极限就不在有效。

那么，如果一个经济社会对水资源的需求超过了 W_0 怎么办？此时，只能选择需求管理政策。例如，通过提高水价遏制水需求，通过提高水效率减少水需求等。可以说，提高水资源效率的潜力很大，因此，需求管理政策的潜力也很大。

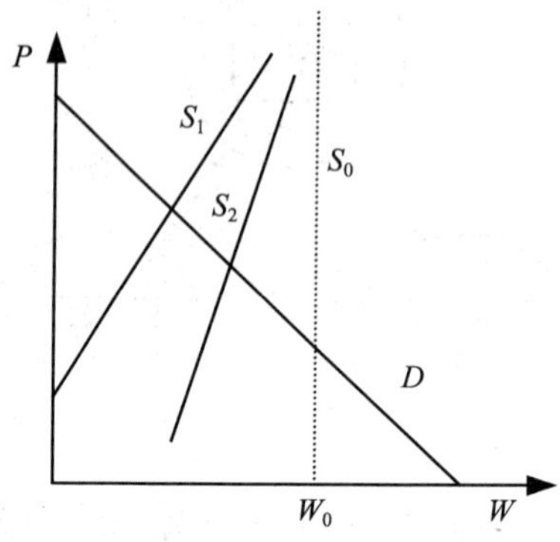

图 9-4 水资源供给的生态安全极限

9.3.2.2 从“重技术创新、轻制度创新”向“技术创新与制度创新并重”的转变的趋势

技术创新可以降低水利工程的成本、可以提高水资源效率、可以使废水变成水资源。促进技术创新是保障水资源安全的长久之策。对于中国而言，要不遗余力地推动水资源科学的发展、促进水资源技术的研发、加速水资源技术市场的建设、推广水资源技术的应用。

但是，仅仅强调水技术创新是不够的。原因有二：① 没有制度创新作保障，技术创新的进度会受到严重影响；② 技术创新成果的应用也要以制度创新为保障。一些发展中

国家的经验表明，没有良好的制度保障，即使一项先进的水利工程建成了也不能发挥应有的作用。

例如，在促进企业循环用水的过程中，按照现有技术往往存在“循环不经济”的现象。也就是说，技术研发的水平能够使得企业的废水经过治理后重新回用，这样使企业废水做到“零排放”，但是，不能做到使企业废水在循环利用的过程中获得经济效益，即企业治理一个单位的废水达到可以循环利用的质量要求，其成本往往高于取用自来水的成本。这样对企业而言是循环不经济的。这时，如果要推动循环技术的应用，必须进行制度创新。要么进一步激励科技人员开展科技创新，降低废水治理成本，直至废水治理成本低于自来水价格；要么提高自来水价格，使自来水价格高于企业废水治理成本；要么政府给企业提供一个循环用水的成本补贴，使企业循环用水有利可图。

9.3.2.3 从“重工程设计、轻政策设计”向“工程设计与政策设计并重”的转变的趋势

从古至今，水利工程设计数不胜数。每当谈到设计就是工程设计、工艺设计、款式设计等，少有论及政策设计的。实际上，政策设计是水资源管理中的一个重要方面。一项科学管理制度必须通过具体的政策才能加以实施。

在水资源管理中政策设计已经远远超出传统的税收政策、价格政策等。一些被传统经济理论认为难以使用市场机制和市场政策的领域，目前也已经成为政策设计的热点领域。例如，长期以来认为水权属于公共产权，难以进行市场交易，但是随着水资源稀缺程度的提高，水权界定和保护的成本越来越低于其制度创新的收益，因此，进行水权界定、鼓励水权交易就成为一项有利于增进社会福利的政策。又如长期以来，人们认为环境污染必须依靠管制手段，庇古理论推翻了环境保护一元化的政策，提出了庇古手段这一经济手段，科斯理论又进一步推翻了庇古手段，提出了科斯手段这一更加市场化的经济手段。目前，排污权交易已经成为以最低的成本实现环境保护目标的政策手段。

这样的一些手段都需要基础科学的研究，更需要应用科学的探索，需要从实践上升到理论，再以理论指导实践的反复探索。这个探索过程就是一个政策设计的过程。

9.3.3 “三个评估”的趋势

发达国家在水利工程的兴建、水资源政策的制定和实施过程中往往要开展事前评估、事中评估和事后评估这“三个评估”。这是水资源政策的一个趋势。

9.3.3.1 事前评估

一个水利工程从无到有，一项水资源政策从老到新，无一不涉及成本—收益的比较，而且应该是综合考虑内部成本和内部收益、外部成本和外部收益后的成本—收益比较。事前评估是指一项水利工程兴建前或水资源政策出台前的成本—收益分析，是科学决策的重要依据。

例如中国正在实施东、中、西三线的“南水北调”工程。是否需要上马“南水北调”工程，就需要评估实施该工程的收益有多大，实施该工程的成本有多大，实施该工程的外部损害有多大等。如果研究和评估结果表明，实施该工程的社会净收益是大于零的，那么，该工程也许是值得实施的。

在事前评估过程中还不能只进行单个方案的评估，而要进行多方案的比较。继续以“南水北调”工程为例。如果利用小于或等于“南水北调”的资金用于华北地区的节水

技术改造，同样可以解决华北地区的水资源供求矛盾，那么，就意味着实施华北地区节水技术改造方案比“南水北调”工程方案更加可取，因为至少可以带来防范“南水北调”工程实施所可能带来的长江流域的生态风险。

9.3.3.2 事中评估

虽然一个水利工程兴建前或水资源政策出台前已经作了经济评估和生态评估等，但是，由于事前评估的信息往往是不完全的，因此，其评估结论往往未必是可靠的。在一个工程或政策的实施过程中不断会出现新情况、新问题，因此，需要针对新情况、新问题及时进行重新评估。

例如某些水利工程的事先评估往往导致预算偏低，预算偏低对于赞成上马该项目的经济主体而言其好处是在事前评估中可以得到一个比较显著的水利工程效益。但是，在水利工程兴建的过程中发现，原来的预算无法建成该项目。这时就面临着两个选择：① 中止建设该工程，这样，已有的投入就成为沉没成本；② 追加预算，这样，工程的净收益大幅度下降。这时，就不是一个如何获得更大净收益的选择，而是一个如何降低损失的选择。由此可见，对于评估工作要有硬性约束，实行责任追究制，对于评估结果出现严重失误的要追究其法律责任。

9.3.3.3 事后评估

事后评估是对一个水利工程建成使用若干年后或一项水利政策实施一段时间以后所进行的成本—收益的比较分析。事后评估容易被忽视。实际上，事后评估的意义不亚于事前评估和事中评估。实际观察可以判断，不少水利工程是违背理性原则的形象工程，不少水资源政策是与政策目标相悖的短视政策。通过事后评估有利于检验一个项目或政策的决策科学性程度，有利于从以往决策中吸取经验教训。

例如在罗斯福新政时期世界各国兴建了大量大坝。大坝的兴建既做到化害为利，又做到拉动内需，达到了一箭双雕的效果。但是，长期运行以后的实际结果表明，大坝的兴建需要支付极大的维护成本，大坝的兴建带来了重大的生态损害，大坝的兴建带来了事先没有预料到的地质灾害，等等。因此，进入 20 世纪 90 年代以来人们开始反思大坝问题。

参考文献

[1] Nicolas Spulber and Asghar Sabbaghi. Economics of water resources: from regulation to privatization[M]. Boston: Kluwer Academic，1998.

[2] Ronald C. Griffin. Water resource economics: the analysis of scarcity，policies，and projects[M]. Cambridge，Mass: MIT Press，2006.

[3] Steven Renzetti. The economics of water demands[M]. Boston: Kluwer Academic Publishers，2002.

[4] K. William Easter and Mary E. Renwick，Economics of water resources: institutions，instruments and policies for managing scarcity[M]. Aldershot，Hants，England; Burlington，VT，USA: Ashgate，2004.

[5] David Lewis Feldman. Water Policy for Sustainable Development[M]. The John Hopkins Press，2007.

[6] David Stephenson. Water resources management[M]. Rotterdam: A.A. Balkema，2003.

[7] Neil S. Grigg. Water resources management: principles，regulations，and cases[M]. New York: McGraw-Hill，1996.

[8] Panos Pashardes. Timothy Swanson，and Anastasios Xepapadeas.Current issues in the economics of water resource management: theory，applications，and policies[M]. Dordrecht; Boston: Kluwer Academic Publishers，2002.

[9] Jurgen Schmandt. Ernest T. Smerdon and Judith Clarkson. State water policy: a study of six state[M]. Praeger Publisher，New York，1988.

[10] 阮本清，等. 流域水资源管理[M]. 北京：科学出版社，2001.

[11] 翁文斌，等. 现代水资源规划——理论、方法与技术[M]. 北京：清华大学出版社，2004.

[12] 杨桂山，等. 流域综合管理导论[M]. 北京：科学出版社，2004.

[13] 傅涛，等. 中国城市水业改革实践与案例[M]. 北京：中国建筑工业出版社，2006.

[14] 联合国粮农组织. 水资源政策改革[M]. 北京：中国农业科技出版社，2000.

[15] 沈满洪，蒋国俊，陈凯旋，等. 绿色制度创新论[M]. 北京：中国环境科学出版社，2005.

[16] 沈满洪，陈凯旋，魏楚，等. 资源节约型社会的经济学分析[M]. 北京：中国环境科学出版社，2007.

[17] 联合课题组. 转型期中国水资源配置机制研究[J]. 经济研究参考，2002，20.

[18] 邢福俊. 加强水资源需求管理的研究[J]. 上海经济研究，2001，3.

后 记

15 年来，我主要从事以环境经济手段和绿色制度创新为主要内容的环境经济学研究，以生态补偿机制和生态文明建设为主要内容的生态经济学研究，以水权交易制度和节约用水制度为主要内容的水资源经济学研究。由于我在这些研究领域所具有的优势，我便大胆地主编了《资源与环境经济学》(2007 年 1 月）和《生态经济学》(2008 年 5 月）两本大学教材，均由中国环境科学出版社出版。不料《资源与环境经济学》出版发行仅一年左右，就销售一空。根据出版社的要求，我对书中的少许不当表述和印刷错误作了校正。随后该书就进入重印阶段。《生态经济学》一书的出版得到中国生态经济学会副理事长刘思华教授等经济学家的充分肯定和极大鼓励。读者的肯定、专家的赞许以及陈金华副编审的支持进一步激励我在前两本教材的基础上，决定主编《水资源经济学》并仍然由中国环境科学出版社出版。

本书的编写无论是写作提纲还是书稿形成均经历了多个反复。写作提纲的定稿经历了四稿：由我起草包括章和节的写作提纲，这是第一稿；由各位作者在文献阅读的基础上起草包括章节目录和核心观点的写作提纲，这是第二稿；由陈庆能主持召开了写作提纲研讨会并形成了较为完善的写作提纲，这是第三稿；最后，根据国内外水资源经济学文献，由我修改审定写作提纲，这是第四稿。该书的写作过程更是一个反复琢磨、逐步完善的过程，至少经历了五稿：各位作者递交第一稿后，我认真审读了各章初稿，并提出了详尽的修改思路和重点，反馈各位作者修改；各位作者递交第二稿后，我再次审读稿件，进一步提出修改意见和建议，反馈各位作者进一步修改；各位作者递交第三稿后，形成了合成稿，分发各位作者，在彼此认真审读的基础上举行了编写组研讨会，逐章进行研讨，确定具体的修改意见；各位作者递交了第四稿后，陈庆能对各章内容进行了仔细阅改，修改达到近千处；我在陈庆能所做的初步统稿的基础上，再做了一次系统的梳理，包括数据的补充、图表的美化、结构的调整、内容的增删等，以第五稿作为最终定稿。

本书是一批年轻的资源经济学学者集体合作的成果，由我担任主编并执笔第 1 章和第 9 章，陈庆能担任副主编并执笔第 4 章和第 5 章，陈玉清执笔第 2 章，冯婉蓉执笔第 3 章，陈敏执笔第 6 章，孔亮执笔第 7 章，王保娟负责第 8 章的统稿并执笔第 8 章的第 1 节、第 2 节和第 5 节，高登奎执笔第 8 章的第 3 节，朱莉莉执笔第 8 章的第 4 节。在编写组研讨会上决定，由我执笔的第 9 章的部分内容分割到其他各个相关章节。由于各位作者对水资源经济学的现实感悟和理论基础不一，修改稿子是一个十分艰苦的过程。陈庆能在其中发挥了十分重要的作用。值得欣喜的是通过这样一轮书稿的编写，各位青年才俊的写作能力有了显著提高。在此，对各位合作者的密切配合尤其是陈庆能的大力协助表示感谢！

本书第一稿的成稿时间正是我利用浙江省新世纪 151 人才出国访问计划、受浙江省人事厅的委派、在美国爱荷华州立大学做访问学者的时期。我利用这个难得的访问机会广泛阅读了英文世界的水资源经济学文献，在此基础上不仅完成了我本人执笔的第 1 章和第 9 章，而且给各位作者提供了部分英文参考文献和写作建议。正因为如此，使得该书作者能够站在前人的肩膀上，立足中国，放眼世界，做到有所提高，有所创新。因此，对于选派我出国访问的浙江大学和浙江省人事厅的各位领导深表谢意！

最近 8 年来，我主持完成了北京天则经济研究所委托的“东阳—义乌水权交易的案例分析”、浙江省社科重大项目“我省重要资源安全保障体系构建及策略研究——以水资源为例”、浙江省水利厅委托的重大调研项目“节约用水的相关制度研究”、浙江省水利厅委托的调研项目“水源保护补偿机制研究”和“水域占补平衡制度研究”、杭州市委托的“千岛湖引水工程生态补偿机制研究”、杭州市委托的重大项目“杭州市东笤溪流域协调发展研究”、浙江大学强所计划重点项目“中国水权交易制度研究”等水资源经济学领域的项目。这些项目的研究成果，有的获得了省部级奖励，如《水权交易制度研究——中国的案例分析》获得了浙江省哲学社会科学优秀成果一等奖；有的直接转变为政府的规章，如《水域占补平衡制度研究》课题报告成为《浙江省水域占用管理办法》的制定依据之一；有的已经转变为专著，如“杭州市东笤溪流域协调发展研究”课题报告已经以《流域协调发展研究——以杭州市东笤溪流域为例》为书名由浙江大学出版社正式出版。在本书的编写过程中，或多或少借鉴和引用了上述课题报告的成果。在此，对上述课题的课题组成员表示谢意！

《水资源经济学》还是一门十分年轻的学科，虽然本书在编写过程中力求用经济学方法写出经济学理论色彩，力求写出特色、写出新意、写出水平，力求从实践上升到理论再以理论指导实践，但是书中的缺点与不足依然在所难免。恳请各位读者不吝赐教，批评指正。

今年 11 月中旬，在浙江省竞争性选拔副厅级干部中脱颖而出的我从浙江大学调任浙江理工大学副校长，并继续兼任浙江大学经济学院博士生导师。在本书校样审读前不久，我先后获悉自己被批准为浙江省新世纪 151 人才第一层次及教育部新世纪优秀人才。多重身份、多重殊荣集于一身的我，既感到欣慰与自豪，又感到责任之重大。百尺竿头，还须更进一步！

沈满洪
2008 年 12 月 29 日

教 师 反 馈 卡

尊敬的老师：您好！

谢谢您购买本书。为了进一步加强我们与老师之间的联系与沟通，请您协助填妥下表，以便定期向您寄送最新的出版信息，您还有机会获得我们免费寄送的样书及相关的教辅材料；同时我们还会为您的教学工作以及论著或译著的出版提供尽可能的帮助。欢迎您对我们的产品和服务提出宝贵意见，非常感谢您的大力支持与帮助。

姓名：__________年龄：____________职务：______________职称：________________

系别：__________学院：____________学校：____________________________________

通信地址：____邮编：________________

电话（办）：________________（家）________________E-mail ____________________

学历：________　　　毕业学校：____

国外进修或讲学经历：____

	教授课程	学生水平	学生人数/年	开课时间
1．				
2．				
3．				

您的研究领域：____

您现在授课使用的教材名称：____

您使用的教材的出版社：____

您是否已经采用本书作为教材：□是；□没有。

采用人数：__________________

您使用的教材的购买渠道：□教材科；□出版社；□书店；□其他。

您需要以下教辅：□教师手册；□学生手册；□PPT；□习题集；

□其他__________________________________

（我们将为选择本教材的老师提供现有教辅产品）

您对本书的意见：____

您是否有翻译意向：□有；□没有

您的翻译方向：____

您是否计划或正在编著专著：□是：□没有。

您编著的专著的方向：____

您还希望获得的服务：____

填妥后请选择以下任何一种方式将此表返回（如方便请赐名片）：

地址：北京市崇文区广渠门内大街 16 号

中国环境科学出版社第七图书出版中心

邮编：100062

电话（传真）：（010）67113412

E-mail：jinhuach@126.com

网址：http://www.cesp.cn